21世纪应用心理学书系编委会

主　编　梁宝勇

编　委（以姓氏笔画为序）

　　　　王　栋　　乐国安　　孙绍强　　吉　峰

　　　　汪新建　　李　强　　李　磊　　洪　炜

　　　　姚树桥　　唐卫海　　梁宝勇　　潘　芳

教育部人文社会科学重点研究基地成果
21世纪应用心理学书系　梁宝勇 主编

咨询心理学

乐国安　主编

李　强　汪新建　副主编

南开大学出版社

天津

图书在版编目(CIP)数据

咨询心理学/乐国安主编. —天津:南开大学出版社,
2002.8（2020.1重印）
ISBN 978-7-310-01821-5

Ⅰ.咨… Ⅱ.乐… Ⅲ.咨询心理学 Ⅳ.C932

中国版本图书馆 CIP 数据核字(2002)第081364号

版权所有 侵权必究

南开大学出版社出版发行
出版人:陈敬
地址:天津市南开区卫津路94号 邮政编码:300071
营销部电话：(022)23508339 23500755
营销部传真：(022)23508542 邮购部电话：(022)23502200
*
天津市蓟县宏图印务有限公司印刷
全国各地新华书店经销
*
2002 年 8 月第 1 版 2020 年 1 月第 18 次印刷
210×148 毫米 32开本 15.625 印张 446千字
定价:40.00元

如遇图书印装质量问题，请与本社营销部联系调换，电话:(022)23507125

总　序

在人类的发展进程中，21世纪是一个以知识经济为特色的发展时代。在这个时代中，创造新知识和应用知识的能力是影响一个民族、一个国家前途和命运的重要的决定因素。一个没有创新能力、不能有效地应用科学技术为人类造福的民族，难以屹立于世界先进民族之林。

自实行改革开放的基本方针以来，随着我国社会和经济的飞速发展，包括心理科学在内的我国科学事业也获得了长足的进步。作为一门科学的学科体系，心理学横跨自然科学、人文和社会科学，同人的各项活动息息相关。

心理科学是一门庞大的知识体系，包含数十个分支学科。如果采用两分法对心理科学分门别类，则可以将整个心理科学分为基础心理学和应用心理学。基础心理学担负着创造新的心理学知识的使命，包括发现新的心理学规律、探索新的方法和技术等。应用心理学则不同，它主要涉及对心理学理论、知识和技术的应用，即将基础心理学的研究成果应用到人类活动的各个领域，以便根据人心理活动的规律安排各种工作、学习和生活，从而最大程度地发挥人的功能作用，与此同时保证和提高人的生活质量和健康水平。目前，可以毫不夸张地说，应用心理学的影响已经遍及人类生活的各个领域。仅仅在高技术领域，心理学的理论、知识与方法便已经成为人工智能、模式识别和虚拟现实等的重要基础。在我国，心理学理论和知识已经被广泛应用到教育、医学、工商业、军事、司法和航空航天等领域，并正在发挥其独特的作用。

中国心理学在最近20多年来获得了较快的发展,心理科学在我国社会转型时期正在发挥越来越大的作用。但从整体上来看，同西方发达国家比较，中国心理科学尚不够发达，无论基础心理学科还是应用心理学科，都存在较大的差距。面对知识经济时代所带来的发展机遇和挑战，中国心理学必须制订符合国情的发展策略迎头赶超。我们认为，目前阶段中国心理学界应当在适当加强基础心理学研究的同时，加大心理学的应用研究和实践活动的力度。目前我国从事应用心理学研究和实践的心理学工作者太少，远不能适应我国社会经济发展的要求。因此，我们应当保留少数精干力量从事基础研究，而将大多数人力和物力投入到应用领域，为我国社会和经济的发展贡献我们的力量。我们选择编写一套应用心理学书籍，其初衷也正在此，即为促进我国应用心理学科的发展做点实际的工作。

最近几十年间，科学的发展和技术的进步已经在世界范围内极大地改善了人们的生活和工作条件。世界上大多数人已经逐渐从繁重的体力劳动、饥饿和由许多疾病所造成的困苦中解脱出来，人们的预期寿命正在不断地延长。然而科学技术的进步、生活和工作条件的改善，并不一定会带来幸福生活和健康。一些调查表明，伴随着现代社会的迅速发展和物质生活条件的优裕，人们对于生活的满意程度不仅没有提高，反而有所下降。另一些调查发现，严重威胁人类健康、造成成千上万人死亡的疾病种类已经发生变化，同不良生活方式和心理因素密切有关的心身疾病（psychosomatic disease）或称作心理生理疾病（psychophysiological disease），例如动脉硬化性心脏病、脑血管病和恶性肿瘤等，在人类疾病谱和死亡原因排位中都居于前列。另一方面，大量调查证实，近年来精神疾病的患病率明显升高，正在成为当今最为突出的一个健康问题，造成大量的公共卫生资源的消耗和劳动力的损失。上述这些情况似乎令人不可思议。然而，只要我们看一看当今社会发生的诸种变化，我们就不难理解，为什么科学技术的进步和物质生活条件的巨大改善却没有成比例地给人们带来高质量的生活。

著名的诺贝尔奖获得者 DuBois 对于人们当今的生活境况有非常贴切的描述。他写到："现代人已经……不太需要去对抗饥寒交迫的窘境和其他有伤身体的危险，但是他们必须对付排得满满的日程表、（繁忙的）交通、噪声、拥挤、竞争和其他人为的紧张情境。"正是这些体现当代社会特点的变化，不断造成人们心理压力的增大以及适应和应对的困难。一个人适应生活、应对挑战的能力总是有限度的。当外界环境的变化太大或过于急剧以至超过一个人的适应和应对能力的时候，他的身心健康就难以保持。

目前，我国已经进入一个十分重要的发展阶段。社会转型时期所发生的许多变化，一方面改善了我们的生活，为我们提供了更多的发展机遇和选择，使我们对未来充满信心和希望；但另一方面，新旧观念的剧烈对抗、激烈的竞争、价值取向的多元化以及社会上发生的许多负性事件，也会剧烈地冲击人们的精神世界，造成心理矛盾、冲突、挫折和应激，心理问题和情绪困扰乃至心理障碍或精神疾病也随之增多，现代社会的所谓"文明病"（例如高血压、冠心病和糖尿病）正在困扰着许多人。另一方面，人民生活水平的提高导致心理保健意识的增强，人们不再满足于身体无病，还要求心情舒畅地生活、学习和工作，以实现自己的潜能，为国家为人民做出自己的一份贡献。

这些情况给我们提出了新的问题，任何有责任心的应用心理学家都不可能无所作为。应用心理学包含十分广泛的领域，我们必须根据目前中国社会的急迫需要来确定我们的选题范围。正是基于这个考虑，我们决定不仅要编写一套应用心理学书籍，而且要特别围绕着健康和疾病问题来确定书目。

《21世纪应用心理学书系》由12部专著组成，它们是医学心理学、临床心理学、健康心理学、心理评估、咨询心理学、心理卫生学、变态心理学、犯罪心理学、学校心理学、运动心理学、教育心理学和管理心理学。

在本书系的编写过程中，作者们始终坚持科学性和实用性、理论和实践相统一的原则，充分体现本书系的应用性质；在内容组织上，不仅介绍本学科领域经典的理论观点和方法，而且要涵盖本领域最新、最具权威性的资料，力求反映国内外研究的新成果、新见解、新经验和新方法；在撰写体例上，力图按照心理学著作国内外通用的规范，做到概念准确、简明，条理分明，理论观点明确，论据充分；坚持百家争鸣、百花齐放的方针，对于某些有争议的观点和看法，要适当地做出评介，而不是以一家之言作为结论。本书系中，有一些书所代表的学科之间在内容上是有交叉或重叠的。为了适当地照顾各门学科体系的完整性，我们在这些书中保留了这些部分交叉或重叠的内容，但每一本书都有自己的、不同于其他书的侧重点，正是这些侧重点体现了各书所代表的不同学科的特色。

本书系的作者绝大多数是目前正活跃在应用心理学教学、科研和实践工作第一线的中青年专家，他们来自于北京大学、南开大学、中南大学、山东大学和吉林大学等十余所高等院校。他们大多数是心理学博士和教授，具有丰富的科学研究、教学和临床工作经验。本书系汇集了集体的智慧，是大家精诚合作的结果。虽然大家已经尽心尽力、力求完善，但由于时间和学识水平有限，书中难免缺陷乃至错误之处，我们欢迎读者批评指正。

本书系的编写得到了教育部社会科学委员、国务院学位委员会心理学科评议组成员和召集人沈德立教授的关心和指导，并被作为教育部人文社会科学重点研究基地成果出版。在此，我们向沈德立教授表达我们由衷的感谢和敬意。在本书系的编写过程中，我们参考和引用了国内外大量的研究资料，不能一一提及，谨表达我们的谢意。此刻，我们也要感谢南开大学出版社的领导和本书系的策划编辑莫建来博士及诸位责任编辑，没有他们的远见卓识和精心的工作，就没有本书系的顺利出版。

梁宝勇　谨识
二零零五年元月十五日于天津

前　言

　　心理咨询与治疗已经有近百年的历史了。心理咨询与治疗是在良好的咨询与治疗关系的基础上，由专业工作者运用心理咨询与治疗的有关理论和技术，对来访者进行帮助，以消除或缓解来访者的心理问题或障碍，促进其人格向健康和协调的方向发展。当今社会，心理咨询与治疗在促进个体心理健康、提高生存质量方面发挥着越来越重要的作用，受到社会的广泛重视，成为心理学中一朵绚丽的奇葩。

　　本书正是在这样的背景下应运而生。它由南开大学心理学研究中心长期从事心理咨询与心理治疗的理论教学和实践研究的教师们以及多年进行临床工作的心理医生们联合编写。首先，它不仅充分反映了作者们多年来从事心理咨询和治疗方面的成功经验，而且从结构到内容上博采众长，尽量吸收国内外已有的同类教材的长处和最新的研究成果。比如对后现代主义心理治疗理论的介绍，尤其是国外目前最前沿的表演理论的论述等，将有助于开拓人们的视野，兼收并蓄。其次，这本书不仅着眼于西方传统的理论与实践，而且还大量地介绍了东方的理论和实践研究，例如中国的中医心理治疗、日本的森田疗法等。此外，还专章探讨了心理咨询与治疗的本土化问题。在对心理咨询与治疗的发展趋势展望中，本书也做了详尽的分析和预测，对今后心理咨询与治疗的道路进行了比较深入的探讨。

　　全书分为上、中、下三篇，其中上篇包括绪论、心理咨询过程和作用机制、心理咨询发展简史、心理咨询对从业者的要求等四章，中篇包括咨询关系的建立、来访者问题的评估、咨询目标的确立与咨询方法的选择、心理咨询中的会谈技术、心理咨询中的阻力与干扰、咨询效果的评定与行为改进的维持等六章,下篇包括精神分析疗法、行为疗法、理性—情绪疗法、患者中心疗法、森田疗法、中医心理治疗、心理咨询与治疗的本土化、后现代主义心理治疗、心理咨询与治疗的未来与发展等九章。

作者在写作本书的过程中参阅了大量国内外文献资料。在此,要向这些多年来从事心理咨询与心理治疗研究并取得丰硕成果的国内外专家学者,以及致力于心理咨询与治疗并且有所成就的人们致以衷心的感谢。我们还要感谢南开大学将本书立项为校级重点资助出版的教材,同时感谢南开大学出版社对本书出版所给予的大力支持。

本书可作为高等院校相关学科的专业教材,也可供临床工作者、心理学工作者、教育学工作者、社会工作者及社会各界爱好此方面的读者参考使用。

尽管我们在编写中作了很大的努力,但是由于专业水平有限,书中恐有不妥之处,谨望读者批评指正,以便我们今后加以修改。

咨询心理学是一门实践性和应用性极强的学科,本书如能对中国正在蓬勃兴起的心理咨询事业的进一步发展起到积极作用,我们就心满意足了。

乐国安
2002年初春于南开大学

目　　录

前　言 …………………………………………………………（ 1 ）

上　篇

第一章　绪　论 ……………………………………………（ 3 ）
　　第一节　心理咨询的涵义 ………………………………（ 3 ）
　　第二节　心理咨询的内容和类型 ………………………（13）
　　第三节　心理咨询的原则 ………………………………（18）
第二章　心理咨询过程和作用机制 ………………………（27）
　　第一节　心理咨询过程 …………………………………（27）
　　第二节　心理咨询作用机制 ……………………………（30）
第三章　心理咨询发展简史 ………………………………（38）
　　第一节　我国心理咨询发展简史 ………………………（38）
　　第二节　国外心理咨询发展简史 ………………………（44）
第四章　心理咨询工作对从业者的要求 …………………（49）
　　第一节　专业知识、技能方面的要求 …………………（50）
　　第二节　职业道德方面的要求 …………………………（53）
　　第三节　个人其他方面的要求 …………………………（55）

中　篇

第五章　咨询关系的建立 …………………………………（69）
　　第一节　咨询关系的意义和特征 ………………………（69）
　　第二节　影响咨询关系的主要因素 ……………………（72）
　　第三节　影响咨询关系的其他因素 ……………………（86）

第六章　来访者问题的评估与分析……………………………（96）
　第一节　评估来访者问题的一般程序……………………（96）
　第二节　适宜咨询对象的选择与转介……………………（97）
　第三节　来访者问题的评估与分析………………………（104）
　第四节　评估来访者问题的主要手段……………………（115）
第七章　咨询目标的确立与咨询方法的选择………………（127）
　第一节　咨询目标的确立…………………………………（127）
　第二节　咨询理论和方法的选择…………………………（132）
第八章　心理咨询中的会谈技术………………………………（138）
　第一节　会谈概述…………………………………………（138）
　第二节　会谈中的言语技巧………………………………（142）
　第三节　会谈中的非言语交流……………………………（160）
　第四节　会谈中的其他技巧………………………………（172）
第九章　心理咨询中的阻力与干扰……………………………（179）
　第一节　来自来访者的阻力………………………………（180）
　第二节　来自咨询者的干扰………………………………（189）
第十章　咨询效果的评定与行为改进的维持………………（195）
　第一节　咨询效果的评定…………………………………（195）
　第二节　咨询效果的维持和巩固…………………………（201）

下　篇

第十一章　精神分析疗法………………………………………（209）
　第一节　精神分析疗法的概观……………………………（209）
　第二节　精神分析疗法的理论……………………………（216）
　第三节　精神分析的治疗…………………………………（227）
　第四节　精神分析治疗的发展与评价……………………（234）
第十二章　行为治疗的理论和方法……………………………（245）
　第一节　行为治疗的基本理论……………………………（245）
　第二节　行为治疗的基本假设和治疗过程………………（250）

| 第三节 | 行为治疗的常用方法………………………………(253) |
| 第四节 | 行为治疗的简要评价………………………………(278) |

第十三章 理性—情绪疗法……………………………………(280)
第一节	理性—情绪疗法概观………………………………(280)
第二节	基本理论……………………………………………(285)
第三节	实际运用……………………………………………(301)
第四节	障碍及其解决………………………………………(319)
第五节	理性—情绪疗法评论………………………………(322)

第十四章 患者中心疗法………………………………………(327)
第一节	患者中心疗法概观…………………………………(327)
第二节	以人为中心的有关理论……………………………(331)
第三节	治疗过程和策略……………………………………(339)
第四节	患者中心疗法评价…………………………………(349)

第十五章 森田疗法……………………………………………(353)
第一节	森田疗法产生的背景及森田正马其人……………(353)
第二节	森田神经质及森田理论……………………………(356)
第三节	森田疗法的适应症和治疗原则……………………(360)
第四节	森田疗法的治疗方法………………………………(363)
第五节	简要评价……………………………………………(374)

第十六章 中医心理治疗………………………………………(379)
第一节	中医心理学概述……………………………………(379)
第二节	中医心理病机………………………………………(391)
第三节	中医心理治疗………………………………………(398)
第四节	中医心理养生………………………………………(406)

第十七章 心理咨询与治疗的本土化…………………………(414)
第一节	心理咨询与治疗本土化的意义……………………(415)
第二节	心理咨询与治疗本土化的若干尝试………………(424)
第三节	心理咨询与治疗本土化的发展趋向………………(427)

第十八章 后现代主义心理治疗………………………………(435)
| 第一节 | 社会建构论影响下的心理治疗……………………(437) |

第二节　社会治疗的理念……………………………………（440）
  第三节　社会治疗的理论背景………………………………（444）
  第四节　社会治疗的理论与实践……………………………（458）
第十九章　心理咨询与治疗的发展趋势与展望……………（469）
  第一节　心理咨询与治疗的整合趋势………………………（470）
  第二节　心理咨询与治疗中的新理论………………………（473）
  第三节　心理咨询中的短期辅导趋势………………………（480）
  第四节　中国心理咨询与治疗的专业化道路………………（481）
后　记…………………………………………………………（487）

上 篇

第一章 绪 论

咨询心理学(counseling psychology)亦称咨商心理学,它是研究心理咨询活动规律的科学,亦即研究心理咨询的本质、理论、内容、过程、形式和方法的科学,是应用心理学的一个重要分支。

第一节 心理咨询的涵义

一、心理咨询的涵义

心理咨询在英文中被称为"咨询"(counseling),也有译作"心理辅导"的。它是一个涵盖非常广的概念,涉及职业指导、教育辅导、心理健康咨询、婚姻家庭咨询等诸多方面。心理咨询的发展历史虽有近百年,但至今有关心理咨询的内涵与外延仍旧众说纷纭。没有哪一种已知定义得到专业工作者的公认,也没有哪一种定义能简洁、明了地反映出心理咨询工作的丰富内涵。各种解释往往随着咨询理论流派及职业特点等的不同而有很大差异。

帕特森(C.H.Patterson)认为:"咨询是一种人际关系,在这种关系中咨询人员提供一定的心理氛围和条件,使咨询对象发生变化,作出选择,解决自己的问题,并且形成一个有责任感的独立的个体,从而成为一个更好的人和更好的社会成员。"[1]

1984年美国出版的《心理学百科全书》肯定了心理咨询的两种定义模式——教育模式和发展模式。该书认为:"咨询心理学始终遵循着教育的模式,而不是临床的、治疗的或医学的模式。咨询对象(而不是患者)被认为是在应付日常生活中的压力和任务方面需要帮助的正常人。咨询心理学家的任务就是教会他们模仿某些策略和新的行为,从而能够最大限度地发挥其已经存在的能力,或者形成更为适当的应变能力。"该书还指出:"咨询心理学强调发展的模式,它试图帮助咨询对象得到充分的发展,扫除其成长过程中的障碍。"[2]

《中国大百科全书·心理学》对心理咨询是这样定义的:"一种以语言、文字或其他信息为沟通形式,对求助者予以启发、支持和再教育的心理治疗方式。其对象不是典型的精神病患者,而是有教育、婚姻、职业等心理或行为问题的人。"[3]

朱智贤主编的《心理学大词典》对心理咨询是这样定义的:"对心理失常的人,通过心理商谈的程序和方法,使其对自己与环境有一个正确的认识,以改变其态度与行为,并对社会生活有良好的适应。心理失常,有轻度的有重度的,有属于机能性的,有属于机体性的。心理咨询以轻度的、属于机能性的心理失常为范围。……心理咨询的目的,就是要纠正心理上的不平衡,使个人对自己与环境重新有一个清楚的认识,改变态度和行为,以达到对社会生活有良好的适应。"[4]

归纳国内外一些比较有代表性的观点,从中可以看出,尽管有各种各样的不尽相同的解释,但其内涵都有某些共同性的特征:

(1)心理咨询是心理咨询工作者(以下简称咨询者)对咨询对象(以下简称来访者或咨客)进行帮助的过程,这一过程是建立在双方良好的人际关系基础之上。咨询者运用专业技能及所创造的良好咨询气氛,帮助来访者以更为有效的方式对待自己和周围环境,促进个人的成长与发展。

(2)心理咨询是一系列的心理活动的过程。从咨询者的角度看,帮助来访者更好地理解自己,更有效地生活,其中包含有一系列的心理活动在内。从来访者的角度看,在咨询过程中需要接受新的信息,学习新的行为,学会调整情绪以及解决问题的技能,作出某种决定,这都涉及一系列的心理活动。

(3)心理咨询是由专业人员从事的一项特殊服务。咨询者必须是受过严格专业训练、拥有这项服务所必需的知识和技能(尤其是具有接受他人的基本态度和理解他人的能力)、得到权威机构认可的专业人员。

(4)心理咨询的服务对象(即来访者)不是有精神病、明显人格障碍、智力低下或脑器质性病变的患者,而是在心理适应和心理发展上需要帮助的人。

综上所述,我们尝试给心理咨询如下定义:心理咨询是指咨询者运用心理学的有关理论与方法,通过特殊的人际关系,帮助来访者解决心理问题,增进心身健康,提高适应能力,促进个性发展与潜能发挥。

二、心理咨询与心理治疗的关系

前面我们介绍了心理咨询的涵义,但要想弄明白心理咨询与心理治疗的关系,还必须了解心理治疗的定义。

(一)心理治疗的定义

心理治疗(psychotherapy)如同心理咨询一样,迄今也无公认的定义,比较有代表性的有:

《美国精神病学词汇表》将心理治疗定义为:"在这一过程中,一个人希望消除症状,或解决生活中出现的问题,或因寻求个人发展而进入一种含蓄的或明确的契约关系,以一种规定的方式与心理治疗家相互作用。"[5]

心理治疗家弗兰克(J. Frank)认为心理治疗是受过专业训练的、为社会认可的治疗者通过一系列目的明确的接触或交往,对患有疾病或遭受痛苦并寻求解脱的人所施加的一类社会性影响[6]。

以著述《心理治疗技术》而出名的美国精神科医师沃尔培格(L. R. Wolberg)认为从临床观点说来,心理治疗是一种"治疗"工作,即由治疗者运用心理学的方法,来治疗与病人心理有关的问题。治疗者必须是受过训练的专家,尽心与病人建立治疗性的关系,试图消除心理与精神上的症状,并求得人格上的成长与成熟[7]。

陈仲庚认为,心理治疗是治疗者与来访者之间的一种合作努力的行为,是一种伙伴关系;治疗是关于人格和行为的改变过程[8]。

曾文星、徐静认为,心理治疗是应用心理学的原则与方法,通过治疗者与被治疗者之间的相互关系,治疗病人的心理、情绪、认知与行为有关的问题。治疗的目的在于解决病人所面对的心理困难,减少焦虑、忧郁、恐慌等精神症状,改善病人的非适应行为,包括对人对事的看法、人际关系,并促进人格成熟,能以较有效且适当的方式来处理心理问题及适应生活。因其治疗过程主要依赖心理学的方法来进行,所以称之"心理治疗",以便与药物治疗或其他物理方法治疗的"躯体治疗"相区别。他们还认为,从实际操作看,心理治疗是因被治疗者(病人)自己感到心理问题或情绪与行为上的困难,以"求治者"的身份和求治的动机,与"治疗者"接触,经由明确或含蓄的契约关系,以一种规定的方式,采用言语交谈的形式,进行若干时间的心理治疗工作。在治疗过程中,求治者要相当主动的与治疗者合作,检讨自己的心理与行为,并寻找改善的方向,努力修改,促进自己的心理与行为之成熟。所以,求治者并非只是被动的接受治疗[9]。

钱铭怡把心理治疗定义为:"心理治疗是在良好的治疗关系的基础上,由经过专业训练的治疗者运用心理治疗的有关理论和技术,对来访者进行帮助的过程,以消除或缓解来访者的问题或障碍,促进其人格向健康、协调的方向发展。"[10]

从以上所介绍的有关心理治疗的定义中不难发现,这些定义虽不尽相同,各有侧重,但都或多或少地涉及如下内容:心理治疗是一个过程,心理治疗涉及治疗者与来访者(患者)之间的关系,心理治疗是治疗者运用有关心理治疗理论和方法,消除或控制病人的心理问题或心理障碍,改善病人的心理与适应方式,促进人格的发展与成熟。

综合考虑以上各种观点以及我们对此的理解,提出心理治疗定义如下:心理治疗是由经过严格专业训练的治疗者,根据患者的特殊心理病理,运用心理治疗的有关理论和技术,通过持续的人际互动,消除或控制患者的心理障碍,恢复和增进心身健康。

(二) 心理咨询与心理治疗的异同点

几乎每一部心理咨询的著作都要回答这样一个问题:心理咨询与心理治疗之间的关系是怎样的？对此答案并不一致。对所掌握的文献资料进行归纳后发现,比较集中的观点有三种:

第一种观点认为心理咨询与心理治疗同义,没必要在两者之间进行区分。从心理咨询角度出发,心理治疗可以被看作是"障碍性咨询"或"治疗性咨询"。我国目前许多心理咨询门诊实际上也在做心理治疗工作,彼此之间并没有中间环节。

第二种观点认为心理咨询与心理治疗是两回事,持该观点的研究者试图给心理咨询与心理治疗划一道清晰的界限,但几乎所有的尝试都并不成功。这主要是因为,心理咨询与心理治疗的联系实在是太紧密了,紧密到了若剥离其中的一方,另一方的完整性似乎就会受到威胁。

第三种观点认为心理咨询与心理治疗既有区别又有联系,但在两者之间究竟有何区别、有何联系的看法上存在不同意见。在这方面,哈恩(M. E. Hahn)的这段话经常被有关作者引用:"就我所知,极少有咨询工作者和心理治疗家对于已有的在咨询与心理治疗之间的明确的区分感到满意……意见最一致的几点可能是:(1)咨询与心理治疗是不能完全区分开的;(2)咨询者的实践在心理治疗家看来是心理治疗;(3)心理治疗家的实践又被咨询者看作是咨询;(4)尽管如此,咨询和治疗还是不同的。"[11]

陈仲庚的观点也是很有代表性的,他在专门论及心理咨询与心理治疗关系的文章中指出:"两者没有本质的区别。这就是说,在关系的性质上,在改变和学习过程上,在指导的理论上都是相似的。如果要求两位专家,其一是心理治疗家,另一是心理咨询家,各开出他们实施专业工作的理论基础,你会发现所列出的原则和依据十分相似,或有许多重叠之处。心理治疗和心理咨询,如果不是完全相同,至少是很相似的。两者如果有区别也只是人为的,而非本质的……为了工作方便,也为了机构和组织的分工,一般的看法认为心理咨询的特点为:轻度的来访者,处理个别、突出的问题,不涉及人格障碍,在非医疗的情境中开展。心理治疗的特点则是:较严重的病人,涉及人格和心理障碍问题,在医疗的情境中进行。"[12]

曾文星、徐静也认为,虽然心理咨询与心理治疗的称呼不同,治疗者的背景、工作的方式与任务略有差异,但其治疗或咨询的原理大同小异,可合并讨论[13]。

我们赞同第三种观点。结合一些文献中的看法,将心理咨询与心理治疗的异同点分述如下。

1. 心理咨询与心理治疗的相同或相似点

(1)在两者关系的性质上。两者都注重建立帮助者与求助者之间的良好的人际关系,并贯穿到咨询或治疗过程的始终。认为这是帮助求助者改变和成长的必要条件。

(2)在工作的目的上。两者都希望通过帮助者和求助者之间的互动,达到使求助者改变和增长的目的。

(3)在工作的对象上。两者的工作对象常常是相似的。例如:心理咨询师与心理治疗师可能都会面对因人际关系问题、情绪障碍而来寻求帮助的来访者。

(4)在指导理论和方法技术上。两者所遵循的指导理论和采用的方法、技术常常是一致的,例如:咨询心理学家对来访者采用的来访者中心治疗的理论与方法和心理治疗家采用的同种理论与方法别无二致。

2. 心理咨询与心理治疗的不同之处

(1)心理咨询的工作对象主要是正常人,正在恢复或已复原的病人。心理治疗则主要是针对有心理障碍的人进行工作的。

(2)心理咨询所着重处理的是正常人所遇到的各种问题,主要问题有日常生活中人际关系的问题、职业选择方面的问题、教育求学过程中的问题、恋爱婚姻方面的问题、子女教育方面的问题等。心理治疗的适应范围则往往是某些神经症、性变态、行为障碍、心理生理障碍、心身疾病及康复中的精神病人等。

(3)所需的时间不同。心理咨询所需的时间较短,一般为咨询一次至数次,少数可达十几次。而心理治疗则往往费时较长,常需数次、数十次不等,有的需要数年方可完成。

(4)涉及意识的深度不同。心理咨询涉及的意识深度较浅,大多在意识层面进行,更重视教育性、支持性、指导性工作,焦点在于找出已经存在于来访者自身的内在因素,并使之得到发展;或在对现存条件进行分析的基础上提供改进意见。而心理治疗的某些流派主要针对无意识层面进行工作,重点在于重建病人的人格。

(5)目标不同。心理咨询的目标往往较为直接、具体、明确;而心理治疗的目标常比较模糊,它往往着眼于整个人的成长和进步。

(6)专业训练及所属专业组织不同。在国外(尤其在美国),从事心理治疗的人接受专业训练的时间多于心理咨询专业工作者。此外,各自所属的专业学术团体也不相同。

(7)起源不同。一般认为,心理咨询的起源主要有四个方面:①与源于20世纪初的职业指导运动有关;②与20世纪初美国大学生比尔斯(C. W. Beers)发起的心理卫生运动有关;③源于心理测量运动和心理学中对个体差异的研究;④与罗杰斯(Rogers)为代表的非医学、非心理分析、非指导性的咨询与心理治疗有关。与心理咨询不同的是,心理治疗的起源则可追溯到19世纪末弗洛伊德创立的心理分析疗法,甚至可以追溯到19世纪中叶催眠术的施行。

(8)工作场所不同。前者工作的场所相当广泛,包括医院、诊所、学校、社区、法律部门、职业培训部门等;而后者则大多在医疗环境或私人诊所进行。

(9)称谓不同。在心理咨询工程中,帮助者被称为咨询者(counselor),求助者被称为来访者或咨客(client);在心理治疗过程中,帮助者被称为治疗者(therapist),求助者被称为病人或患者(patient),也有称为来访者的情况。

以上我们对心理咨询与心理治疗的异同点进行了分析,有关它们之间的关系还可以从图1-1的示意中获得更为直观的了解。

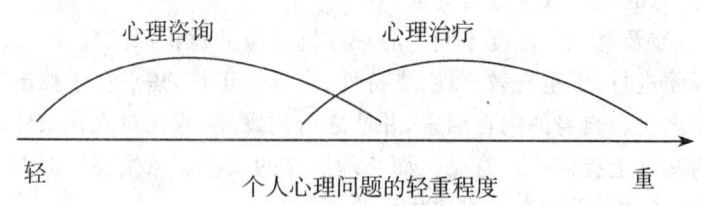

图 1-1　心理咨询与心理治疗关系示意图

（转引自钱铭怡：《心理咨询与心理治疗》，第 8 页）

三、心理咨询与心理治疗的意义

从心理咨询和心理治疗的涵义中可以得知，心理咨询和心理治疗的主要功能是消除帮助对象（来访者或患者）的心理问题或心理障碍，维护和增进心身健康，促进个性全面发展和潜能开发。但心理咨询和心理治疗的价值并不仅限于此。它在其他方面也有非常重要的价值：

1. 有助于加深心理与行为研究

在心理咨询与心理治疗过程中，咨询者往往能详细获取来访者的个人生活史，也能深入了解一个人的心理活动，特别是深层心理活动内容，了解他们因为何种因素而产生病理，又需经由何种方式去解决适应问题。从心理学的发展历史中可以看到，许多心理学的新知识，如：人格结构、潜意识的存在、心理防御机制，以及各种心理病理，都是经由心理咨询与心理治疗过程当中发现并加以提炼出来的。另外，还可通过跨文化心理咨询与心理治疗，研究社会、文化对人的心理与行为的影响。所以，开展心理咨询和心理治疗，有助于加深心理与行为研究，从而更加全面、深入理解人类心理活动发生发展及其变化的规律。

2. 为开展心理卫生工作提供重要依据

经由心理咨询和心理治疗而获得的资料，例如，何种因素容易导致心理问题或症状出现，来访者或患者如何应对，以及怎样帮助才能去除他们的不适或症状等等，这些都可以作为开展心理卫生工作的重要依据，进而为提高全社会乃至全人类的心理健康水平做出贡献。

任何一位心理咨询和心理治疗者,在其职业生涯中,能够具体帮助的来访者或患者的人数是有限的,因此,只有将有限的个案咨询或治疗所获得的材料服务于更大范围的心理卫生工作,才能实现心理咨询和心理治疗的最大价值。

3. 有助于咨询者和治疗者的个人完善

虽然心理咨询和心理治疗是一项艰辛的工作,咨询者和治疗者常常受到来访者负性情绪的影响,也得常常绞尽脑汁,殚精竭虑地想办法帮助他们,但同时,也有许多乐趣与收获。最重要的是,常常能从来访者或患者的生活经验里获取教训,反省自己的个人生活、家庭生活和职业生活以及自己的心理卫生,督促自己改善性格,改善自己的应对方式,改善自己的心理生活,一旦做到这一点,便可以说是有了附带的收获。

四、心理咨询与思想政治工作的关系

由于我国心理咨询工作的专业化程度不高,加之目前心理咨询从业人员,特别是学校心理咨询工作者当中有不少人过去曾经从事思想政治工作或德育工作,于是社会上很多人对心理咨询与思想政治工作的关系存在着模糊认识。其实,心理咨询与思想政治工作既有区别又有联系,既不能把心理咨询与思想政治工作混为一谈,也不能把两者加以割裂,应当把心理咨询与思想政治工作有机地结合起来。思想政治工作者从咨询心理学中借鉴某些方法与技术,以增强思想政治工作的吸引力与感染力;心理咨询工作者也应该接受思想政治教育,以保证心理咨询工作的正确政治方向。张伟俊从理论基础、目的、内容、方法与途径、效果评价标准、对从业人员的要求等方面分析了心理咨询与思想政治工作的区别[14]。钱铭怡从目的、内容、理论基础、方式等方面分析了心理咨询与思想政治工作的区别[15]。江光荣认为,心理咨询与德育(或思想政治工作)之间的一个关键区别,就在于对价值的处理不同,后者本质上是以一套既定的、统一的世界观(其核心是价值观)去塑造人的心灵,而心理咨询则不以品德塑造为自己的基本目的,不指定任何既定的价值观,不从内容上干预当事人的价值取向[16]。

结合上述观点,并根据我们对这一问题的理解,把心理咨询与思想政治工作的主要区别列举在表1-1上。

表1-1 心理咨询与思想政治工作的区别

	心理咨询	思想政治工作
理论基础	各种心理咨询与心理治疗理论以及人格心理学、社会心理学、变态心理学和心身医学等	辩证唯物主义和历史唯物主义
目的	帮助来访者摆脱消极情绪、确认内在价值、了解自身需求、洞悉自我心理特点、提高适应能力、达到个性的全面和谐与发展	塑造人们的世界观、人生观和道德观的问题,为实现党和国家的中心任务服务
内容	日常生活中各种心理问题的调适、专业与职业的选择、人际关系的调整、婚姻质量的改善、学习与工作效率的提高、心理障碍的缓解和消除	基本路线教育,爱国主义、集体主义、革命传统、理想道德和纪律、民主法制、国防教育等,形势政策教育、热爱本职工作教育、基本行为训练
从业人员资格	受过心理咨询专门训练的专业人员	除了专职干部外、各级领导干部以及党团员、先进模范人物、班组长和工会、妇女工作积极分子
方法与途径	①个别咨询或治疗、团体咨询或治疗 ②保持价值中立,不指定任何既定的价值观,不将自己的价值观强加给对方	①个别谈话、座谈讨论、大会报告、参观访问 ②以一套既定的、统一的世界观(其核心是价值观)塑造人的心灵
效果评价标准	提高来访者的心理健康水平	促进社会主义物质文明和精神文明建设

第二节 心理咨询的内容和类型

一、心理咨询的内容

心理咨询的内容十分广泛。人们丰富多彩、纷繁复杂的心理活动决定了心理咨询内容的丰富性和复杂性。

一般来说,心理咨询的内容包括:

(1)人生各个时期所遇到的心理问题,如日常生活中的人际关系问题、职业选择问题、教育过程中的问题、婚姻家庭中的问题等;

(2)各种情绪与行为障碍,如焦虑、抑郁、恐怖、紧张情绪的分析、诊断及防治;

(3)各种不可控制的强迫思维、意向和强迫行为、动作的诊断及治疗;

(4)某些性心理、生理障碍,如性变态、阳萎、早泄、性欲异常等问题的诊治;

(5)心身疾病,如冠心病、高血压、溃疡病、支气管哮喘等心理社会因素的探讨与心理治疗;

(6)康复期精神病人的心理指导,促进更好地适应社会与生活,预防复发;

(7)长期慢性躯体疾病.久治不愈,需要心理支持及指导者;

(8)要了解各种心理卫生知识者;

(9)接受各种心理检查者(如智力测验、人格测验等);

(10)有其他心理疑虑而需要咨询者。

二、心理咨询的类型

(一)心理咨询按其内容可分为障碍咨询和发展咨询

1. 障碍咨询

所谓障碍咨询是指对存在程度不同的非精神病性心理障碍、心理生理障碍者的咨询,以及某些早期精神病人的诊断、治疗或康复期精神病人的心理指导。重点是去除或控制症状、预防复发。从事这类咨询的人员需要受过充分的精神医学和临床心理学训练,咨询的地点一般为专门的心理卫生机构、综合性医院下设的心理咨询机构、社区心理卫生机构以及由专业人员开设的私人诊所等。

2. 发展咨询

所谓发展咨询是指帮助来访者更好地认识自己和社会,充分开发潜能,增强适应能力,提高生活质量,促进人的全面发展。咨询的内容十分广泛,凡是在人生各时期出现的各种心理问题都可以属于咨询的范围,如工作、学习、恋爱、婚姻、家庭生活、职业选择等。从事这类咨询的人员除了有坚实的心理学基础外,还要具有哲学、社会学、教育学、文化人类学等方面的广博知识。咨询的地点一般为非医疗机构,如学校、社区、企业。

需要指出的是,第一,障碍咨询与发展咨询是相互联系的,去除心理障碍为心理发展奠定了基础,而良好的心理发展将减少心理障碍的发生。第二,在具体实施时,有时很难将两者完全割裂开来,有些咨询既属于障碍咨询,也属于发展咨询。

(二)心理咨询按其对象的多少可分为个别咨询和团体咨询

1. 个别咨询

指咨询者与咨客之间的单独咨询。它是心理咨询最常见的形式,它的优点是针对性强、保密性好,咨询效果明显,但咨询成本较高,需要双方投入较多的时间、精力。

2. 团体咨询

团体咨询,亦称集体咨询、小组咨询。指根据咨客所提出的问题,按性质将他们分成若干小组,咨询者同时对多个咨客进行咨询。它是一种很有前途的咨询形式。其突出的优点是咨询面广、咨询成本低,对某些心理问题或心理障碍效果明显优于个别咨询。不足之处是同一类问题也可能因个体差异而表现出明显的个体性,单纯的团体咨询往往难以兼顾每个个体的特殊性。为此,应扬长避短,在团体咨询中,辅之以个别咨询。

团体咨询又可细分为两种:

(1)重点放在个体身上。这类咨询虽然也重视团体成员的交互作用的意义,但主要还是把咨询方法、干预手段直接应用于每个成员。比如讲座、训练等。正因如此,这类团体咨询又被称作团体讲座、团体训练。

(2)重点放在团体成员的交互作用上。这类咨询主要是通过团体成员相互作用所产生的影响力而使成员调整自己的思想、情感和行为。国外流行的各种咨询小组大多属于这一类。如交朋友小组、"心理剧"疗法、游戏疗法、格式塔疗法、敏感训练小组等。

从严格的意义讲,团体咨询主要指第二种形式,因为团体咨询的本质含义是指借助团体内心理相互作用的力量产生建设性影响的帮助活动。

(三)心理咨询按其方式可分为门诊咨询、现场咨询、信函咨询、专栏咨询、电话咨询和互联网咨询

1. 门诊咨询

指开设心理咨询门诊。如在专科医院、综合性医院和专门的个体诊所开设的心理咨询,它是心理咨询最常见的方式。由专业咨询工作者与咨询对象直接见面,能进行深入的交流,及时发现问题,提出建议,故咨询效果好。但门诊咨询对异地咨客不大方便。

2. 现场咨询

指咨询者在学校、机关、企业、部队、城乡社区、家庭、医院病房等现场，对咨询对象提出的各种心理问题给予咨询帮助。现场咨询对那些只有心理问题，或虽有心理障碍、但本人由于各种原因又不能到门诊咨询的人最为合适。

3. 信函咨询

指以通信的方式进行咨询。咨询者根据咨客来信描述的情况或提出的问题，以通信方式解答疑难，疏导教育。优点是简单方便，尤其是对异地的患者及一些有心理问题又羞于面见咨询者的咨客非常适合。缺点是有些咨客由于文化程度低和相关知识少，来信对问题、症状叙述不全面或欠准确，咨询者不能全面深入地了解情况，不利于问题的解决，必要时应给予门诊咨询。

4. 专栏咨询

指针对公众关心的一些较为普遍的心理问题，通过报刊、杂志、电台、电视台等大众传播媒介进行专题讨论和答疑。随着互联网的发展，专栏咨询又逐渐扩展到专门的网站或网页上进行。这种方式便于普及心理卫生知识，影响面广，缺点是针对性差。

5. 电话咨询

指用电话的方式开展咨询。主要适用于心理危机或有自杀观念、自杀行为的人。在国外是专线电话，只限于心理危机者使用，主要目的是防止自杀。目前国内在北京、上海、天津、南京、广州等地已建立了各种"热线"，除了处理各种心理危机，也为其他心理问题提供服务。优点是快捷、方便、保密性强。但由于缺乏咨询者与咨客之间面对面的直接交流，难以进行准确的心理评估，限制了咨询者的干预能力。

6. 互联网咨询

指借助互联网进行咨询。这是近年来逐渐兴起的一种新型的咨询方式。与信函咨询有某些相似之处，如对语言文字的依赖性强，咨询效果受文化程度、语言表达能力的影响很大。不同点在于网上咨询沟通迅速、快捷，但需要一定设备条件和比较熟练的电脑操作技能。对于那些由于个人身体条件、地域环境的限制而不能直接、方便地寻求心理咨询者，以及由于个人生活风格、认知习惯，不愿意面对咨询者的人们来说，互联网心理咨询尤为必要。这种咨询形式也许成为序列心理咨询过程中的第一步,为今后的全面咨询打下基础。

需要指出的是,以上各种咨询方式是互为补充、互为促进的。许多来访者通过专栏咨询,了解了自己的心理问题或症状,再进行信函咨询、门诊咨询、电话咨询或互联网咨询;有些门诊咨询来访者,回到异地工作、学习或生活处所后,通过信函咨询、电话咨询、互联网咨询继续得到咨询者的指导;现场咨询中发现的心理障碍严重的咨询者,需要转到医院进行门诊咨询。因此,多种形式配合,有利于心理咨询的广泛开展和咨询效果的提高。

(四)心理咨询按其时间长短可分为长期咨询、短期咨询和限期咨询

心理咨询的期限并无硬性规定,要根据接受来访者的意愿、咨询的内容以及咨询者的建议等等因素而决定,也要斟酌现实情况,包括来往的方便与否、咨询费的负担等等而施行。

1. 长期咨询

指咨询的期间较长久,如超过两三个月,甚至达数年。因咨询的目的不仅在于问题的解决和症状的消失,而且还要改善性格及行为的方式,促进心理成长,所以需要的时间较长。长期咨询的重点放在深层心理的探讨、心理与行为改进的维持上。那种长期性的追踪式诊察与支持性咨询,一般不被看作为长期心理咨询。

2. 短期咨询

指咨询的期间较短。至于多长期限为短期,则意见不一,可能是三四次的会谈,也可能是十次左右,时间历经一两个月。短期咨询的重点在于问题的解决和症状的去除。做短期咨询时,要把咨询的重点弄清楚,不把范围无限制的扩大,以至无法在短期内结束。

3. 限期咨询

指在咨询开始时,咨询者与来访者共同订立了咨询计划,对咨询的次数或期限做了规定,如五次、十次,或两个月等等。这种事先确定咨询期限的做法,目的在于让彼此有个事先的计划与了解,并可针对此约定的期限去尽量努力,求得具体的改善。

大多数来访者受时间、费用、交通条件及其他因素的制约，倾向于做短期咨询或限期咨询；只有特别的情况，在双方同意的原则下，才会做长期的心理咨询。

第三节 心理咨询的原则

一、心理咨询的一般原则

各种心理咨询理论和方法虽然有很大不同，但都共同遵循一些根本性要求，这便是所谓的心理咨询原则。较之咨询过程中各项具体的要求，它更概括、更有指导性。

张人骏等认为，在心理咨询过程中，必须遵守如下 10 个基本原则：(1)交友性原则；(2)教育性原则；(3)疏导性原则；(4)尊重信任与细心询问相结合的原则；(5)明确与委婉相结合的原则；(6)整体性原则；(7)保密性原则；(8)咨询与治疗相结合的原则；(9)一般与特殊相结合的原则；(10)预防性原则。[17]

马建青根据自己对咨询规律的认识和实践经验的总结，提出心理咨询的 6 条原则：(1)开发潜力原则；(2)咨访结合原则；(3)综合性原则；(4)灵活性原则；(5)矫正与发展相结合的原则；(6)对咨客负责的原则。[18]

梁宝勇认为，各种心理咨询和治疗方法虽然有着不同的理论依据和方法，但都必须服从于人的心理活动规律，因此必须遵循 5 条一般原则：(1)良好医患关系原则；(2)教育、启发与发展的原则；(3)整体与综合的原则；(4)计划与针对性原则；(5)保密原则。[19]

现以马建青提出的心理咨询原则为例，做简要介绍。

(一) 开发潜力原则

这一点常被人们忽视，但却很重要。咨询者是否相信人都是有发展潜力的,这实际上反映了咨询者的人性观。它直接影响咨询的目标、途径、方式、效果评价等等,因而对于咨询者至关重要。立足于开发潜力的目的,咨询者会更多地启发、调动来访者自身的积极性、创造性,这是心理咨询中极其重要的思想,尤其对发展咨询而言。

(二)咨询者与来访者相结合原则

在心理咨询过程中,咨询双方都应处于主动地位,离开了任何一方的积极参与,咨询的效果都会事倍功半,甚至半途而废。

(三)综合性原则

该原则有以下多重含义:

1. 心身的综合

心理和生理是相互作用、互为因果的,因此,咨询者应立足于这二者的结合。中国人常把心理问题躯体化,即心理上的困扰、不适被感知为或表述为各种躯体问题。这有多方面的原因:第一,许多人没意识到心理问题的存在,或者更容易感觉到躯体问题;第二,许多人即使感觉到了心理上的困扰,但觉得这是自己可以调整的,而躯体不适是需要他人治疗的;第三,许多人习惯于躯体有病的观念,而对于心理上的问题却既无辨识能力,更无描述能力;第四,很多人忌讳自己心理上有病,认为这是难于情、羞于启齿的,而有了躯体疾病是可以堂而皇之地去求医。这是中国文化背景下的普遍心态,也是影响中国心理咨询发展的不利因素之一。

有时候,则是生理状况影响心理状态并呈现为心理问题。比如,躯体疾病带来心理上的焦虑不安、情绪抑郁,或者生理上的某些不足(如身材矮小、肢体有残疾等)引起自卑、苦恼等。这就需要咨询者善于分辨,同时能站在辩证统一的高度来分析和对待,而不能孤立地看问题。

2. 原因的综合

引起来访者心理困扰的原因是生理、心理、社会文化诸因素交互作用的结果。一因多果,一果多因,互为因果,错综复杂。原因不仅有横向的交叉,而且有纵向的联系。这就要求咨询者能够透过现象看本质。分析发现,对某一个体的问题而言,其原因往往是一个立方体结构,既有横向诸因素的作用,又有纵向诸因素的作用,并且这两者是互相交错在一起的。对咨询者来说,重要且关键的一步是找到核心原因。

3. 问题的综合

人的某种心理活动往往是与整个心理活动联系在一起的,牵一发而动全身。思维、情感、行为三者是互相联系的,很难将三者割裂开来。一般来说,其中的一方有问题,另外的两方也多少或迟早要有相应的改变。来访者的问题往往不是单一的,情绪障碍常常同时涉及学习、工作、家庭、人际交往等方面。咨询者要抓住主要矛盾,寻找最合适的突破口。

4. 方法的综合

在咨询实践中,有针对性的综合方法常常比单一的方法更有效。当然,这些方法应是相互配合、相互促进的。综合的方法往往针对人心理的各个方面,针对人不同层面的心理需求,比如,实行宣泄、领悟根源、调整认知、矫正行为、模仿学习等。调查表明,当今从事心理咨询的人,大多数采用的是综合性的方法,或称之为"方法任选心理咨询",真正坚守一种方法的人已相当少见了。方法的综合有时还包括适当配合使用生物学方法,比如对于抑郁症患者而言,及时而适当地使用抗抑郁药可以有效地控制症状,使咨询更容易进行。

(四)灵活性原则

灵活性原则要求咨询者在不违反其他咨询原则的前提下,视具体情况,灵活地应用各种咨询理论、方法,采用灵活的步骤,以便最有效地取得咨询的效果。也就是说,在把握来访者共性的基础上,最大限度地根据每一个来访者的个性、特殊性作出判断,采取不同的方法。要做到这一点,就需要咨询者有扎实的理论基础、广博的知识、明察的能力、丰富的经验以及灵敏的反应。可以说,灵活性是一个优秀咨询者的标志之一。

(五)矫正与发展相结合的原则

就其实质来说,心理咨询是一种教育的、发展的咨询。矫正与发展相结合的原则包含了如下两方面的含义:其一是障碍性咨询与发展性咨询都是心理咨询的范畴,都是咨询内容的重要组成部分。而后者正是我国咨询领域中非常欠缺的、急需加强的一部分,同时,其领域十分宽广,意义深远。其二是在障碍性咨询中,矫治障碍只是一个具体目标、中间目标,障碍性矫治应该和促进人的发展结合起来,才能在更大程度上发挥咨询的功效,这也就是把具体目标与长远目标、根本目标相结合的问题。一旦咨询者真能把长远目标融合到具体目标中去,就会使咨询工作更有成效。

(六)对来访者负责的原则

对来访者负责,就是以来访者的利益为重,这是心理咨询的一大特点。咨询者在心理咨询过程中的一言一行都应立足于这一原则。凡有损于来访者根本利益的、不利于咨询活动的言行均应避免。这可以成为衡量咨询者咨询言行的标准。

当然,凡事都不是绝对的、无条件的。这一原则在一般情况下是有效的、正确的,但不应片面地、孤立地理解,以来访者利益为重的同时不能有损于他人和社会的利益。比如,保密一般认为是对咨询者的具体要求之一,而且十分重要,因为一旦离开了保密性,来访者就失去了对咨询者的信任感和安全感,咨询就难以正常进行。保密既是职业道德的要求,也是咨询工作的需要。但保密并不是无限度、无原则的,在有些情况下(如来访者有自杀或攻击他人、破坏公共设施的企图),适度地违反这一原则可能对来访者更为有利,这称为正当泄密。

总之,上述六条原则互相独立,但又互相联系,它们共同统一于为来访者负责这一总的原则。而对来访者负责则应建立在咨询终极目标的基础上。因此,凡有助于来访者心理健康和发展的咨询,就是有效的咨询,反之,就是无效的咨询。

二、心理咨询中的价值干预问题

心理咨询中的价值干预问题是一个无法回避而又难以定论的重要

问题。它可以具体化为以下三个基本问题：

(1) 价值干预有无必然性。亦即实际的心理咨询中有没有价值干预，或者是否有可能避免价值影响？

我们认为在咨询中完全保持中立或无价值是做不到的，或者说不存在完全排除了价值干预的心理咨询。这是因为，第一，制定咨询的终极目标或具体目标本身就带有价值导向的色彩；第二，在咨询过程中，即使咨询者受过再好的训练也无法将自己的价值观完全隐藏起来，必定会在与来访者思想与情感的相互沟通中，以言语或非言语的形式微妙地表达出来。如果非要坚持价值中立，则只能说明持这种观点的人对咨询的认识和体验还不够全面。

(2) 价值干预有无必要性。亦即实际的心理咨询中，若没有价值干预就无法取得预期的效果吗？

以咨询实践中常用的罗杰斯(C. Rogers)的来访者中心疗法和埃利斯(A. Ellis)的理性—情绪疗法(RET)为例，可以发现，这两种方法的共同作用机制之一，是改变来访者的价值观[20]。换句话说，心理咨询要发生效力，必须得有价值干预。又如，行为疗法认为，来访者的各种问题都是通过学习而形成并固定下来，主张通过治疗者设计某些特殊情境和专门程序，使来访者逐步清除其问题行为，并经过新的学习训练形成正常的行为反应，所以该疗法重视对来访者的指导。

至于价值干预是否其他咨询和治疗方法（如精神分析疗法）产生效力的必要条件，则是一个值得进一步研究和商榷的问题。

(3) 价值干预有无伦理上的合理性。亦即咨询者对来访者的价值干预合乎道德吗？

价值干预问题的核心是判断价值的标准问题。这就涉及价值标准的绝对性和相对性问题。迄今为止，人们对心理健康标准的看法存在着很大的差异，甚至在心理健康标准的基本取向上也没有公认一致的观点：是注重适应环境的取向，还是强调个体发展的取向；是以心态调整为取向，还是以行为矫正为取向；是认为心理健康只能属于少数精英，还是以社会大众的心理状况作为衡量心理健康的标准。心理咨询领域许多人之所以提倡"价值中立"，实际上也是考虑到在心理健康的评价尺度上难以有绝对的标准。在这种情况下贸然进行价值干预，也就是说咨询者把某个价值选择强加给来访者会承担很大的伦理道德风险。

从上面的分析中可以看出，心理咨询中的价值干预既涉及咨询在功能方面的科学问题，又涉及咨询专业在道德规范方面的伦理学问题，两者又存在矛盾。

为了进一步弄清这个问题，有必要了解一下国外心理咨询实践中是如何处理价值问题的。以下所列的便是西方（主要是美国）心理咨询实务中处理价值干预问题的若干公认和通行的原则[21]：

(1)咨询者应该对自己的价值观有高度的警觉，对咨询中的价值问题有高度的敏感。由于价值干预是一个容易引起道德上的问题的领域，故要求咨询者对价值问题的处理首先要有一种谨慎的态度。这种态度自然就会要求咨询者一方面对自己的价值观有自觉，知道自己对于一些基本的价值现象持有何种倾向。另一方面要对咨询中涉及的价值问题保持敏感，要能够迅速意识到在来访者的某个生活抉择后面，或者某个态度后面所蕴含的价值冲突。只有知道自己的价值取向才有可能在面临价值问题的时候保持警觉，只有敏感于来访者面临的价值选择才会意识到自己的价值观可能对来访者产生什么样的影响。这一条是处理其余问题的前提。

(2)承认多元化价值取向存在的权利。但这种承认不是漫无边际的。对于某些在来访者所属文化的主流中属于反社会、或者边缘性的价值取向，咨询者应该保持警觉。Blocher 提到一些在现代西方社会中仍有生命力的(即有较多人遵从)价值体系，共有 7 种：一神论的、道德理性论的、道德绝对论的、功利主义的、道德自我论的、道德直觉论的、追求社会公正的。尽管这些价值体系互相并不一致，但它们都是主流的价值，不能歧视。

(3)当涉及价值问题的时候，鼓励咨询者公开、清晰地和来访者讨论，同时不故意地以任何明白或隐晦、直接或间接的方式把自己的价值观强加于来访者。让来访者享有选择和决定的自由。咨询者要明确地向来访者表明哪些是咨询者个人的价值观和倾向，并表明来访者并没有义务要遵从咨询者。但这不意味着当咨询者发现来访者做出一个明显"不好的抉择"时不能有任何举动。在这时咨询者有责任与来访者讨论,向来访者提供其他的替代性选择的可能性,然后把最后决策的权利留给来访者(当然来访者也得对自己的选择负责)。

(4)咨询者在做价值判断时,必须遵循有相对普遍意义的价值:尊重人的生命,尊重真理,尊重自由和自主,信守诺言和义务,关心弱者、无助者,关心人的成长和发展,关心不让他人遭到损害,关心人的尊严和平等,关心感恩和回报,关心人的自由。

(5)小心地处理咨询者的价值与来访者的价值不一致的问题。当咨询者的价值观和来访者的价值观不一致,尤其是两者相反的时候,往往会产生对来访者的负面态度。如果咨询者没有敏感和自觉,就极易妨碍咨询关系。咨询者应该能够迅速察觉价值观差异,并且与来访者做公开的讨论。与此有关的一点是咨询者要经常对自己的价值、信念体系保持自觉。咨询者不是圣人,不会没有自己的偏见,关键是要能够意识到并且承认自己可能有错,可能会错。

我国学者江光荣在分析归纳了以上各项原则的基础上概括出西方(主要是美国)心理咨询中价值干预的一条总原则:侧重价值的干预功能,避免价值内容上的干预。认为这样做既有效地避免了直接干预来访者的价值选择权利,又满足了心理咨询中价值干预之必要性和必然性的要求[22]。这一观点是富有启发意义的,值得心理咨询工作者借鉴。

所谓价值的功能干预是指咨询者引导来访者把自我探索集中于个人选择与个人的需要之间的关系上,而不是由咨询者根据自己的价值判断来评判一个选择是否有价值,然后把自己的观点强加给来访者。例如,帮助来访者澄清其价值追求,让来访者意识到自己有什么样的价值观;帮助来访者明确自己的真实需要是什么;帮助来访者认识其价值观之间是否存在矛盾,认识价值选择和自己的需要之间是否存在矛盾或者不一致之处;让来访者领悟其价值观与行为和情感之间的矛盾及其后果,作出相应的改变,等等。在做这些工作时,尽可能避免价值说教(不向来访者宣讲人应该有什么样的价值追求),也不对来访者的价值观做好坏、正误判断。可以引入别的价值观,比如表白咨询者自己的价值态度,但这种引入目的在于扩大当事人的视野,认识到多种价值选择的可能性，而不应存有直接地或暗示性地迫使其接受某种价值的企图。

参考文献

[1][2] 转引自汤宜朗、许又新：心理咨询概论，贵阳：贵州教育出版社，1999年版，第3页

[3] 中国大百科全书·心理学，北京：中国大百科全书出版社，1991年版，第452页

[4] 朱智贤：心理学大辞典，北京：北京师范大学出版社，1989年版，第773页

[5] Stone, E. M. ed., American Psychiatric Glossary, 6th edition , Washington D. C. : American Psychiatric Press, 1988

[6] 杰罗姆·弗兰克：何谓心理治疗，见悉尼·布洛克著，刘平等译：心理治疗讲座，天津：天津科技翻译出版公司，1990年版，第1—23页

[7] Wolberg, L. R. : The Technique of Psychotherapy, 4th Edition. Part Ⅰ &. Ⅱ Grune &. Stratton, Orlando, 1988

[8] 陈仲庚：心理治疗与心理咨询的异同，中国心理卫生杂志，1989(3)，4：184—186

[9][13] 曾文星、徐静：心理治疗：原则与方法，北京：北京医科大学出版社，2000年版，第1—3页

[10] 钱铭怡：心理咨询与心理治疗，北京：北京大学出版社，1994年版，第4页

[11] 转引自钱铭怡：心理咨询与心理治疗，北京：北京大学出版社，1994年版，第5页

[12] 陈仲庚：心理治疗与心理咨询的异同，中国心理卫生杂志，1989(3)，4：185—186

[14] 张伟俊：心理咨询与思想政治工作有何区别，见车文博主编：心理治疗手册，长春：吉林人民出版社，1990年版，第46—50页

[15] 钱铭怡：心理咨询与心理治疗，北京：北京大学出版社，1994年版，第16页

[16] 江光荣：心理咨询中的价值干预，心理学动态，2001(9)，3：252

[17] 张人骏、朱永新、袁振国：咨询心理学，北京：知识出版社，1987年版

[18] 马建青：辅导人生——心理咨询学，济南：山东教育出版社，1992年版，第88—94页

[19] 梁宝勇、王栋主编：医学心理学，长春：吉林科学技术出版社，1998年版，

第105—106页

[20][21][22] 江光荣:心理咨询中的价值干预,心理学动态,2001(9),3: 248—252

第二章 心理咨询过程和作用机制

第一节 心理咨询过程

心理咨询是一种帮助过程、教育过程和增长过程,这个过程是由若干阶段构成的。

一、国内外心理咨询家有关心理咨询过程阶段划分的一些观点

在心理咨询过程的阶段划分问题上,心理咨询家们的看法并不完全一致。下面介绍若干比较有代表性的观点。

张人骏等人认为咨询过程可分为确定问题、提出假设、检查假设、采取行动、参与行动以及评价等6个阶段[1];徐俊冕将心理治疗的实施步骤分为4个阶段:开始阶段(包括收集资料、建立治疗同盟、帮助患者建立求助动机、制定双方共同遵守的契约)、分析与认识问题阶段、矫正或重建阶段、结束与巩固阶段[2];马建青认为基本的咨询阶段包括建立咨访关系、收集资料、澄清问题、确立目标、制定方案、实施行动、检查反馈、结束巩固等[3];钱铭怡认为,心理治疗过程有3个必须经过的阶段:心理诊断阶段、帮助和改变阶段、结束阶段,在这3个阶段中,心理诊断

阶段又可细分为信息收集、心理诊断、信息反馈、咨询目标的确立等几个阶段,帮助和改变阶段又可细分为领悟及修通(working through)两个阶段[4];汤宜朗、许又新将心理咨询分为6个阶段:信息收集阶段、评估阶段、信息反馈阶段、咨询协议阶段、行为改变阶段和终止咨询阶段,并且认为前3个阶段的重点在于收集整理对双方都重要的信息,而这本身就具有治疗作用,后3个阶段的重点在于帮助来访者改变行为,使之恢复具有创造性的生活[5];曾文星、徐静把心理治疗过程分为初期阶段(包括建立关系、认明主要问题、收集基本背景资料、决定治疗的适合性、说明治疗的方针与条件等)、中期阶段(为主要的治疗阶段)、后期阶段(做结论性解释、巩固疗效、准备结尾)[6]。

卡瓦纳(M. E. Cavanagh)则把治疗过程划分为信息的收集、评价、反馈、治疗协议、行为改变和结束等6个阶段[7],伊根(G. Egan)把咨询和治疗过程分为确认和分析问题阶段、设立目标的阶段以及行动阶段等3个阶段[8]。

S. Cormier 和 B. Cormier 把咨询过程概括为4个阶段:建立咨询关系阶段,评估及确立目标阶段,选择、补充咨询与干预策略阶段,评估及终止咨询阶段[9]。这4个阶段的具体内容如下:

1. 建立咨询关系阶段

在这一阶段里,咨询者要与来访者建立起一种有效的咨询关系。其方法主要来自于罗杰斯(C. Rogers)的来访者中心或以人为中心的治疗方法。建立良好咨询关系的潜在价值是不可忽视的,因为它是咨询过程中的特殊组成部分,表明咨询者关心来访者,并将其视为独特而值得关注的人。对于来访者来说,良好的咨询关系能帮助他们对咨询者建立起足够的信任,以便最终能够披露自己的内心世界。有些来访者认为能与咨询者建立起这种关系就已经足够了,已经可以很好地解决自己的问题了。而对另外的来访者来说,关系的建立只是他们在咨询中寻求各种选择和变化的必要条件,而不是充分条件。他们需要咨询者采取进一步的治疗活动或干预措施。

2. 评估及确立目标阶段

该阶段常常与第一阶段同时或稍后进行。咨询者在这个阶段中,要帮助患者研究、了解自己和自己的问题。评估问题能使咨询者和来访者更全面、深入地了解究竟发生了什么事情，究竟是什么促使来访者来进行咨询。评估中所获得的信息对于规划咨询策略是极为有价值的，而且可以用于控制来访者的抗拒心理。找出问题和困难后，咨询者与来访者还要一起制定预期目标，即来访者希望通过咨询而得到的特殊结果。预期目标同样可为规划咨询策略提供有用的信息。

3. 干预策略的选择与补充阶段

咨询者的任务是促进来访者顿悟并做出相应的行为。顿悟是有用的，但仅靠顿悟的作用是不够的，其作用远不如在顿悟基础上再将顿悟转化为特定行为的联合作用。为了达到这一结果，咨询者与来访者要在评估资料的基础上，选择并安排好行动计划或干预步骤，以使来访者取得预期目标。制定干预步骤时，重要的是选择那些与问题及目标相关联的策略方法，而且不要让所选择的策略与来访者的基本信念和价值观相冲突。

4. 评估及终止咨询阶段

这阶段要做的是评估咨询者干预措施的有效性，以及来访者取得目标的进展情况。这种评估会使咨询者知道何时可以结束咨询，何时需要修补干预行动计划。而且，评估结果中具体可见的进步也常常会鼓励、强化来访者。

从以上介绍的内容中我们不难发现，虽然心理咨询家们提出了多种有关阶段划分的观点，但所有的心理咨询过程大致都要经过咨询的准备阶段、具体行动阶段和结束阶段。其中准备阶段包括建立咨询关系、评估与分析来访者问题、确立咨询目标和咨询方案等具体步骤。

二、关于心理咨询过程阶段划分的两点思考

（1）心理咨询过程是由一连串的有序步骤所构成的。一般来说，无论咨询时间长短、咨询者运用何种咨询理论与方法、来访者的情况有何不同，一个完整、有效的咨询过程都必然包含若干基本的、必须经过的阶段，每一阶段又有其特定的咨询内容，只不过侧重点有所差异。不管

咨询者有意识还是无意识,这些阶段都是或多或少、或隐或显地存在着。要想使咨询收到预期效果,咨询者就必须认真对待每一阶段,并努力使咨询关系顺利度过这些阶段,对此,每一个咨询者都要有足够的认识。这样他们才能在适当的时候进行自我评估,弄清目前自己的任务是什么,下一步该怎么办。

(2)在具体的咨询过程中,咨询者对于咨询阶段的划分要灵活掌握,不宜过于拘泥。因为咨询阶段的划分是相对而言的,各个阶段既相互衔接,又相互有交叉、互动。各个阶段中的所有元素始终都贯穿于整个咨询过程,例如建立良好的咨询关系就应贯穿于咨询过程的始终,而不仅仅是初始阶段要做的内容。

第二节 心理咨询作用机制

一、心理咨询作用机制概述

心理咨询产生效果的作用机制是什么?每种心理咨询方法是否像每种药物那样有其独有的活性成分?还是不同的心理咨询方法有一些对来访者起作用的共同因素(common ingredients)?这是一个非常值得探讨的问题。

长期以来,不同流派的咨询家在描述自己的咨询时,往往将重点放到不同于其他流派的咨询技术上。例如,精神分析学派强调对症结的领悟、了解和意识化的作用,行为治疗家注重强化与示范,而人本主义治疗家则重视神入(empathy)和良好的咨询关系的作用。所以,传统观点认为不同心理咨询方法对不同来访者会产生不同的效果,即所谓的独有成分(unique ingredients)理论。然而,这一理论并没有令人信服的证据支持。有人分析比较了心理治疗、安慰剂和控制组的效果大小,也未发现不同疗法的效果有显著差异[10]。不同心理咨询方法效果相似意味着各种方法具有某些有益的共同成分,正是这些成分产生相似的咨询效果。夏特和斯特拉普(T. E. Schacht and H. H. Strupp)也曾指出，迄今为止，还不能结论性地证明，某些类型的心理治疗对某些类型的问题有独特的疗效。同时，大量研究证明，各种不同的心理治疗都是有疗效的，且总体疗效没有显著性差异。这就很自然地使人想到，不同的心理治疗之间可能具有若干起作用的共同因素，也许差别只在于，不同的心理治疗所强调与重视的因素有所不同罢了[11]。不过，以共同成分或因素为基础解释心理咨询的效果，似乎回避了一个问题：心理咨询与其他(如牧师忠告、劝慰或建议)干预手段有什么区别？因此，一些人认为共同成分常与独有成分结合在一起对来访者的进步才有实质意义[12]。也就是说，心理咨询效果的产生可能有两种作用机制，一种是基本的作用机制，另一种是特殊的作用机制。所谓基本的作用机制，也称共同的或非特殊的作用机制，是指各种咨询方法所共同具有的、能对来访者产生积极影响的因素；所谓特殊的作用机制，是指每种咨询方法所独有的、能对来访者产生积极影响的因素。

二、心理咨询的基本作用机制

有关心理咨询的特殊作用机制将在本书有关咨询理论和方法的章节中作详细介绍，这里，我们仅对心理咨询的基本作用机制，或者说各种心理咨询方法共有的、起积极作用的因素进行介绍和讨论。

Lambert 和 Bergin 列出了 30 个不同心理疗法共有的活性成分，如情绪宣泄、治疗关系、认知学习等[13]。A. R. Mahrer 认为各种心理咨询和治疗方法起作用的共同因素有 6 个：矫正性情绪体验、从事新的有效行为、提出可供选择的生活态度、治疗者与来访者之间的关系、随时准备接受社会影响、意识扩大性自我探索。他进一步指出，这 6 个因素不能截然分开，它们互相之间有重叠，因为它们并不是在同一层次上的抽象产物。这 6 个因素的具体内容如下[14]：

1. 矫正性情绪体验

不同的心理咨询和治疗都可以使来访者产生这种情绪体验。一方面，来访者的焦虑、紧张、沮丧、自卑等心情可能减轻；同时，来访者在与咨询者交谈中可能萌生希望甚至信心,感到心情轻松愉快,感到被理解和被尊重。

2. 从事新的有效行为

所谓新,是指来访者过去未曾尝试过的;所谓有效,是指行动能满足来访者的需要,如友好关系的体验、成就感等。启发、鼓励和支持来访者采取新的有效行动是多种不同心理咨询与治疗起作用的一个共同因素。这种启发、鼓励和支持可以是公开的和直截了当的,包含明确的建议和具体的指导,也可以是含蓄的、间接的或暗示性的。

3. 提出可供选择的生活态度

各种不同形式的心理咨询和治疗都有共同的临床策略,就是为来访者提出另外的可供选择的生活态度和看待他们自己以及周围世界的方式。这被许多咨询者和治疗家公认为是帮助来访者改变和成长的一个共同因素。

态度就是个体对自身和外界事物一贯的、稳定的反应倾向,它包括认知成分、情感成分和意向成分。不同的心理咨询和治疗派别,有的强调认知,有的强调情感体验或领悟,有的强调行为。许又新进一步认为,心理冲突,简而言之,是态度的冲突。典型的神经症患者既有自相矛盾的认知,也有势不两立的情感和欲望,还有背道而驰的行动倾向,一言以蔽之,他们处于尖锐的态度冲突之中。神经症的痊愈必然有生活态度的根本性转变。所谓移情疗效之所以不持久,原因就在于患者只是重复过去已有的(往往是根深蒂固的)态度,如果治疗不彻底,患者一旦离开长期和他密切相处的治疗者,便会产生分离焦虑。没有生活态度的根本性改变,即使症状消失且维持相当一段时间,病人还是经受不了生活中的波折,容易旧病复发。他认为,任何减轻病人痛苦和症状的方法都可以采用,但是有一个条件,即这种方法不妨碍病人态度的根本性转变[15]。

4. 咨询者与来访者的关系

建立咨询者与来访者之间的良好关系即使不是所有心理咨询和治疗的特征,也是许多种心理咨询和治疗经常强调的一个共同因素。它直接有利于心理障碍的缓解甚至消除。不同的咨询和治疗理论有不同的说法:如移情关系,帮助关系,工作或治疗同盟,促进关系,真实关系,遭遇关系,密切或亲密关系,建设性关系,双方卷入的关系,等等。

5. 随时准备接受社会影响

来访者求助于咨询者的行动本身,就意味他准备接受社会影响。但是,只有初步的求助动机是远远不够的,还必须具有随时准备接受社会影响的能力和自觉性。否则,不仅来访者的求助行为可能会中断,而且也不会从社会生活中接受别人有益的影响。心理咨询和治疗的主要任务之一,就是培养来访者随时准备接受社会影响的能力和自觉性,并鼓励来访者去与别人建立和发展类似他与咨询者之间的关系,在广泛的社会生活中随时准备接受他人有益的影响。为此,咨询者要通过实例帮助来访者弄清楚某些与来访者最关紧要的社会影响机制,例如吸引、喜欢、爱、厌恶、憎恨、攻击等的机制,弄清楚如何处理从众、顺从、服从和保持独立自主性的关系这类问题。当然,由于问题的性质和来访者人格各异,讨论的重点因人而不同。

6. 意识扩大性自我探索

在咨询和治疗中,咨询者采取灌输的方式即使解决了眼前的问题,如果来访者不会自我探索,下次遇到新问题(可能只不过是老问题的另一表现形式)仍需求助于咨询者。所以咨询者和治疗家的启发和引导,不能代替来访者自觉的思考。

自我探索使意识的范围和深度加大,过去觉察不到的内心世界逐渐清晰地呈现出来,人们对自己的理解得以提高或深入。不同咨询和治疗理论对这一过程有不同的解释。来访者中心理论认为这是对自己内在感受的挖掘或开发,同时也是去掉面具而显现出真实的自我的过程;精神分析学说认为这是对"无意识"的洞察或领悟;存在主义治疗理论认为这是对"亲在"(Dasein,我这个独特的人的存在)的觉察;格式塔或完形(Gestalt)治疗理论认为这是对心理之整体(即格式塔,亦译完形)的觉察;认知治疗理论也有类似的情况。例如,通过认知治疗使来访者认识到,自己的认知活动在诱发反应的刺激或生活事件与反应或结果之间,起着中间环节的作用;弗兰克尔(V. E. Frankl)的意义疗法同样包含着这个因素。按这种治疗理论,经过治疗,来访者发现和体验到了自我存在的意义以及生活的意义,也就是开拓了意识,当然可以理解为意识扩大性自我探索;从表面上看,行为治疗的过程本身似乎没有意识扩大性自我探索,其实并不尽然。关键在于来访者是否开动脑筋积极地参与行为治疗,如果是的话,这个过程也包含有意识扩大性自我探索。尤其是新的有效行为意味着丰富了来访者的行为储备,这必然伴有意识扩大。成功的行为治疗使来访者自信心增强,行为的自觉性和责任感也增强了,这里蕴含着实践过程中的自我探索。

如上所述,促使来访者进行意识扩大性自我探索是各种心理咨询和治疗起作用的共同因素之一。但这一因素能否真正发挥作用,还有赖于来访者个人的一些条件。P. E. Sifneos 等认为,深入的自我探索性心理治疗要选择适当的来访者,来访者需满足以下 5 个条件[16]:

(1)能够区别什么是主观的(心理的)和什么是客观的(非心理的)。显然,正处于精神病状态的人,精神发育迟滞或痴呆病人,文化教养太低的人,都不适合。

(2)能够而且愿意把内心的感受说出来。

(3)为了长远利益,愿意忍受暂时的情感冲击。具有爆发性或冲动性人格特性的人不适合。

(4)能够超出自恋性满足的水平。这就是说,婴儿式地依赖他人,只能听得进安慰、体贴、赞赏等一类的话的人不适合。

(5)有改变自我的动机。

其中(1)和(2)是比较容易发现和辨认的;(4)和(5)却有可能被来访者的假象所蒙蔽,尤其是戏剧型人格障碍者,并不总是容易被辨认出来的;(3)这个条件凭借咨询者和治疗家的努力和娴熟的技术可以至少部分地加以弥补。

曾文星、徐静认为对治疗本身的期待、对治疗者的信任、可依赖的安全感、接受支持、接受心理学知识、获得病情的解释、策动改善的动机、向治疗者模仿和认同、获得家人或旁人的关心、协助(相关)资源的动用、自然复愈及成长等是心理治疗的基本治愈机制[17]。

梁宝勇认为,各种心理咨询和治疗方法起作用的共有因素有 6 个:温暖和信赖的咨询关系、保证和支持、脱敏、理解或领悟、适应反应的强化和学习、宣泄等[18]。我们以这一观点为基础,并且吸收和借鉴其他观点,认为各种心理咨询和治疗起作用的共同因素可能有以下一些:

1. 来访者对咨询本身的期待

有些来访者一旦决定接受心理咨询并期待早日付诸实施之后,心情就显著改善,显然,这与咨询没有关系,而是期待咨询这件事本身起了作用。每个来访者对咨询的期待是不同的,有的来访者幻想咨询者能轻而易举地去除自己的心理问题;有的来访者希望咨询者能成为自己的后盾,帮助自己去应付面对的困难;有的来访者因决定接受心理咨询,开始关注自己的心理状况,费心检讨自己的想法、小心管理自己的情绪及控制自己的行为,无形中就发挥了心理咨询的功效。

2. 温暖和信赖的咨询关系

咨询者通过尊重、真诚、准确的神入(empathy)和无条件的积极关怀与来访者建立起温暖、信赖的咨询关系。这种关系可以增强来访者战胜困难、治愈疾病的信心。

3. 保证和支持

来访者往往以为自己的心理问题是独特的、难以解决的,通过与咨询者讨论,便可认识到这些问题并非少见或自己独有,且是可以解决的。咨询者的保证和支持,使来访者感到有依靠、安全和希望,焦虑水平降低。

4. 脱敏

不仅系统脱敏法,各种心理咨询方法都有脱敏成分。在接受的气氛中同来访者一起谈论让来访者担心的问题和事件,这些问题和事件便逐渐失去威胁性;在安全的咨询场合重谈痛苦的经历,可逐渐消退与之有关的焦虑。

5. 理解或领悟

所有心理咨询都或多或少要向来访者解释,如问题是如何产生的?为什么持续存在?如何解决?不同咨询和治疗流派有不同的解释和方法。对于有令人担心的问题、而又不明其原因和严重性的来访者来说,不管咨询者如何解释、采用何种咨询方法,同专业人员接触本身便有消除疑虑、获得新知识和培育希望的作用。

6. 适应反应的强化和学习

所有咨询者和治疗家(不只是行为治疗家)对来访者的进步和成长都会投以赞许的目光和话语,对适应不良行为或态度感到失望。因此在不同咨询和治疗方法中强化的使用只有有意、无意之分,没有哪一种方法没有强化成分,包括罗杰斯的来访者中心疗法在内。所有心理咨询和治疗都是以促进来访者行为或态度改变、帮助来访者进步和成长为目标的,因此也都包含学习。

7. 宣泄

所有咨询者都要倾听来访者的诉述,来访者倾述内心的痛苦和烦恼,这本身就有积极作用,可以缓解内心的紧张、减轻心理压力,至少有暂时性功效。

8. 促进自然复愈与成长

许多心理上的困难,往往靠个体自己的复愈能力或随着个体的成长而恢复。心理咨询的作用只在于减除对自然复愈的障碍,使个体发挥自身的生命力去达到康复。特别是小孩或年轻人,充满生命力,只要适当排除存在的阻力或障碍,就能很好地成长。所以心理咨询有促进来访者自然复愈及成长的作用。

参考文献

[1] 张人骏、朱永新、袁振国:咨询心理学,北京:知识出版社,1987年版,第18页

[2] 车文博主编:心理治疗手册,长春:吉林人民出版社,1990年版,第36—38页

[3] 马建青:辅导人生——心理咨询学,济南:山东教育出版社,1992年版,第10页

[4] 钱铭怡:心理咨询与心理治疗,北京:北京大学出版社,1994年版,第122页

[5] 汤宜朗、许又新:心理咨询概论,贵阳:贵州教育出版社,1999年版,第70页

[6] 曾文星、徐静:心理治疗:原则与方法,北京:北京医科大学出版社,2000年版,第108—115页

[7] Cavanagh, M. E. The Counseling Experience, Monterey, CA, Brooks/Cole Publishing Company, 1982

[8] Egan, G. The Skilled Helper, Monterey, CA, Brooks/Cole Publishing Company, 1986

[9] S. Cormier 和 B. Cormier 著,张建新等译:心理咨询师的问诊策略,北京:中国轻工业出版社,2000 年版,第 6—8 页

[10][12][13] 吴明霞、郑涌、汤万文:心理治疗效果研究的进展,心理学动态,2001,2:151—152

[11][14] 转引自许又新:心理治疗基础,贵阳:贵州教育出版社,1999 年版,第 149、152、161—162 页

[15] 许又新:心理治疗基础,贵阳:贵州教育出版社,1999 年版,第 161—162 页

[16] 转引自许又新:神经症,北京:人民卫生出版社,1993 年版,第 243 页

[17] 曾文星、徐静:心理治疗:理论与分析,北京:北京医科大学出版社,2000 年版,第 8—13 页

[18] 梁宝勇、王栋主编:医学心理学,长春:吉林科学技术出版社,1998 年版,第 107 页

第三章 心理咨询发展简史

心理咨询作为一门科学、一种技术、一种职业,其诞生和发展是与社会的发展和人类对自身认识的不断深化紧密联系在一起的。

第一节 我国心理咨询发展简史

纵观我国心理咨询业的发展,特别是20世纪80年代以来的情况,从总体上说,心理咨询和心理治疗工作的分化不很明显,两者基本上是相互渗透、相互重叠、共同发展的,彼此之间并未有严格的区分。这与国外发达国家的情况有很大的不同。因此,以下的心理咨询发展史实际上也就是我国心理治疗的发展史。

在新中国成立以前,心理咨询和心理治疗工作的开展比较零散,虽然在职业指导、心理测量等方面开展过一些工作,但它们并不属于当今所说的心理咨询与心理治疗的主流,而且也未形成较大的规模。新中国成立后,心理咨询和心理治疗事业既有曲折、停滞,也有兴旺、发展。

钟友彬1991年根据对国内公开发表研究论文的统计分析,把我国心理咨询与心理治疗的发展分为:空白阶段(1949年以前和1949~1978年之间)、准备阶段(1979~1985年)和初步发展阶段(1986~1990年)[1]。

钱铭怡将新中国成立后心理咨询和心理治疗的发展划分为4个不

同阶段:启动阶段(1949～1965年)、空白阶段(1966～1977年)、准备阶段(1978～1986年)、初步发展阶段(1987年以后)[2][3]。

现根据钱铭怡的观点,对新中国成立后心理咨询和心理治疗的发展历史作一简要介绍。

一、启动阶段(1949～1965年)

在这一阶段中只有少部分专业人员进行了零散的心理治疗工作。在此阶段影响最大的工作为50年代末、60年代初对神经衰弱的快速综合治疗。1958至1959年,中国科学院心理研究所医学心理组、北京医学院精神病学教研组和北京大学卫生院及心理学系合作,首先在北京大学对患神经衰弱的学生们进行了快速综合治疗,而后治疗对象扩展到工人、军队干部和门诊病人。这种疗法综合了医学治疗、体育锻炼(如学习太极拳、气功、跑步等)、专题讲座和小组讨论等形式,以巴甫洛夫学说来解释神经衰弱的病因,以解释、鼓励、要求和支持等方式对病人进行治疗。从所发表的许多文章和研究报告看,治疗取得了较好的疗效[4-7]。后来又将这一疗法应用于精神分裂症、高血压及慢性病中,同样取得了较好的疗效[8-10]。80年代末、90年代初,李心天将此法作了总结和提炼,称之为"悟践疗法"[11]。

二、空白阶段(1966～1977年)

由于"文化大革命"的影响,心理学被斥为伪科学,心理咨询和心理治疗更是处于被批判的地位,当时思想政治工作代替了一切,因此在1966～1977年,这一阶段几乎没有一篇心理学文章或一本心理学著述发表,故称之为空白阶段。

此阶段,很值得一提的是钟友彬等人从70年代中期开始,利用业余时间秘密尝试采用心理分析疗法对某些神经症患者进行治疗。为此后钟友彬创立认识领悟心理疗法奠定了一定的基础。

三、准备阶段(1978~1986年)

这一时期有关心理咨询和心理治疗的文章开始在专业杂志上发表,虽然发表的数量不多,但毕竟有了一个好的开端。这一时期还出版了一批西方著名心理治疗家的著作,如弗洛伊德、荣格、弗洛姆、霍妮等人的著作。

1979年成立了中国心理学会医学心理学专业委员会,这一专业委员会成立后,积极组织医学心理学学术会议,在每次学术会议上都有心理咨询和心理治疗方面的临床报告、经验交流和研究探讨,这对心理咨询和心理治疗在全国范围内的推广起了积极的作用。

在这一阶段,各种不同形式的心理咨询和心理治疗讲习班、培训班开始在全国一些城市和地区陆续出现,这些讲习班、培训班大多属于启蒙性质,传授内容多为某些治疗(如行为治疗)的基础理论及基本技巧,且时间较短,但它为我国心理咨询和心理治疗事业培养了初级的人才,为他们日后进一步学习与实践打下了基础。

从20世纪80年代初开始,一些精神病院和综合性医院精神科开始设立心理咨询门诊,开展临床心理咨询与治疗工作,三级甲等医院的评定条件之一是设置临床心理科;上海、北京的一些高校相继开展了大学生心理咨询工作。从整体看,心理咨询和心理治疗工作的开展还不够普及,所采用的咨询和治疗方法较少(多为支持性疗法和行为疗法),且咨询和治疗的水平也有限,但仍在心理学界、精神病学界产生了一定的影响,为下一步发展打下了良好的基础。个别有识之士如钟友彬、鲁龙光等已开始进行所谓心理治疗中国化的努力,他们不断探索与中国国情相结合的心理分析、疏导的治疗方法。

四、初步发展阶段(1987年至今)

1987年以后,我国心理咨询和心理治疗事业进入初步发展阶段。其主要标志是:

1. 公开发表的有关心理咨询和治疗的论著在数量和质量上较之以前都有了较大幅度的提高

在数量方面,钟友彬对 1990 年以前国内公开发表的文章进行了统计分析,结果表明 1987 年发表的文章数量首次超过了 10 篇,以后连年递增,至 1990 年达到 20 篇[12]。钱铭怡曾对《中国心理卫生杂志》、《中国临床心理学杂志》和《健康心理学杂志》这三种专业杂志中的文章进行过统计,1994 年和 1998 年先后两次出现发表数量的高峰[13]。

在质量方面,能昌华等对 1982~1994 年我国专业杂志中发表的心理治疗文章的类型进行过统计,在这些文章中最多的是个案报告及案例观察,对照研究文章仅 29 篇[14]。而钱铭怡对《中国心理卫生杂志》和《中国临床心理学杂志》这两本专业杂志 1998 年发表的有关心理治疗的文章的统计发现,仅这两本杂志在这一年中发表的研究论文已超过 1982~1994 年共 13 年的半数以上(对照研究文章总数为 16 篇)[15]。这一数字反映了我国心理咨询与心理治疗专业工作者水平的提高及研究工作的深化。

除了上述情况之外,专业杂志所发表的文章的主题与内容的变化也反映了这一领域新的进展。20 世纪 80 年代末至 90 年代初有对心理咨询与治疗的关系及其性质的讨论,进入 20 世纪 90 年代以后开始出现对心理治疗中影响疗效和治疗改变的因素等讨论的论文。此类文章的出现表明我国心理咨询和治疗者的工作日趋深入与成熟。

另外,1987 年以后除了不断有国外心理治疗名著被翻译出版外,由我国专家自己著述及编著的心理咨询与治疗著作也陆续问世。其中比较引人注目的是钟友彬所著的《中国心理分析——认识领悟心理疗法》、鲁龙光所著的《疏导心理疗法》和许又新所著的《神经症》等。

2. 专业培训和管理逐步规范

从 1987 年至今,心理咨询与心理治疗事业在我国已有了长足的进展,但仍存在着不少问题。例如,由于许多从业人员只受过很少时间的训练或者只受过某一相关学科(如医学、心理学、教育学、社会学等)的训练,因此在咨询和治疗活动中遇到很多困难。针对训练不足的问题,我国专业领域已做了多方努力。这种努力体现在三个层面上:

(1)在大学心理学系对在校本科生和研究生进行心理咨询和治疗方面的培训,包括进行课堂理论学习、案例讨论及临床实习等;

(2)进行心理治疗硕士研究生班课程的培训;

(3)对在职人员进行连续的心理治疗培训,如中德高级心理治疗师连续培训项目所进行的工作,该项目的特点是:在三年时间内每年两次集训,以欧洲心理治疗培训的标准进行教学。

此外,为了进一步规范管理,中国心理学会和中国心理卫生协会于1993年颁布了《卫生系统心理咨询与心理治疗工作者条例》[16],同年,中国心理学会制定了《心理测验管理条例(试行)和心理测验工作者的道德准则》[17]。2001年,我国劳动和社会保障部委托中国心理卫生协会组织有关专家,制定了《心理咨询师国家职业标准》[18],并已颁布试行。

3. 相继成立了若干全国性的学术组织

中国心理卫生协会于1990年11月在北京成立了自己的下属分支——心理治疗与心理咨询专业委员会,1991年初,中国心理卫生协会中的又一分支——大学生心理咨询专业委员会成立。中国心理学会于2001年11月成立了心理咨询专业委员会(筹)。这些组织成立后,积极举办国际性、全国性学术交流与合作研究,组织撰写高水平的学术著作,培训从业人员,开展形式多样的科普工作,有力地推动了我国心理咨询与心理治疗事业的发展。

4. 心理咨询与心理治疗机构大量出现

这一阶段全国各地城市已普遍在综合性医院建立了心理门诊,在高等院校成立了大学生心理咨询机构,一些城市甚至在条件较好的中小学也配备专职心理咨询人员,出现了专门的心理治疗中心及私人开业的心理门诊。

5. 心理咨询与心理治疗专业期刊相继问世

中国心理卫生协会于1987年创办了《中国心理卫生杂志》,5年之后,又于1993年创办了《中国临床心理学杂志》和《健康心理学杂志》,这三个专业杂志的相继问世,促进了心理卫生领域的信息交流、学术研究、科学普及工作,推动了我国咨询心理学和临床心理学的发展。

6. 我国专业工作者在将心理咨询和心理治疗与我国国情相结合方

面进行了可贵的努力

从20世纪80年代以来,几乎所有西方最主要的心理咨询与心理治疗学派的理论观点及方法技术均已传入我国,龚耀先、李庆珠对457个开展心理治疗的单位进行调查的结果表明,我国的专业工作者应用最多的心理治疗方法依次为行为疗法、认知疗法、支持疗法、心理分析、森田疗法、生物反馈、催眠暗示疗法、来访者中心疗法和钟友彬的认识领悟疗法[19]。钱铭怡认为,我国心理咨询和心理治疗在理论和方法上受到西方不同学派极大影响的同时,也受到了中国文化的很大影响,表现出指导式的治疗倾向、整合的治疗倾向、顺应自然的治疗倾向等特点[20]。

目前在我国应用的绝大多数心理咨询和心理治疗理论及其方法来源于西方。由于文化直接影响着人的心理与行为、人所遭遇的挫折与困难、人的应付与适应心理问题的方式,也直接影响着心理治疗的理论、模式和具体方法,所以我国的心理咨询和心理治疗工作者在应用西方心理咨询和心理治疗理论与方法的同时,还面临着如何使之适合于中国的国情的任务。多年来,我国的许多心理咨询和心理治疗工作者一直在坚持不懈地进行着这方面的努力。主要表现在两个方面:

(1)努力使心理咨询与治疗工作与我国的国情,特别是与我国的文化相适应,在此基础上积极发展我国自己的独特治疗方法。

需要指出的是,我国大陆、台湾和香港的专业工作者为此都做出了各自的贡献,其中的很多成果反映在曾文星主编的《华人的心理与治疗》一书中。在我国大陆方面,比较具有代表性的是钟友彬创立的认识领悟疗法和张亚林、杨德森倡导的道家认知疗法。

钟友彬的认识领悟疗法要求病人对他们的症状是以儿童的思维逻辑和方法解决成年人所遇到的问题这一点达到领悟,从而以成熟的行为模式代替幼稚的行为模式。这种解释反映了中国传统的自然观——顺应自然而发展的要求,因而是病人能够而且易于领悟和接受的。迄今为止,此疗法已跻身于我国专业人员常用的几种疗法之一。

张亚林、杨德森的道家认知疗法基于中国道家哲学的处世养生之道,并参考现代心理治疗的方法学而创立。其治疗要求来访者达到的最高境界是认识自然规律,顺应自然规律。他们从 1995 年开始提出有关观点,并与我国多个单位协同进行临床实践研究,目前研究正在继续进行。

(2)整理和挖掘中国传统思想及医学中与心理治疗有关的论述和方法。

这方面目前有了一些研究报告,但尚未形成专门的理论体系和系统的技术方法,有待今后做出进一步的努力。

第二节　国外心理咨询发展简史

现代心理咨询的出现源于 19 世纪中后期的工业革命给人们生活带来的深刻影响,它作为一个专门的学科、一种专门的职业,其专业功能、服务对象和范围、所运用的原理和方法等,都是在发展过程中逐渐明确和丰富起来的。

美国是现代心理咨询的发源地,而且也是心理咨询业最发达的国家。了解美国心理咨询的发展历史,特别是其职业化历程,对于加速推进我国心理咨询事业的发展很有启发意义。

20 世纪初美国职业指导运动、心理测量技术和心理卫生运动的兴起被认为是现代心理咨询产生的三个直接根源[21]。

现代的专业咨询服务最早是由"职业指导之父"帕森斯(F. Parsons)于 1908 年率先开展起来的[22]。他在美国波士顿组织成立了"就业辅导局",并于次年出版《职业选择》一书,对人们在择业方面常遇到的问题,提供了若干有价值的建议。此书为心理咨询的诞生奠定了一块基石。这本书在心理咨询方面的价值在于提出了帮助个人择业的方法学。帕森斯认为,一个人的职业必须与其本人的兴趣、能力和个性相结合。为了得到理想的职业,不仅要对环境(如成功的条件、工作的性质等)进行正确的评估,也要对自我进行正确的认识。

作为美国密执根州一个学区的督学,大卫(Davis)是第一个在公立学校建立系统的指导课程的人。他在 1907 年就建议该学区所辖学校每周为学生开设一次指导课程,以塑造学生的人格,避免问题行为的发生。这种做法虽然不是真正意义上的心理咨询,但却是早期心理咨询的主要表现方式——学校指导的雏形。

美国耶鲁大学学生比尔斯(C. M. Beers)曾因其兄患癫痫,惟恐这种病遗传给自己,在紧张、恐惧、焦虑的状态下,精神失常而住进精神病院。在 3 年的住院生活中,他受到种种粗暴残酷的对待,目睹了精神病院的恶劣环境及其他住院病人所受到的种种非人待遇。出院后,他立志将自己余生贡献给改善精神病患者待遇的事业。他四处奔走,呼吁改善精神病院的医疗条件,改革对心理疾病患者的治疗方法和手段,并从事预防精神病的活动。1908 年,他以生动的文笔写了《一颗发现自我的心灵》(A Mind That Found itself,或译为《自觉之心》)一书。

此书出版后受到了社会各界的高度评价。比尔斯得到社会各方面的鼓励和赞助后,于 1908 年 5 月成立了"康奈狄克州心理卫生协会",这是世界上第一个心理卫生组织。此协会工作的目标有 5 个:①保持心理健康;②防止心理疾病;③提高精神病患者的待遇;④普及对于心理疾病的正确认识;⑤与心理卫生的有关机构合作。经比尔斯和同行们的努力,于 1909 年 2 月成立了"美国全国心理卫生委员会"。比尔斯的贡献在于使精神病学家、心理学家乃至全社会在观念上发生了深刻变化,发起美国乃至全世界心理卫生运动,他本人也被视为心理咨询的先驱者之一[23]。

第一次世界大战期间,由于美国军队面临着对征募的士兵进行甄别和分类的需要,因而委托了一些心理学家设计了一种智力测验,这样就可以在培训过程中识别和淘汰那些智力低下的人。当时设计了两个测验:军队甲种团体智力测验和军队乙种团体智力测验。在军队中的成功尝试推动了其他行业对各种测验的使用,心理测量学家不断设计了适用于各种情况的新测验。随后测量兴趣、态度和能力的技术逐步发展起来,为职业指导提供了科学手段。

从 1930 年开始,以整个人格为对象的咨询发展起来了,包括职业、学校生活、家庭、情感、人格、身体健康等方面的问题都开展了咨询,在很多学校成立了专门的心理咨询机构。在整个 30 年代,最为有影响力的事件是由威廉森(E. G. Williamson)所创立的第一个心理咨询理论的诞生,即"以咨询者为中心"的咨询模式,这一模式在随后一段时间里的心理咨询实践中一直占据统治地位。

20世纪30年代末和40年代初,个性与学习理论以及心理治疗理论促进了心理咨询的发展。以心理测量为基础的指导性谈话的临床咨询模式开始为心理治疗的模式所取代。第二次世界大战的爆发以及30年代经济萧条局面的缓和所产生的社会历史条件的变化,是造成这种变化的主要原因。社会变化对人们的影响远远超出了教育或职业的问题,人们开始在个人适应的各种问题上,尤其是情绪或人际关系问题方面寻求帮助,于是出现了所谓的"心理治疗年代"。罗杰斯(Rogers,1942)的《咨询和心理治疗》(Counseling and Psychotherapy)一书是这个年代的代表性著作。在此书中,罗杰斯对威廉森的"以咨询者为中心"咨询模式和弗洛伊德的精神分析疗法中的主要观点提出质疑,反对传统的以咨询者为中心、以直接提问为基础的指导性咨询(directive counseling),提出了"以来访者为中心"的咨询模式和非指导性(non-directive)的咨询原则。他强调相对独立于社会的个人情绪问题,要求咨询者与来访者之间建立起良好的关系,为来访者主动、自由地倾吐内心的秘密创造适宜的气氛。他认为,个人具有成长、健康与适应的内在动机,应充分发挥来访者的主观能动性,并避免指导式咨询的影响。罗杰斯创立的以来访者为中心的治疗理论和方法第一次使非医学的和非心理分析的心理治疗成为现实。在此之前,由于弗洛伊德及其学术的强大影响,心理治疗是只有医生才可以从事的职业。精神分析在这一领域中独占鳌头。罗杰斯的工作不仅打破了心理治疗领域中一枝独秀的局面,同时第一次将心理治疗与心理咨询联系在一起。

40年代以后,心理咨询这门学科迅猛发展。它不仅从心理学的许多分支研究(如学习、动机、情绪、测量、人格和社会心理学等)中汲取营养,也从教育学、社会学、心理卫生学、语言学等领域汲取了养料。

50年代是心理咨询发展历史上最为辉煌的时期,1952年,分别成立了美国心理学会(APA)第17分会"咨询心理学分会"(DCP)和美国人事与指导协会(APGA),这对心理咨询作为一种职业的成长与发展发挥了重要的作用。与此同时,大量新的咨询理论和方法纷纷涌现且逐步成熟,如行为主义咨询理论(如 J. Wolpe 的系统脱敏法)、认知理论(如 A. Ellis 的合理情绪疗法)、E. Berne 的交互作用分析法以及人本主义咨询理论、小组咨询方法等。这使心理咨询者的眼界大开,服务能力也得到了空前提高。

此后,随着对心理咨询者专业角色的明确定义,建立了一系列州级和国家级的职业道德规范、培训标准、权力范围、资格证书、职业证书制度,心理咨询逐渐成为一种明确的专门职业。

参考文献

[1][12]钟友彬:中国国内心理治疗与咨询工作概况,中国心理卫生杂志,1991,5(1):38—40

[2]钱铭怡:心理咨询与心理治疗,北京:北京大学出版社,1994 年版,第 9—14 页

[3]钱铭怡:心理治疗与心理咨询在中国的发展,载《当代中国心理学》,北京:人民教育出版社,2001 年版,第 174—175 页

[4]李崇培、李心天、陈仲庚、张伯源等:神经衰弱的快速治疗,中华神经精神科杂志,1958,2(5):351—356

[5]李崇培、许又新、耿镇美、王明德:神经衰弱的某些病因学问题及快速综合治疗的初步探讨,中华神经精神科杂志,1959,3(5):304—307

[6]李心天、王景和、匡培根、石效川:神经衰弱者病因和各种治疗效果的分析,中华神经精神科杂志,1960,4(2):106—111

[7]匡培根、李心天、王景和、石效川:神经衰弱门诊集体快速综合治疗 87 例临床总结,中华神经精神科杂志,1960,4(1):12—18

[8]李心天、张继志等:慢性精神分裂症综合治疗的研究,中华神经精神科杂志,1963,7(2):138—142

[9]王景和:心理因素在高血压病的发生、发展及综合快速治疗中的作用,心理学报,1961,2:107—115

[10]王景和:心理治疗在慢性病综合快速治疗中的作用,心理学报,1961,1:44—50

[11]李心天:医学心理学中的心身关系研究:悟践疗法,当代中国心理学,北京:人民教育出版社,2001 年版,第 159—163 页

[13][15] 钱铭怡:心理治疗与心理咨询在中国的发展,载《当代中国心理学》,北京:人民教育出版社,2001年版,第177页

[14] 能昌华、赵山明、丰锐:文献计量学方法对国内心理治疗发展水平及研究概况分析,中国心理卫生杂志,1998,12(4):244—246

[16] 中国心理学会、中国心理卫生协会:卫生系统心理咨询与心理治疗工作者条例,心理学报,1993,2:223—224

[17] 中国心理学会:心理测验管理条例(试行)和心理测验工作者的道德准则,心理科学,1993,4:1—2

[18] 中华人民共和国劳动和社会保障部:心理咨询师国家职业标准(试行),北京:中央广播电视大学出版社,2001年版

[19] 龚耀先、李庆珠:我国临床心理学工作现状调查与展望,中国临床心理学杂志,1996,4(1):1—9

[20] 钱铭怡:心理治疗与心理咨询在中国的发展,载《当代中国心理学》,北京:人民教育出版社,2001年版,第175—176页

[21] 于鲁文:美国心理咨询的发展及职业化历程,心理学动态,1997,1:40

[22] 汤宜朗、许又新:心理咨询概论,贵阳:贵州教育出版社,1999年版,第20页

[23] 王效道:心理卫生,杭州:浙江科学技术出版社,1990年版,第6—7页

第四章　心理咨询工作对从业者的要求

相比其他职业，心理咨询是一种较为特殊的职业，是一项艰辛复杂、充满挑战而又非常富有意义的助人工作，对从业者的素质和能力有着很高的要求。若要成为一名有效的心理咨询工作者，不仅要接受严格的专业教育和训练，掌握较高的专业技能，而且应具备职业行为所必需的个性品质以及其他方面的个人要求。可以说，心理咨询过程是心理咨询工作者知识、技能、心理品质、职业道德、价值观、人性观诸多方面的展示，并且在很大程度上决定着心理咨询的效果。正如卡可夫(R.R. Carkhuff)所言"咨询是生命的流露"[1]。

一般来说，一个人要成为专业咨询工作者需要经历若干的阶段，如参加培训、接触来访者、获得实习经验等。国外有一项研究考察了咨询者职业生涯的发展，并发现一个人由决定从事咨询业开始，到成为经验丰富的临床咨询家，往往经历八个阶段。它们分别是：常规阶段、职业训练转型阶段、模仿专家阶段、条件化自主阶段、探索阶段、整合阶段、个性化阶段和完善阶段。认为这八个阶段是相互关联的。咨询者在每个阶段都有最关注的主题，如初学咨询者必然更关心技能的掌握，而不是个人的咨询特色，他们大多是按照教师或指导者的样板去规划自己的行为。随着职业化过程的进展，新的主题和关注点会不断产生。虽然起初几个阶段较为枯燥、刻板，但它们却是成为有效咨询者的整个过程中所必须经历的[2]。

第一节 专业知识、技能方面的要求

无论何种职业都有其特殊的专业属性,对从业者都有明确的资格要求,而达到资格要求的途径主要是通过接受专业教育和训练来实现的。

一、国外心理咨询工作对从业者专业知识、技能方面的要求

心理咨询兴起于欧美等国,并走过了百余年的职业化发展道路,积累了丰富的经验。

欧美发达国家心理咨询工作对从业者专业知识和技能有严格的要求。在美国,各个州都对职业心理咨询者有严格的从业要求,他们若要成为一名国家级资格认定的心理咨询者(NCC),则必须通过成立于1983年的"国家咨询者资格认定委员会"(以下简称NBCC)制定的标准化考试,获取相应的开业"执照"。美国的心理咨询工作者,至少要获得心理咨询硕士学位,并在相应的专业领域完成规定的实习内容和实习时间。这些领域有:健康心理咨询、学校心理咨询、职业心理咨询、婚姻与家庭心理咨询、组织心理咨询等。他们的资格通常由NBCC加以认定,并由各州或NBCC公布名单。NBCC确定了心理咨询者应该了解和掌握的八个主要的知识领域:①人类成长与发展;②社会与文化基础;③如何建立助人的关系;④小组活动;⑤生活型态和职业发展;⑥鉴定;⑦研究与评价;⑧职业适应[3]。

美国的心理咨询人员由两个主要的专业领域加以培养:咨询心理学(counseling psychology)和咨询者教育(counselor education)。"咨询心理学"的人才培养模式,由美国心理学会(APA)及其下属的咨询心理学分会加以制定。为了保证教育质量,APA和咨询心理学分会对专业人才培养的标准、提供专业教育的机构、教师所应具备的条件与技能

提出了详细的规定。其中专业课程至少要达到3年全日制注册学生的课程量,课程的内容必须包含科学与职业道德规范、研究设计和方法学、统计和心理测量学、行为的生物基础、行为的认知和情感基础、行为的社会基础、个体行为等特殊学科的课程。专业教育必须包含专业实习及现场或实验室训练,实际操作的最少时间为300小时,其中至少有200小时的直接服务经验和50小时的有督导的正规实习,实习期必须有一年的全日制工作量或至少1500小时的实习经验。"咨询者教育"专业的培养模式,由美国"咨询及相关教育项目资格认定委员会"(CACREP)制定,该模式有硕士和博士两个层次。涉及社区咨询、心理健康咨询、学校咨询、高校学生人事服务、婚姻与家庭咨询等专业[4]。

在欧洲,由于各国的教育体制不同,有些要求从业者具有博士学位,有些则要求具有硕士学位,即便是后者,其所花的时间也是相当可观的。以荷兰为例,一名咨询工作者或心理治疗工作者要获硕士学位的学习年限至少为5年,长者达7年,而且学习的最后一年全部投入临床实习训练。得到学位、毕业之后,一般不能马上找到正式工作,须先去医院或诊所做不拿工资的助理工作人员工作1至2年,有这样的资历之后,才有可能受聘做正式的心理咨询或治疗专业工作人员。另外,在毕业实习期间和做助理工作人员期间,都有经验丰富的专家对其工作进行指导[5]。

二、我国心理咨询工作对从业者专业知识、技能方面的要求

我国心理咨询事业由于起步较晚,在相当长的一段时间里缺乏较系统正规的专业要求和训练,从业人员的专业水平高低不一,不利于心理咨询的健康发展。中国心理学会和中国心理卫生协会对此问题非常重视,曾于1993年颁布了《卫生系统心理咨询与心理治疗工作者条例》[6]。此前,中国心理学会为了避免心理测验在包括医疗、教育等领域的各种滥用和误用所带来的危害,于1992年12月通过了由张厚粲主持制定的《心理测验管理条例(试行)》,该条例对测验的登记注册、测验

使用人员的资格规定、测验的控制使用与保管等作了详细的规定[7]。1999年中国心理学会和中国心理卫生协会又联合起草并下发了《有关心理治疗与心理咨询工作者注册资格的规定》[8]的专门文件,对什么样的人可以从事心理治疗和心理咨询工作作了更为详细的规定。2001年我国劳动和社会保障部委托中国心理卫生协会组织有关专家,制定了《心理咨询师国家职业标准》(以下简称《标准》)并已颁布试行[9]。该《标准》将本职业分为心理咨询员(国家职业资格三级)、心理咨询师(国家职业资格二级)、高级心理咨询师(国家职业资格一级)三个等级,对心理咨询师职业的活动范围、工作内容、技能要求、知识水平、晋级培训、资格鉴定等都做了明确规定;其中要求掌握的基础知识包括普通心理学、社会心理学、发展心理学、心理健康与心理障碍、心理测验学、咨询心理学、与心理咨询相关的法律知识等。晋级培训期限:心理咨询员不少于720标准学时,心理咨询师不少于520标准学时,高级心理咨询师不少于320标准学时;资格鉴定方式包括理论知识综合考试和实际能力考核两项内容,理论知识综合考试采用闭卷笔试,实际能力考核采用专家组面试评定的方式进行,内容包括心理评估、案例分析、咨询方案制定和交谈技巧等。现将心理咨询员的工作要求做一介绍:

表 4-1 心理咨询员的工作要求

职业功能	工作内容	工作技能
心理诊断	(一)初诊接待	1.能按心理咨询原则完成对求助者的初次接待工作
		2.能进行摄入性谈话
		3.能正确使用心理测验
		4.能进行初诊资料的整理
	(二)初步诊断	1.能依据初诊资料,做出精神病和非精神病的判断
		2.能依据所获得资料和心理评估结果判断求助者心理健康水平
		3.能向上级咨询师提出诊断报告

续表

职业功能	工作内容	工作技能
心理咨询	（一）咨询方案的制定	1. 能把握心理咨询要解决的主要问题
		2. 能进行咨询失误的处理
	（二）咨询工作的实施（个体咨询）	1. 能运用谈话法做心理疏导
		2. 能进行咨询效果的初步确定
		3. 能协助上级咨询师整理咨询案例
	（三）心理咨询的实施（团体咨询或小组咨询）	1. 能在指导下见习团体咨询
		2. 能实施团体咨询
		3. 能进行见习咨询效果鉴别
心理测验	（一）智力测验	1. 能进行韦氏测验
		2. 能进行瑞文测验
		2. 能进行比奈西蒙测验
	（二）人格测验	1. 能进行 MMPI—2 测验
		2. 能进行 16PF 测验
		3. 能进行 EPQ 测验
		4. 能进行 CPAI 测验
		5. 能进行 UPI 测验
	（三）心理评定量表	1. 能进行 SCL—90 测验
		2. 能进行 SAS 测验
		3. 能进行 SDS 测验
	（四）群体心理测验的实施	能在指导下见习团体心理测验
其他	心理咨询的其他辅助工作	能协助上级咨询师进行文档处理工作

（转引自《心理咨询师国家职业标准》，第11—14页）

第二节　职业道德方面的要求

在美国，所有的专业咨询者都必须遵守有关法律和所属专业组织所明文规定的道德准则，违反这些准则将导致失去专业组织的成员资格（certification）、吊销执照（licensure）和法律诉讼。

中国心理学会和中国心理卫生协会1993年颁布的《卫生系统心理咨询与心理治疗工作者条例》中,就包含职业道德方面的规定。在此之前,中国心理学会1992年12月还制定了《心理测验工作者的道德准则》[10]。1999年中国心理学会和中国心理卫生协会又联合起草并下发了《心理治疗与心理咨询工作者道德规范准则》[11]的专门文件,对心理治疗和心理咨询从业者的道德伦理提出了更高的要求。

2001年8月我国劳动和社会保障部首次颁布试行的《心理咨询师国家职业标准》对心理咨询师的职业守则和职业道德都作出了明确规定。根据这项《标准》,心理咨询师的职业守则是:热爱本职工作,坚定为社会做奉献的信念,刻苦钻研专业知识,增强技能,提高自身素质,遵守国家法律法规,与求助者(亦即来访者,下同)建立平等友好的咨询关系。该《标准》对心理咨询师的职业道德规范做了进一步明确规定,具体包括以下六项主要内容:

(1)心理咨询师不得因求助者的性别、年龄、职业、民族、国籍、宗教信仰、价值观等任何方面的因素歧视求助者。

(2)心理咨询师在咨询关系建立之前,必须让求助者了解心理咨询工作的性质、特点,这一工作可能的局限以及求助者自身的权利和义务。

(3)心理咨询师在对求助者进行工作时,应与求助者对工作的重点进行讨论并达成一致意见,必要时(如采用某些疗法)应与求助者达成书面协议。

(4)心理咨询师与求助者之间不得产生和建立咨询以外的任何关系,尽量避免双重关系(尽量不与熟人、亲友、同事建立咨询关系),更不得利用求助者对咨询师的信任谋取私利,尤其不得对异性有非礼的言行。

(5)当心理咨询师认为自己不适合对某个求助者进行咨询时,应向求助者作出明确的说明,并且应本着对求助者负责的态度将其介绍给另一位合适的心理咨询师或医师。

(6)心理咨询师始终严格遵守保密原则,具体措施如下:

①心理咨询师有责任向求助者说明心理咨询工作者的保密原则,

以及应用这一原则时的限度。

②在心理咨询工作中，一旦发现求助者有危害自身或他人的情况，必须采取必要的措施，防止意外事件发生（必要时应通知有关部门或家属）；或与其他心理咨询师进行磋商，但应将有关保密信息的暴露限制在最低范围之内。

③心理咨询工作中的有关信息，包括个案记录、测验资料、信件、录音、录像和其他资料，均属专业信息，应在严格保密的情况下进行保存，不得列入其他资料之中。

④心理咨询师只有在求助者同意的情况下才能对咨询过程进行录音、录像；在因专业需要进行案例讨论，或采用案例进行教学、科研、写作等工作时，应隐去那些可能会据以辨认出求助者的有关信息。

第三节　个人其他方面的要求

一、要有适宜的心理品质

有效的心理咨询者应该具备哪些心理品质？换句话说，具有哪些心理品质的人适合做心理咨询工作？这是许多从事这一工作的人努力探讨而又不容易取得一致意见的问题。由于心理咨询涉及的领域相当广泛，来访者的问题多种多样，不同心理咨询流派中咨询者的角色、地位、作用及其与来访者的关系也有所不同，因此要想在心理品质方面给有效的咨询者画一幅十分清晰的标准像是有困难的，但这并不等于说这项工作是不必要的，或者不可能做到的。事实上，心理咨询作为一项较为特殊的助人工作，确需从业者具备某些心理品质，或者说具有这些心理品质的人更适宜从事心理咨询工作。

卡瓦纳（M. Cavanagh）对心理咨询者应有的人格特质做了详细的描述，包括自我认识能力、令人信任、诚实、坚强、热情、反应敏捷、耐心、敏感、给人以自由等。他强调指出，有效的心理咨询更依赖的是咨询者的人格特征,而不是咨询者的知识和技巧。他认为知识和技能不是不重要,而是因为教育和训练很难改变咨询者的那些基本的人格特征[12]。吉尔伯特(P. Gilbert)等人在谈到什么样的人适宜做心理咨询者与治疗者时曾指出,正如音乐、艺术或写作的能力一样,专业训练对共情(empathy)、不含敌意的态度等只能有少量的帮助。虽然可以教会一个人如何运用共情,却很难训练一个人具有共情的态度[13]。考米尔(W. Cormier)也认为,最为有效的心理咨询者是那些可以把人格因素和科学的理论、方法加以完美结合的人,换句话说,就是可以在人际关系上和咨询技术上寻求平衡的人。他提出一个优秀的心理咨询者应具备6项心理品质[14]:

(1)智力。对新知识具有强烈的学习愿望与能力。

(2)精力。咨询者在咨询过程中充满活力与感染力。

(3)适应力。可以根据当事人的需要采取适当的理论和方法,而不是只限于某一特殊的理论和方法。

(4)支持与鼓励。支持当事人自己作出决策,帮助他们发挥自己的潜力,避免强制行为。

(5)友善。以良好的意愿去帮助当事人重新构筑新的生活方式或行为方式,促进当事人的独立性。

(6)自我意识。对自己的知识结构、态度与情感有明确的认识,并能认识到对这些情感和态度产生影响的因素。

曾文星、徐静认为,成功的治疗者需具备下述条件[15]:

(1)要有帮助别人的心。

(2)要有敏锐的感觉及了解心理的能力。

(3)要有精神病理的知识。

(4)要有丰富的经验。

(5)要保持中立无私的立场。

(6)自己要有健康的心理与态度。

在这6条中,第(3)条属于知识方面的,可以通过学习获得,第(4)条需要大量的临床实践和不断从日常生活中汲取经验,第(5)条也可以通过学习及实践不断完善。但是第(1)条,尤其是第(2)和第(6)条需有一定的素质基础。钱铭怡认为,除了需有助人之心、敏感性及洞察力和良好的心理健康与态度之外,作为心理治疗者或咨询者要在三个方面提高认识:一是对自己的认识,这包含对自己作为一个人的认识和对自己作为专业人员的能力的认识等两个方面;二是对治疗过程中治疗者与来访者交互影响关系的认识;三是对自己专业职责及专业道德的认识[16]。

最近颁布试行的《心理咨询师国家职业标准》对心理咨询师的职业能力特征做出了比较权威的要求,指出观察能力、理解能力、学习能力、思维判断能力、表达能力、人际沟通能力以及自我控制能力、自我心理平衡能力、交往控制能力对胜任该职业是非常重要或重要的[17]。

我们认为,具备下列心理品质对于从业者更好地胜任心理咨询工作是至关重要的:

(1)真诚、善良、热情、乐观、自信、坚忍、耐心、对人宽容、乐于助人、有强烈的责任感,尤其是要有探索社会、人生的浓厚兴趣。这些心理品质不仅有助于从业者成为一个有效的心理咨询工作者,而且还将为他们从事这项工作提供持久的动力。因为即便将来从事心理咨询工作会有比较丰厚的物质回报,但它并不能充分地补偿从业者多年来艰苦的专业训练、肩负的重大责任、面临的各种复杂困境及其必须忍受的争斗,适当的补偿只有来自于职业本身内在的报偿。

(2)良好的观察能力、理解能力、学习能力、思维判断能力、表达能力、人际沟通能力以及自我控制能力、自我心理平衡能力、交往控制能力。

(3)强烈的自我意识。这主要表现在对自己个性心理品质、需要和兴趣、知识结构、专业技能、人生经验、人性观、价值观、职业道德水准、心理健康状况等,它们所受到的影响因素及它们对心理咨询工作可能产生的影响(尤其是消极的影响)等有着比较清醒、准确的认识。

下面着重谈一谈咨询者对自己的人性观、价值观、心理健康状况的良好自我意识的重要性。

1. 咨询者对自己人性观的良好自我意识的重要性

人性即一切人所共同具有的特点,所谓人性观,是指对人性的基本看法,常涉及对人的以下评价:善—恶、理性—非理性、可变—不可变、可知—不可知、决定论—自由意志、悲观—乐观、主观—客观、素质论—环境论等等。每一种心理咨询与治疗理论和方法都是建立在某一种人性观基础上的。

例如,行为疗法认为:来访者的各种症状都是个体在生活中通过学习而形成并固定下来,因此,在治疗过程中可以设计某些特殊情境和专门程序,使来访者逐步清除其反常行为,并经过新的学习训练形成正常的行为反应。行为疗法的这一观点来自于它的如下人性观:人是无所谓善或恶的,人是一个完全被环境所决定的有机体,通过对刺激所作的反应,人的行为和性格就逐渐形成。因而其行为是可知的、客观的、有规律性的、能被控制和预测的。也正是基于这样的人性观,行为疗法中的治疗者是专家、权威,他与来访者的关系是不对称的、不平等的,是主动与被动、控制与被控制的关系,治疗者把自己的价值介入到治疗过程,并且在整个治疗过程中要负主要的责任。

又如,来访者中心疗法的人性观基础是:人基本上是生活在他个人的和主观的世界之中的,即使他在科学领域、数学领域或其他相似的领域中,具有最客观的机能,这也是他的主观目的和主观选择的结果;人类有一种成长与发展的天性,人类的发展是朝着自我实现的方向迈进的,具有实现的倾向;人基本上是理性的、善良的、可以信赖的,而某些"恶"的特性则是由于防御的结果而并非出自本性。

基于这一人性观,该疗法认为,若能给来访者提供适宜的心理环境,一个人将有能力指导自己,调整自己的行为,控制自己的行动,从而达到良好的主观选择与适应。因此,该疗法把咨询者与来访者之间的关系当作是最根本的,主张咨询者放弃权威地位和指导者的角色,将最基本的责任放在来访者身上;要努力与来访者建立安全和相互信任的关系、对称性的朋友关系、平等的余-汝(I and Thou)关系,彼此间要进行开放性的沟通。在治疗策略上,该疗法并无什么固定的步骤、技术或工具。

在实际工作中,咨询者的人性观将直接影响他们对心理咨询理论和方法的选择,影响咨询目标的确定,影响咨询者的角色扮演和对来访者的态度,影响咨询技能和技巧的使用。可以说,咨询者的人性观是心理咨询的一个基本问题,始终贯穿于心理咨询的整个过程中。为此,心理咨询工作者需要对人性观有一个全面的认识和把握,并不断内省自己的人性观,充分意识到它对心理咨询的影响。

2. 咨询者对自己价值观的良好自我意识的重要性

心理咨询的过程是咨询者与来访者心灵沟通的过程。咨询者要想在咨询过程中完全保持价值中立或无价值是很难做到的。最简单地说,咨询的终极目标或具体目标本身就带有价值导向的色彩。咨询者的价值观难以避免地会影响着来访者,或是通过咨询者的指导、解释、提供信息和忠告等言语形式,或是通过咨询者的行为举止等非言语形式。由于来访者大多认为咨询者是有能力的、正确的,怀着信任和依赖前来求助,因此,咨询者的价值观对来访者的影响就可能更大。为此,咨询者应清楚自己的价值观,这样就可以妥善地处理咨询过程中价值观的差异、矛盾和冲突。咨询者应尊重、理解来访者的价值观,不要把自己的价值观强加在来访者身上,不要用自己的价值选择去代替来访者的价值选择。有关这方面的内容我们已在第一章第三节中做过详细的介绍。

3. 咨询者对自己心理健康状况的良好自我意识的重要性

心理咨询工作者应当是心理健康的人,只有这样才能对来访者起到示范和潜移默化的作用,否则会导致他们工作效率降低、服务质量下降等许多不良后果。但是要求咨询者心理"完全健康"、"一点毛病都没有"是不可能的,倘若真是这样要求的话,就等于取消了心理咨询这种职业。因为咨询者不可能是圣人、完人。他们所能做的,就是在每一次心理咨询时,要随时保持警觉,觉察到自己内心产生了什么反应。不恰当的内心反应是难免的,关键在于,咨询者必须清楚地觉察到,并且能够防止它对咨询的干扰。许又新认为,在这种情况下,咨询者不妨对自己提出以下问题,并设法努力改进自己[18]:

(1)过去我有些什么心理冲突?是否留下了一碰就痛的疮疤?现在我还压抑着什么心理冲突?我有没有过分使用某种防御机制的倾向?

(2)我的基本需要都被满足了吗?如果没有,我就必须通过某种建设性的行为去求得满足,切忌从来访者身上寻求满足,否则,我与来访者之间的关系就成为非治疗性的。

（3）我是占有型的人吗？占有型的人在心理咨询和治疗中容易急功近利，容易夸大自己的功劳和疗效，容易因治疗成功而沾沾自喜，等等，这些都是不利于甚至有害于心理治疗的，至少会妨碍进一步的提高。

（4）我的心理是开放的（open minded）还是封闭的（closed minded）？开放者感到周围世界和处境一般是友好的，而封闭者常感到是威胁性的。对于权威，开放者并不一概而论，而是看权威的某一具体形式（某一个人或某个组织）和他有无利害关系，有哪些优点和缺点，有无合作的可能；封闭者倾向于把权威绝对化，不是崇拜和认同，便是反对。对立的社会意识形态（例如唯物主义和唯心主义、某种宗教信仰和无神论、集体主义和个人主义等）在开放者的心里是互相沟通的，可以对话的，而在封闭者的心里却是彼此孤立和互相排斥的。对人的评价，开放者倾向着眼于特定的言语行动，他宁愿说某一行为是好的或不好的，而不愿意说某人是好人或坏人；封闭者倾向于对整个的人作全盘肯定或否定的评价，且往往带有盖棺论定的性质。每个人心里都有许多"相信—不相信"的信念子系统，开放者的诸子系统之间分歧小，而封闭者诸子系统之间的分歧大。开放者的时间观是广阔的和具有流动性的，封闭者的时间观是狭窄而固定的；开放者不大用"非黑即白"或"非此即彼"的观点考察事情和待人接物，封闭者却经常用这种观点。一般地说，咨询者的封闭性越强，在心理咨询和治疗中遇到的困难愈大，麻烦愈多。

二、保持心理健康

心理咨询作为一种比较特殊的助人工作，非常容易出现所谓的"枯竭"（burnout）现象。这是由于：第一，在咨询过程中需要咨询者努力与来访者建立良好的咨询关系，使用共情、积极关注、尊重、温暖、真诚、耐心、鼓励、对峙等需要大量情感投入的技能来帮助来访者，这种投入是咨询者向来访者的单向性投入，或至少是非对称性的投入。这种对情感的经常性要求，以及设身处地地体验来访者所经历的种种强烈的紧张情绪,会造成咨询者情绪、情感的极度疲劳。此外,在与来访者相互作用的过程中,矛盾、冲突也不可避免,不满、恐惧、失望、难堪等不良情绪体验时常伴随而生。第二,咨询者面对的是活生生的、形形色色的心理问题,有些甚至是扭曲、变态了的心理,这就要求咨询者能运用自己的智能去发现错综复杂的心理问题背后的根源,这根源或许是许多年以前埋下的,又经过许多年的演变,有时往往连来访者自己也忘记了;要能进入来访者内心去体验,又不能失去客观性;要在不长的时间内去消除来访者许多时间以来积累起来的"三尺冻冰",而这一过程又主要靠自己的言语以及非言语行为的表达,还要运用自己的力量去对抗、调整、清除来自来访者周围的不良影响。所以,在咨询过程中需要咨询者投入大量的心智。第三,来自来访者负性情绪的影响。咨询的过程是咨询者与来访者之间的互动过程,这其中包括情绪上的交互影响。对于职业咨询者来说,来访者负性情绪影响的日积月累会在一定程度上损害他们的心理健康。第四,咨询者如果无法成功地帮助来访者解决其所面临的问题,有效地排除其心理困扰、障碍,使他们的功能恢复到正常水平,就意味着咨询的失败,而这种失败的体验会强烈地动摇咨询者的自信心,并对自己的能力和技术产生怀疑,因此,咨询者在工作中常常会体验到来自自我、来访者、同事和组织的强大压力。所以,咨询者很容易产生心理疲劳、心身疾病和情绪障碍,导致工作效率降低、服务质量下降、职业成就感降低,以一种非客观的、缺乏同情心的、麻木不仁的,甚至是不人道的方式去对待来访者。

"枯竭"现象,对咨询者、对咨询者所在的组织、对咨询者为之服务的来访者来说,都是一件危害极大的事情。对咨询者来说,"枯竭"会使他们在情绪上出现极度疲劳、沮丧、抑郁、无助、失落等特征,躯体上表现出头痛、溃疡、高血压、周身疼痛、疲劳无力等症状,并容易诱发个人问题和家庭矛盾的激化,导致滥用药物和酗酒等不良后果;对咨询者所在的组织而言,"枯竭"会导致咨询者工作效率降低、职业道德缺乏、服务质量下降、人员大量流失、收入减少等不良后果;对来访者而言,他们将难以获得高质量的服务,因为"枯竭"会使咨询者以一种非客观的、缺乏关心的,甚至是不人道的方式去对待他们。因此,"枯竭"是一种值得多方面重视的现象。

国外学术界从多个角度研究"枯竭"现象。有的学者倾向于用个体心理学的理论来解释"枯竭"现象。认为个体的人格倾向与"枯竭"现象有明显的关系,那些始终献身于工作的人,工作内容过度饱满的人,坚决服从工作安排的人,喜欢权力、独裁、想要扩展自己工作的控制力的人,是出现"枯竭"现象的高发个体。但他并没有强调个体之间、个体与工作环境之间的互动对导致"枯竭"现象的作用。C. Maslach 从个体之间、个体与工作环境之间的关系的角度解释"枯竭"现象发生的原因,认为"枯竭"现象可以在与社会压力、工作压力相关的情景中得到最好的理解[19]。

"枯竭"现象及其后果使我们警觉到:它是心理咨询工作者需要避免的一种职业危险。

国外有些研究就心理咨询者如何避免心理的高度紧张与疲劳,提出了许多有效的建议[20]:

(1)工作以外,多与健康的人交往。

(2)理智地选择心理咨询理论和方法。

(3)对当事人(即来访者或患者)既要保持一种公正、关心的态度,又要善于超然事外。

(4)善于改变或调节环境中的压力因素。

(5)经常进行自我测验。

(6)定期检查和澄清心理咨询的角色、预期和信念。

(7)经常进行放松训练。

(8)寻求必要的个体心理治疗。

(9)拥有一定的私人时间和自由。

从咨询者个体角度而言,加强咨询者心理保健是一种非常有效的应对方法。我们认为,做到以下三点将有助于咨询者保持心理健康。

1. 建立现实可行的职业理想和咨询目标

心理咨询工作者大都具有帮助他人的强烈愿望,希望自己的工作能为他人的成长和发展做出贡献,能使他人生活得更美好。在这种崇高理想或信念之下,咨询者要根据咨询工作的特点、自己的专业条件(包括知识、技能、经验、个性心理特征)、来访者的具体问题以及外部环境条件等建立现实可行的理想与目标,这样才能保持并感受到自己对工作的控制,形成一种工作的成就感。而不是好大喜功,对咨询工作抱有不切实际的"幻想",包括:来访者的问题应能迅速地被自己解决,自己可以为任何类型的来访者提供有效的咨询和治疗,自己所做的工作肯定能够有效地改变来访者的生活,来访者应对自己的行为表现出极大的满足、赞誉甚至崇拜等等。当咨询者带着这些不切实际的想法并在工作中遇到困难、挫折时,幻想就会迅速地破灭,恶劣的情绪也就会伴随而来。

此外,在咨询过程中,除了看到来访者的问题之外,还要积极关注来访者的优势、能力和潜力,这样也有助于形成现实的干预目标,赋予来访者以成长的责任,减少来自对方的压力。

2. 建立社会支持系统

已有的许多研究表明,有力的社会支持,包括工作中良好的人际关系对于保持个体心理健康十分重要[21]。在从事心理咨询和治疗工作中,同事和上级指导者不仅在信息反馈方面是重要的资源,在社会支持方面也同样发挥着作用,这包括无判断的倾听、技术上的支持、情感上的理解、知识的交流与共享、价值观的认同等。从某种意义上讲,花费必要的精力同他人建立工作上的融洽关系是十分有价值的。

3. 发展丰富的生活方式

每个人在社会中都扮演着一系列的角色,这些角色活动构成了其独特的生活内容,是他赖以生存和发展并维持其最基本的心理平衡的"个人支撑点"。研究表明,全面的、丰富的个体生活内容对形成一种积极的工作态度是十分重要的。心理学家 Maslach 指出:"当你的全部世界仅仅是你的工作而无其他时,那么当你的工作出现问题时,你的整个世界就会彻底地陷落。你的能力感、你的自尊、你的个人定位等都依赖于你的生活,而如果你的生活如此狭窄,那么它们就会是动荡、不牢固的。"[22]要建立全面的、丰富的个人生活方式,仅仅留出个人的时间还不够,还必须在这些时间内从事有意义的、有所获得的活动,包括培养和发展人际关系,发展自己的兴趣爱好等。只有在个人生活和专业工作两个方面都是丰富的、全面发展的,才有助于保持心理健康,达到个人的自我实现。

心理咨询工作对从业者个人其他方面的要求,除了需要有适宜的心理品质、保持心理健康以外,还要求从业者对人生有比较深刻的体验和领悟。这是因为咨询者所要帮助解决的,乃是来访者人生各个时期可能出现的多种心理问题或心理障碍,如果咨询者有着较丰富的社会阅历和人生经验,对人生的悲欢离合、生老病死等能有比较深刻的体会和领悟,则在与来访者交往时,就容易有准确的共情,深入到来访者的内心深处。

参考文献

[1] 转引自马建青:辅导人生——心理咨询学,济南:山东教育出版社,1992年版,第16页

[2] (美)S. Cormier 和 B. Cormier 著,张建新等译:心理咨询师的问诊策略,北京:中国轻工业出版社,2000年版,第7—8页

[3] 于鲁文:美国心理咨询的发展及职业化历程,心理学动态,1997,1:40—46

[4] 于鲁文:论有效的心理咨询者,心理学动态,1997,4:43—44

[5] 钱铭怡:心理咨询与心理治疗,北京:北京大学出版社1994年版,第17页

[6] 中国心理学会、中国心理卫生协会:卫生系统心理咨询与心理治疗工作者条例,心理学报,1993,2:223—224

[7][10] 中国心理学会:心理测验管理条例(试行)和心理测验工作者的道德准则,心理科学,1993,4:1—2

[8][11] 钱铭怡:心理治疗与心理咨询在中国的发展,载《当代中国心理学》,北京:人民教育出版社,2001年版,第178页

[9] 中华人民共和国劳动和社会保障部:心理咨询师国家职业标准(试行),北京:中央广播电视大学出版社,2001年版

[12] Cavanagh, M. E. The Counseling Experience, Monterey, CA, Brooks/Cole Publishing Company, 1982, 111—123

[13] 转引自钱铭怡:心理咨询与心理治疗,北京:北京大学出版社,1994年版,第21—22页

[14] 于鲁文:论有效的心理咨询者,心理学动态,1997,4:46

[15] 曾文星、徐静:心理治疗:原则与方法,北京:北京医科大学出版社,2000

年版,第 91—94 页
- [16] 钱铭怡:心理咨询与心理治疗,北京:北京大学出版社,1994 年版,第 22—24 页
- [17] 中华人民共和国劳动和社会保障部:心理咨询师国家职业标准(试行),北京:中央广播电视大学出版社,2001 年版,第 2 页
- [18] 许又新:心理治疗基础,贵阳:贵州教育出版社,1999 年版,第 151—152 页
- [19][22] 于鲁文:"枯竭":心理咨询者需要避免的一种职业危险,社会心理研究,2000,3:49—52
- [20] 于鲁文:论有效的心理咨询者,心理学动态,1997,4:47—48
- [21] 宫宇轩:社会支持与健康的关系研究概述,心理学动态,1994,2:34—39

中　篇

第五章 咨询关系的建立

咨询关系,也称咨访关系,是指咨询者与来访者(或称咨客、求询者)之间所发生的相互联系。由于很难将心理咨询与心理治疗严格区分开,所以这里所讲的咨询关系也包括治疗者与患者(病人)之间的治疗关系。心理咨询是建立在咨询关系基础上的一种活动。借助于这种关系,咨询者给来访者提供心理上的帮助。因此,在心理咨询过程中,咨询关系是非常重要的,它是心理咨询的核心因素。

第一节 咨询关系的意义和特征

一、建立良好咨询关系的意义

大多数咨询流派都重视良好咨询关系的建立和维护,认为这是心理咨询取得成效的基础。尤其以来访者中心疗法为代表的人本主义咨询学派更是十分强调咨询关系的重要性。许多用心良苦的咨询之所以未能成功,是因为在这些咨询过程中,从未能建立起一种令人满意的咨询关系。一些咨询初学者只注重方法、技巧,而忽视建立咨询关系,认为这是无关紧要的。然而心理咨询不同于其他许多工作之处,在于它是直接与人的心理接触,使用任何学派的理论和方法,都不能是冷冰冰的,而应建立在良好的咨询关系之上。来访者对咨询者的信任、亲近,是咨询成功的重要因素。只有创造良好的咨询关系,来访者才有可能最大限度地接受咨询者的影响。可以说,良好的咨询关系是促进来访者积极改变现状、发挥潜力的动力,本身就具有心理治疗的作用。

二、咨询关系的特征

咨询关系是一种咨询者对来访者的帮助关系,它不同于一般的人际关系,具有自己显著的特征。

1. 咨询(治疗)关系是一种同盟关系

格林森(Greenson)最早发明"治疗同盟"这一术语,他认为治疗关系是一种治疗合作伙伴关系,咨询者与来访者要以互相配合的方式进行工作。就像划船那样,如果只是一个人摇桨,船在水中就不会行进得很好[1]。霍维茨(Horwitz)在解释心理治疗中来访者的变化是如何产生时强调指出,这种变化是通过人际关系中那些支持性的因素而产生的,他把这种关系称之为治疗的同盟。其他一些研究者也认为心理咨询或治疗中的人际关系是一种治疗同盟[2]。

这种同盟的建立将有助于提高来访者的自尊心,减少防御心理,促使他认真地探索自己,理解和接受新的观点,积极尝试更合适的认知方式和行为方式。

许又新认为心理治疗关系的特殊性表现在三个方面:第一,新的人际关系。所谓新的人际关系,就是心理治疗者不能重复病人已有的人际作用模式,因为病人的精神障碍就是在旧有的且陷入恶性循环的人际关系中发生发展的。这种人际关系有三个基本要求:不批评、不包办代替、不偏倚(unbiased attitude);第二,亲密的人际关系,其中接受、理解、尊重、投情(empathy)是影响亲密关系的重要因素;第三,建设性的人际关系。这种关系体现着心理治疗的目的,它能促进病人的自我理解,增进病人的自尊、自信和独立自主精神,以及有利于潜力的发挥[3]。

2. 咨询(治疗)关系是一种隐蔽的、具有保密性的关系

帕特森(C. H. Patterson)在谈及心理治疗中人际关系的特点时

曾指出:治疗关系完全是一种在特定的时间期限内,隐蔽的、具有保密性的特殊关系,这也是这种治疗关系不同于其他社会关系的特征。帕特森还指出,虽然治疗关系被限制在一定的时间范围以内,但这种关系的密切程度和深度却超过了一般的社会友谊关系。因为这种关系是在没有任何威胁的情况下小心地建立起来的,治疗的气氛使来访者有安全感,保证了其自我暴露和自我探索的进行[4]。

3. 咨询(治疗)关系是一种客观性与主观性相统一的关系

钱铭怡认为客观性与主观性的统一是治疗关系的一个显著特征。心理咨询与治疗的全部过程,都要求治疗者保持客观的、中立的立场,只有这样,治疗者才能对来访者的情况有正确的了解、客观的分析,并尽可能地提出适宜的处理办法。来访者之所以能从这种治疗关系中获益,其客观性是提供这种获益的原因之一。来访者的其他社会关系,如家长、亲友等为何不能起到治疗者的作用,其原因就是他们难以像治疗者那样保持客观、中立。治疗关系中的主观性体现在治疗者以共情、尊重、真诚的态度对待来访者,使之感到温暖。她进一步指出,在治疗过程中,这种客观性与主观性在治疗者与来访者关系的交互作用中体现出来。二者统一,更有利于治疗过程的深入发展[5]。

4. 咨询(治疗)关系是一种受多重专业限制的关系

咨询关系的另一显著特征在于它受到多重专业上的限制,这些限制对于咨询和治疗的成功是十分必要的。常见的这类限制包括:

(1)职责的限度。咨询者要弄清哪些是来访者应负的责任,哪些是咨询者应负的责任,咨询者决不能越俎代庖,不能代替来访者解决他在日常生活中遇到的问题。这是以帮助来访者成长为目标的咨询目的所要求的。

(2)时间的限制。它是保证咨询成效的有效制约因素。通常来说治疗或咨询中的一次会谈时间为1个小时左右(第一次会谈时间可能稍长一些)。之所以对咨询时间进行限制,一是门诊咨询中还同时会有其他来访者等待咨询者的帮助,二是若会谈时间过长、信息超量,反而不利于来访者的学习,导致咨询成效下降。来访者起初可能会对这一限制不满,但最终将能学会接受这一点。

咨询关系的专业限制,还包括来访者对咨询者提出个人要求的限制(这实际上可能是咨询过程中来自来访者的阻力的一种表现)、来访者攻击行为的限制等等。

5. 咨询(治疗)关系是一种以来访者具有一定强度且持续的求助动机为前提的关系

咨询关系的建立和发展是以来访者具有一定强度且持续的求助动机为前提的。咨询关系的建立和这种关系的继续,是因为来访者遇到了使他无法独自解决或无法通过其他途径加以解决的难题,来访者对自己感到不满,感到他需要特别的帮助或支持。如果来访者在某一方面不想求得咨询者的帮助,或者停止了来访咨询,那么,即便是咨询者觉得自己有些新的办法或是肯定能对来访者有帮助,也不应主动去找来访者。否则,咨询关系就不对称、不平衡了,其结果,要么使来访者对咨询者产生戒备心理,要么使来访者感到咨询者多此一举,在这种情境下开展咨询,成效一般很小。

第二节 影响咨询关系的主要因素

咨询关系的建立、维持和发展既与咨询者有关,如咨询者对来访者的关怀、尊重、理解、温暖、真诚以及咨询者的人格特征,都会影响关系的建立和发展,同时,亦与来访者本人有关,来访者所表现出的咨询动机、合作态度、期望程度及对咨询者的反应等等,也都对咨询关系的建立有影响。但尽管如此,在咨询关系中起主导作用的仍然是咨询者,咨询者应能运用自己的专业技能使这种关系得以顺利地建立和发展起来。所以与咨询者有关的一些因素应是影响咨询关系的基本因素或主要因素。

国外一些咨询心理学家认为,在咨询过程中有些因素或条件会影响咨询关系的建立和发展,进而影响到咨询的效果。艾维(A. E. Ivey)等人在《咨询和心理治疗——技巧、理论与练习》一书中提出了共情、积极关注、尊重、温暖、真诚、具体化、即时化、对质等八个因素。其中,共情是最为核心的因素[6]。艾维等人还把积极关注、尊重、温暖、真诚以及具体化等都看作是达到共情的核心条件或组成部分。

一、共情

(一) 共情的概念及其意义

共情(empathy)一词，中文有多种译法，如"神入"、"同感"、"共感"、"投情"、"同理心"、"感情移入"等。按照罗杰斯的观点，共情是体验别人内心世界，就好像那是自己的内心世界一样的能力。许多咨询心理学家都阐述了各自对共情的见解，综合他们的观点，可以将共情的含义理解为：(1)咨询者从来访者内心的参照体系出发，设身处地地体验来访者的精神世界；(2)运用咨询技巧把自己对来访者内心体验的理解准确地传达给对方；(3)引导来访者对其感受做进一步思考。

近年来，研究者越来越重视文化因素与共情的关系。艾维等人区分了个体与多元文化的共情。他们已注意到，传统的个体共情强调咨询者和来访者之间双向的作用，而文化共情则涉及四个参与者：咨询者和他的文化背景以及来访者和他的文化背景。通过文化共情，咨询者不仅对来访者的言语和非言语信息做出反应，还要对其文化历史背景做出反应。误解或共情的破坏通常不只是沟通不良所致，不同文化信仰、不同价值观和不同语言都会造成个人风格以及对细微末节理解上的差异，这些差异也是彼此误解的原因[7]。

共情已经受到研究者和咨询家的极大关注，一般被认为是心理咨询中影响咨询关系建立和发展的首要因素，是心理咨询的基本特质。共情在咨询中的重要意义主要在于：

(1) 由于共情，咨询者能设身处地地理解来访者，从而能更准确地掌握有关信息。

(2) 由于共情，来访者会感到自己被悦纳、被理解，从而会感到愉快、满足，这对咨询关系会有积极的影响。

(3) 由于共情，促进了来访者的自我表达、自我探索，从而达到更多的自我了解和咨询双方更深入的交流。

(4)对于那些迫切需要获得理解、关怀和情感倾诉的来访者,共情更有明显的帮助、治疗效果。即使就一般而言,共情也被认为是一种治疗因素。

不过近年来已有一些研究者和咨询家开始质疑有关共情"普遍有效"的神话,他们试图弄清咨询者什么时候进行共情才能对特定的来访者、特定的问题和咨询过程中特定的阶段最有帮助。如 A. Goldstein 观察到"在咨询和治疗过程中,共情在某些阶段、对某些来访者和针对某些问题是有作用。然而在其他时候,共情很可能干扰治疗结果"[8]。这一研究结果提示咨询者和治疗家们应该进一步深入研究共情对咨询关系及咨询效果的影响。

(二)提高共情水平的方法

1. 共情水平或层次

伊根(G. Egan)把共情分为两种类型。一种是"初级共情"(primary empathy),其含义接近于罗杰斯提出的共情定义,它往往与咨询技巧中参与技巧有关;第二种是所谓"高级的准确的共情"(advanced accurate empathy),这对咨询者有更高的要求,需要运用咨询技巧中的影响技巧来直接影响来访者。卡可夫(R. Carkhuff)将共情划分为五个不同的水平:从对咨询关系只起破坏作用的共情水平到咨询者具有相当准确的理解的共情水平。艾维(A. E. Ivey)等人则进一步将共情细分为七种不同水平:从对会谈起着明显的破坏作用到共情的最高水平——咨询者在任何方面都能与来访者进行直接的、成熟的交流。

卡可夫(R. Carkhuff)和皮尔斯(Pierce)还建构了一个区分调查表,用来确定咨询者共情反应的五个等级。其中水平3是可接受的最低水平反应,相当于 Egan 的初级共情的概念;水平4相当于附加共情或高级共情;水平5代表着促进性的行动[9]。具体如下:

水平1——没有理解,没有指导。咨询者的反应仅是一个问题或否认、安慰及建议。

水平2——没有理解,有些指导。咨询者的反应是只注重信息内容,而忽略了情感。

水平 3——理解存在,没有指导。咨询者对内容,同时也对意义或情感都做出了反应。

水平 4——既有理解,又有指导。咨询者对求助者做出了情感反应,并指出对方的不足。

水平 5——理解、指导和行动都有。咨询者对水平 4 的内容均做出了反应,并提供了行动措施。

下面的几个例子显示了使用 Carkhuff 和 Pierce 的区分调查表,是如何区分言语共情反应水平的。

例1:

来访者:我已尝试同我父亲和谐相处,但的确行不通。他对我太严厉了。

水平 1 的咨询者:我相信将来总会行得通的。[安慰和否认]
　　或者:你应该努力去理解他的观点。[建议]
　　或者:为什么你们两个不能相处?[问题]

(水平 1 的反应包括问题、安慰、否认或建议。)

水平 2 的咨询者:你与父亲的关系正处于困难时期。

(水平 2 的反应只针对来访者信息中的内容或认知成分,而忽视了其中的情感成分。)

水平 3 的咨询者:你尝试与父亲相处,但又不成功,因而感到沮丧。

(水平 3 的反应中包含有理解,但没有指导。它是针对来访者明确信息中的情感和意义做出的反应。)

水平 4 的咨询者:你似乎无法接近父亲,所以感到沮丧。你想让他对你宽容些。

(水平 4 的反应既有理解,也有指导。不仅辨明了求助者的情感,也指出了信息中所隐含的来访者的不足之处。"你无法接近"隐含着来访者应负的没有接近父亲的责任。)

水平 5 的咨询者:你似乎不能接近父亲,所以感到沮丧。你需要他对你宽容些。你可以采取这样一个步骤,即向父亲表达出你的这种情感。

（水平5的反应包含了水平4的所有反应，另外至少还包括了来访者能够采取的措施，以克服自己的不足，并达到所希望的目的。如"向父亲表达出你的这种情感"。）

例2：

来访者：我一直想做一名医生，但我已经对此失去信心了。

咨询者：噢，我相信如果你真想做，就能做到。

（这个反应相当于水平1，因为反应中没有理解，没有指导。）

例3：

来访者：我已度过如此倒霉的一个学期。我不知道自己做了些什么，也不知道该怎么办。

咨询者：你对于这个学期的状态感到很烦恼，同时因此而困惑。

（这个反应相当于水平3，因为反应中有理解，但没有指导。）

例4：

来访者：我的老师总是找我做事。

咨询者：你为什么猜测她总是找你？

（这个反应相当于水平1，因为反应中没有理解，没有指导。）

例5：

来访者：我厌倦了工作，它总是重复老一套。但别的又有什么可做的呢？

咨询者：因为日常工作，你感觉不满意。你不能从中发现使你感到高兴的事情，你想找些更有吸引力的工作。一个办法就是列出你自己的哪些需要可以通过工作得到满足。

（这个反应相当于水平5，因为反应中包括理解、指导和行动措施。）

例6：

来访者：我不明白这个意外为什么会发生在我身上。我生活得不错，可现在却变成这样。

咨询者：因为你无法解释为什么这会突然发生在你身上，所以感到愤恨。你想至少找到一些看起来更为公平的理由。

（这个反应相当于水平4，因为反应中有理解、指导。）

例7：

来访者：我父母正在闹离婚,我不希望这样。

咨询者：你因为父母闹离婚而感到难过。

（这个反应相当于水平3,因为反应中有理解,但没有指导。）

例8：

来访者：我退休后,一直感到很难适应。日子仿佛很空虚。

咨询者：因为空闲的时间太多,所以感到自己没用了。你想找些有意义的事情做,一个措施就是继续利用工作兴趣,做一些力所能及的工作。

（这个反应相当于水平5,因为反应中理解、指导和行动措施都有。）

2. 提高共情水平的方法

马建青(1992)提出了正确使用共情的几个要点[10]：

(1)咨询者应走出自己的参照框架而进入来访者的参照框架,把自己放在来访者的位置和处境上来尝试感受对方的喜怒哀乐。这种感受越准确、越深入,共情的层次就越高。

(2)如果咨询者不太肯定自己的理解是否正确、是否达到了共情时,可使用尝试性、探索性的口气来表达,请来访者检验并作出修正。

(3)共情的表达要适当,要因人、因事(来访者的问题)、因时、因地而宜,尤其不能忽略来访者的社会文化背景,否则就会适得其反。一般说来,问题比较严重(尤其是情绪反应强烈)、表达比较混乱、寻求理解愿望强烈的来访者对共情的要求较多。

(4)共情的表达除了语言之外,还有非言语行为,如目光、表情、身体姿势、动作变化等。有时,运用非言语行为表达共情更为简便、有效,咨询中应重视二者的有机结合。

(5)角色把握在共情时显得特别有意义,咨询者要做到进得去,出得来,出入自如,恰到好处,才能达到最佳境界。所谓"进得去",是指咨询者确实能够设身处地地体验来访者的内心世界;所谓"出得来"是指咨询者在共情的同时没有忘记自己的身份,丧失客观、中立的立场;所谓"出入自如、恰到好处"是指咨询者做到了客观性与主观性的和谐统一。有些咨询初学者确实做到了设身处地,不仅如此,还与来访者同喜同悲,完全受来访者情绪的左右,忘记了自己的真正角色,这样就可能失去咨询的客观性。

穆哥特伊德(S. Murgatroyd)曾列举了如下几条提高共情水平的具体方法[11],操作性很强,值得认真学习。

(1)与其他人,如工作或生活的朋友、亲戚、家人一起练习对对方谈话内容的反应,试着把他们所说的话的意思讲明白,检查一下你是否理解了其中含义。

(2)试着去想象在各种各样的情景下,你所要帮助的那些人们对你讲述他们的事情,要想象得就像你做了电视录像一样。试着把他们的经历用准确的图像在你的脑海中显示出来。

(3)如果你不能运用视觉的思维,那么就在想象中运用你正在读的一本小说中的某些关键词来代替——用你所能想得到的所有词汇来描述这个人和他对你讲述的各种情景。

(4)努力使你自己有关情绪方面的词汇变得更为丰富,应用字典、小说、电影或其他材料,以便你能说出任意一种感情像什么一样。

S.Cormier 和 B. Cormier 提出了运用言语传递共情的几种具体手段[12]:

(1)表示内心的理解。

不仅要表示咨询者能够准确地理解来访者的问题,而且还要表示你愿意站在来访者的角度去理解他的问题。理解的愿望不仅包括对来访者个体的理解,还应包括对他的世界观、环境、社会政治情况和文化背景的理解。如,咨询者尽力去理解来访者的生活背景,去澄清、探询来访者的经历和各种情感。

(2)讨论来访者认为重要的事情。

通过询问和陈述,向来访者表达你很清楚对来访者而言最重要的事情是什么。你的反应要与来访者的最基本问题建立起联系。这一反应要简洁,直指来访者的思想和情感,并关联到来访者的问题与烦恼。

(3)运用语言反映出来访者的情感。这个方法有时被称做可交换或基本共情。

(4)使用言语连接或补充来访者表达不明确的信息。共情也包括理解来访者内心深处的想法和观点,特别是当这些想法没有被说出来或表达得不明确的时候。按照 Rogers 的观点,"治疗者是如此地深入到别人的最隐秘的世界,以至于他不仅能够认清来访者意识到的信息,甚至还能认出那些在意识层面之下的信息"。为了扩展来访者的参照系以及引申问题的含义,咨询者要通过表明理解了来访者所做的暗示或推断来连接或补充来访者的信息。这种方法有时被称做附加共情或高级共情。其中要运用外推式逻辑推理,以帮助咨询者辨认出线索,形成想法,并综合相关的信息。

3. 常见的共情障碍

(1)以自己为参考标准,难以做到设身处地。如:"如果我要是遇到这种事情,不会像你这样悲观"等。

(2)共情过度或不足。共情过度会让来访者觉得小题大做、过于矫情,共情不足则会使来访者觉得冷淡、心不在焉。

(3)单纯依靠言语共情,忽视非言语共情的运用。

(4)忘记自己的职业角色,丧失客观、中立的立场。

(5)忽视来访者的差异性,特别是文化背景的差异。

(6)其他类型的共情不当:

①直接的、空泛的指导或引导

如"你(不)应该……"等。

②简单的判断、评价或贴标签

如"我认为……是对(错)的","你有……倾向"等。

③轻率地做出大而空的保证

一般来说,对于一些缺乏信心、勇气而又迫切希望得到外界鼓励的来访者而言,保证是有益的。它有助于一些来访者顺利度过困难期。但是,这种保证要尽量做到建立在事实的、合乎逻辑的、有可能实现的基础上,要让来访者觉得咨询者的保证是其确实体验到了来访者的负性感受,且经过深思熟虑之后做出的。否则,来访者就会觉得咨询者是在搪塞自己,或者是因为本身没有办法而采取的一种掩饰手段。

4. 影响共情的咨询者因素

一个咨询者要想达到较高的共情水平,除了需要熟练掌握共情技巧以外,同时需要咨询者本身具有共情所需的个性品质。咨询者的人格力量有时比他的专业技能更有影响力。一些咨询理论流派甚至认为,咨询者的人格力量、自身素质是咨询中第一重要的因素。一般来说,敏感、细致、耐心、谦和、宽容、豁达、善良和乐于助人等个性品质,对于共情水平的提高是至关重要的。另外,丰富的人生经验和阅历有助于咨询者更深刻地理解来访者,对于年轻的咨询者来说,可通过对知识的广泛涉猎来弥补自己阅历上的不足。

总之,共情水平的提高、共情能力的获得需要咨询者在个人原有素质的基础上不断学习、实践、用心修养。

二、积极关注

(一)积极关注及其意义

积极关注(positive regard)在罗杰斯早期的文章中被称为"无条件积极关注"(unconditional positive regard)。也有人称之为正向关注或积极关怀。意思是指咨询者以积极的态度看待来访者,对来访者的言语和行为的积极面、光明面或长处给予有选择的关注,利用其自身的积极因素促使来访者发生积极变化。

咨询者能否对来访者予以积极关注及其程度如何,反映出咨询者对来访者的一种基本认识或人性观:来访者是可以改变的,并且他们身上已经具有这样或那样的长处、优点,存在一种向上成长的潜力,通过自己的努力以及外界的帮助,都有可能比现在更好。

不仅是罗杰斯倡导的来访者中心疗法提倡积极的关注,所有有效的心理咨询和治疗理论中都包含有这样的信念,即通过咨询和治疗,能够使来访者产生积极的变化。只不过各种疗法所用术语和方法有所差异。如家庭治疗者相信人是可以改变的,而且能在那种似乎是可悲的、无望的交往中成长起来;行为治疗家则坚定地认为,所有的来访者都能通过强化增进个人的发展,达到学会应付他们所遇到的各种情境的目的。如果一个咨询者没有这样的信念,他的工作就失去了前提条件。

咨询者对来访者的积极关注不仅有助于建立良好的咨询关系,促进交流,而且本身就能产生咨询效果。尤其是那些缺乏自尊,或被目前的困难所困扰的来访者,咨询者的积极关注往往能帮助他们全面地认识自己和自己的处境,看到自己的长处和优势,看到光明的一面和未来的希望,从而树立信心,摆脱困扰。

(二)如何恰当运用积极关注

有效的咨询者往往凭借自己过人的敏锐与洞察力,不仅立足于来访者的客观实际,而且着眼于来访者的内在潜力与价值,不断发现、挖掘来访者身上的闪光点,并且有针对性地予以积极关注,而不是泛泛而谈。艾维(A. E. Ivey)曾这样评价罗杰斯的工作:"第一眼看上去,你可能会认为前来寻求帮助的人没有任何长处,没救了。但是,走出令人沮丧的阴暗的沼泽地,卡尔·罗杰斯似乎总能在某个个体身上发现某些积极的东西,并且通过对情感的反应和直接的个人反馈使那些积极的东西突出出来。"[13]

在咨询过程中,要防止出现两种极端倾向:

1. 脱离实际,盲目乐观

有些咨询者对来访者的积极关注,完全脱离实际,无中生有,异想天开。如这样的反应:"要知道你还有很多长处,你所面临的困难算不了什么,一切都会过去,都会好起来的……"其结果会适得其反,阻碍咨询关系的建立和发展。这是因为:

(1)会使来访者感到咨询者忽视、淡化了自己的问题,缺乏共情。

(2)会使来访者感到咨询者安慰自己,甚至认为是在哄骗自己,是咨询者无能的表现。

2. 过分消极、悲观

与盲目乐观相反,有的咨询者在咨询过程中会表现出过度的消极态度。如这样的反应:"你的困难确实很大,处境也不乐观,这样下去怕是要越来越糟。"如果咨询者一再强调这一点,就会让来访者愈加陷入沮丧、不安和困惑之中,甚至产生绝望或轻生的念头。这样做既没能帮助来访者摆脱已有的负性情绪,也没有得到改变现状的指导,是与咨询的本质背道而驰的。

三、尊重与温暖

(一)尊重

尊重(respect)是指咨询者对来访者的现状,包括价值观、人格特点和行为方式等予以接受、悦纳。其意义在于增强共情、积极关注的效果,给来访者创造一个安全、温暖的氛围,使其最大限度地表达自己。同时可使来访者感到自己被人悦纳,获得自我价值感。显然,尊重来访者是建立良好咨询关系、获得咨询效果的重要条件之一。

以来访者为中心的心理咨询理论特别强调尊重的意义,并将其视为使来访者人格产生建设性改变的关键条件之一。该理论之所以如此强调对来访者的尊重,是与其人性观密不可分的。它们相信人能够靠内在潜力去改变、去行动,去面对挑战和成长,因而强调尊重来访者个人的决定和意愿,对来访者的言行不加评论和干涉。

要想在咨询过程中做到准确地表达尊重,还需要注意以下几点:

1. 要完整地悦纳一个人

承认每个人都是有独特生物、心理和社会属性的个体,这是人们互相尊重、平等相处的基础。尊重意味着接受、悦纳一个既有优点又有缺点的人,而不能只是接受、悦纳其积极的一面,拒绝、排斥其消极的一面;尊重意味着接受、悦纳一个在许多方面与自己不同的人。

2. 要一视同仁

来访者中有各种各样的人,他们在年龄、性别、仪表、受教育程度、民族、地域、社会经济地位及文化背景等方面存在一定的差异,有时甚至相差悬殊。但他们作为来访者或咨询客人,都应该受到咨询者一视同仁的尊重,而不能心存偏见、厚此薄彼。

3. 要以真诚为基础,以有利于来访者成长和发展为原则

尊重并不意味着没有原则地一味迁就来访者。在咨询过程中,当咨询者发现来访者的某些言行不利于其成长和发展时,就要表明自己的意见和看法。否则,就违背了真诚的原则,也无助于咨询目标的实现。但注意不要伤害对方的自尊,可以采取以下表达方法:"虽然我并不完全赞同你的观点,但我能明白你为什么会这样想"、"我也许不能同意你的这种说法,但我仍认为你有权这么看此事"等等。

(二)温暖

温暖(warmth),也可译作热情,其含义与尊重相似,因而常常被放到一起使用,但较之尊重,温暖可使来访者与咨询者之间的心理距离更近一些。温暖可减少咨询过程或干预措施的非人性化性质,以免给来访者带来干巴巴、冷冰冰的感觉。在与不合作或态度勉强的来访者的互动中,温暖可以有效地化解来访者的潜在敌意,显著地改善咨询关系。

温暖不是仅仅通过语言就能表达的,而是需要咨询者充分运用人际沟通的各种方式,尤其是非语言的方式,如体态、动作、面部表情等身体行为和语气、语调等类语言。

温暖体现了咨询者对来访者的态度,它不仅仅是一种技能,也很难完全借助于实践、练习去发展它。只有对人充满爱心,对来访者充满关切,视帮助人为己任的咨询者才能最大限度地表达出对来访者的温暖。所以温暖需要咨询者从自己的内心深处去开发。

四、真诚

(一)真诚及其意义

真诚(genuineness)也是罗杰斯(C. Rogers)所提倡的,是指在咨询过程中,咨询者不把自己藏在专业角色的后面,不戴假面具,而要以真我的面目出现于来访者面前,开诚布公,表里如一,真实可信地投身于咨询关系。

真诚可以缩短咨询者与来访者之间的距离,促使来访者对咨询者的认同,有助于形成有效的咨询关系。具体地说,咨询者的真诚可信以及共情、尊重和温暖,可以为来访者提供一个安全的氛围,让来访者感到可以无须顾忌地披露自己的软弱、失败、过错、隐私等。此外,咨询者的真诚也为来访者树立了榜样,促进和鼓励来访者做出相应的行为——在咨询者面前毫无保留地表现自己的喜怒哀乐,减少会谈过程中的混淆和模糊,使双方的交流变得更清晰、准确。

(二)如何表达真诚

S. Cormier 和 B. Cormier 认为有效地表达真诚可以从以下五个方面入手[14]:

1. 支持性的非言语行为

咨询者可使用恰当的支持性非言语行为来传递真诚。传递真诚的非言语行为包括目光接触、微笑以及朝向来访者倾身而坐。然而,这些非言语行为应该用得谨慎而得体。例如,直接而间歇的目光接触比持续地盯着(来访者可能理解为瞪着)更能表示真诚。同样的,持续地微笑或过分前倾会被看做是虚伪做作,而不是真切诚恳。

2. 不过分强调专业角色

不过分强调角色、权威或地位的咨询者,可能使来访者觉得更加真诚。过分强调自己的角色和位置,会造成过大而不必要的情感距离,来访者会感到害怕甚至不满。真诚的咨询者是一个对自己、对他人和情境均能感到自然舒适的人。伊根(G. Egan)观察到,真诚的咨询者"不以咨询者的角色来逃避。理论上讲,与他人进行各个层次的交流或帮助他人是他们生活方式的一部分,而不是他们随意穿戴、脱掉的角色"。

3. 一致性

一致性意味着咨询者的言、行和情感协调一致。例如,当来访者不停地用言语讽刺挖苦或侮辱咨询者时,咨询者会感到不舒服、不愉快。对此,咨询者应承认这种情感的存在,不要强加掩饰。一个对自己的情感没有意识,或者没有意识到自己的情感与言、行不一致的咨询者,可能会向来访者发出含混的、矛盾的信息。

4. 自发性

自发性即是在没有刻意或做作的行为情况下自然地表达自己的能

力。自发性还意味着在没有仔细考虑要怎样说或做的情况下所表现出的机智。然而，自发性不是让咨询者向来访者说出任何想法或情感，尤其是那些负面的情感。罗杰斯建议，只有当不利的情况持续不断，或它们干扰了咨询者传递共情和积极关注时，咨询者才可向来访者表明自己的负面情感。

5. 适当的自我流露

自我流露是指咨询者以言语和非言语的方式向来访者披露个人的情况。咨询者自我流露的作用在于：

(1)产生一个开放而有益的咨询气氛。有些报道显示，来访者倾向于认为自我流露的咨询者要比不做自我流露的咨询者更敏感和热情。

(2)缩短咨询者与来访者之间的角色距离。

(3)促进来访者暴露自己的程度，尤其是促进求助者的情感表达。

(4)引起来访者对自己行为知觉的变化，帮助来访者形成新视角，从而发现、认识真正的自我，以便设定合理的咨询目标和方案。

从以上内容可以看出，有效地表达真诚并非易事，在实际应用时还应注意以下几点：

(1)真诚并不完全等于说真话。

当然，真诚的首要原则是要说真话，但是，真诚与说真话之间并不能完全划等号。有些初学者以为真诚就是有什么说什么，想到什么就说什么，否则就是不真诚。其实这是一种教条的、绝对化的理解。对咨询者而言，真诚应符合一个基本原则——有利于来访者的成长与进步。

(2)真诚不等于自我的发泄。

咨询员流露自己的情感，表达自己的真诚，为的是帮助来访者而不是为了满足自己倾诉、表达或发泄的需要。否则，可能会产生负效应，甚至使来访者怀疑咨询者的职业动机。

(3)真诚应适度。

有的咨询者认为，真诚既然是好的特性，那么表达得越充分就越好。其实并非如此，太多、太滥的真诚往往使来访者觉得虚假和做作。

总之，真诚是内心自然的流露，不是为了真诚而真诚，不能单靠技巧来表达。真诚建立在对来访者的基本信任和关爱的基础之上，同时也与咨询者对自己的悦纳、自信分不开。

第三节　影响咨询关系的其他因素

第二节中所提到的影响咨询关系的共情、积极关注、尊重与温暖、真诚等因素都是罗杰斯倡导的。他认为咨询者的主观态度影响着咨询关系的质量，而咨询关系对来访者人格的改变所产生的影响远远大于咨询者所采用的具体技术的作用。后来，又有许多研究进一步提出了影响咨询的其他因素。其中，具体化、即时化和对峙等三个因素被认为是影响咨询关系、咨询进程和咨询效果的必要条件。与前面四个因素相比，这三种因素更多地涉及咨询者言语的表达和帮助来访者的意图的贯彻。

一、具体化

（一）具体化及其意义

具体化（concreteness），也可称之为具体性，它是指咨询者帮助来访者清楚、准确地表述自己所持的观点、所用的概念、所体验到的情感以及所经历的事件，澄清那些重要、具体的事实。

在咨询过程中，不少来访者所叙述的思想、情感、行为、事件常常是模糊、混乱、矛盾、不合理的。这常常是引起来访者困扰的重要原因，同时也使问题变得越来越复杂，越来越纠缠不清。咨询者通过"具体化"，澄清来访者所表达的那些模糊不清的观念及问题，把握真实情况。在咨询中如果做不到这一点，则咨询者不可能真正理解来访者，也难以达到共情的境地，而且对来访者提供的建议、制定的咨询计划和采用的咨询方法也可能会缺乏针对性。可以说，具体化影响着咨询关系的建立，决定着咨询效果的好坏。

（二）具体化的使用

当咨询过程中，来访者在信息表达时出现下述情况时，则咨询者应使用"具体化"手段。

1. 问题模糊

有些来访者在谈到自己的问题时往往用一些含混的、模糊不清的词语，比如"我最近总是感到苦闷"、"我觉得没有前途"、"我烦死了"等，遇到这种情况，咨询者就要设法使这些模糊的情绪、想法逐渐清晰起来，让来访者逐渐地将自己的问题叙述清楚。有些来访者经过咨询者的具体化，问题就可能变得无足轻重了。

2. 过分概括

引起来访者心理困扰的另一个原因是过分概括，即用以点概面、以偏概全的思维方式看待自己遇到的难题。比如，很多人把偶发的事件当成必然，把一时一地的情况说成是普遍的情况，这就需要咨询者给予澄清。如"男人没有一个是好东西"、"我做人太失败了"、"这个人太虚伪"、"我丈夫一无是处"等等。

3. 概念不清

同样一句话、一个概念、一个词，在不同的人的心中有不同的含义。比如，一位从没有性经验的未婚男性来访者总是怀疑自己有"阳痿"的毛病，为此终日苦恼不堪，找过多位咨询者求助；某大学生仅仅根据自己几个晚上躺下半小时才能入睡，就认为自己患有"神经衰弱症"。在咨询者向其讲清有关的基本概念之后，不少来访者的问题会自然缓解。

同样，咨询者对来访者的反应也要有针对性，不要使用过于含混、大而空的词语，如"我觉得你太自卑"、"你的性格过于内向"、"你是个悲观主义者"、"你是个完美主义者"等。因为咨询者的反应往往对来访者会产生很大影响，会起暗示、强化、评判的作用，特别是对有权威主义人格倾向的来访者来说尤其如此。所以咨询者的反应要谨慎，否则会使原有的问题更复杂。

咨询者要促进来访者准确地讲述其所面临的情境及对情境的反应，这可以借用开放式提问来实现。如"你的意思是……""你说你觉得……你能说得更具体点吗?""你是怎么知道的?""你所说的……是指什么?""你能给我举个例子吗?"等等。有些咨询者怕给来访者留下"理解力不强"、"缺乏领悟力"的印象而不愿意提问,只是自己去猜测、判断,这样往往费时又费力,而且可能出错。最简单节省而有效的办法是作具体性反应。

二、即时化

(一)即时化及其意义

即时化(immediacy),又称即时性、即刻性。它有两个含义,第一个含义是指咨询者帮助来访者注意"此时此地"(here and now)的状况,而不要过分地注意过去和未来。在咨询中,常会发现有的来访者一味地讲述过去的经历以及对未来的种种看法,却自觉不自觉地淡化、回避现在。这有可能是来访者不够坦率、不敢自我暴露,或者是借过去和未来逃避现在。也有可能是来访者本身的思路不清楚或语言表达能力欠缺。为此,咨询者应帮助来访者表达出他们此时此地的想法和感受。

咨询过程是咨询者与来访者互动的过程,不仅有咨询者对来访者的反应,也有来访者对咨询者的反应。即时化的第二个含义是指当来访者涉及咨询关系时,咨询者对此要敏感,对来访者指向自身的言语、行为、情感予以必要的反应。假如咨询者逃避或采取自我防卫,就可能被来访者看作能力不强、软弱,其结果会直接威胁咨询关系。如果咨询者的应对反应是主动、积极、开放的,则咨询者将被视作强大、可信赖、可依靠的,咨询关系也因此得以继续和加强。

即时化鼓励来访者更多地自我暴露和自我探索,促进他们真诚、坦率、准确地讲出自己的想法和感受,与咨询者一起开诚布公地讨论他的问题,这样他就能很快地进入来访者的角色,同时也就为咨询中真诚交流的气氛打下了基础,加速了咨询进程的深化和发展。

(二)表达即时化反应时需要注意的事项

(1)咨询者要即时描述出他所看到的正在发生的事情,而不要等到会谈结束,甚至等到下次会谈时才进行描述。否则,会影响咨询的进程。但是切忌滥用即时化反应。一般来说,应当将即时性策略专门用来探索来访者的那些最重要的或最有影响的问题。

(2)为了反映"此时此地"的体验,即时性句子应该用现在时态,如"我现在感到不舒服",而不是"我刚才感到不舒服"。在讲英语的国家和地区,要求在整个咨询过程中更多地使用现在时态。因为英语里面有过去时、现在时和将来时三种时态,以动词的不同形式表现出来。在中国,我们的语言文字中没有这样的表述方法,但过去、现在与将来的不同时态同样可以从语句中的副词里面看出来。这一特点决定了我国心理咨询工作者要更多地运用表示此时此刻的副词,如"现在"、"这会儿"、"此时"等。我国心理咨询工作者对此应予以注意。

(3)当谈到你自己的感受时,要表示出"我"这个主体。比如:"我现在对你有些担心",而不是"你使我感到担心"。用"我"来表达此时此地的感受,会增加来访者对咨询者即时性反应的接受程度。

(4)要把握好表达即时化反应的时机。一般来说,在咨询的初期,过多使用即时化反应会使一些来访者感到有压力,并且会导致咨询者和来访者都产生焦虑。在使用即时性反应前,最好双方之间已建立起比较牢固的咨询关系。如果咨询者使用了即时化,并且感到它已引起来访者的恐慌,那么咨询者就应确定,来访者还没有准备好去应付这些情感和问题。在这种情况下可以推延即时化反应。

以下是几个即时化的例子[15]:

(1)当来访者描述其失去密友时开始泪如泉涌。

即时化反应:"此刻你似乎正非常强烈地体会着这种失落感。"

或者:"现在我感到你谈起这事是非常痛苦的。"

(2)任何时候只要提起来访者的学习成绩,他就会停止谈话。

即时化反应:"每次当我提起学校的成绩,你就似乎要回避这个话题。"

或者:"我发现,在本次谈话中,当谈起你的学习成绩时,你就停止了谈话。"

(3)来访者问了几个有关你的能力和资格的问题。

即时化反应:"你现在似乎正在询问我有怎样的资格为你提供帮助。"

或者:"我不知道现在你对信任我是否还存在着困难。"

(4)你感到在自己和来访者之间存在着高度的紧张和戒备,你们两个似乎都以"温和的手段"对待彼此。你注意到了自己躯体紧张的感觉,并且来访者躯体紧张的表现也很明显。

即时化反应:"我注意到现在我的身体很紧张,你看上去也很紧张。"

或者:"我感到我们彼此还不太习惯,我们似乎正以一种非常戒备和小心的方式相处。"

(5)你和来访者彼此都很喜欢对方,并且你们有许多共同之处。后来你们花了很多时间互相倾诉生活经历,而没有关注或处理来访者对事业的不确定和不满意。

即时化反应:"我知道我们相处得很融洽,因为我们有很多共同之处。我们现在一起共享生活经历而不是探讨你的事业问题,多么轻松。"

三、对峙

(一)对峙及其意义

对峙(confrontation)又称对质、面质、质询、正视现实等,对峙不是咨询者对来访者某种公开的或潜在的对立、敌意和攻击,也不是咨询者简单地告诉来访者身上有哪些过错,进而表达自己正确的观点。它是指咨询者向来访者指出并与之讨论存在于他身上的各种思想、情感、行为之间的矛盾。

对峙的目的和意义在于协助来访者对自己的思想、情感、行为及所处的境况作深入的了解,澄清各种混乱不清、自相矛盾、实质各异的言行、感受,促使来访者放下自己有意无意的防卫心理,面对真实的自我,面对现实,采取富有建设性的行动,实现理想自我与现实自我的统一。正因为对峙的采用对来访者具有某种潜在的影响力,所以有人把对峙看作是一种心理治疗技术。卡可夫和贝伦森(R. R. Carkhuff, B. Berenson)等在《超越咨询与治疗》(Beyond Counseling and Therapy)一书中曾指出:"在治疗者与来访者之间的对峙的分布可能从轻微的挑战到直接的撞击都有。它构成了对来访者的一种挑战,以动员他的能量为了其自身的利益向着更深刻的自我认识和更积极的行为迈进。通常它将会、至少是暂时性地给来访者个人的和社会的平衡带来某些危机。危机过程也同样被看作是一种与新的反应和导致新的发展相联系的有机的增长过程。增长过程就是一系列无止境的自我对峙过程。……没有对峙的生活将是没有方向的、消极的、贫瘠的生活。"[16]

(二)对峙的使用

1. 对峙适用的范围

穆哥特伊德(S. Murgatroyd)认为对峙常常涉及来访者三种类型的矛盾[17]。按照这一观点我们来讨论对峙的使用范围:

(1)来访者的真实自我和理想自我之间的差异。

来访者把他们自己所希望的自己当作真实的自己,而没有注意到他们自己的实际情况。例如,一位即将毕业的高中生,尽管她在一所普通高中里只是一个成绩平平的学生,但她却坚持认为自己才华出众,报考大学时只准备填两个一流重点高校,其他学校一概不去。而了解她的家长、老师和同学都认为她若能考上一个一般高校已是不错了。遇到这类情况,由咨询者引出的对峙应能说明人的能力的局限与理想之间的矛盾,以适当的方式使对方自己认识到这一点。

(2)来访者的思想、感受与其实际行动之间的差异。

这方面的例子很多。例如,一位有着比较长的婚外恋史的中年妇女,却常常对目前社会上存在的婚外恋现象表现出异乎寻常的反感。在遇到这类情况时,咨询者需要详细了解与来访者所谈的思想、感情、行为等所有可能有关的细节,以搞清问题的真正所在。在对峙过程中,特别要注意理解对方,因为他们往往是在有意无意地掩饰某些东西。

（3）来访者的想象的世界与现实的世界之间的差异。

例如一位刚刚被提职的年轻干部说他从未害怕过在大会上向全体员工作报告,尽管事实是遇到这种情况时,他的每天吸烟量增至一包半,睡眠变得困难,甚至失眠。这些情况表明他对在大庭广众之下作报告是焦虑紧张的。又如,一位女大学生总认为在这个世界上应该有完美的男人存在,而且她一直在寻找这样的男人做自己的终身伴侣。后来她觉得找到了一个自认为完美的男人——一个比她大几岁的男青年,认为对方坚强乐观、热情大方、聪明能干、好学上进、有责任感而且不乏幽默等等。但接触一段时间以后却发现了对方身上某些无足轻重的缺点,由此而觉得对这个世界非常非常失望。再如,某位三十五岁的男青年,一定要找一个他理想中的女青年作为他的终身伴侣。他有许多相当苛刻的条件,缺一不可。他找了很久,见到的人总有某方面的缺憾。他感到困惑,但仍不准备放弃任何一个条件,继续寻找。

遇到这种情形,对峙意味着咨询者要帮助来访者看到他们所憧憬所想象的那些完美的理想的事物是不真实的,帮助对方正视我们人类生存其中的不那么完美的世界。

此外,在咨询中若遇到来访者言行不一致、语言或行为前后不一致、咨询双方对咨询进展结果的意见不一致等等,咨询者也可以运用对峙:"你说了多少次要戒烟,可你似乎就是没有动静!""你上一次说你考试有两门不及格,可这次你怎么又说都不及格,到底是怎么回事?""你觉得你的咨询没什么进步,可我认为进步还是很明显的。"

美国资深心理咨询家 S. Cormier 和 B. Cormier 认为,当来访者出现以下六种信息混乱或矛盾时,咨询者应进行质询[18]:

（1）言语和非言语行为。

例:来访者:"我感到很舒服"(言语信息),而同时又坐立不安并摆动她的手(非言语信息)。

咨询者:你说你感到很舒服,可是你同时又在不安地摆动手。

（2）言语信息和行动。

例:来访者:"我打算给她打电话"(言语信息),但是他又说,他上周并没有给她打电话(行动)。

  咨询者:你说你要打电话给她,可到现在为止,你并没有这样做。

(3)两个言语信息。

例:来访者:"他与很多人交往,我并不为此感到烦恼(言语信息1),但是我想我们之间的关系对他来说应该意味着更多的东西"(言语信息2)。

  咨询者:开始你说你感到他的行为没有什么,现在你又觉得难过,因为你们的关系对他来说不像对你那么重要。

(4)两个非言语信息。

例:来访者:直视咨询者(非言语信息1),然后把椅子从咨询者近处移开(非言语信息2)。

  咨询者:在你谈到这些的时候,你能直视我,同时又与我保持距离。

(5)咨询者与来访者矛盾(或两个来访者,父母与孩子,老师与学生,配偶双方矛盾,等等)。

例:来访者是一个表现出焦虑、沮丧和记忆力减退的女人。咨询者建议用一种药物治疗来帮她摆脱这种情绪,然而来访者拒绝了。

  咨询者:我认为使用药物治疗对你来说是很有帮助的,这对我们双方来说也很重要。但是你好像不愿意接受它,那么我们应怎样做呢?

(6)言语信息和情境。

例:一对年轻夫妇在过去三年中吵架很厉害,他们想通过生一个孩子来改善他们的婚姻。

  咨询者:在咨询过程中,你们就曾三次分居。现在你们说想通过孩子来改善你们的关系。许多夫妇说孩子只会增加压力而不会减轻压力。你们怎样处理这两种关系呢?

2. 对峙的妥为使用

在咨询过程中,妥为使用对峙会有利于使咨询向纵深发展,也有利于咨询关系的建立与巩固,促进来访者的成长,共情亦可在对峙中得以深化。但是,咨询者应该意识到,对峙也有可能给咨询带来某种危机,使来访者产生愤怒情绪和防御、抵触心理,甚至造成来访者的脱落而导致咨询的夭折。所以在咨询实践中使用对峙要谨慎、妥当。

具体地说要注意如下几点:

(1)对峙应建立在良好的咨询关系(尤其是高级准确的共情)的基础之上,否则对峙就可能是无效的,甚至会导致咨询关系破裂。因为很多对峙所涉及的问题对来访者可能具有应激性,造成来访者的心理压力,威胁来访者的心理安宁,进而导致危机出现。因此,在使用之前,一定要确认咨询关系已经具有相当坚实的基础。

(2)可以使用尝试性对峙,这一点在咨询初期尤其重要。在咨询关系建立初期,应尽量不用对峙。如果不得不用,可适当应用一些尝试性对峙,在语气中加上一些询问性、不确定性的内容,比如:"我不知道我是不是误会了您的意思,您上次说……可这次您又好像说……不知哪一种情况更确切?"如果来访者愿意就此说明,当然很好;如果对方不愿涉及,这时就不必追问下去,免得来访者难堪、惊慌,可以留待适当时候再行尝试。这样可使来访者有机会在无压力的情况下与咨询者讨论自身的问题。

(3)对峙要以事实为依据。对峙的基础是事实,当事实不充分、不明显时,一般不宜采用对峙。千万不能将对峙当成咨询者发泄情绪乃至攻击来访者的手段,否则就失去了对峙的本意。

总之,对峙要和支持结合起来,正如伊根(Egan)所说的那样,没有支持的对峙会引起灾难,而没有对峙的支持则是苍白的。

参考文献

[1] (美)S. Cormier 和 B. Cormier 著,张建新等译:心理咨询师的问诊策略,北京:中国轻工业出版社,2000年版,第96—97页

[2][4] 转引自钱铭怡:心理咨询与治疗,北京:北京大学出版社,1994年版,第27—29页

[3] 许又新:心理治疗基础,贵阳:贵州教育出版社,1999年版,第3—16页

[5] 钱铭怡:心理咨询与治疗,北京:北京大学出版社,1994年版,第30—31

页

[6] Allen E. Ivey and Lynn Simek-Downing 著,阳琪译:咨商与心理治疗——技巧,理论与练习,(台)桂冠图书公司,1982年版

[7] (美)S. Cormier 和 B. Cormier 著,张建新等译:心理咨询师的问诊策略,北京:中国轻工业出版社,2000年版,第66页

[8] Goldstein, A. P. & Higginbotham, H. N. (1991) Relationship-enhancement methods. In F. H. Kanfer & A. P. Goldstein(Eds.), *Helping people change*(4th ed., pp. 20—69). New York: Pergamon Press.

[9] (美)S. Cormier 和 B. Cormier 著,张建新等译:心理咨询师的问诊策略,北京:中国轻工业出版社,2000年版,第68—69页

[10] 马建青:辅导人生——心理咨询学,济南:山东教育出版社,1992年版,第165—167页

[11][13][17] 转引自钱铭怡:心理咨询与治疗,北京:北京大学出版社,1994年版,第36、38、51页

[12][14][15][18] (美)S. Cormier 和 B. Cormier 著,张建新等译:心理咨询师的问诊策略,北京:中国轻工业出版社,2000年版,第67—68、79—81、92—93、253—255页

[16] R. R. Carkhuff and B. G. Berenson, Beyond Counseling and Therapy, New York: Holt, Rinehart and Winston, 1967

第六章 来访者问题的评估与分析

第一节 评估来访者问题的一般程序

当来访者第一次前来寻求心理咨询时,咨询者首先需要做的就是对来访者的问题进行准确评估。这是一切心理咨询的基础,因为不澄清来访者的问题,咨询就无的放矢。所以,这项工作完成的如何将对其后的整个咨询过程产生重要的影响。

下图列出了评估来访者问题的一般程序:

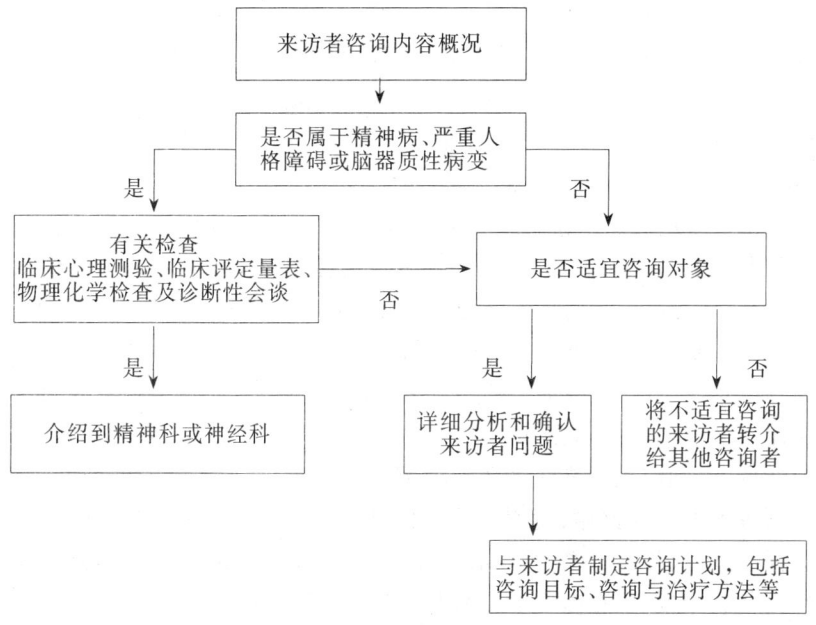

图 6-1 评估来访者问题的一般程序

第二节 适宜咨询对象的选择与转介

对特定的咨询者来说,即便是排除了来访者患有精神病、严重人格障碍和脑器质性病变的可能性之后,也并不是所有来访者都完全适合接受该咨询者所做的咨询与治疗。来访者的特点以及来访者与咨询者的匹配程度将直接影响着咨询与治疗的效果。从一定程度上讲,选择合适的咨询对象是咨询与治疗成功的开端。

一、适宜咨询对象的特点

国内许多长期从事心理咨询理论研究和实际工作的学者,如单怀海[1]、马建青[2]、汤宜朗、许又新[3]、曾文星、徐静[4]等人,根据各自对心理咨询和治疗规律的认识和实践经验的总结,提出了选择适宜的咨询对象的方法。我们在归纳、分析了他们的观点的基础上,结合自己的咨询经验,认为适宜的咨询对象应具备以下特点:

1. 智力和人格基本正常

来访者的智力一般需要在正常范围,因为需要他们能够叙述自己的问题以及其他相关情况,要能理解咨询者发出的言语和非言语信息的含义,还要有一定的领悟能力等等。所以,一定的智力水平是必须的,否则,咨询将相当困难。一般来说,来访者的智力水平越高,文化层次越高,越适合进行心理咨询。那些深入分析、说理和探讨的咨询方式对于文化水平较高、领悟能力较好的来访者而言是适宜的,而对于智力水平较低的人,则应根据来访者关心的问题,作简明扼要的针对性回答、生动形象地解释或比喻、运用成功案例进行示范说明以及恰当的暗示和保证等。但这并不是说,教育水平较低的人,就不适宜接受心理咨询。在咨询实践中发现,很多受教育程度虽不高、内心单纯且质朴的人,却很容易接受咨询者有道理的指点与建议,从而获得不错的咨询效果。

来访者的人格也应基本正常,无明显的人格障碍。这里所说的人格,是指非认知性的人格特质,包括意识的倾向性、气质和性格。如果来访者有人格障碍,则不仅会妨碍咨询关系的建立,也会影响咨询的进行。一般来说,在心理咨询的过程中,根据来访者的需要,咨询者会适当地给与支持与鼓励,但心理咨询的进行,对来访者来说并非都是舒适的过程。来访者要向咨询者述说自己的问题或症状,接受咨询者的指导,并且努力改善自己的行为,这就需要来访者有基本正常的人格。否则,就难以忍耐痛苦,接受逆耳的劝导,更改自己的行为,也就不容易产生明显的咨询效果。

2. 有强烈、真正的求助动机

来访者有无强烈的咨询动机直接影响到咨询的效果。那些缺乏咨询动机、经咨询者反复做工作后仍缺乏动机的来访者,一般不适宜作心理咨询。因为虽然来访者需要咨询者的心理指导,但最主要的,还是要靠来访者本身的努力。来访者不仅要体会到自己有心理或行为的问题,而且确实因其问题而多少感到痛苦。因有痛苦,才会想解决问题、减轻和消除症状,改善其心理与行为。来访者要有相当的勇气,能承认自己的短处、缺陷或问题,而且愿意与咨询者谈论自己的短处、过错或问题,而这些都取决于来访者对接受心理咨询与治疗的动机。一般来说,咨询动机越强烈,双方就越容易密切配合,就越容易取得效果。

不仅是动机强度,而且动机的内容也常常决定咨询的效果。有些来访者前来咨询的目的不是为了调整自己的心理状况、解决心理问题、消除心理症状、改变不适应行为,而是为了别的目的,如有些来访者前来咨询仅仅是想寻求心理安慰;有的是为了能多见几次某位咨询者;有的是把咨询室当成避难所;有的来向咨询者证明自己比咨询者还有本事。因此,咨询者应搞清来访者的真实动机,否则很可能是白费口舌。如果发现来访者的动机不正确或缺乏真正的求询动机,咨询者应首先调整动机,否则就应中止咨询。

还有一些来访者,起初不熟悉心理咨询与治疗是什么,也不知道怎样接受心理咨询。在这种情况下,咨询者一般要先给予必要的解释、说明,并且试试看一段时间,才能确定来访者是否真正有意接受心理咨询与治疗,而不宜过早判断来访者前来求询的动机。另外,也有一些来访者自己开始时根本没有接受心理咨询与治疗的要求,可能被亲朋好友强迫而来。在这种情况下,咨询者应运用一定的咨询特质、经验和技巧,通过建立良好的咨询关系,帮助来访者看到自己的问题,培养接受心理咨询、改善自己心理与行为的动机。

3. 需要解决的问题属于心理咨询的范围

并非任何与心理有关的问题都可以通过心理咨询获得较满意的解决。有些内容适合心理咨询,而有的内容则不太适宜。在此,我们把心理咨询和心理治疗放在一起加以考虑。比如,一个大学生想拿到学校一等奖学金,咨询者没有办法、也不可能帮助他去学校主管部门争取到一等奖学金,但是假如这个大学生想讨论自己需不需要一定拿到这个一等奖学金,如何通过学习上的努力与进步来早日实现这个目标,那么这种帮助则是可以从学校心理咨询工作者那里得到的;又如,一个人在工作单位由于人际关系失调而产生心理困扰,这时咨询者无法像其上级领导那样通过调解或采取行政手段为来访者争取到比较有利的结果，从而缓解其心理困扰，但如果来访者想通过调整自己的某些不合理认知和信念，培养自己达观、超然的人生态度，调整或改善自己的某些行为则属于咨询者能解决的心理问题。

一般来说，神经症性心理障碍、某些性心理障碍、行为障碍、心身疾病等属于心理咨询与心理治疗的范围。尤其与心理社会因素有关的各种适应性心理问题和心理障碍、心理教育与发展等更适合开展心理咨询。而处于发作期、症状期的精神病人，由于与外界接触不良，缺乏自知、自制力，难以建立人际关系，因此，一般不属于心理咨询范围。但康复期的患者也可从心理咨询中获益。另外，有较严重人格障碍的人也不适于进行心理咨询和治疗。

4. 年龄适宜

严格说心理咨询并无明确的年龄限制，就适宜性而言，每个年龄段的人都有长处和短处，而且，有些特殊的心理咨询就是专门为某一特定的年龄段而设的。如青少年心理咨询、老年心理咨询等。但一般来说，青年人比其他年龄段的人更适合接受心理咨询。一方面，与少年儿童相比，青年人的心理发展程度更高一些，尤其是表现在自我意识方面。他们可以较容易、准确地表达自己的问题，也容易领会和接受咨询与辅导；另一方面，与中老年人相比，青年人的可塑性较大，他们的人格尚未完全定型；再者，青年人受到心理困扰的时间相对较短，出现的问题多为适应不良、情绪障碍，距离童年期还不太长，容易挖掘问题的根源，咨询效果比较明显。

5. 匹配性好

所谓匹配性好，包括两个方面：一是咨询者与来访者心理相容，彼此相互接受、相互容纳、相互吸引；二是来访者的特征恰好与咨询者的擅长相吻合，咨询效果（尤其是短期咨询效果）比较明显。比如，某咨询者擅长某一人群的咨询（如大学生、妇女等），在处理某些问题方面有经验（如善于处理人际关系），专长于某一种理论和方法（如人本主义心理治疗方法），而来访者的特征恰好符合咨询者的这些特长。

此外，外部支持良好、注重心理感受、交流能力强、对咨询方式和咨询者高度信任的来访者也容易获得较好的咨询效果。

必须指出的是,来访者的这些特征是相对而言的,而且这也并不意味着不具有上述典型特征的来访者就不能通过心理咨询与治疗来解决心理问题。

二、对来访者的问题性质进行鉴别诊断

这里所说的来访者问题性质,是指来访者的问题是否属于脑器质性病变、精神病以及严重人格障碍。心理咨询与治疗的对象和范围是很广泛的。一般来说,除了脑器质性病变的患者、精神病患者以及有某些人格障碍的人以外,大都可以进行心理咨询与治疗。只不过适宜程度有所差别罢了。因此,心理咨询与治疗工作的第一步就是要对来访者进行有关脑器质性病变、精神病以及人格障碍的鉴别诊断,一旦发现来访者有这些病症,则必须将他们转介到神经科或精神科诊治。有关脑器质性病变、精神病、人格障碍的鉴别诊断知识在神经科学、精神病学、变态心理学中有专门的介绍,限于篇幅,本书不作详细介绍。有一点是明确的,一个心理咨询与治疗工作者是否具备必要的医学(尤其是精神医学)知识和临床经验,将直接影响到他对来访者问题(特别是重性心理障碍)的鉴别诊断,进而影响咨询和治疗效果。

在排除了有脑器质性病变、精神病或严重人格障碍的人之后,又涉及了一个如何区分心理咨询对象和心理治疗对象的问题。在第一章,我们曾对心理咨询与心理治疗的关系做过介绍,认为心理咨询所着重解决的是正常人所遇到的各种心理问题,如日常生活中人际关系方面的问题、职业选择方面的问题、教育过程中的问题、婚姻家庭中的问题等等,而心理治疗则主要针对某些神经症、某些性心理障碍、情绪与行为障碍、心身疾病、某些早期精神病或康复期精神病患者。但由于心理咨询和心理治疗的划分是相对的,加之我国现有条件的制约,所以在实际工作中并未将心理咨询和心理治疗做严格区分。心理咨询与心理治疗的相互转换一般没有中间环节,这就要求帮助者同时具有心理咨询和心理治疗两种能力。随着我国心理咨询和心理治疗事业的发展,对心理

咨询和心理治疗从业资格的要求和管理上将更加规范、合理。

三、咨询对象的转介

对于某一特定的咨询者来说,并非所有适合咨询的来访者都适合于自己。对该咨询者而言,有些来访者是特别适宜的,双方匹配性好。例如,咨询者对这类来访者的背景比较熟悉,对他们所遇到的问题有丰富的咨询经验,彼此有接近的价值观念,个性适合度高,容易产生信任感、亲切感。也有些来访者一般地讲是适合作心理咨询的,但对于某一特定的咨询者而言,则是不适合的。对于这样的来访者,最好的办法就是转介给其他咨询者或咨询机构。

(一)哪些来访者需要转介

1. 咨询内容与咨询者不匹配

这种转介是最常见的。由于每位咨询者所受训练的不同,加之自身条件(如年龄、性别)的限制,其擅长或适宜咨询的内容也会有所不同。比如,有些来访者的问题已经达到重性心理疾病的程度,而咨询者没有能力予以解决,就应迅速转介到精神科医师那里。又如,从事家庭婚姻咨询的咨询者对学校心理咨询就不很熟练,而一直从事青少年心理咨询的人对成人心理咨询会不很在行。再如,一位年轻男性咨询者来对一位中年女性的性问题进行咨询就往往效果不佳,同样,让一个未婚的女性咨询者去接待由于性生活不协调而导致夫妻矛盾的男性来访者也不大恰当。在实际咨询工作中,一旦遇到这种情况,恰当的做法是把来访者转介给其他适宜的咨询者。

2. 价值观念与咨询者不相容

前面我们曾分析过,在心理咨询活动中咨询者要想完全避免或隐藏自己的价值观是不可能的,而且要想完全排除价值干预或价值影响也是难以做到的。随着咨询的进行,有些咨询者发现自己与来访者在根本的价值观念上有明显分歧或尖锐对立时,则往往不适合继续作心理咨询。比如,咨询者在性的问题上很保守,而来访者在性的问题上过分开放;咨询者是坚定的无神论者,而来访者是虔诚的宗教徒等。遇到这样的情况,若条件允许的话,咨询者最好将来访者转介给合适的咨询者。

3. 个性与咨询者不相容

有些咨询者与来访者在个性等方面存在着某种不协调,比如,有的咨询者不能容忍来访者的盛气凌人,有的咨询者不喜欢过于内向、退缩的来访者,有的害怕异性来访者,害怕有移情发生等,在这种情况下,如果咨询者没有能力去排除这种因素对咨询活动的影响,就需要进行转介。这也从一个方面提示,要想成为一个有效的咨询者,必须有良好的自我控制能力和坚忍、耐心、对人宽容等心理品质,不断提高自己的心理素质。

4. 与咨询者有私人关系

有些来访者与咨询者有私人关系。比如,来访者是咨询者的亲戚、朋友、熟人等等。来访者与咨询者之间的这种关系,常常增加来访者的顾虑,影响其述说自己的内心私事,增加双方的尴尬。这无形中增加了咨询的阻力。此外,咨询者给予指导和建议时,也常会失掉其客观性及职业性,影响咨询效果。一般来说,应避免给那些与自己有私人关系的来访者做心理咨询,而将其转介给没有私人关系的其他咨询者为宜。但是,受咨询场所小、咨询人员少的限制,或者其他理由,不得不接受自己认识、有私人关系的来访者时,则应慎重进行咨询,尽量与来访者保持客观、中立且职业性的关系。

5. 来访者有特殊背景

有些来访者,如高官的子女,富人的配偶,社会名流的家属,常常使咨询者考虑来访者的背景,而无法以平常自然的方式进行咨询和辅导。咨询者假如过分小心、谨慎,或考虑因素过多,反而阻碍咨询工作进行。遇到这种情况,倘若咨询者不能以通常的方式进行咨询,难以做到客观与中立,则应转介给适合的咨询者。

(二)转介的具体实施

在发现来访者的问题不适合在自己这里继续咨询时,要及时进行转介。否则可能贻误时机，酿成不良后果。因此，及时转介同样体现咨询者对来访者的负责态度和良好的职业道德。

在具体实施时，咨询者应首先与来访者开诚布公地谈一次，将转介事宜告诉来访者，并用委婉的言词说明这样做的理由，特别应强调此举完全是为了来访者能获得更好的咨询服务，以免使来访者产生误解。另外，还可适当介绍将要负责来访者咨询事宜的咨询者的长处和特点，让来访者心里有所准备。

对将要接手的咨询者，原咨询者要详细地介绍情况，提供自己的分析，但不要轻易介绍该来访者在原来的咨询中提供的一些隐私性较强的材料，因为这些内容在以后的咨询中，来访者会视情况向新咨询者叙述。也不应对新咨询者的咨询计划给予过多的干预。

总之，转介是咨询过程中一种正常的现象。任何一个咨询者要满足不同来访者多方面的咨询要求是相当困难的，而咨询者的任务之一，就是认清自己的长处和不足，扬长避短。咨询者要与自己同一机构、地区的同行多联系，建立相互支持的网络，了解各自的工作特点和擅长内容，互相取长补短，适时进行转介，以便更好地为来访者服务。

第三节　来访者问题的评估与分析

在排除了来访者患有精神病、严重人格障碍、脑器质病变（当然这一过程并不一定能在咨询开始时就可完全排除，若在以后咨询的各个阶段发现疑点，都需回过头来重新进行鉴别诊断），并确认来访者属于自己适宜咨询的对象之后，咨询者面临的主要问题就是对来访者的具体问题进行初步的澄清。

要在较短的时间里，较为迅速地从来访者那里获得必要的信息，分析、确认对方的问题，不是一件轻而易举的事。一般来说，富有经验的咨询者为了确认对方的问题，在初次咨询时，都要尽可能地获取以下方面的信息：

一、来访者一般情况和背景信息

评估来访者的当前问题需要获取相关的背景信息，这些信息是整体评估过程的一部分。可以帮助咨询者把来访者所叙述的零散信息片段连接起来。因为来访者当前的问题往往与过去的经历有重要关联，是由其过去经历的事件促成或延续下来的。

收集此类信息的过程称为"病史采集"。在许多情况下，病史采集是在刚刚开始的会谈中进行的，称为"采集会谈"或"收集资料式会谈"。会谈的最初阶段主要是收集信息而不是治疗性的，在较大的咨询机构中，这一工作通常是由咨询者的助手或其他人来完成。在这种情况下，进行最初会谈的工作人员与来访者进行大约一个小时的会谈（儿童和青少年短于这个时间），然后书面总结出这些信息交给咨询者。在较小的咨询机构里或人手不足时，咨询者也亲自做这项工作。

病史采集可以获取各种各样的信息，但最重要的几个方面有：

(1)关于来访者身份的信息，如性别、年龄、出生地、居住地、文化程度、婚姻与否、职业、民族、经济状况等；

(2)总体外观形象和行为，如相貌、有无残疾等；

(3)与现在问题有关的往事；

(4)以往的精神病史或心理咨询和治疗史；

(5)教育和工作背景；

(6)健康和医疗史；

(7)社会或成长史，包括宗教和文化背景、主要的价值观、主要成长事件、社会和休闲活动、目前社会状况；

(8)家庭、婚姻、性历史；

(9)精神和神经系统（主要是大脑）状况。

病史采集中获得上述信息的顺序很重要，一般来说咨询者由最容易回答的问题着手，而将更敏感的话题放在会谈的末尾部分，那时双方已建立起更大的信任，来访者会更轻松自然地对一个完全陌生的人说出个人隐私。

可能归类为敏感话题的具体问题包括:(1)自杀想法和行为;(2)杀人念头和暴力行为;(3)物质滥用,包括酒精、毒品和医生处方药品;(4)与性有关的问题,包括性功能障碍和性变态等。

二、来访者求助解决的问题

(1)发生了什么事情?包括事情的具体情况怎样?这样的或类似的事情以往是否经常发生?频率和强度怎样?是在什么样的情况下发生的?

(2)问题是何时发生的?包括是什么时候开始的?其时间顺序的重要线索是什么?问题发生之前后的情境如何?

(3)问题在何处发生?包括问题发生的地点、发生时与何人在一起?

(4)来访者对问题的反应是什么?包括来访者对问题的认知反应、情绪反应和行为反应是什么?

三、问题产生的原因

一般来说,问题形成的原因是多方面的,既可能是先天遗传因素,也可能是后天环境因素,既可能是心理社会因素,也可能是生物学因素,更可能是以上多种因素交互作用的结果。

在咨询实践中,可以沿以下途径寻求问题产生的原因:

(一)精神分析途径

这条途径也称心理动力学途径或无意识路径,它是依据弗洛伊德(S. Freud)创立的精神分析学说而提出的一条途径。

在精神分析学说中,弗洛伊德将人的心理活动分出三个层次:无(潜)意识、前意识和意识。无(潜)意识指人的原始冲动、各种本能和出生后被压抑的欲望,这些东西蕴涵着巨大的能量。其主要特点是非理性、冲动性和无道德性,总要按照快乐原则(或唯乐原则)(pleasure principle)去追求满足。无意识是人活动的内驱力,决定或影响着人的全部有意识的活动。前意识(preconsciousness)指无意识中的那些能被召回的部分或能被人回忆起来的经验。前意识介于无意识与意识之间,担负着"检查官"的角色,不准无意识的本能和欲望随便进入意识之中。意识,指与直接感知有关的心理部分,服从现实原则(或唯实原则)(reality principle),它调节着进入意识的各种印象,压抑着心理中那些原始的本能冲动和欲望。在此基础上,弗洛伊德又提出了人格结构理论,将人格分为"本我"(id)、"自我"(ego)和"超我"(super ego)三部分。他还认为,一个人的早期经验对他后来的人格有重要影响。

弗洛伊德认为,每个人内心都经常进行着本我、自我和超我之间的斗争。病人的症状是有深刻含义的,症状仅仅是一种伪装,它们实际上代表一个人被压抑到无意识之中的本能欲望或童年时代所遭受的痛苦与精神创伤。人的大多数心理疾病和心理问题来自于童年时代的心理冲突或创伤性事件,由于这些事件会引起焦虑和痛苦,故被压抑到无意识之中,从而被忘掉了。然而这些经历并没有失去作用,它们可以对人的心理健康产生深远的影响,是心理疾病或心理问题产生的原因所在。

沿这条途径寻求来访者问题产生的原因,就要了解来访者个人生活史,特别是早期经历中有无心理创伤。

(二)反射—行为—学习路径

这条途径也可简称为行为途径,它是依据行为主义心理学及其行为疗法而提出的。

在行为理论看来,人的许多心理问题和症状实际上就是非适应性行为(或称适应不良行为)。非适应性行为如同适应性行为一样,在很大程度上也是习得的,即个体是通过学习获得了非适应性行为的。因此,也同样可以通过学习来调整、矫正和改造它们,也可通过学习新的适应性行为来代替它们。人类获得新行为(包括非适应性行为)的基本的学习方式是两种条件反射,即巴甫洛夫(I. Pavlov)的经典性条件反射和斯金纳(B. Skinner)的操作性条件反射。

后来许多行为学者开始认识到,直接学习(学习者对刺激作出反应并给予直接强化而完成的学习)并不是获得新行为的惟一途径,班杜拉

(A. Bandura)的社会学习理论认为,人类许多复杂的行为都是在社会交往过程中通过观察学习获得的,学习者无须事事通过亲身接受外来的直接强化进行学习,而可以通过观察别人的行为及行为的后果,替代性地得到强化。他通过研究证实,恐惧反应、攻击行为等适应不良行为均可通过观察学习而习得和消除。为了支持这种论点,一些学者特别提到疑病症儿童往往来自具有特别关注疾病的家庭背景。

沿这条途径寻求来访者问题产生的原因,就要重视环境因素对来访者心理与行为产生的影响作用,不仅要了解来访者个人生活史,还要了解其生活环境,包括微观环境(包括家庭环境、学校环境、居住社区环境)和宏观社会环境。

(三)人本主义途径

这条途径是依据有关心理障碍的人本主义心理学理论而提出的。

人本主义心理学派代表人物马斯洛(A. H. Maslow)提出"需要层次论"和"自我实现论",认为人类有五种基本需要:生理需要、安全需要、归属和爱的需要、尊重需要和自我实现需要。每一时刻最占优势的需要支配着一个人的意识,成为组织人的行为的核心力量。他认为,不重要的愿望遭受挫折不会产生心理病理方面的后果,冲突和挫折未必是致病之因,只有当它威胁和挫伤基本需要,或者威胁和挫伤与基本需要密切有关的部分需要时,才成为致病之因。

人本主义心理学派另一代表人物罗杰斯(C. R. Rogers)也认为自我实现是人类最基本的动机。人类都具有一种自我实现的需要,即最大限度地实现自身的各种潜能的内在趋向。精神病态是个体在不良社会环境(主要是不良的人际交往过程)影响下偏离自我实现的方向所致。

以罗洛·梅为代表的存在分析治疗认为,现代人心理障碍的原因在于个人存在感和自由选择能力的丧失,在于意志和责任感的丧失。所以治疗就不仅是个心理学问题,更是一种哲学问题:那就是寻求人生的意义,发现存在感。心理治疗的首要目的是使患者重新发觉和了解自己的存在意识,认识和了解自己的潜能并发挥这些潜能。

沿这条途径寻求来访者问题产生的原因,就要了解来访者的基本需要及其满足情况;了解来访者成长过程中的人际交往情况,特别是人际交往对来访者自我概念形成的影响;了解来访者是否感受到自己的潜能与存在价值,是否发现生活的意义。

(四)认知途径

这条途径产生于行为主义内部的认知派和兴起于20世纪60年代的认知心理学(也称信息加工心理学),目前已成为西方心理咨询和治疗的重要流派之一。这一途径反对行为途径的简单机械的S—R公式,认为认知有决定情绪、行为的重要作用;它也反对精神分析途径的潜意识(本能)决定论观点,强调理性和认识的重要性。它认为,对外界刺激和人行为的后果进行分析是必要的,但这不足以用来解释人的复杂行为。人不是环境刺激的被动接受者和牺牲品,人是有理性的,人能反作用于环境,改造环境;一个人如何看待、认识评价环境事件,是不容忽视的重要因素。人生中会遇到无数的心理社会性刺激,不同人对同一刺激可以有截然不同的情绪和行为反应,因为不同的人对同一刺激有不同的认识评价。之所以有不同的认识评价,是由于不同的人有不同的认知结构、需要、动机、态度、信念、价值观和生活经历。因此,这条途径主张将人的行为同其内在的心理过程与心理结构联系起来加以探讨。

认知途径认为个体认知上的歪曲与局限是造成其情绪障碍和行为适应不良的主要原因,为此,治疗的关键在于纠正错误的认知过程以及由此而形成的错误观念。

采用认知途径寻求来访者问题产生的原因,就要了解来访者的认知特点,尤其是来访者是否持有不合理的认知。

(五)生物医学途径

这条途径是依据心理障碍的生物医学模式而提出的,心理障碍的生物医学模式强调心理障碍产生的生物学因素,包括遗传、体质、解剖结构、生理生化及脑与躯体损伤等方面,尤其是遗传因素在心理疾病中所起的关键作用。同时着重于采用生物学方法消除和控制心理障碍。

沿这条途径寻求来访者问题产生的原因,就要了解来访者及其家族既往病史,特别是精神疾病史;了解来访者当前的躯体健康状况,许多患有躯体疾病的病人的认识、情绪和意志过程乃至人格等都可能发生变化,这些由躯体疾病引发的心理改变,正是采用生物医学途径的咨询者所要探明的重要问题。

(六)社会文化途径

这条途径产生于心理障碍的社会模式。该模式认为大多数心理障碍与正常心理一样都是个人的社会生活的产物,都有着深刻的社会根源。强调诸如社会制度与体制、社会发展水平、阶级阶层差别、文化传统、风俗习惯、价值观念、社会变迁、生活事件等社会因素在心理障碍发生与发展中的作用,并认为社会因素的这种作用尤其突出地表现在社会急剧变迁的过程中。例如,许多研究发现:

(1)处于社会底层的人群,如经济条件差、教育程度低、职业不好、生活环境不良等,心理障碍的发生率高[5]。

(2)由于社会动乱、社会解体、文化冲突、战争、高速的工业化和现代化等社会性应激源的急剧增加,极大地加重了人们的心理负荷,使人们长期处于过度应激状态。此外,由于急剧社会变迁所带来的严重社会失范(anomie),使个体在价值观念、行为准则等方面无所适从,出现焦虑、恐惧、抑郁、愤怒等情绪反应,损害人的身心健康,导致各种心身症状的出现[6][7]。

(3)社会支持与健康有着密切的关系,它在缓解心理压力、消除心理障碍、增进心理健康等方面具有重要的影响作用[8]。处在社会转型期的我国,原有的社会支持系统正迅速瓦解失去作用,新的社会支持系统正在构建之中,仍很薄弱,难以发挥心理保健的作用[9]。

(4)社会文化因素对个体心理健康的影响。精神分析理论中的社会文化学派的代表人物霍妮(K.Horney)认为,产生神经症的个人内心冲突,虽然不排除个人因素,但本质上却来源于一定社会的文化环境对个人施加的影响。也就是说,神经症的根源要从社会文化中去寻找。霍妮强调了三种主要的文化矛盾:一是竞争、成功与友爱、谦卑的矛盾,二是人们不断被激起的享受需要与人们在满足这些需要时实际受到的挫折之间的矛盾,三是所谓的个人自由与实际受到的各种限制之间的矛盾。这些社会文化困境使生活在其中的人们产生难以调和的内心冲突,正常人与神经症病人的区别仅仅是程度上的。可以说,神经症患者的内心冲突是一定文化内在冲突的缩影,神经症是时代和文化的副产物[10]。当代中国人心理疾患的产生除了由于人类"现代文化"所固有的矛盾和缺陷所致以外,也与我国传统文化密切相关,尤其表现在传统文化对个体早期社会化的影响[11]。

中国传统文化的最基本特征之一是它的社会取向,即个体服从整体,淹没于整体。中国传统文化的社会取向又可具体分为家族取向、关系取向、权威取向和他人取向等四个方面[12]。来自文化上的上述特点直接影响到中国人早期社会化的内容与方式。在传统文化的指导下,中国人的早期社会化多经历依赖、求同、自抑等方面的训练和塑造,神经症中的强迫症、抑郁症、焦虑症的形成便与此有直接或间接的关联[13]。具体地说,依赖训练是出自于中国人际间的相互依附关系,特别是在家庭中子代对亲代的依附关系。在中国的家庭中,代际之间在人格和自我上缺乏显著界限。父母往往把子女视为自己生命的延续,所以不希望代际间出现断裂,为此要训练子女对自己的依附,依赖训练便是达到这一目的的有效方式,结果导致子女独立性差、社会适应能力低。一旦在实际生活中无所依附,就会不可避免地产生紧张焦虑、恐慌退缩等神经症倾向。求同与自抑训练就是在培养孩子遵守社会中大多数人的思想观念和行为方式的同时,学会抑制自己那些被主流文化价值体系所贬斥的个人情感欲望和异端思想行为。这种训练的实质是非个性化,抑制了个体本能欲望的正常表达,从而引起焦虑不安、情绪抑郁。此外,还极易导致思维方式和行为方式的刻板、不灵活,产生强迫性观念或强迫性行为。

(5)多种原因造成的社会隔离是老年期心理障碍产生的原因之一。有些老年人长期住在老年公寓里,近乎与世隔绝,这与老年性抑郁症的产生有一定的联系。

(6)不同的社会在不同程度上对精神病人存在偏见和歧视。精神病人得不到人们的理解和帮助,生活没有保障,常常被无知的人群围观和侮辱，甚至个别精神科医生、护士也随意打骂、惩罚病人。这些现象严重地影响了精神病人的康复。精神病人即使被治愈后，也难以得到社会的接受，在生活、学习、工作等方面继续受到歧视。更有甚者，在一些国家、地区的一段时间内，精神病人还受到政治上的歧视和迫害。在这种社会环境下，一些轻性精神疾病患者，如神经症患者，以及一些有一定自知力的早期重性精神病人，因害怕被贴上精神病的标签，而不敢去医院精神科或心理科找精神科医师或临床心理医生诊治，而去内科、中医科或其他临床科室求治，导致误诊和延误治疗。

采用这条途径寻求来访者问题产生的原因，主要从如下方面获取信息：

第一，宏观社会致因，包括社会运行状况、社会失范状况、社会分配制度、社会保障制度、经济状况、人口状况、教育制度（或个体社会化模式）、职业状况、文化传统、风俗习惯、价值观念等。

第二，微观社会致因，包括个体遭遇的紧张性生活事件、社会支持状况、个体生活质量与行为方式、角色累赘状况等。

四、对问题的分析

咨询者在对问题的可能原因进行分析时，应把握好以下几点：

1. 把问题具体化

来访者的问题常各有不同，即使来访者问题相似，形成的原因也可能各有不同。因此，咨询者要非常重视来访者问题的个体差异性，切忌以想当然作为事实，轻率地给出解释或提供建议，使咨询工作缺乏针对性，咨询效果不佳。

2. 分清表面问题与深层次问题

绝大多数来访者提出的问题，往往都是问题的表面现象，可称之为表面的问题，而问题的本质，如问题产生的真正原因及其与其他事物之间的关系，可叫做深层次问题。咨询者若只看到表面问题，则会被来访者牵着鼻子走，到头来只能头痛医头、脚痛医脚，只能治标不能治本。咨询者若能按照某一途径或构架将一个个零散的现象综合起来，整体性地看待问题,就能找到表面现象背后的根源。这是确认来访者问题的关键之一。

例如某一工科院校四年级男大学生,考研前两个月初次来访,经与他交谈之后,得知他的问题为:

(1)看书时有一种紧张感,左胸部同时有憋闷感,以至于无法坚持学习;

(2)与同学交往时,有一种排斥感和紧张感;

(3)做一件事往往想马上完成,也有一种紧张感。

乍一看几个问题之间并无特别的联系。寻找其背后的原因,发现该学生三岁时父母离异,跟随父亲生活,不久后回原籍寄养在姑姑家,因父母离异,加之父母不在身边,常被欺辱。只有以学习取胜,以知识压倒其他孩子才有快感。因此难与他人建立友谊,对人排斥,不能理解他人,也无法使别人理解自己;读书时紧张是由于总想早一点掌握书中的内容及方法去战胜他人;做某件事时,也力求完成得又快又好。总之,他要以这些方式证实自己的存在价值,获得他人的承认。综合分析得出,该大学生上述三个表面问题,实际上是其早期经历造成的自卑心理的具体表现。

美国资深心理咨询家 S. Cormier 和 B. Cormier 认为对来访者的问题进行评估分析时应包括以下 11 个方面的内容[14]:

(1)解释评估的目的——向来访者说明评估的理由。

(2)确定问题的范围——用引导语帮助来访者确认所有相关的原发及继发问题,以得到一个问题的大致框架。

(3)问题的选择和排序——用引导语帮助来访者将问题排序,并找出最关键的入手之处。

(4)明确目前存在的问题行为——用引导语帮助来访者明确问题行为的六个组成部分:情感、躯体、行为、认知、情境、关系。

(5)明确先前事件——用引导语帮助来访者明确先前事件及其对问题行为的影响。

(6)明确后继事件——用引导语帮助来访者确定主要的后继事件及其对问题行为的影响。

(7) 找出附带获益——用引导语帮助来访者发现潜藏着的影响因素，正是这些因素维持了问题行为的存在。

(8) 了解以前解决问题的方法——用引导语帮助来访者回忆他们以前是怎样解决和尝试解决问题的，以及这些努力对问题所带来的影响。

(9) 了解来访者的应对技巧——用引导语帮助来访者回忆过去及现在的应对行为或适应行为，这些技巧对解决目前问题可能会起到的作用。

(10) 了解来访者对自己问题的知觉——用引导语帮助来访者描述自己对问题的理解。

(11) 明确问题的强度——用引导语或采用让来访者自我监测的方法，以明确来访者的问题对其生活的影响，包括：问题的严重程度、问题行为发生的频率和持续时间。

其中，前三项内容——解释评估的目的，明确问题的范围，及找出首要问题——是咨询进行会谈评估的起点。首先，要在收集信息前，告诉来访者进行会谈评估的理由；其次，必须花一些时间帮助来访者找出其所有的相关问题，并对这些问题进行排序，以便按问题的重要性及其严重程度进行咨询和治疗工作。咨询者利用后八项内容，来定义和分析问题的各项指标。咨询者可能会发现，问题评估引导语的顺序会因来访者的不同而有所变化。每次会谈都是自然展开的，咨询者使用与上述内容有关的引导语时，要按这样的模式进行，即引导语要配合会谈的展开过程，并要根据来访者的情况而变化。在评估会谈中很重要的一点是，咨询者不要将自己设计的会谈结构强加于来访者。根据来访者以及问题的不同，会谈的时间和次数也不同。有时一次会谈便可完成评估，但对另一些来访者则有进一步会谈的必要。尽管咨询者可能会进行若干次评估会谈，但信息收集和假设检验并不在评估会谈结束后就自动停止，某种程度的问题评估要贯彻在整个咨询过程中。

第四节 评估来访者问题的主要手段

一、心理测验

随着咨询心理学和临床心理学的发展,心理测验已成为咨询心理学家确认来访者问题和临床心理学家对患者症状进行诊断的重要手段。

对于在咨询与心理治疗过程中运用各种心理测验,张人骏等提出了三点注意事项[15]:

(1)要正确选择测验材料。任何心理测验都有一定的适用范围,超出一定的范围,测验的效度和信度就不可靠了。

(2)不要滥用心理测验。心理测验是为了帮助诊断和分析,如果通过与咨询或治疗对象的交谈,对其问题已形成明确的看法,就可放弃不必要的心理测验。

(3)测验结果要可靠,为了做到这一点,首先专业人员要有标准的指导语、标准的答案和统一的记分方法,不可因人而异;其次要使咨询或治疗对象打消思想顾虑,如实地完成测验项目。

中国心理学会 1992 年 12 月颁布的《心理测验工作者的道德准则》中第一条和第五条分别规定:"心理测验工作者应知道自己承担的重大社会责任,对待测验工作须持有科学、严肃、谨慎、谦虚的态度";"心理测验工作者应保证以专业的要求和社会的需求来使用心理测验,不得滥用和单纯追求经济利益"[16]。

(一)常用心理测验

在我国目前情况下,心理咨询中运用较多的心理测验为智力测验和人格测验两大类。

常用智力测验有:吴天敏修订完成的《中国比内测验》,主要用于测查儿童的智力发展水平;张厚粲等修订的《瑞文标准推理测验中国城市修订版》;龚耀先等人修订的韦氏成人智力量表等。这类测验可在来访者有特殊要求时以及对方有可疑智力障碍的情况下应用。

人格测验目前应用较多的有:艾森克人格问卷(EPQ),此问卷有南北两种修订版(南方为龚耀先修订,北方为陈仲庚修订),问卷主要涉及人格的内外向、神经质、精神质等人格维度;卡特尔16种人格因素问卷;明尼苏达多项人格调查表(MMPI)等。其中,MMPI是目前世界上应用最广、影响最大的人格量表,也被认为是有较高的信度和效度的量表。不仅可用于检查精神病人,亦被用于检查正常人。此表在美国应用极为广泛,在我国也为越来越多的精神科门诊和心理门诊采用。1982年由中国科学院心理研究所宋维真等人成立了MMPI全国协作组修订了此表。

人格测验有助于咨询者对来访者人格特征的了解,以便进一步确认来访者的问题性质及其产生的原因,并有针对性地开展咨询工作。

(二)常用评定量表

评定量表(rating scales)是用来评定心理特性等级的一种工具,是心理咨询中对来访者问题进行评估的重要手段之一。

1. 评定量表的主要形式

(1)他评量表:特点是结构明确,各项目描述精细,由一位熟悉被试者的人来做行为评定。所谓熟悉的人不仅指那些对被试者的情况知道甚多的人,也包括那些在不同情境下都能够观察被试者的人。虽然评定者的评价是主观的,但评定依据来源却是客观的,故具有相当的真实性。

(2)自评量表:这类量表是让被试者自己按照量表内容要求,提供关于自己心理与行为材料的报告。量表内容通常为一系列陈述句或问题,每个句子或问题描述一种行为特征或现象,要求被试者依自己实际情况从所列数值或等级中选出一个。自评量表主要特点为项目数量多,内容较全面,而且可以团体实施,但被试者报告自己行为时常会带某些偏向或掩饰。

(3)检核表(check lists)：常作为了解个体行为特征，尤其是异常行为的调查工具。检核表在性质上既属于他评量表，也属于自评量表。检核表项目具体，通常包含一系列行为描述语句，量表操作简便，评定者仅需确定各行为项目是否在被试者身上出现即可。

2. 评定量表在心理评估中的价值

(1)客观。

每个评定项目通常都有一定的客观标准，不论何人、何时、何条件评定受试者，均应根据这个标准来收集资料，作出等级评定，因而所得结果比较客观。

(2)数量化。

把人的种种心理、行为和社会因素观察结果数量化，用数字代替文字描述，便于将观察结果作统计处理，使研究结果的表达更符合科学要求。

(3)全面。

每种评定量表在其特定范围内的内容全面而系统，等级清楚，用它来观察被试者，从收集资料、评价心理各方面，甚至估计防治效果，都不会遗漏必要的内容。其功能相当于一份详尽的观察和交谈大纲。

(4)经济。

使用评定量表省时、省力、省钱。与心理测验相比，有关人员更容易掌握其操作方法，因而能广泛运用。

3. 评定量表使用时的注意事项

(1)对所用的量表的意义应非常清楚。

(2)对受试者有适当的了解。

(3)要有统一的标准，用他评量表时最好由两位评定者对同一受评者评定。

(4)尽力避免偏见造成误差，即评定时不能由于某种显著的特性而影响对其他特性的估量，或不能以一种先入为主的看法代替一个人的全貌。

(5)选用经国内修订的(不仅仅是翻译)的评定量表。

4. 常用评定量表

(1)心理卫生综合评定量表：如康奈尔医学指数(CMI)、症状自评量表(SCL-90)、自测健康评定量表(SRHMS)、Achenbach 儿童行为量表(CBCL)等。

(2)生活质量与幸福感测查：如生活满意度评定量表(LSR)、生活满意度指数 A(LSIA)、生活满意度指数 B(LSIB)、情感量表（正性情感、负性情感、情感平衡）、总体幸福感量表(GWB)、生活质量综合评定问卷(GQOLI-74)等。

(3)应激及相关问题评定：生活事件量表(LES)、青少年生活事件量表(ASLEC)、应付方式问卷、防御方式问卷(DSQ)、医学应对问卷(MCMQ)、社会支持评定量表等。

(4)家庭功能与家庭关系评定：如家庭环境量表中文版(FES-CV)、家庭亲密度和适应性量表中文版(FACESⅡ-CV)、家庭功能评定(FAD)、Olson 婚姻质量问卷(ENRICH)、父母养育方式评价量表(EMBU)等。

(5)抑郁及相关问题的评定：如 Beck 抑郁问卷(BDI)、Zung 抑郁自评量表(SDS)、汉密顿抑郁评定量表(HRSD)、认知偏差问卷(CBQ)、老年抑郁量表(GDS)等。

(6)焦虑及相关问题的评定：如 Zung 焦虑自评量表(SAS)、汉密顿焦虑评定量表(HAMA)、交往焦虑量表(IAS)、状态—特质焦虑问卷(STAI)、儿童社交焦虑量表(SASC)等。

(7)自我意识与自尊的评定：如自我描述问卷(SDQ)、自我和谐量表、自尊量表(SES)、缺陷感量表(FIS)等。

(8)心理控制源评定：如内在—外在心理控制源量表(I—E 量表)、婚姻心理控制源量表(MLOC)、子女教育心理控制源量表、精神卫生心理控制源量表等。

此外,还有烟草与酒精依赖、自杀态度以及儿童感觉统合能力发展等方面的评定量表等。

二、诊断性会谈

诊断性会谈,也称会面诊断,是指咨询者通过与来访者的会谈,弄清来访者问题的性质、程度、根源与实质的过程。它是心理评估的重要手段之一。

(一)诊断性会谈的特点

1. 会谈目的是为了作出正确评估

会谈是一种有意义的评估技术,这是因为了解一个人经历的最直接的方法莫过于去问他本人。诊断性会谈中,咨询者和来访者双方有较一致的认识,目的是确认问题。咨询者的兴趣是收集来访者语言报告,从中发现能够反映问题本质的重要线索。

2. 会谈的相互性

会谈之始,就必须意识到它的相互性。会谈双方是互相依赖、互相影响的。一位紧张的、焦急的、愤怒的、冷淡的、防御式的主谈者,对受谈者会产生消极的影响;相反,一位热情的、沉着的、易接纳他人的、鼓励的主谈者,对受谈者有镇静和安慰的效果,并创造了宜于会谈的气氛。因此,有效会谈的第一步是积极的态度和适宜的声调。好的主谈者通常保持着既自信又坦诚、既自制又轻松自如的状态,这将会促使受谈者也处于相似的状态中。

3. 会谈的主体是咨询者

咨询者在诊断性会谈中要掌握会谈的主动权,会谈能否达到预期目的取决于咨询者的知识、经验和会谈技能。若咨询者言语不当反而会增加来访者的疑虑,加重不适感,甚至产生新问题。所以会谈技巧是咨询者应掌握的一项基本技术,尽管现代心理评估技术进步很快,会谈仍然是确认问题的基础。在咨询过程中,咨询者能用各种微妙的方式影响来访者。因而,在会谈时,咨询者使用的语词乃至外貌、举止、风格、期望、习惯和言语方式等对不同来访者将有不同的含义。这些言语和非言语因素都是不可忽视的,它们都可能成为使会谈的结果出现偏差的原因。

(二)诊断性会谈的方式

1. 标准化(结构式)会谈和非标准化(非结构式)会谈

这是以有或没有固定的程序作为明显的标志而区别会谈的类型。在标准化诊断性会谈中,有着固定的程序,问题事先决定好,以同样措词和同样顺序向每个来访者提出同样的问题。这种会谈便于系统收集所需资料和统计处理,咨询者主观影响较少,数据较可信,也较省时,会谈结果可以进行比较。缺点是偏于主动查问,只能获得简单回答,难以取得深入的资料。非标准化会谈则没有固定的程序,咨询者提问的内容和次序都取决于对方的回答。这种会谈给双方很大的主动性,咨询者能根据来访者的反应提出对他似乎更有意义的问题,来访者能自由地暴露他的现象世界和倾吐内心的真情实感,这非常有利于咨询者了解其细节内容和深层次问题。缺点是容易顾此失彼,不好把握重点和方向,花费时间较多,且受咨询者主观影响也较大,难以对不同来访者的评估结果作客观的比较。

2. 谈话和观察

常规的诊断性会谈包括与来访者谈话和对来访者进行观察两种方式,两者常常是同时并行的。咨询者与来访者会谈时不仅要听其言,还要观其情、察其行,既要重视言语信息,也要重视非言语信息。

(三)诊断性会谈的要领

诊断性会谈既是一门技术,也是一种艺术。咨询者和来访者建立良好的关系是会谈成功的关键。在会谈过程中,既要注意来访者的谈话内容,又要细心体察来访者谈话时的态度、姿势和表情等非言语信息。在会谈过程中要紧紧抓住所谈问题的主要线索。围绕着重点舍末取本,以取得可靠资料。在会谈过程中还应注意把过去和现在联系起来,把主观和客观结合起来,要善于处理特殊情况,使会谈能顺利进行下去。会谈时来访者的亲友不宜在场,会谈场所要安静、舒适。某些表述会使来访者转移注意力或与咨询者产生隔阂,这样的话应尽量避免。主要有两种表述应避免使用：

（1）负面的判断性表述：即咨询者以"错"、"差"、"坏"、"讨厌"、"愚蠢"、"可怕"之类词语或埋怨的口气对来访者的思想、情感和行为做负面判断。如上述例子中，对来访者说："你妻子让你给家里多挣点钱又有什么错呢？也许你也该替家里多做点事。"除非是特殊要求，如为防止来访者自我毁灭，否则这类表述只能带来消极的后果。它使来访者产生戒心，甚至引起争执，以致会谈不能继续下去。

（2）过分的探查性表述：这类表述要求的信息超越了来访者自愿提供的范围，也常给交谈带来障碍。最常见的形式是以"为什么"开头，如果来访者不愿意透露过多的情况，这种提问会引起来访者的焦虑不安，或想好怎样一步一步答复，甚至只好撒谎；或者说了真相，随后又后悔而担心咨询者知道这些情况会怎么样，于是把咨询者看成是危险人物而不是盟友。

此外，咨询者如果对来访者的诉述反应迟钝或采取轻视、厌烦、傲慢或粗暴的态度与表述，则会加剧来访者的不安与不满，甚至增强不适感。这是会谈中所不容许的。

曾文星、徐静提出了5条会谈要领[17]，其中前3条属于评估病人或来访者问题，即诊断性会谈。这3条会谈要领为：

（1）专心倾听，设身体会。

（2）小心导问，适当反应。应力求做到：要能充分追寻、检验病人所提出的主要问题；要系统、全盘了解病人的生活背景；要注意病人所关注的事情；要利用有关学理与知识去探讨；察言观色，追寻蛛丝马迹。

（3）广泛思索，融会贯通。要特别注意：理好全盘背景，描出整套情节；要保持"现在"与"过去"的来回联系；要兼"意识"与"潜意识"境界；要综合归纳（来访者）行为反应的模型。

有关会谈技巧的详细内容请参考第八章。

附录一:"病史"采集会谈或收集资料式会谈的内容[18]

Ⅰ.身份信息
求助者的姓名、地址、住宅和工作电话号码,紧急情况下可以联系的另一个人的名字。年龄,性别,文化,民族,种族,语言,健全/残障程度,婚姻状况,职业。

Ⅱ.总体外观形象
大约身高,大约体重,求助者的衣着、修饰、举止等。

Ⅲ.现在的问题(给每个问题进行记录)
记录求助者目前的主诉(直接引用求助者的话):什么时间发生的?同时还有什么其他事件发生?发生的频率高低?相关联的想法、感受和行为是什么?何时、何地最常发生?有什么事件或人物促成问题的出现吗?它对求助者的日常工作和生活有什么影响?以前解决问题的方法或计划是什么?结果怎么样?这一次,是什么原因使求助者决定寻求帮助?

Ⅳ.以往的精神病史或心理咨询史
治疗的类型,治疗的时间,治疗地点或人;当时的主诉;治疗结果和结束治疗的原因;以前的住院经历;因心理或情绪问题使用过的药物。

Ⅴ.教育和工作背景
整个受教育过程中的情况:学业优、缺点,与老师及同学的关系;工作类型,工作时间,结束或换工作的原因,与同事的关系,为工作所进行的培训和教育,工作中的哪些方面最易产生压力和焦虑感,最轻松愉快的方面是什么?对现在工作的总体满意度。

Ⅵ.健康和医疗史
儿童期的疾病,以往的重病史、手术史;目前与健康有关的主诉或疾病,如头痛、高度紧张,针对现在的问题所接受的治疗——哪种类型,由谁治疗,上一次体检的日期和结果;求助者家族中的重大健康问题(如父母、祖父母、兄弟姐妹);求助者的睡眠状况,胃口,现在的用药情况(包括阿斯匹林、维生素、避孕药、保健药);药物或非药物性过敏情况;求助者的典型日常饮食(包括含有咖啡因的饮料、食物和含酒精的饮料);身体锻炼的情况。
Ⅶ.社会或成长史
现时生活状况,居住条件,职业和经济状况,与他人的关系,社交和休闲时间的活动和爱好;宗教信仰,军队服役背景,主要价值观,偏爱和信仰,求助者提到的以时间为顺序的重要事件,早期的回忆;在下列发展阶段发生的重大事件:学龄前(0~6岁),儿童时期(6~13岁),青春期(13~21岁),青年时代(21~30岁),中年(30~65岁),老年(65岁以后)。

Ⅷ.家庭、婚姻和性历史
● 父母的情况:母亲奖励和惩罚的方式,父亲的方式;是否受父母、兄弟姐妹或其他人的身体和心理虐待;与母亲相处时的典型活动,与父亲相处时的典型活动;父母之间的关系。

● 兄弟姐妹的情况(包括求助者在家庭中的排行顺序及地位):兄弟姐妹中,哪一个最像求助者,哪一个最不像求助者?哪一个最受宠于父亲及母亲,父亲及母亲最不喜欢哪一个?哪一个与求助者最融洽,哪一个最不融洽?

● 直系亲属中有无患精神病者及有无住院史;直系亲属中有无药物滥用者?

● 以往的约会,订婚或结婚状况,解除婚约的原因,现在与伴侣的关系(关系融洽度、问题、紧张、乐趣和满意度等)。

● 求助者有几个孩子,年龄大小。

● 其他与求助者在一块儿住的人或经常来往的人的情况。

● 描述以前的性经历,包括第一次(注明是异性、同性或双性经历)、现在的性生活情况、手淫、性交等,注明频率,对现在性态度或性行为的想法及困惑。现在的性倾向。

● 女性求助者:取得月经行经史(初潮、现在的月经周期、在行经前和在行经过程中的紧张情绪和舒适程度)。

● 与父母、兄弟姐妹或其他人的性接触,或受到性虐待。

Ⅸ.诊断结果(如果有的话)
轴Ⅰ:临床失常

轴Ⅱ:人格和精神障碍
轴Ⅲ:一般躯体症状
轴Ⅳ:心理社会环境问题(注:社会政治因素也包括在内)
轴Ⅴ:功能的总体评价分数(0—100)

注:所谓"轴Ⅰ—Ⅴ"系 DSM—Ⅳ 的诊断分类编码。

附录二:会面诊断心理检查表[19]
心理检查表(一)

意识:清醒、模糊、朦胧、谵妄、昏迷
仪表:整洁、蓬头垢面、奇装打扮
接触力:主动、被动
感知觉:错觉、幻视、幻听、幻嗅、幻触、幻味、感知综合障碍
思维:联想障碍、逻辑障碍、妄想
情感:自然、兴奋、呆板、淡漠、哭笑无常、自笑、倒错、矛盾、幼稚、衰败
动作:正常、增加、减少、缓慢、腊(塑)样姿势、戏谑动作、刻板动作、奇特动作、消极反抗、积极反抗、破坏行为
言语对答:切题、答非所问、不连贯、缓慢、不答、发音不清、虚构
言语表现:正常、散漫、增多、多辩、随境转移、音连意连、自语、唇语
定向力:正常、减退、丧失
自知力:正常、减退、丧失
记忆力:远期记忆:正常、减退
　　　　近期记忆:正常、减退
计算力:正常、减退
注意力:集中、涣散
智力:正常、减退、痴呆状

心理检查表(二)

抑郁:心境恶劣、自我感觉不良、缺乏活力、兴趣丧失、自信水平下降、自责自罪、消极等死(观念、行为)
恐怖:动物、广场、幽室、高空、赤面、不洁、出血、疾病、社交

强迫症状：观念、情绪、意向、动作

焦虑：不明原因的紧张、烦躁、易激惹、预感不幸事件的发生、突然惊慌、恐惧濒死感、窒息感、失去自我控制感

疑病：总疑心有病，医生诊断不出来，对身体的某一部分的功能过分关注，医生对疾病的解释或客观检查常不足消除患者的固有成见

植物神经功能：面部潮红、四肢冰凉、发冷、自汗、盗汗、无汗、麻木感、瘫痪、痒、蚁走感

性功能：尿频、阳痿、早泄、性欲减退、性欲增强、月经不调、痛经、不育、不孕

其他：口吃、手颤、头部抖动、肢体不自主弹跳、肌肉紧张、抽搐发作、附体感、神游、梦行、功能性感觉障碍、功能性运动障碍

参考文献

[1] 单怀海：如何将病人同心理治疗匹配起来，见车文博主编：心理治疗手册，长春：吉林人民出版社，1990年版，第41—43页

[2] 马建青：辅导人生——心理咨询学，济南：山东教育出版社，1992年版，第294—299页

[3] 汤宜朗、许又新：心理咨询概论，贵阳：贵州教育出版社，1999年版，第14—19页

[4] 曾文星、徐静：心理治疗：原则与方法，北京：北京医科大学出版社，2000年版，第312页

[5] 肖水源：精神疾病与社会，医学与哲学，1987，10：41—43

[6] 李强、乐国安：社会转型期心理困扰的社会成因与调适，内蒙古社会科学，2001，(22)3：15—18

[7] 李强：心理健康日益恶化的主要原因及其控制，天津社会科学，1994，3：23—27

[8] 宫宇轩：社会支持与健康的关系研究概述，心理学动态，1994，2：34—39

[9] 李强：社会支持与心理健康，天津社会科学，1998，1：67—70

[10] (美)卡伦·霍妮：我们时代的神经症人格，贵阳：贵州人民出版社，1988年版，第242—244页

[11] 李强：中国人心理疾患与传统文化，江西社会科学，2001，增刊：44—47

[12] 杨国枢：中国人的社会取向，台北：中央研究院民族学研究所：中国人的

心理与行为国际学术研讨会(1992)论文集,第 6 页
[13] 上官子木:心理疾患的社会文化根源,北京社会科学,1994,2:132—139
[14] (美)S. Cormier 和 B. Cormier 著,张建新等译::心理咨询师的问诊策略,北京:中国轻工业出版社,2000 年版,第 370—372 页
[15] 张人骏、朱永新、袁振国:咨询心理学,北京:知识出版社,1987 年版
[16] 中国心理学会:心理测验管理条例(试行)和心理测验工作者的道德准则,心理科学,1993,4:1—2
[17] 曾文星、徐静:心理治疗:原则与方法,北京:北京医科大学出版社,2000 年版,第 95—103 页
[18] (美)S. Cormier 和 B. Cormier 著,张建新等译::心理咨询师的问诊策略,北京:中国轻工业出版社,2000 年版,第 364—366 页
[19] 杨克立、杨青:临床医学心理学概论,天津:天津社会科学院出版社,1998 年版,第 295—296 页

第七章 咨询目标的确立与咨询方法的选择

第一节 咨询目标的确立

一、确立咨询目标的意义

(1)咨询目标为咨询活动指明了方向。目标可以帮助咨询者和来访者更明确地预知通过咨询能达到什么目的,以及不能达到什么目的。

(2)咨询目标给咨询者提供了一些基本参照准则,以便他们能够选择和使用特定的咨询策略和干预方法。

(3)咨询目标在咨询结果的评价中具有重要价值。它可以用来检验咨询的效果。

(4)制定咨询目标需要来访者的积极参与,这本身就具有治疗的作用。虽然咨询者采用的每一咨询理论都有自己的目标观,但对于特定的来访者,咨询目标要建立在符合个人需要的基础上。因为来访者更愿意接受那些他们自己决定的改变,而不是别人强加给自己的改变。来访者参与目标的制定,会强化他们改变自己的意识和责任。

二、咨询目标的类别

心理咨询的不同理论流派,其咨询目标各有不同的侧重。现以精神分析学派、行为主义学派和来访者中心学派的咨询目标观为例加以说明[1]。

表 7-1　三种主要咨询流派的咨询目标

咨询流派	咨询目标
精神分析学派	将潜意识内容意识化,重组基本的人格,帮助来访者重新体验早年经验,并处理压抑的冲突,作理智的觉察。
行为主义学派	消除来访者适应不良的行为组型,帮助他们学习建设性的行为组型以改变行为。帮助来访者选择特殊的目标,将广泛的目标化作确切的、具体的、可操作的目标。
来访者中心学派	提供一种安全的气氛,引导来访者作自我探索,以便来访者能认识成长的障碍,能体验到从前被否定与扭曲的自我。使他们能更开放地体验,更相信自我,有进入咨询过程中的意愿,并且增加自发性与活力。

心理咨询目标除了受各个咨询流派的理论倾向影响之外,还可依据某些标准进行如下划分:

1. 内部的目标与外部的目标

所谓内部的目标是指那些来访者本人对自己提出的目标;而外部的目标则是由其他人对来访者提出的,比如咨询者、父母、配偶、老师等。通常,各咨询流派所提出的咨询目标,多为外部的咨询目标。有时,咨询者依据某一咨询理论和个人偏好而制定的目标与来访者的设想和希望不相投合,这样一来,外部的咨询目标与内部的咨询目标就容易发生冲突或不协调。但无论是什么情况,只要咨询能够持续进行,咨询者与来访者总可以在某种程度上达成一致的咨询目标。

2. 中间的目标和终极的目标

心理咨询的终极目标实质上就是它的根本目标,即帮助来访者解决心理问题,增进心身健康,提高适应环境能力,促进个性发展与潜能发挥。而中间的目标则可以被看作是向着终极目标迈进的步骤,但要达到什么程度为止,则与咨询者及其所采用的咨询理论有关。

在实际的咨询过程中,能够达到终极目标的并不多,大多数咨询往往只达到了中间的目标。其原因除了受咨询者所采用的咨询理论与方法的局限以及咨询者专业技能的制约之外,还与来访者问题性质、严重程度以及配合程度等因素密切相关。例如,来访者的某种症状的消除或缓解,即是一种中间的咨询目标;若在此基础上要进一步达到人格的重建和潜能的发挥,则是在向咨询的终极目标努力。

3. 一般性的目标与特殊的目标

咨询目标可以是泛泛的、一般性的,也可以是具体的、特殊的。比如说要帮助来访者成长,自强自立,就属于一般性的目标。而特殊的目标都较为具体,比如在行为治疗中运用系统脱敏的方法就是这样,其目标会具体到某个具体地点或场合(比如使来访者不再怕在教室里与异性同学讲话)或某个具体时间(比如使来访者在考试前一天不再过分紧张焦虑)。对不同来访者而言,一般性的目标通常是相似的,特殊的目标则会因人而异。在咨询实践中,咨询者应力求达到一般性的目标与特殊的目标的结合。

4. 矫正、发展和预防的目标

矫正的目标主要是消除或减少来访者身上存在的某些非适应性心理与行为;发展的目标又可称作增长的目标,它着眼于帮助来访者挖掘自身潜能,提高适应能力,促进自我实现等。马斯洛提出的成为自我实现的人,即是发展的或增长的目标;预防的目标就是要帮助来访者减少其产生心理问题的现实的可能性与潜在的可能性,提高其心理健康水平。例如考试前的心理健康辅导,手术前咨询及放松训练即属于这一范畴的工作。

5. 综合的目标

尽管各个咨询学派所用的专业术语不同、具体的咨询目标也有差异,但在咨询的终极目标上,存在着相当程度的一致性,即要使来访者成为一个心理健康的人。这可以看作是心理咨询的综合的目标。

三、有效咨询目标的主要特征

1. 具体

目标不具体,就难以操作和判断,目标越具体,就越容易见到效果。有时候,来访者的目标可能比较模糊或抽象,比如,希望自己更有魅力。在这种情况下,咨询者就应该和来访者共同讨论,了解对方的真实想法,比如,可以问他心目中有魅力的标准是什么?现在有哪些不足?经过分析,使模糊的目标逐渐清晰起来,通过一个一个具体的步骤来实施。这也是大目标与小目标的关系,大的目标可分为若干个不同层次的小目标,实现了一个个的小目标,就可以累积成大目标。

2. 可行

目标没有可行性,超出了来访者可能的水平或超出咨询者所能提供的帮助等,则目标就很难达到。对于不可行的目标,咨询者要帮助重新修订以符合实际,比如调整目标或把目标分解为一个一个可行的具体目标。对于因咨询者自身条件而难以达到的目标,要向来访者讲清原委,或重新制定目标,或中止咨询,或转介给其他合适的咨询者。

3. 积极

所谓积极,就是要对来访者有建设性、符合其长远发展的需要。这一条容易被人忽视,但意义很大。有些目标的达到虽然能暂时解决来访者的问题,但却是消极的解决。

4. 双方均可以接受

无论是咨询者还是来访者提出的目标,都要经双方讨论、认可。因为双方可能有不同的价值观,如果目标有悖于其中一方,则咨询效果就会受影响。

5. 属于心理学性质

心理咨询主要涉及心理障碍问题、心理适应问题、心理发展问题,因此,咨询的目标应该属于心理学范畴。

对于有躯体疾病而又有心理问题的来访者,心理咨询的目标并不是解决躯体疾病,而是针对躯体疾病引起的心理不适,针对引起躯体疾病的心理因素。一般来说,心理咨询只帮助来访者自己去解决问题,而不直接去解决问题。

需要说明的是,心理学的目标和医学的目标既有联系而又有明显的差别。在医疗机构,虽然也会涉及心理咨询的思想和方法,但本质上是医学模式的;而心理咨询中虽然有时也需要生物学的方法,但主要的是心理学方法。不容否认,对于某些问题严重的来访者,其咨询目标可能会与医学目标有一定的重合,某些来访者可能同时需要心理咨询与药物治疗,但心理咨询要始终坚持心理学目标这一点是不容置疑的。

6. 可以评估

目标无法评估,则不称其为目标。及时评估,有助于看到咨询效果,鼓舞双方信心,也可发现不足,及时调整目标或措施。当然,咨询目标的达成,有些可直接表现为行动,有些则可能是观念的转变、情绪的改善,前者可通过观察获得,后者可以用心理测验等来评定。

7. 多层次统一

咨询目标是多层次的,既有近期目标,又有长远目标;既有特殊目标,又有一般目标;既有局部目标,又有整体目标。有效的目标应是多层次目标的协调统一。

只重视眼前的局部目标,虽可促进来访者的变化,但其改变可能是个别的、局部的、表面的、暂时的。只有把这些变化纳入到一个更庞大的变化、发展系统之中,才能使来访者发生更全面的、更深刻的、更持久的变化。

四、影响咨询目标确定的因素

咨询目标的确定,主要受制于来访者和咨询者两个方面。

1. 来访者因素

从来访者的角度看,来访者的问题不同,其所寻求咨询的目的和希望达到的咨询目标也就不同。此外,来访者的经济条件、家庭和职业状况和可用于来访的时间也在某种程度上影响着治疗目标的确定。例如,某位来访者来自异地他乡,经济状况欠佳,不能因咨询而耽误工作或学业,但他的来访问题又比较严重,这种情况下,咨询目标就会明显受到限制。

2. 咨询者因素

从咨询者的角度看,每一咨询者所受到的专业训练不同,咨询专长和经验也有差异,这在一定程度上也会影响咨询目标的制定。此外,咨询者自身的工作时间长短(如每周只出诊一天),亦可能限制来访者的来访时间及会谈次数,影响咨询目标的确立。

总之,咨询目标的确立需要咨询者与来访者共同参与:既要依据来访者的问题性质,又不能脱离咨询者的专业能力,还要顾及其他制约因素;既要有现实的可操作性,又要有一定的前瞻性,更要明了咨询目标的确立是一个动态的过程,会随着咨询的不断深入、推进而调整和改变。

第二节 咨询理论和方法的选择

一、选择有效的咨询理论和方法的意义

心理咨询是一种高度专业化的助人工作,从业者仅凭个人的智慧、阅历和潜质是不足以胜任的。因此,咨询者要想创造性地发挥职业功能,就必须以有效的咨询理论和方法为基础。没有理论作为基础的心理咨询,其有效性大打折扣,甚至是无效的或有伤害性的。

Boy 和 Pine 在谈及理论的实践价值时指出,理论为心理咨询者提供了可供操作的指导框架。在这种理论的指导下,心理咨询者可以更好地满足其职业行为的需要,为自己的行为找到合理的依据。他们认为,理论在指导咨询实践中主要有六个方面的重要作用:(1)给咨询者提供了可操作的指导原则;(2)可有效地帮助咨询者发现不同事件之间的相互关系及其共性;(3)可促使咨询者对容易忽视的事件及其相互关系给予必要的关注和考察;(4)帮助咨询者更加关注有意义的数据或信息,

有效地解释这些数据或信息所表达的含义;(5)帮助咨询者鼓励、支持来访者行为上有意义的改变;(6)帮助咨询者对新、旧理论、方法作出评价,是新的咨询理论与方法建立的基础[2]。

二、如何识别有效的咨询理论和方法

心理咨询理论和方法是在实践中得以发展、成熟的,对咨询理论和方法的评价是咨询者在咨询实践的基础上完成的。正因为如此。大多数心理咨询家认识到,没有任何一种理论和方法可以适用于所有的咨询情形,即便是同一种理论和方法,对同一个来访者也不会是长期有效的。因此,咨询者必须有能力去识别和选择恰当的理论与方法,定期地对这些理论、方法加以考察,并进行适用性评估。那么,如何对有效的咨询理论和方法作出准确的判别呢?J.Hansen认为一个好的理论和方法应该起码具有以下五个条件[3]:

(1)清晰、易于交流和理解。该理论和方法应是连贯的、内部结构严谨,且无相互矛盾。

(2)综合性。该理论和方法可以对多种现象作出有效的解释,具有广泛的适用性。

(3)明确、具有启发性。一种有效的理论和方法可明确地指导研究。

(4)独特性。在达到预期结果方面具有特效。

(5)实用性。可以指导咨询者进行有效的实践。

三、影响咨询方法选择的主要因素

在明确来访者问题、制定咨询目标之后,咨询者要做的下一步工作就是选择合适的咨询方法或模式。咨询方法的选择,往往受到多方面因素的影响和制约。具体包括以下方面:

(一)来访者的特征

1. 依据来访者问题的性质和程度而选择不同咨询方法

在第二章谈到心理咨询的作用机制时,曾指出各种心理咨询方法都具有能对来访者产生积极影响的因素,亦即都能产生一定的咨询效果,但每种咨询方法又都有对来访者产生积极影响的独特因素,亦即它们对来访者不同问题所产生的作用是存在差异的。一般说来,假如来访者主要问题是情绪不稳定,呈现焦虑、忧郁、恐惧时,宜采用支持性心理咨询,以此来稳定其情绪,减除其痛苦的自觉症状;假如来访者所出现的心理问题,是根据一般常情无法了解、解释的,似乎与潜意识心理症结有关,则宜采用分析与领悟性的心理咨询,以便探讨潜意识内容,寻找心理症结;假若来访者的主要问题在于改变行为或建立新行为,则宜采用行为疗法;假如来访者的问题起源于家庭人际关系,则需实施家庭疗法;假如来访者的主要问题表现为无法与人来往、接触,则团体疗法可能是较适合的选择。

2. 来访者的其他特征

咨询者在选择咨询方法时,除了考虑来访者问题的性质与程度外,还要充分顾及来访者的其他特征:个性、智力水平、咨询动机、文化背景、信仰与价值观、自我效能感等。

在选择咨询方法时,注意到来访者的文化背景、价值观和信仰非常重要,因为这将影响到来访者支持和反对使用某种方法,如果咨询者不能敏锐地察觉,并巧妙地解决这一问题,来访者就有可能抵制或不能完全投入到咨询中去。有的来访者会公开拒绝某种咨询和治疗方法:"那样对我来说很傻!""那究竟有什么用?""我根本不想试。"有的来访者会以非语言的方式委婉地表达出来,如通过改变脸色、眼或嘴的移动、呼吸类型、坐姿等。

Caspar 指出,制定包括选择咨询方法在内的咨询计划时,应要与来访者对其生活总的看法,特别是与其自主水平相符合。假如计划能增强来访者的自主性,那么它就比约束来访者自主性的计划更可行和有效。除此之外还要考虑到社会和周围环境的支持力度[4]。

曾文星经过长期临床研究后指出,中国人希望为自己治病的心理医生是专家、权威者,有特别的专业知识,也有非同寻常的经验和办法,否则就不能满足来访者或患者的心理期待,若照搬由美国人本主义心理学家罗杰斯创立的"来访者中心疗法",就难为一般中国人所接受[5]。因为这一疗法倡导非指导的治疗方式,强调重视来访者自己的潜在能力,认为心理咨询者要做的是给来访者提供真诚、温暖和理解的咨询氛围和心理气氛,并以相信来访者自有解决办法的基本观念和态度,来间接地协助来访者自行发挥自己的潜力,去解决自己的问题,而不以"权威"或"专家"的身份居高临下地向来访者灌输、教导、医治。不把自己的价值观念作用于来访者,不指责、不评论。显然,这种治疗理论反映了现代美国社会里,特别是年青人的心理与观念,适合在这种文化背景长大的年轻人,对患有轻微心理失调的人,特别是缺乏自信心的知识分子较合适。但是如果把这种疗法照搬运用到中国社会,恐怕对不少中国人不适用,咨询效果是缓慢的。

又如,由弗洛伊德创立的精神分析疗法把心理疾病患者的异常行为归因于患者潜意识中的矛盾冲突,其症状是被压抑到潜意识中的本能欲望(尤其是性本能)寻求满足的曲折的表现,也就是说,被压抑的本能欲望既然在现实中不能得到真正的满足,则只得以症状的形式得到某种替代性的满足。心理治疗的过程和目的就是通过挖掘潜意识,使患者破除对本能欲望的压抑作用,领悟到症状产生的真正原因。这种学说及其以此为理论依据的心理治疗方法曾在我国受到强烈排斥,这其中除了政治因素以外,也与我国传统文化密切相关。因为在注重压抑与控制的传统文化中,强调要节制人的欲望,以便使每个人的行为有所规范,社会有所秩序。对这种以"本我"为着眼点,过分强调"性"在人们心理与行为中的重要性,尤其是对于儿童的心理发展也染上了性的色彩的精神分析疗法,对于较保守的我国社会来说,不但不易被接受,还会引起反对[6]。

再如,倘若来访者智力水平不高甚至智力低下,则其行为问题宜采用行为疗法。

(二)咨询者的专长和偏爱

在咨询实践中,咨询者对咨询方法的选择常常是基于他们所受过的专业训练以及对某些或某种咨询方法的偏爱,而不完全是考虑来访者的问题和咨询目标。他们这样做的理由可能有两个:

第一,他们觉得运用自己所熟悉和偏爱的方法得心应手,游刃有余。俗语说,熟能生巧。另外,从道德的观点看,做符合自己的能力和经验的工作是很重要的。

第二,咨询的效果,除了依赖于特殊性有效因素,即每种咨询方法所独有的咨询技术及其适用对象,也是建立在一般性有效因素之上的,如:来访者对咨询本身的期待、温暖和信赖的咨访关系、保证和支持、脱敏、理解或领悟、宣泄等。

严格说来,无论咨询者对于某一咨询方法多么熟练和偏爱,都不应成为选择咨询方法的惟一考虑因素。咨询者可选择的方法越多,那么他在最低代价下获得最大收益的可能性就越大。因此,咨询者应学习各种不同的咨询理论和方法,学习如何能广泛且灵活适当地选择、改变咨询方法,来配合来访者的能力与需要,从而以最经济的方式,得到最有效的结果。更进一步地说,咨询者若能掌握和研究各种不同的咨询方法,了解何种因素、何种方法,对何种问题或何种对象有何种咨询效果,才能不断更新和改进心理咨询的技术。

(三)随咨询进展而调整和改变咨询方法

在咨询过程中,虽然是同一个来访者,也应随其问题的轻重、咨询的进展情况而调整、改变咨询的主要方法。比如:一个来访者起初心情很不稳定,无法维持日常生活,则咨询的重心在支持与辅助;等到情绪稳定以后,可开始进行分析性咨询,探讨、研究其潜意识心理症结,并给予指点、解释;接着,可将咨询方法改变为训练与学习,帮助来访者改善行为方式,直至咨询结束。当然,咨询过程并不一定总是按照上述先后情形逐步进行。有时先后顺序可改变;有时可一进一退,随机应变地改变咨询的重心与方式。

Beutler 和 Clarkin 发现,在咨询方法的选择上,咨询者的灵活性非常重要,这种灵活性要求咨询者对自己、对来访者以及两人之间的相互作用方式具有高度的意识水平,这些意识有的来自于直觉或本能,但有的就需要分析、计划,并向其他咨询者或指导者请教[7]。

参考文献

[1] 马建青:辅导人生——心理咨询学,济南:山东教育出版社,1992年版,第76页

[2][3] 于鲁文:论有效的心理咨询者,心理学动态,1997,4:45—46

[4][7] (美)S. Cormier 和 B. Cormier 著,张建新等译:心理咨询时的问诊策略,北京:中国轻工业出版社,2000年版,第541—542,544页

[5] 曾文星:从文化的角度谈华人的心理治疗,载华人的心理与治疗,北京:北京医科大学中国协和医科大学联合出版社,2000年版,第286—287页

[6] 钟友彬:中国心理分析,沈阳:辽宁人民出版社,1988年版

第八章 心理咨询中的会谈技术

会谈是心理咨询(门诊咨询和现场咨询)的主要形式,心理咨询可能由几次会谈组成,也可能只有一次会谈。咨询者与来访者借助于会谈进行言语、非言语的双向交流,最终达到咨询目标。在心理咨询工作中,咨询者一般都很重视会谈技术,认为它是一种必须掌握的专业技能,对于咨询的成败起着至关重要的作用。

第一节 会谈概述

会谈是指两个人或多个人为达到某种目的而在彼此之间进行的一种以对话为主的交流,咨询性会谈是指咨询者与来访者之间进行的会谈。每个人都有过会谈的经历,但心理咨询中的会谈,亦即咨询性会谈要比日常生活中的会谈复杂得多。因为咨询者的会谈对象(来访者)有着形形色色的心理问题或心理障碍,咨询者必须在不太长的时间内通过与来访者之间的言语和非言语互动,去发现错综复杂的心理问题背后的根源,并最终帮助来访者解决心理问题,增进心身健康,提高适应环境能力,促进个性发展与潜能发挥。

一、咨询性会谈的特点

(1)会谈的目的是为了达到咨询目标。

(2)共情、积极关注、尊重与温暖、真诚、具体化、即时化和对峙等影响咨询关系的因素(亦即咨询特质)都是通过会谈发挥作用的。

(3)咨询者在会谈中起主导作用。会谈虽然是相互的,但是会谈能否达到预期的咨询目标、取得良好的咨询效果主要取决于咨询者的知识、经验、技能以及天赋。即便是在非指导的咨询方式中,咨询者的主导作用也是毋庸置疑的,只不过咨询者在会谈中发挥作用的手段更加间接、隐蔽和巧妙。

(4)会谈的技术既体现出咨询者个人的风格,也与咨询者所依据的咨询理论有关。例如,以来访者中心理论为指导的咨询者所采用的会谈技术与以行为治疗理论为指导的咨询者所采用的会谈技术就有很大的区别。

二、咨询性会谈的主要类型

(一)根据会谈的目的和功能,可以将会谈划分为诊断(或评估)型会谈和解决问题型会谈

1. 诊断(或评估)型会谈

它通常在会谈的初期进行,一般占用一次会谈即可,有时咨询者需要更多时间来了解来访者。目的首先是要区分来访者是否适合进行心理咨询,其次是要分清来访者的问题到底出在哪里,什么是对方的主要问题。与此同时,咨询者还要与来访者建立良好的咨询关系。诊断(或评估)型会谈是以后咨询活动的基础。有关这方面的内容我们已在有关章节中做过详细介绍。

2. 解决问题型会谈

这类会谈的目的是帮助来访者产生某种改变。咨询者要运用不同

的心理咨询的理论、技术与方法达到这一目的。这是心理咨询中耗时最多的一类会谈。在这类会谈中，咨询者仍要保持和发展与来访者的咨询关系。

（二）根据会谈有无固定的程序，可以将会谈划分为标准化（结构式）会谈和非标准化（非结构式）会谈

1. 标准化（结构式）会谈

这种会谈有着比较固定的程序，问题事先准备好，咨询者以同样内容和同样顺序向每个来访者提出同样的问题。这种会谈通常用于对来访者问题进行诊断评估，咨询者主观影响较少，资料较可信，也较省时，会谈结果可以进行比较。缺点是过于主动查问，只能获得简单回答，难以取得深入的资料。

2. 非标准化（非结构式）会谈

这类会谈没有固定的程序，咨询者提问的内容和顺序都取决于对方的回答。这种会谈给双方很大的主动性，有利于咨询者了解来访者的深层次问题及细节内容。缺点是容易顾此失彼，不好把握重点和方向，花费时间较多，且受咨询者主观影响也较大。

三、影响咨询性会谈的环境（情境）因素和时间因素

（一）环境（情境）因素

2001年8月我国劳动和社会保障部首次颁布试行的《心理咨询师国家职业标准》中明文规定：心理咨询师的职业环境为室内、常温[1]。咨询实践表明：会谈的环境（情境）对咨询效果具有一定程度的影响，所以对会谈场所要有一定的要求。会谈的环境（情境）应有助于来访者处于适度的唤醒水平。如果来访者对会谈环境（情境）产生低度警觉和中等愉悦的反应，则说明会谈环境的唤醒水平是适度的。在这种会谈情境中，来访者感到舒适和放松，从而能够探索自己的问题及暴露自我。如

果来访者觉得不够舒适或者过于舒适,以致抑制自己探讨问题的愿望,则说明会谈环境使来访者处于较低或较高的唤醒水平,甚至出现过度应激反应。这时咨询者应当考虑通过移动室内陈设、改变色彩和光线、调节室温、强化语言表述来调整会谈环境的唤醒水平。

一般来说,适宜的会谈环境(情境)能满足如下条件:

1. 会谈场所安静、隔音

安静、隔音的会谈场所可以满足来访者希望保密的愿望,并使会谈不受外界噪音的干扰。

2. 会谈场所让来访者感到舒适

首先,温度要适宜。温度过低或过高,会导致来访者出现强烈的应激反应,妨碍双方全神贯注于会谈本身。

其次,座椅应当让来访者的心身感到舒适。比如,座椅要软硬适中;座位的摆放尽量不要设在背对房门的位置,以免来访者因不知背后会有什么事情发生而产生不安全感;如有可能,来访者的座位应放在靠墙位置,与咨询者的位置呈直角,这样可以减少咨询者对来访者的视线压迫;室内色调要适宜,灯光不应正对着来访者的位置等等。

3. 会谈场所中有能说明咨询者专业身份的标记

公开咨询者的专业身份(如姓名、学位、专业职务、职业资格以及所受过的荣誉)既会对来访者产生某种暗示,有助于提高咨询者的权威性和可信度,同时也便于来访者对咨询者的监督,有助于增加来访者的安全感。

(二)时间因素

时间因素对咨询性会谈的影响作用,主要是与咨询者及来访者的时间知觉能力和时间观念直接相关的,尤其是与他们对会谈的及时性和延迟性感觉有关。一些来访者认为延迟或重新预约咨询时间表明了咨询者在搪塞,有的人却不以为然;一些来访者对咨询时间的延长觉得很合适、很值得,有的来访者则感到不必要、不理解。人与人的时间知觉能力是存在差异的,而且时间观念也各不相同。一些人的时间知觉能力强,且有严格的时间观念,所以做到准时会见咨询者(或来访者),而且对会谈时间的控制也较好；另一些人的时间知觉能力较差，时间观念上很随便，所以对咨询者未按时到达不觉得是冒犯或搪塞，也不认为咨询者会对他们的迟到感到不高兴。

按事先约定好的时间来咨询室进行有一定时间限制的会谈，是欧美心理咨询的一种模式，而对我国的许多来访者来说，随意或顺便来访且对会谈时间不加限制的方式更为常见。还有的来访者愿意在心理诊所(室)以外的环境中会谈。

第二节 会谈中的言语技巧

咨询者在会谈中通常以两种方式作用于来访者，一种是言语表达，另一种是非言语表达。所谓会谈技巧，就是咨询者在会谈过程中巧妙地使用言语表达和非言语行为，并将两种方式有机地结合起来，以达到最佳的咨询效果。有效地使用会谈技巧是优秀咨询者的重要标志之一。会谈中的言语性技巧包括参与技巧和影响技巧两大类。

一、参与技巧

参与技巧(attending skills)，也称倾听技巧(listenning skills)。倾听来访者的叙述是咨询者在会谈中最先做出的反应，咨询者虽然处于听的位置，但这是一种主动的听，是参与式的倾听，其作用至关重要。首先，咨询者的倾听强化了来访者的自我暴露、自我剖析和自我探索，否则双方就有可能讨论与咨询目标无关紧要的问题，或者咨询者就可能过早地提出干预策略；其次，咨询者的倾听表示了对来访者的关注和理解，它是建立咨询关系的必要条件；第三，咨询者可以通过倾听技巧将来访者的思路引向预定的方向；第四，对于某些寻求理解、安慰、宣泄的来访者来说，咨询者的倾听行为本身就具有帮助的作用，会产生一定的咨询效果。所以，倾听是咨询过程的基础，是咨询者主动引导、积极思考、澄清问题、建立关系、参与帮助的过程。

常见的参与技巧包括开放性提问、封闭性提问、鼓励、澄清、释义、情感反应、概述等。

(一)开放性提问

一般来说,会谈开始或转换话题时大都采用开放性提问,这类问题被一些咨询者认为是最有用的会谈技巧之一。通常以"什么"、"如何"、"为什么"、"能不能"、"可不可以"、"行不行"开始,它能促使来访者主动地、自由地敞开心扉,自然而然地讲出更多的有关情况、想法、情绪等,而无须搜肠刮肚地回忆、思考,或者仅仅以"是"或"不是"等几个简单的词就结束回答。

一般来说,咨询者以不同的词语开始的提问得到的来访者回答也不同。具体如下:

(1)"那么以后又发生了什么事情?""当时你有些什么反应?""还有什么人在场?"这种包括有"什么"在内的提问,可以帮助咨询者找出某些与问题有关的特定的事实资料。

(2)"对这件事你是怎样看的?""你是如何知道别人的这些看法的呢?"这类带"怎样"、"如何"一词的问题往往会引导出来访者对事情经过的描述及其对此问题的想法和情绪反应。

(3)"为什么你觉得这样做不公平?""为什么你说别人都看不起你?""你当时为什么那样做?"通过这类"为什么"的问题,可能得到多种较为具体的解释与回答,从中找出来访者对某事所产生的看法、做法、情绪等的原因。

(4)"能不能告诉我,这事为什么使你感到那么生气?""可不可以告诉我,你是怎样想的吗?"以"能不能"、"可不可以"、"行不行"开始的这类问题,可以说是最为开放的问题了,这种问题可促进来访者的自我剖析、自我探索。这类问题一般都会得到一个较为满意的答复,但也可能有的来访者会说"不能"、"不可以"、"不行"等等。如果发生这种情况,咨询者还可以进一步使用其他开放性问题,如"为什么……"等。当然这样的情况可能很少发生。

虽然开放式问题给来访者的回答以较大的自由度,可能会得到不同来访者各种各样的答复，但开放式问题的目标都始终趋向于来访者问题的特殊性。通过这类问题的提问，咨询者可以掌握与来访者问题有关的具体事实、来访者的情绪反应、来访者对此事的看法及推理过程等。

开放性提问要建立在良好的咨询关系的基础上，否则，来访者就可能产生被讯问、被窥探、被剖析的感觉，从而产生怀疑和抵触情绪。有些提问，尤其是要逐一提问时，语气、语调、词语的选择既不能过于随便，也不能有咄咄逼人或指责的成分，尤其是涉及一些隐私时更是如此。辩论式、进攻式、语气强硬的发问与共情式、疑问式、语气温和的发问就可能会在来访者心里产生两种完全不同的印象，前者会被认为咨询者对自己有敌意，后者则被认为咨询者是真心实意地想知道事情的真相从而帮助自己。此外，咨询者要记住，询问是咨询本身的需要，而绝不是为了满足自己的好奇心或窥探隐私的欲望。

还需要指出的是，提出开放性问题后，要给来访者足够的时间来回答问题，要知道，来访者可能没有现成的答案。让来访者产生急于回答的感觉是有害的，因为他可能为使咨询者高兴而回答问题。

（二）封闭性提问

当会谈内容较为深入，需要进一步澄清事实、缩小讨论范围或集中探讨某些特定问题的时候，可以适当采用封闭性提问。封闭性提问通常以"是不是"、"要不要"、"有没有"、"对不对"开头，如："你喜不喜欢学校？""你来这儿是否因为婚姻问题？""你确实这样想过吗？"而来访者多以"是"、"否"或其他简短的语句作答。可以用来收集特别的资料，以澄清事实，由于这种提问限制了来访者的回答，所以它还可以制止来访者喋喋不休、漫无边际的叙述。除此之外，封闭式问题也可以帮助咨询者把来访者偏离某一主要内容的话题重新牵引回来。譬如，"我们能否继续接着讨论刚才的问题？"

但需要注意的是，封闭性提问不宜过多使用。否则，会使来访者产生被讯问的感觉，压制来访者自我表达的愿望和积极性，甚至对咨询关系产生破坏性影响。因为来访者前来咨询的目的之一是向咨询者表达自己的感受，若总是处于被动回答的地位，就会降低它的求助动机。

另外，一次不要提出多个问题，否则，会使来访者产生混乱，结果可能只回答了最不重要的那个问题。

（三）鼓励

鼓励是指咨询者直接、简明地重复来访者的话，尤其是重述来访者回答中最后一句话，或仅以某些词语如"嗯"、"好"、"接着说"、"还有呢"、"以后呢"、"别的情况下如何"、"我明白"之类过渡性短语来强化来访者叙述的内容，并鼓励其进一步讲下去。

例如对一位受尽妻子委屈的来访者重述："你在图书馆看了一天书，一回家你妻子就问你什么时候才能做点对家里有用的事！"那么来访者最有可能的反应是再详尽阐述他后一句话的内容。

鼓励除了能促进会谈继续外，咨询者还可以通过对来访者所讲内容中的某一点、某一方面作选择性的注意而引导来访者向某一方向深入展开。一般说来，在来访者关于其困惑所作的漫长叙述中，其所叙述的最后一个主题，往往是较为重要的，至少来访者认为如此。

（四）澄清

来访者由于心理困扰而来求助，其表达的大部分信息出自内部的参照系统，因而这些内容可能是模糊而混淆的。特别可能引起混淆的信息是那些包括复数代词（他们）、含糊的短语（你知道）和一词多义的语句。如果咨询者不能理解信息的准确含义，则有必要进行澄清。

澄清是指咨询者要求来访者对于含糊而模棱两可，或意义隐藏的语句给予详细、具体的叙述。它通常以疑问的形式表达，如"你是说……""你能试着再描述……吗？""你能澄清……吗？""你指的是……"

澄清的目的主要有两个：一是通过澄清使来访者表达的信息更加清楚，并确认咨询者对求助者信息知觉的准确性。只要当你无法确信自己是否明白来访者的信息，并需要详细叙述时，就应使用澄清技巧。

二是通过澄清可以检查咨询者从来访者信息中听到的内容。特别是在咨询开始阶段，在做出任何结论之前，一定要澄清来访者的信息内容。

例1：

来访者：有时我真想彻底地摆脱它。

咨询者：听起来好像你要与什么分开并且独处。

来访者：不，不是那样。我不是要独处。哦，只是希望能从不得不去做的所有事情中解脱出来。

在这个例子中，咨询者对来访者的最初信息过快地得出了不确切的结论。而如果咨询者在假设信息包含某种信息之前进行了澄清，那么会谈进程就会更顺利。如下面的例2。

例2：

来访者：有时我真想彻底地摆脱它。

咨询者：你能为我描述一下"彻底地摆脱它"的意义吗？

来访者：我有太多的事情要做——我总感到落在别人的后面，负担很重。我想摆脱这种难过的感受。

在此例中，澄清反应帮助双方明确了来访者说出的和咨询者听到的信息内容。

有关澄清的介绍，读者还可参考第五章第三节中有关"具体化"的内容。

（五）释义

释义又称说明或内容反应。是指咨询者对来访者的信息内容加以解释后，再反馈给来访者本人。换句话说，释义就是咨询者对来访者的回答内容进行再编排，换种形式向来访者再说一遍。

释义的目的主要在于，一是可以让来访者知道，咨询者已经理解他们的信息，如果咨询者的理解是完整的，来访者就会进一步澄清自己的想法；二是可以鼓励来访者对一些关键想法或事实做进一步阐释，使他们深入地探讨某个重要话题而不至于分心。

释义的步骤：

(1)咨询者要在心中重复或回忆来访者的信息——他告诉了我些什么？

(2)咨询者问自己"在他的信息中存在什么样的情境、人物、物体或思想"? 这样来辨别信息中的内容部分。

(3)咨询者最好是选用来访者言语中最具有代表性、最敏感、最重要的词语。

(4)运用所选择的语句将来访者信息的主要内容或概念用自己的语言表达出来。注意要尽量使自己的语调听起来像陈述句而不是疑问句。

(5)通过倾听和观察来访者的反应来评价自己进行释义的效果。如果咨询者的释义是准确的,来访者会以某种方式(言语或非言语)来肯定它的正确与有效性。

例1:
来访者:我知道整天坐着或躺在床上并不能消除我的抑郁情绪。
咨询者:你已经意识到,你需要离开床铺到四周走动,以便减少抑郁。

例2[2]:
来访者:我该如何告诉我丈夫我想与他离婚?他会认为我疯了。我想我不敢告诉他。(说话声音单调)

咨询者(内心对话过程):

A. 来访者告诉了我什么?
(她想离婚,而又不敢告诉她的丈夫,因为他会认为她疯了)

B. 信息的内容部分是什么? ——即来访者正在讨论的是什么人、物体、思想或情境?
(想离婚但还没有告诉丈夫,因为丈夫将认为她疯了)

C. 应使用什么合适的语句?
(来访者使用动词"告诉"两次、"认为"一次,所以我应使用这样的语句,如"你认为"、"我听到你说"、"它听起来好像"等)

D. 怎样将来访者的主要内容用我自己的语言表述?
(来访者使用"想离婚",咨询者可以用"散伙"、"结束关系"、"分手"来描述)

E. 如何知道自己的释义是有用的?

(注意倾听来访者是否肯定它的准确性)

咨询者的实际释义:

咨询者:听起来好像由于担心你丈夫会产生强烈反应,你还没有找到告诉他你想结束你们关系的方法,对吗?

来访者:是的,我已决定了与他分手,甚至找过律师。但是我不知道应当怎样开始告诉他这一切。他还以为一切都很美好。

此例中咨询者的释义鼓励了来访者对自己主要问题作进一步阐释。

(六)情感反应

情感反应与前面的释义很接近,其区别在于,释义是对来访者言语内容(认知信息)的反馈,而情感反应则是对来访者的情感内容进行再编排后反馈给来访者。情绪的发生依赖于个体的认知经验以及个体对环境事件的解释和评价,咨询者经由对来访者情绪的了解可进而推测对方的思想和态度等认知活动。此外,咨询者还可运用这一技巧促进来访者对特殊情境、人物或事件表达出更多的(积极的和消极的)情感。

一般说来,会谈中咨询者对来访者表达出的情感内容和认知内容(言语信息)的再编排是同时的。

例1:

来访者:我同宿舍的那个同学经常背后说我的坏话,这实在令我无法忍受。

咨询者:你说你同宿舍的同学在背后经常挑拨是非。(释义)

咨询者:你似乎对他很生气。(情感反应)

咨询者:你同宿舍的同学在背后挑拨是非,你为此感到很气愤,是这样吗?(同时做出释义和情感反应)

在会谈中,不少来访者会表现出相互矛盾的情感反应,如既爱又恨,既高兴又沮丧等。有经验的咨询者要善于发现来访者身上这些矛盾情感的具体含义及其影响后果,并予以突破。

情感反应的步骤:

(1)要注意倾听来访者信息中使用的情感词汇。

(2)注意观察来访者传递言语信息时的非言语行为。下一节我们将会讲到,非言语行为线索(如身体姿势、面部表情和各种语音特征等)是来访者情绪的主要指标。事实上,因为非言语行为比言语更不容易控制,因此它们在揭示来访者的情绪方面更为可靠。当来访者的情感具有一定的隐蔽性或表达得比较微妙时,观察非言语行为更加重要。

(3)咨询者要使用自己的语言,把由来访者言语和非言语线索获得的情感再反馈给来访者。选择反馈词语是情感反应技巧能否奏效的关键一步。例如,来访者者表示"烦恼",可以用来替换的情感词汇有"困扰"、"烦扰"等,而"愤怒"、"疯狂"和"狂暴"等词要比来访者的情感程度更强烈。选择的情感词汇不仅要与来访者情感相吻合,而且与其强度也要保持一致,可以通过在情感词汇前加副词来控制强度,如"有些"、"相当"、"十分"等。如果咨询者高估或低估了来访者的情感强度,则会使来访者产生受威胁或被嘲弄的感觉。

(4)咨询者在语句中加进情感发生时的情境。情境内容可以通过来访者者信息的认知部分确定。例如,来访者说到:"我就怕参加考试。尽管我努力学习,可是一旦考试我就非常紧张,总考不好。"在这个信息中,情感部分为紧张,认知部分为考试。咨询者反映情感部分时,可以说"你感到很紧张",而加进情境内容后可以说:"不论你什么时候参加考试,你都感到很紧张。"

(5)评估咨询者情感反应是否有效。通常情况下,如果咨询者能准确地反映来访者的情感,来访者就会以这样的方式加以肯定,说"是的,没错"或"是的,那正是我的感受"等。如果你没有反映出来访者的情感,来访者就会回答"不完全是那样"或"我的感受不是那样"或"不,我不那样感觉"等。当来访者否认情感时,这就意味着你的反映不确切、不合时机,重要的是咨询者要确定进行情感反应的时机。在咨询的初期,情感反应的影响太强,因而不能频繁使用,此时如果过分使用情感反应会让来访者感到不舒适,导致他们否认自己的情绪感受。但在咨询后期,则不要忽视情感反应的潜在影响和作用,此时关注来访者的情感会促进咨询的进程。

例 2[3]:

来访者(中年男人):您不能想象当我发现妻子对我不忠时,我的感受是怎样的。我眼睛都冒火了！我应怎样做？以同样的方式扯平？离开她？我不能确定。（来访者说此话时声音激动，高声地说着，拳头紧握）

咨询者（内心对话过程）

第一步：来访者用到了什么样的情感词汇？

（参考答案）没有，除了暗示性的情感短语"眼睛都冒火了"。

第二步：来访者的声调和非言语行为暗示了什么样的感受？

（参考答案）生气、愤怒和敌意。

第三步：选择什么样的情感词汇能够准确描述来访者的情绪程度？

（参考答案）愤然、发怒、大怒。

第四步：与来访者使用的情感词汇相匹配的恰当的语句是什么？

（参考答案）来访者使用了"想象"、"眼睛冒火"。

第五步：来访者情感发生的情境是什么？

（参考答案）发现他的妻子欺骗他。

第六步：我怎样知道我做出的情感反映是否准确、有帮助？

（参考答案）注意观察和倾听来访者的反应——他是肯定还是否认自己有发怒和敌意情感。

咨询者实际做出的情感反应：

咨询者：看起来你对妻子的所作所为是非常生气的。

或：显然你对妻子的行为是愤怒的。

或：似乎你现在又气又恨，因为你发现妻子与别的男人约会。

假定在咨询者进行上述情感反应之后，来访者如下回答：

来访者：是的，我确实很生气，但我不知道是否怀恨，尽管我想让她品尝一下我的感受。

来访者对咨询者做出的情感反应给予了一定的肯定，但仍暗示"怀恨"一词在当时是过于言重了。

(七)概述

概述又称归纳总结，就是用两句或更多的释义或情感反应浓缩来访者表达的信息,换句话说,也就是咨询者把来访者的言语和非言语行为进行归纳整理,并以提纲的方式将它们准确地复述给来访者。通过概述咨询者把会谈中来访者表达的零散信息以一个或多个主题串联起来,而且也可使来访者再一次回顾自己叙述的内容,并进行补充。

概述可以在咨询过程的一个阶段(包括几次会谈)完成时进行,也可以在一次会谈结束前或一次会谈中咨询者认为对来访者所说的内容已基本清楚的情况下进行。一般来说,第一种情况下概述的难度较大。

概述的步骤:

要想进行准确的归纳总结,就要能够很好地回忆出来访者此前表达出的言语和非言语信息。时间跨度短则几十分钟,长则可能有几个星期或几个月。具体步骤如下:

(1)回忆来访者表述的言语和非言语信息,并在头脑中复述这些信息:来访者讲述了什么?关注些什么?尤其是反复强调的是什么?这是进行归纳总结的最关键,也是最困难的部分,因为它需要你注意到在整个咨询过程中许多变化着的各种信息。

(2)从众多零散的信息中提炼出一个或几个主题。

(3)以陈述的语调,用自己的语言将总结复述给来访者。

(4)通过倾听和观察来访者对总结的态度,来评估概述的效果。

例1[4]:

背景:某中年男性来访者第三次前来咨询,在前两次咨询中,咨询者得知他酗酒很厉害并因此破坏了家庭生活,但尽管如此他仍无法把酒戒掉,因为喝酒让他感觉很好,帮助他减轻工作压力。

来访者:我知道喝酒解决不了我的问题,而且也帮不了我的家庭。我妻子威胁说要和我离婚,孩子也怨恨我,这些我都知道。但我就是离不开酒,喝酒让我得到解脱。(语调低而弱,眼神沮丧,无精打采的样子)

咨询者(内心对话过程):

A.今天和前两次来访者讲述了些什么?

关键内容:酗酒的结果对他本人或家庭都没好处。

关键情感:喝酒让他感觉很好,焦虑减轻了。

B. 来访者今天和以往不断重复的是什么？亦即能将这些信息串联起来的主题是什么？

尽管酗酒危害家庭，造成夫妻关系和亲子关系恶化，但为了减轻工作带来的压力，他仍继续喝酒。并且觉得通过喝酒来减轻压力比家庭更重要。

咨询者完成内心对话后，开始为来访者进行归纳总结：（概述）

——你认为喝酒能缓解你的内心压力，带给你舒适、欣快的感觉，所以即使与家庭闹矛盾也值得。

——你感觉到继续喝酒使你在家庭里遇到许多麻烦。但尽管有这样的负面影响，你还是不愿意戒酒。

——我觉得，不管怎么样，喝酒带给你的满足要多于家庭给予你的。

如果来访者承认喝酒确实比家庭更重要这个主题，那么咨询者的总结便是有效的。如果他予以否认，咨询者可以让他澄清哪些地方不准确。不过要注意：一方面可能是总结确实不准确，另一方面也可能是来访者还没有准备好现在就承认这个问题。

二、影响技巧

会谈中的参与技巧（倾听技巧）主要是从来访者的角度或参照框架出发，对来访者发出的信息进行反应。这固然对帮助来访者的成长十分重要，但如果仅仅使用这一技巧，那么来访者的成长将是非常困难和缓慢的。在咨询进行过程中，咨询者总要在某个时刻超越出来访者的参照框架，从咨询者自己的角度出发，依据所接受的咨询专业训练，所具有的洞察力、感受力和人生经验，主动影响来访者，以使来访者的成长更快一些。我们将咨询者的这种反应称之为影响技巧(influencing skills)或干预技巧。与参与技巧（倾听技巧）相比，影响技巧对来访者的影响更为直接，它促使来访者意识到自己需要改变，而且需要一个更为客观的参照框架来指导自己行为的改变，这样一来，来访者的进步就会明显加快。另外，影响技巧还能体现出由咨询者引导而不是来访者引导的咨询风格。

影响技巧包括解释、指导、提供信息、影响性总结、自我开放等。

(一)解释

解释就是咨询者对来访者思想、情感、行为和事件之间的联系或其中的因果关系的阐述。它与参与技巧(倾听技巧,如释义、澄清、情感反应和概述等)不同之处在于,其一解释是从咨询者自己的参考体系出发的,而不是从来访者的参考体系出发的;其二解释针对的主要是来访者隐含的那部分信息,即来访者没有直接讲出或没有意识到的那部分内容。咨询者要将来访者自己隐隐约约感觉到或没有感觉到的东西用语言表达出来。而参与技巧则仅仅针对来访者已经表达出来的内容。

解释是最重要的影响技巧之一,它能帮助来访者超越个人已有的认识,以一种新的方式(或者说从另一个参照框架)重新看待它们自身的问题,从而对问题有更好的理解,甚至还可能使他们的世界观产生认知性的改变。

解释也是最复杂的影响技巧之一。解释应该主要依据各种有效的心理咨询和治疗理论,但运用要灵活,要富有创造性,不能生搬硬套、牵强附会,要针对来访者不同问题,并根据咨询者个人的理解、领悟与实践经验,通过不断地修正,最终给予真正符合来访者情况的合理解释。

一般来说,使用解释技巧要注意以下事项:

(1)解释应该在充分收集了与来访者问题有关的资料(尤其是来访者隐含的内容及其意义)之后进行,且来访者表示愿意倾听和接受咨询者对自己问题的解释。所以,解释通常是在一次会谈的后期或几次会谈之后进行。

(2)解释应建立在与来访者的良好关系的基础上。因为解释基于与来访者不同的参考框架,因而又可能导致来访者的阻抗。良好的咨询关系有助于提高来访者对解释内容的容忍、接受程度。反过来,解释技巧的妥为使用又会提高咨询者在来访者心目中的可信度和权威性,从而加强咨询关系。

(3)虽然解释的目的是让来访者从一个与自己有所差异的方式重新审视自己的问题,但操作时要注意循序渐进,解释的内容不要与来访者的信念、文化背景存在过大差异或产生严重的冲突。此外,解释时的措辞要适合来访者。

(4)解释的同时,注意观察来访者的反应,尤其是非言语行为,如沉默、微笑等。

(二)指导

指导就是咨询者直接告诉来访者做某件事、说某些话以及如何做或以某种方式行动。很多咨询者认为,指导是对来访者最有影响力的一种技巧。指导有多种多样,概括起来有两种类型:一种是根据各种不同的心理咨询理论,另一种则是咨询者根据个人的咨询经验做出的。在第一种类型中,精神分析取向的咨询者指导来访者进行自由联想,以寻找问题的根源;行为主义取向的咨询者要求来访者做各种训练,如系统脱敏训练、放松训练、自信训练等;合理情绪学派的咨询者则针对来访者的各种非理性观念予以指导,用理性的观念去代替它们;运用森田疗法的咨询者告诉来访者不要把症状当作自己心身的异物,对其不加排斥和抵抗,带着症状去生活。

当然,接受非指导性咨询理论的咨询者不赞成使用指导技巧,他们认为这是操纵、控制和支配来访者。咨询者在会谈中主要使用参与技巧(倾听技巧),如鼓励、澄清、释义、情感反映等,以及非言语技巧帮助来访者认清、理解他自己的情感、态度和行为模式。而很少使用指导技巧,以避免代替来访者作决定,甚至对来访者的提问不给予直接回答,尽可能地要求来访者自己确定要讨论的问题。总之,他们认为指导就是把咨询者的意志强加在来访者身上,而这无助于来访者的真正成长。

在使用指导技巧时,咨询者可依据各种咨询理论的指导模型和个人的咨询经验,灵活而富有创造性地加以运用,使之真正成为有效的指导。具体地说,咨询者应十分明确自己对来访者指导些什么?效果会怎样?叙述应清楚、明确,要让来访者真正理解指导的内容。同时指导要在与来访者建立良好的关系的基础上进行,对于那些受教育程度较高、思想比较深刻、自尊心强的来访者,咨询者进行指导时不要以权威的身份强迫来访者执行,以免引起对方反感而中断咨询。如果来访者暂时不理解、不接受，可暂缓进行。此外，在进行指导时，要充分利用非言语行为的影响力。

(三)提供信息

在咨询会谈中，来访者很多时候会提出了解有关信息。例如，一位自诉被丈夫虐待的来访者，需要了解关于法律权利和诉讼途径的信息，一位因被老板无理辞退的来访者，需要了解有关劳动保障法规方面的信息，一位已经中学毕业、正在寻找工作的来访者，需要了解个人职业能力倾向以及职业需求方面信息。提供信息在职业心理咨询、婚姻家庭咨询以及对教育过程出现的问题进行的咨询中更为重要。正因为如此，我国劳动和社会保障部首次颁布试行的《心理咨询师国家职业标准》中，要求从业者必须掌握劳动法基本知识；民法通则中与心理咨询和治疗相关的法律条文(如隐私权、人身权等)；现行婚姻法、妇女儿童保护法、未成年人保护法中与心理咨询相关的条文；消费者权益保护法中与心理咨询相关的条文，以及心理评估技术[5]。

咨询过程中的信息提供主要有以下几个目的：首先，当来访者不知道自己有哪些选择时，有必要提供其信息，这有助于帮助来访者明确其他的解决问题的方法。第二，信息提供也可用来校正无效的或不可靠的信息，如迷信观念。换句话说，当来访者对某事的信息有误时，应提供信息；提供信息还有一个目的是帮助来访者审视他们一直回避的问题。例如，一年来一直感到身体不适的来访者，当从咨询者那里得到忽视疾病治疗可能会带来严重后果的信息时，也许能促使他尽快进行身体检查。

提供信息不同于提建议。提建议是给来访者推荐或策划一个具体的解决方法或行动途径，并让他照着去做。相反，提供信息则仅仅是告诉来访者与主题或问题相关的信息。

例1[6]：

来访者(一位年轻的妈妈)：我发现真是很难拒绝孩子提出的要求，很难对她说不。即使当我明知她所提的要求是无理的，甚至可能会给她带来危险时，我也难以拒绝。

咨询者(提出建议)：为什么不从现在开始呢？开始时只对她的一个

要求说"不",这可以是你认为最好拒绝的任何一个要求,然后看看情况会怎样。

咨询者(提供信息):我想我们可以讨论两个可能影响你处理这种情况的事情。首先,我们可以谈谈如果你说不,你感觉会发生什么情况。另外我们也需要了解,当你是一个孩子的时候,父母是怎样对待你提出的要求的。在家里你的要求是被怎样处理的。父母怎么对待我们,我们也会怎样对待自己的孩子,这种方式非常自然,我们甚至没有意识到事情是这样的。

为了达到好的效果,运用提供信息技巧时还要注意以下几点:

(1)选择合适的时机。在传递信息前,来访者应有愿意接收信息的表现。如果过早进行,所提供的信息可能会被来访者忽视。

(2)咨询者还应明确什么样的信息对来访者来说是有用而切题的。总的来说,如果所提供的信息是来访者自己不可能发掘的,而且如果来访者有根据所提供的信息做出反应的能力,那么这种信息便是有价值的。

(3)咨询者还应确定是否应按一定顺序提供信息。因为来访者往往对最先提供的信息记得最牢,所以可以首先呈现最重要的信息。

(4)不要将信息强加于来访者,要考虑来访者接受信息的能力。尤其是要考虑到信息是否与来访者的文化背景相容。

(四)影响性总结

影响性总结是指咨询者将自己所叙述的主题、意见等经组织整理后,以简明扼要的形式表达出来。一般在会谈即将结束时进行。

影响性总结与参与技巧中概述的不同之处在于,前者是咨询者表达的观点,而后者是来访者叙述的内容,因而,前者较后者对来访者的影响更为广泛而深远。

影响性总结既可在会谈中间使用,也可在会谈结束时使用。有时常和参与性概述一起进行。比如,在会谈结束时,咨询者首先对来访者叙述的内容进行归纳,然后讲述咨询双方所做的工作,最后总结出自己的主要观点。这样会使整个咨询过程脉络清楚,条理分明,有利于来访者抓住会谈要点,掌握会谈中学到的东西。当然,这一工作也可以让来访者自己来完成,或者以咨询者提问让对方回答的方式来进行,咨询者借此了解来访者对咨询过程的了解、把握程度,并在适当时机进行修正。

(五)自我开放

自我开放,也称自我暴露,是指将自己的思想、情感、经验等有关信息告诉来访者。心理咨询中原来只强调来访者的自我开放,认为这是咨询成功的必要条件。后来发现,咨询者的自我开放在咨询中同样十分重要。咨询者适度的自我开放,能使来访者产生共情、温暖和信任的体验,增加来访者对咨询者的认同感以及对会谈的兴趣,有助于彼此建立相互信任和开诚布公的咨询关系。除此之外,在咨询者自我开放的示范作用下,来访者会有进一步的自我开放。

自我开放有两种形式。一种是咨询者把自己对来访者的体验与感受传递给来访者,其中包括正性信息和负性信息,但传递负性信息时一定要审慎,要以良好的咨询关系为基础,说话时口气要委婉、含蓄,要充分顾及对方的接受能力。如:"你没有那样做,我有些失望,但我想也许你有什么原因?"第二种形式的自我开放是咨询者暴露与来访者所谈内容有关的个人经历和体验。如:"你目前的这种感受,我能想象得出来,因为我以前也有过类似的体验。"一般说来,这种自我开放内容应简明扼要,因为目的不是谈论自己,而在于借自我开放来表明自己理解并愿意分担来访者的情绪,促进来访者更多的自我开放。所以,在咨询者自我开放之后,应尽快把会谈话题转回到来访者身上来,进一步提出一个相关的开放性问题。也就是说,咨询者的自我开放是手段而不是目的,应始终把重点放在来访者身上。

此外,自我开放需要建立在一定的咨询关系上,有一定的谈话基础和背景,如果过于突如其来,反而收不到好的效果。另外,自我开放要有一定的限度。低于或高于这个限度的自我开放,既无助于来访者的自我开放,也不利于形成良好的咨询关系,甚至起破坏作用。尤其是过度自我开放,则会占用会谈中原本属于来访者使用的时间,而且可能会使来访者感到咨询者也是一个心理不健康的人,于是中断咨询。

三、参与技巧与影响技巧的有效使用

在咨询性会谈中,能否有效地使用参与技巧和影响技巧,直接关系到咨询效果的好坏。一般来说,咨询技巧的选择和使用主要受以下几种因素的影响:

(一)咨询者所遵循的咨询理论与方法

不同的心理咨询理论在咨询技巧的使用上存在一定差别。例如,来访者中心咨询学派认为一个人有能力指导自己,调整自己的行为,控制自己的行动,从而达到良好的主观选择与适应。其着眼点是帮助来访者进行自我探索,促进其自我概念向着更接近于自我的经验、体验的方向发展。主张咨询者放弃权威地位和指导者的角色,将最基本的责任放在了来访者身上。所以遵循该理论流派的咨询者主要使用参与技巧,而行为主义咨询学派认为,来访者的各种问题都是个体在生活中通过学习而形成并固定下来,因此,通过咨询者设计某些特殊情境和专门程序,使来访者逐步清除其问题行为,并经过新的学习训练形成正常的行为反应。所以遵循该咨询学派的咨询者不但使用参与技巧,而且更重视影响技巧。马建青曾对西方各主要咨询流派在使用咨询技巧方面的情况做过总结归纳[7],我们结合本书的内容对其做了某些删改。具体如下:

表 8-1 西方若干心理咨询流派使用的咨询技巧

咨询技巧＼咨询流派	参与技巧							影响技巧				
	开放性提问	封闭性提问	鼓励	澄清	释义	情感反应	概述	解释	指导	提供信息	影响性总结	自我开放
精神分析学派	＋	－	＋	－	－	－	＋	＋＋	－	－	－	－
行为主义学派	＋＋	＋＋	＋	＋	＋	－	＋	－	＋＋	＋	＋	－
来访者中心学派	－	－	＋	＋＋	＋＋	＋＋	＋	－	－	－	－	＋

注:"＋＋"代表最常使用,"＋"代表经常使用,"－"代表可能使用,但非主要技巧。

(二)咨询者个人的特点

1. 咨询者的经验和习惯

每个咨询者在长期咨询活动中都积累了一定的经验,形成了某些习惯。这些都直接影响到他们对咨询技巧的选择和使用。比如,有的咨询者对影响技巧中的指导技巧使用得非常熟练、得心应手,而有的咨询者则擅长运用鼓励、情感反映等参与技巧。

2. 咨询者人格特点

一般来说,具有主动、控制、支配型人格特点的咨询者比较偏爱使用影响技巧,尤其是指导技巧,而性情随和、耐心细致、平易近人的咨询者大多使用参与技巧。

3. 咨询者的人性观

如果咨询者认为,人是理性的、善良的、可以信赖的,具有自我引导、自我调整、自我控制、自我成长与发展的天性,而某些"恶"的特性则由于防御的结果而并非出自本性。那么,在咨询性会谈中,他就倾向于使用参与技巧而非影响技巧。相反,如果咨询者认为人的行为是环境决定的,是能被控制的,那么他就可能比较重视影响技巧。

(三)来访者的特点

1. 来访者问题的特点

如果来访者的问题是由于缺乏知识和经验,比如一个曾经有过轻微手淫,但却从未有过性交经历的男大学生担心自己患了阳痿,咨询者应给予性知识方面的解释和指导;如果来访者的情绪反应强烈,思维比较混乱,用词不够准确,则咨询者除了给予情感反映外,还要运用释义和概述技巧;如果来访者的问题比较复杂或有深层次的原因,这就需要咨询者采用开放性提问、鼓励、澄清等技巧,促使来访者自我开放和自我探索,最后再给予专业性解释。

2. 来访者的个人生活状况

在商业性咨询机构里,那些经济状况较差的来访者,可能希望咨询次数少些,针对性强些,多给些具体的答案,因而他们可能更喜欢接受咨询者的影响技巧。这一情况还适于那些工作或学习较忙,闲暇时间较少,无法抽出较多时间接受咨询,或者居住偏远、交通不便,或者急切想解决问题的来访者。

3. 来访者的社会文化背景

一般来说,受中国传统文化影响较深的来访者往往希望咨询者是专家、权威,具有特别的专业知识和非同寻常的办法[8],对此,咨询者宜采用影响技巧,尤其是指导技巧。倘若只采用参与技巧,就不能满足来访者的心理期待,甚至导致咨询中断。相比之下,对于那些受西方文化影响较深、文化程度较高且问题比较轻微的来访者,则更宜采用参与技巧。

此外,选择何种咨询技巧还要考虑来访者的年龄、性别、受教育程度、个性等因素。

总之,咨询者要掌握多种咨询技巧,而且要灵活而有针对性地加以使用。

第三节 会谈中的非言语交流

咨询性会谈属于人际互动的一种形式,会谈中咨询者与来访者之间在运用语言符号进行言语交流的同时,还利用非语言符号进行着非言语交流。有时,非言语交流甚至比言语交流更重要。一个有效的咨询者不仅要善于运用言语交流,而且要善于运用非言语交流。

一、非言语符号的种类及其功能

非言语符号的分类有多种,社会心理学家贝克(K. W. Beck)将非语言符号分为动姿、静姿和辅助语言与类语言[9]。也有人将动姿与静姿合称为身体语言或体态语言,还形成了专门研究身体语言的身势学;还有人将非言语符号分为视觉符号和副语言两大类。其中视觉符号包括身体运动及姿势、面部表情、目光接触、身体接触、人际距离、仪表、时间控制、实物与环境等。

(一)身体语言

身体语言包括无声的动态姿势,如手势、面部表情、眼神、体态变化等,或无声的静态姿势,如站立、倚靠、仰坐等,以及交往中的人际空间距离等,它在人际交往中起着重要的作用。

1872年,英国生物学家达尔文率先研究了人的面部表情,认为面部表情具有普遍的意义,在不同社会、不同文化中的人,至少能够通过相同的表情表达6种情绪:愤怒、幸福、悲伤、厌恶、恐惧和惊讶。以后,在这一领域中最卓越的研究者是美国的伯德惠斯戴尔(R. L. Birdwhistell)。他于1963年首创"身势语"的概念,认为人体的大部分动作就像组成词的字母和音素一样,是表达意思的组成部分。他把这些组成部分称为"身势语的最小表述单位",由这些最小表述单位进一步组成"身势语词素",由一系列动作构成,用来表达某一具体的含义,可以被看成是身势话语。身势语词素进一步按句法结构原则结合成扩大的、互相联系的行为组织,即复杂的身势形式结构,它有口语句法的特点。伯德惠斯戴尔进而认为这种有内在结构的身势语,随文化的不同而变化,是特殊的习得的而非本能的[10]。

我国学者孙庆民采用实验法、开放与半开放问卷法和模拟表演等方法,研究了身势语的信息表达和译释问题。研究结果表明,在信息的身势表达方面,总的来说,被试表达某种信息的姿势并不止一种,即同一种信息可由不同身势表达出来,但每一项信息的身势表达均有一种主要的形式;在身势的译释方面,身势所表达的信息广泛而弥漫,显示出某种程度的复杂性和不稳定性,但被试对身势信息的译释均有一定的倾向性,而且,被试对身势信息译释的准确性程度均比较高[11]。

在身体语言中,面部表情在人际交往中所传递的信息是大量而有效的。人类的大多数面部表情具有文化的普遍性和非习得性。但也发现,社会因素往往能够降低消极的态度和情绪的表情强度,使得那些本能性的面部表情受到严格的限制。

在面部表情中,眼睛被认为是最能明确表达内心活动的,有人将眼睛比作是"心灵的窗户",它在非语言交往中用途最广,往往能给人留下深刻的印象。

目光接触(也称视线接触)是人际沟通中极为重要的手段,其作用主要在于:①作为一种认识手段,表明对说话者十分感兴趣,并希望知悉、理解他们的话题;②控制、调整沟通者之间的互动;③用来表达人的感情及其在沟通情境中的卷入程度;④作为提示、告诫以及监视的手段。人们交谈的时候往往通过目光接触来了解自己的话语对他人的影响或者说他人对自己话语的反应。目光接触的意义可因以下因素的不同而改变:目光接触的时机选择、时间长短、强度以及双方的空间距离。

交往中的人际距离也在一定程度上反映了彼此间已有的或希望形成的关系。美国人类学家霍尔(E. T. Hall)提出了"近体学"的概念,用以概括对人类交往的空间距离问题所进行的研究。他将人类沟通是互动双方的空间由近及远分为四圈:亲昵区(3~12英寸)、个人区(12~36英寸)、社会区(4.5~8英尺)、公众区(8英尺以上)。霍尔进而指出影响人们交往的空间距离的4个主要因素:相互亲密程度、文化背景、社会地位差别和性别差异。其中第一个因素是最主要的决定因素[12]。

(二)辅助语言和类语言

辅助语言,也称副语言或次语言,包括声音的音调、音量、节奏、变音转换、停顿、沉默等,而类语言则指那些有声而无固定意义的声音,如呻吟、叹息、叫喊、附加的干咳、哭或笑等。它能强化信息的语义分量,具有强调、迷惑、引诱的功能,弥补语言表达感情的不足。在许多场合下利用辅助语言和类语言表达同一语词的不同意义。例如"谢谢"一词,可感动地、喃喃地说出,表示真诚的谢意;也可以冷冷地、缓慢地吐出每一个字,表示轻蔑或不耐烦。

非语言符号在人际交往中起着十分重要的作用,可以加强口头语言的力量,保证人际交往所必需的信息交流,使人际交往更加深刻、含蓄、丰富多彩。但是也应看到,由于非语言符号的使用具有较大的不确定性,与交往情境、交往者的身份和地位及年龄、性别、社会文化背景等因素密切相关，因此在使用中必须与交往的内容、条件、气氛与场合相联系。在现实生活中，语言符号和非语言符号是交织在一起的，这两方面配合得越好，交往越能取得良好的效果。

二、非言语交流与言语交流的关系

非言语交流与言语交流各有其作用，在人际沟通中往往是相互依存和补充的。有时言语交流的作用大些，有时非言语交流的作用大些。但近些年，社会心理学家越来越强调非言语线索的作用。例如，R.L.伯德威斯戴尔说，言语在交谈中只表达不超过30%～35%的信息。A.朱拉兵估计，情绪信息只有7%是通过言语表达的，55%由视觉符号传递，38%由副言语符号传达。有的研究者甚至认为情绪信息的表达完全是通过视觉通道完成的[13]。

在多数情况下，人际沟通中传递的非言语信息与言语信息是一致的，只不过在一致程度上存在着差异，有时非言语信息夸大了言语信息，有时非言语信息弱化了言语信息，使言语信息打了折扣。在少数情况下，非言语信息与言语信息之间发生矛盾，非言语信息否定言语信息。另外，还存在非言语信息与言语信息毫不相干的情况。

Knapp 和 Hall 指出，非言语行为和言语是相互关联的。它们的关联方式主要有六种[14]：

(1)重复：非言语信息重复言语信息。例如：一边说"请进，请坐下"，一边用手势指着房间和椅子。

(2)矛盾：非言语信息与言语信息矛盾。例如：说的话是"我喜欢你"，却伴着皱眉头和生气的语调。

(3)替代：用非言语信息替代言语信息。例如，如果你向别人问候："你好吗？"对方微笑，这微笑就代替了："哦，很好。"

(4)补充：非言语信息能够补充或更改言语信息。例如，一个人说他觉得不舒服，语速很快并发出呻吟声，这些非言语信息就强调了不舒服这一语言信息。

(5)强调：非言语信息能强调语言并加强语言信息的影响。例如，某人嘴里说着关心、同情之类的话,同时辅以皱眉头和眼泪等面部表情和身体前倾、用手抚摸等非言语暗示,就能使其言语信息得以加强。

(6)调整:非言语信息有助于调整交谈。例如,当一个人说话的时候,如交谈对象不停地朝他点头,则他会受到强化继续说下去;若交谈对象东张西望且不停地变换身体姿势或低头看手表,则他可能会停下来,至少是片刻的。一般来说,交谈的一方会根据对方某些确定的非言语信息作为判定其是否倾听的线索,来调整自己的谈话。

许多研究表明,当我们得到的言语信息与非言语信息相矛盾时,我们会更相信非言语信息。具体地说,当言语信息与非言语信息不一致时,主要依赖于非言语信息;当言语信息与面部表情不一致时,则倾向于相信面部表情。

总之,在人际交往中,言语交流和非言语交流都很重要,只是由于沟通内容、沟通情境等原因,有时非言语交流显得更重要些,有时则是言语交流显得更重要些。

三、会谈中来访者的非言语行为

咨询者应该掌握的一项重要专业技能,就是能够识别和理解来访者各种非言语行为及其可能的含义,并予以有效应对。这项工作之所以重要,是因为在咨询过程中,尤其是在对来访者问题的确认与分析、咨询干预效果的评估方面,来访者非言语行为所传递的信息有时比言语行为更有价值。在会谈过程中,来访者的许多非言语行为甚至连他自己都意识不到的,不像传递言语信息时需要经过有意识的选择和检查。所以来访者的非言语线索比他的言语信息更能"泄露"内心的秘密,有助于咨询者对来访者进行有效的帮助。

会谈中来访者的以下几种非言语行为需要咨询者加以有效应对。

(一)目光接触

来访者与咨询者之间的目光接触具有重要意义。一般来说,目光接触可以是想要暂停谈话或想要说话的信号;同时互相看的次数越多,感情投入和舒适程度就越高；目光接触较少或眼看别处是回避、尴尬或者不安的信号，可以用来掩盖在表达被视为文化或社会禁忌情感时的羞愧；瞪眼或凝视意味着思维的僵化或全神贯注。眼球的快速运动可能是兴奋、愤怒或者是隐形眼镜不合适；眨眼过多（正常成人是 6~10 次/分钟）可能与焦虑有关；集中注意力和专心思考时眨眼频率一般会减少；目光转移——如从咨询者身上转到墙上，可能表示来访者在思索或在回忆某件事。

在下列会谈情形中，来访者与咨询者之间可能发生较多的目光接触：

(1)咨询者和来访者之间有较大的身体距离。
(2)讨论的话题比较轻松，不涉及个人一些特别的隐私和禁忌。
(3)咨询者与来访者之间关系融洽。
(4)一方聆听多于讲话。
(5)其中一方的文化背景重视在人们交流中的视觉接触。

而在以下会谈情形中，来访者与咨询者之间相互注视则较少：

(1)咨询者与来访者之间的空间距离较近。
(2)讨论困难、涉及隐私和禁忌的问题，一方感到尴尬、羞愧或试图进行隐瞒。
(3)咨询者和来访者都对对方的反应不感兴趣。
(4)其中一方的文化背景忌讳人际交往中的视觉接触。

(二) 辅助语言

在咨询性会谈中，来访者辅助语言为咨询者提供了多方面的重要线索。例如，来访者在请求或拒绝进行听、说者的角色轮换时，总有某种辅助语言信号出现。一般来说，音调降低或语速减慢可能是来访者希望发生角色轮换的线索，而音量加大和语速加快可能表明来访者希望发言持续下去；又如，一位来访者说话很慢、很弱，可能是他觉得很悲伤或不想讨论敏感的话题，而提高音调及加快语速则可能是情绪激昂与兴奋的信号。此时，应当结合谈话内容的主题、前因后果及其他非言语行为的变化来解释音量和音调的变化；再如，来访者的焦虑情绪经常通过他们的言语错误频度或言语流畅性表露出来。处于焦虑情绪下的来访者通常语误频率较高、言语流畅性较差,不断地出现口吃、口误、词语重复等现象。

(三)沉默现象

沉默是辅助语言中的一个重要组成部分。来访者在会谈过程中出现的沉默现象能给咨询者提供许多有关其内心状态的重要线索,有效的咨询者能善于捕捉这一线索,准确理解其中的意义,并加以妥善处理。

来访者沉默的原因多种多样,沉默所传递出的信息内容也各不相同。一般可将其划分为如下类型:

1. 思考型

来访者由于正在思考某一问题而出现沉默。如来访者反复体会咨询者所说的话,或在体会某一件事的意义,或在头脑中构思一个新的方案。从非言语行为上看,他可能会睁大眼睛,使劲地想,也可能眯起眼睛,自言自语似的,凝视空中的某一点。

2. 茫然型

来访者由于不知道应该对咨询者的提问做何反应而出现的沉默。例如,来访者不知道什么是咨询者希望知道的,什么是重要的,有的来访者则干脆不知道自己的问题到底是什么,或者一时不知道自己真正想表达的东西是什么,等等。从外表上看,来访者的眼神往往是游移不定的,含有询问的色彩。

3. 情绪型

来访者由于受到某种情绪困扰(如气愤、恐惧、不安、抑郁、羞愧)而出现的沉默。例如,有的来访者在谈到以往某件事情后陷入内疚、后悔等情绪体验中;一些来访者对咨询者缺乏信任,担心进一步会谈可能要触及自己不愿说出来的内容而处于不安、犹豫之中;还有的来访者感到咨询者冒犯了他,为此感到气愤而以沉默示意;个别来访者由于被迫接受咨询,内心会产生怀疑、厌烦、气愤、敌意等情绪,但又迫于压力不敢公开流露这些情绪,只得以沉默来表示。

心理咨询家卡瓦那(Cavanagh)曾将咨询中的沉默分为如下三种类型:创造性沉默、自发性沉默和冲突性沉默[15]。

(1)创造性沉默。

它是指来访者对自己的言行、情感进行反思、体验时表现出的沉默。这种沉默往往能够孕育出新的思想观念、情绪体验,对来访者的成长颇有价值。

例如,一位年轻少妇将夫妻不和的原因归咎于自己的女儿,对女儿充满敌意,认为是女儿夺走了丈夫对她的爱。

咨询者:你是否考虑过,你所面临问题的因果关系不像你所理解的那样。事实上有可能是由于你们夫妻关系不融洽,才导致你的丈夫把爱更多地给了自己的女儿。结果又进一步恶化了你们的关系。

来访者:我从来没有这么想过……我一直对我女儿充满敌意,觉得是她把我丈夫从我身边夺走,因为自从她出生以后,我丈夫就总是把注意力放到她身上,而对我非常忽视……

说完,她会出现一段时间的沉默,双眼凝视着天花板上的某一点。很显然,她是在思索刚才咨询者提出的问题以及自己刚刚领悟到的问题的实质。

这是一种比较典型的创造性沉默,其身体语言的标志往往是目光凝视空中某一点。沉默的时间可能是几分钟。此时,咨询者若提出:"你正在想什么?"之类的话来打断这种沉默,则可能有些莽撞。咨询者要做的,就是耐心的观察和等待,让来访者有充分的时间来思索和体悟,直到其言语的或非言语的行为表示可以继续会谈为止。咨询实践证明,这往往是来访者产生顿悟的契机。如果咨询者觉察到来访者不愿意马上讲出当时的心理感受时,可以建议下次会谈再共同讨论此事。

(2)自发性沉默。

自发性沉默也可称之为中性沉默。它多发生在"不知从何说起"的情境中。这种情况在会谈的初始阶段较容易出现,来访者把该说的问题说完之后,就不知下一步该说什么了。不知道什么是有关的,什么是无关的,什么重要,什么不重要,什么是咨询者想知道的,什么是咨询者不想知道的。

这种沉默的身体语言标志为,来访者的眼睛往往是紧张不停地从一个地方移到另一个地方,可能向咨询者投以征询、疑问的目光,或者不时地停下来询问咨询者:"我现在该做什么?"在这种情况下,面对这种类型的沉默,咨询者正确的做法是,在经过一定时间的等待,确定来访者的沉默并非创造性沉默之后,应立即有所反应。如向来访者发问:"你可以告诉我你现在正在想什么吗?"或以幽默的口吻询问:"你是否稍微有点紧张?"或"你是否觉得不知从何说起?"

如果咨询者让来访者长时间处于沉默状态,来访者就会越来越紧张,他也就越不能集中注意力思考其他重要的问题。

(3)冲突性沉默。

所谓冲突性沉默是指来访者由于愤怒、恐惧以及内疚感等负性情绪所引起的沉默。它的出现既可能是刚才所谈的内容触到了来访者内心的痛处,也有可能是来访者预感到将要谈到的话题对他来说具有一定危险性,也有可能是来访者用沉默来表达对咨询者的不满和愤怒。

如果确定来访者的沉默与恐惧有关,则咨询者可以提一些一般性的不涉及某些事情要害的问题,口气尽可能和缓、轻柔,并适当给来访者以安慰或保证,这样通常可以缓解来访者的恐惧情绪。在适当的时候,咨询者可以诱导或鼓励来访者正面谈一谈产生恐惧的原因以及程度如何。但如果来访者不愿意谈此话题,也不要勉强。

当判定来访者的沉默是由于针对咨询者的厌烦、不满和愤怒引起的,咨询者既不要冲动、感情用事,也不必一味地回避。而要以真诚、宽容的态度对待来访者。具体地说,可以采取主动对峙的方式,如直接询问对方:"你似乎想以沉默的方式提示给我什么,你能不能直接说说你现在的想法?"这可能会马上打破僵局,双方可以进行开诚布公的对话。即使没能得到对方的回应,咨询者这种做法也是有用的,至少是为后面的会谈中双方进行充分的意见交流打下了基础。如果对方继续沉默,那么咨询者要稍微等待一下,直到对方愿意打破沉默。这段时间并未白白浪费,因为随着沉默的持续,来访者内心紧张程度在不断加剧,直至对方感到无法再沉默了。这种情形也会有助于以后的咨询工作。

总之,咨询性会谈中出现的来访者沉默现象,咨询者既不必害怕,也无须着力回避,而要正视和面对沉默,很好地利用沉默。使每一次沉默都变成促使来访者改变和提高的不可多得的机遇。

四、会谈中咨询者的非言语行为

在咨询性会谈中,咨询者非言语行为的作用也是非常重要的。来访者对咨询者专业技能和个人魅力的知觉,在很大程度上与咨询者能否有效地使用非言语性技巧有关。此外,良好咨询关系的建立和维持也有赖于咨询者的某些非言语行为。

(一)身体语言

1. 面部表情与目光接触

一般来说,咨询者不耐烦、轻视、冷漠、回避、不安、忧郁的表情或眼神会抑制来访者继续会谈的愿望,导致会谈的中止或推迟,甚至会导致咨询关系的破裂。

当咨询者倾听来访者的谈话与叙述时,目光可直接注视着对方的双眼;当你在讲话解释时,这种视线的接触可比听对方谈话时少些。也就是说,当来访者讲话时,咨询者通过注视对方来表示自己的关注,而当咨询者谈话时,视线可以短时间离开来访者。

2. 身体姿势和动作

一般来说,会谈中咨询者较为适宜的身体姿势和动作,大概是当来访者初次到来时,可以和对方握手表示欢迎与接纳之意。若来访者是女性,而咨询者为男性时,则应尊重来访者的意愿或可免此动作。若有的咨询者不习惯于这种方式,也可以不用握手的方式,但需起身招呼来访者坐下。在整个咨询过程中,要使自己坐得舒适、自如,同时又要表示出对来访者的关注。在倾听来访者谈话时,咨询者可使自己面对对方,使自己的身体略微倾向于来访者,并用点头等方式表示自己的注意。在说明问题时,可借助某些手势加强会谈效果,但要注意运用适度,不能显得过分夸张,以免使人感到有"取宠"之嫌。在每次会谈结束时,咨询者应起身将来访者送出门外,这可以看作是一种礼节,但也表明了会谈中咨询者对来访者的尊重、真诚的态度。

会谈中,咨询者应该避免出现某些姿势和动作。比如颤动双腿,这可能会让来访者产生一种咨询者"居高临下"的感觉,使来访者感到紧张、压抑与不安;又如,坐姿懒散、上身向后仰会使来访者产生被轻视或怠慢的感觉;再如,某种怪癖或不洁动作的表露会令多数来访者望而生厌。另外,有些咨询初学者在讲话的时候,由于担心来访者正在观察和考验自己,往往过于紧张,常常会有只坐椅子的一半、身体僵硬且向前倾斜很大、双手紧紧地拧在一起、两脚不断的搓地等表现。纠正的办法是咨询者要靠椅背而坐,找到一种使自己感到舒适的姿势,手中可拿笔纸做出准备记录的样子。

另外,咨询者与来访者的距离不宜过远或过近,以大约一臂的距离为宜。

(二)辅助语言

我们知道,辅助语言具有强化信息的语义分量、弥补言语信息表达感情的不足等功能。咨询者在会谈过程中比较多地依靠自己的言语来影响来访者,这就需要咨询者在会谈时注意很好地运用自己的语音、语调、语速、变音转换。来访者在听咨询者讲话时,他从咨询者的话语中能够获得理性化的信息,从咨询者的辅助语言中感受到的情绪化的信息,并且容易受这种情绪化信息的感染而产生相应的态度与情感。有效咨询者是满怀对来访者的共情、真诚、温暖、理解与关切的态度向来访者传递言语信息的,他们讲出的话语扣人心弦、令人共鸣。

咨询者在讲话时,需要注意运用辅助语言的一些技巧。比如讲话时要有些抑扬顿挫、变速与停顿,这会使话语变得有生气、有吸引力。如果音调太平,则会使来访者感到平淡无奇,枯燥无味。讲话时音量要适当,以清晰明确为准,若音量过大,则容易使来访者担心谈话内容会被咨询室外的其他人听到,从而产生防御心理;若音量过小,以至于来访者不能听清咨询者所讲内容,则会使对方产生误解或犹疑。讲话时语速不要过快或过慢,一般中等速度较为适宜;过慢会使对方感到拖沓、不精炼,过快有时对方容易跟不上你的速度,因为有些来访者的意识原本就不够清晰,再加上他们同时还需要思考。掌握谈话中的停顿有助于来访者思考,除此之外,还能加强来访者的紧张状态,提示他有参与会谈的责任。

除了运用以上非言语性技巧外,咨询者还应充分意识到以下两点:
1. 咨询者非言语行为和言语行为要保持一致

咨询者言语与非言语行为的一致性会提高来访者对咨询者能力的评价,增强对来访者的信任。尤其是在与来访者对峙时,或在讨论私人性、敏感而带有压力的话题时,咨询者言语和非言语间的一致性尤为关键。而这两方面相互矛盾的信息会使来访者感到困惑,降低对咨询者的信任感,拉大了与咨询者在心理上的距离。

例如,假设一个咨询者对来访者说,"我很有兴趣知道,你为什么对父母的敌意这么大",与此同时,咨询者的身体不是面对着来访者,而且颤动双腿、身体向后仰、两只胳膊交叉在胸前。这个与言语不一致的非言语信息对来访者的影响是非常大的。事实上,一个否定性的非言语信息与肯定性的言语信息同时出现,它们的影响可能比相反的情形(肯定性的非言语信息与否定性的言语信息同时出现)要大的多。因为研究表明,当言语和非言语信息矛盾时,人们一般更相信非言语信息。否定性的非言语信息通常以下面的行为传递:极少眼光对视、身体位置与来访者位置呈45度角以上、坐姿懒散、身体向后仰、双腿颤动、两腿交叉(二郎腿)面对来访者、胳膊交叉在胸前等等。

2. 咨询者与来访者之间非言语行为要保持和谐

在咨询性会谈中,尤其是开始阶段,咨询者与来访者的非言语行为之间保持和谐是很重要的。身体姿势及其他非言语行为的协调一致,有助于培养良好的咨询氛围以及建立起相互理解的咨询关系。和谐不意味着咨询者模仿来访者的每一个动作或声音,而是指咨询者非言语行为要与来访者非言语行为紧密结合或非常相似。

例如,来访者舒服地坐着,姿势放松并且两腿交叉,咨询者要与此相应,摆出同样的身体姿势和腿部动作。相反,来访者专心地将身体前倾,但咨询者却放松地向后仰;来访者面容悲戚,而咨询者却面带微笑;来访者轻松和缓地讲话,咨询者的回答却急速有力,这些都是明显的不和谐。能够达到和谐的非言语行为越多,咨询效果就越好。咨询初学者要想使自己的所有非言语行为都与来访者保持和谐,往往困难较大。可以尝试一次只与来访者的某个非言语行为(如声音、身体姿势或手势)协调一致。

第四节 会谈中的其他技巧

一、制约技术

所谓制约,是指在咨询性会谈的适当时机,咨询者为了保证咨询目标的实现而对咨询活动进行必要的规范。如果缺乏应有的制约,往往会导致咨询活动出现混乱和无序,使咨询双方无章可循、无所适从,从而产生焦虑、不满,有的甚至中途退出咨询。

(一)使用制约应注意的事项

(1)制约不是惩罚来访者,不要威胁到他的基本价值观和生活方式,要充分顾及来访者的社会文化背景。

(2)制约的要求要具体、明确,具有可操作性。

(3)使用制约手段要选择恰当的时机,过早或过迟会使制约起不到应有的作用。

(二)使用制约的主要方式

咨询者与来访者制定协议是制约的主要方式。制定协议可以是口头的,也可以是书面的。制定协议时,咨询者首先要向来访者详细介绍心理咨询的本质、特点、要求、具体步骤等,让来访者充分了解有关情况。协议的每一项内容都要经过双方共同商定、认可。

(三)制约的主要内容

要使咨询者和来访者共同遵循咨询活动对他们的角色要求。具体内容如下:

1. 有关来访者的制约内容

(1)使来访者充分认识到自己在会谈中的重要作用。

要让来访者知道,自己的问题是有原因的,而且这些原因是可以被了解的;要让他们明白,心理问题或心理障碍与道德品质不是一回事,"不好"的行为与"不好"的人是不一样的。要让他们意识到,指责自己是没有用处的,真正有用的是不断地进行自我探索;要求来访者对自己目前所面临的问题尽可能坦然地面对,大胆、真实地表达自己的情感,尤其是对于一些平时较少被提及或不敢言及的问题,也尽可以自由地表达出来。

(2)时间限制。

时间的限定也很重要,尤其是义务性心理咨询。应该在咨询一开始就将咨询的时间限制明确告诉来访者,包括一次会谈的限定时间以及整个咨询的会谈时间安排。在这种情况下,多数来访者(尤其是求助愿望强烈的来访者)往往在得知咨询时间限制后有可能加快自我暴露的速度,从而加快了会谈进程。

(3)行动限制。

在会谈中,咨询者基本上无法限制来访者的言语,无论其言语有多么荒谬、错误、过激。但是,咨询者可以而且也应该对来访者的行动或情绪的表达给予一些制约,比如,来访者不得随意毁坏咨询室的设施,不得谩骂、威胁或在肉体上伤害咨询者;来访者要按时完成咨询者布置的作业,特别是当使用理性情绪疗法或森田疗法时,此项尤为重要;来访者应该遵守事先约定的会谈时间;在非义务性咨询中,来访者有足额缴纳咨询费的义务,等等。

2. 有关咨询者的制约内容

中国心理学会和中国心理卫生协会1993年颁布的《卫生系统心理咨询与心理治疗工作者条例》、中国心理学会1992年12月颁布的《心理测验工作者的道德准则》、国家劳动和社会保障部2001年首次颁布试行的《心理咨询师国家职业标准》都分别对心理咨询工作者的职业守则和职业道德做出了明确规定,具体内容可参见第四章第二节。

二、记录与建立档案技术

通常从第一次会谈起,就要通过及时记录为来访者建立一份比较完整的档案材料。其目的除了主要满足临床咨询需要之外,还可用于学术研究和交流、接受司法和业务管理部门查询等。

(一)记录方式

1. 录音或录像

录音是常用方法之一。它既有语言表达,又有声音的某些特征,也容易根据录音整理成文字。同时,与笔录相比,该方法不会出现误差,也不分散咨询者的注意力。但有些来访者不同意录音,或者即使同意,在会谈时也会感到压力,产生防御心理,影响自我暴露。为此,在录音前应征得来访者的同意,并做好解释、保证工作,消除其顾虑。

录像是国外比较常用的一种记录方式。其优点是可以完整地再现咨询过程中的声音、画面,可以观察咨询双方的表情和动作。但录像方式的成本较高,且也需事先征得来访者的同意,采取措施消除其顾虑。

在我国,除了少数为了满足教学和科研需要的咨询性会谈之外,一般很少采用录音或录像记录方式。即便采用此种方式,也要同时辅以笔录。

2. 笔录

(1)按照笔录的发生时间,可将笔录划分为现场笔录和会谈后追记或补记。

①现场笔录。

这是我国目前心理咨询中常用的记录方法之一。与录音、录像方式一样,也需事先征得来访者的同意。如果来访者一时不愿意,则不要勉强。有时笔录可在咨询进行一段时间后再进行,这样也许要容易些。

做现场笔录时,咨询员必须保持全心倾听的姿态,一边记录,一边做出相应的反应,比如以点头或用"嗯"声来表示自己在认真倾听,同时要不时地进行目光注视,鼓励对方继续讲话。

有时记录的速度赶不上来访者叙述的速度,对此,可以采取几个办法:第一,先用简短的语句记录刚才的内容,事后再补齐内容;第二,可用询问的口气让来访者对刚才的内容进行复述或核实,借此记录一些重要内容,但此法不宜过多使用,以免打断来访者讲话思路;第三,以和缓的口吻要求来访者略微减慢叙述的速度。

另外,对于来访者讲述的一些敏感性问题,咨询者可不当场记录,免得对方难堪,事后再进行追记或补记。

②会谈后追记或补记。

这是笔录的另一种方法,它是指咨询者在会谈结束后凭借记忆整理出会谈的文字材料。这种笔录方式适用于不同意现场笔录或录音、录像的来访者,以及不赞成或不擅长当场笔录的咨询者。其好处在于,时间比较充裕,条理比较清楚,重点突出,可在记录的同时进行总结分析。但不足之处在于,缺乏现场记录的细节和生动感,花费时间较多,如果同时记录若干个人的资料,容易发生混淆。

(2)根据笔录内容有无固定的格式要求,将笔录划分为结构式(标准化)笔录和非结构式(非标准化)笔录。

①结构式(标准化)笔录。

它是指咨询者在会谈中按照固定的格式要求进行的笔录。一般来说,结构式笔录的内容比较系统、规范、全面,便于整理分析,受来访者主观影响较少,也较省时。但缺点是过于主动查问,往往只能获得简单回答,有时难以取得深入的资料。

②非结构式(非标准化)笔录。

它是指咨询者在会谈中无需按照固定的格式要求进行的笔录。相对结构式笔录而言,非结构式笔录的内容比较生动、具体、深入、细致,个性化较强,有利于咨询者了解细节内容和深层次问题。缺点是内容比较庞杂、主题不够鲜明,难以进行统计分析和不同个案的比较,且花费时间较多,受来访者主观影响也较大。

（二）记录内容

在咨询过程中，无论现场笔录或会谈后追记、补记，还是结构式记录或非结构式记录，其内容都至少应包括：

(1) 来访者的基本情况：姓名、性别、年龄（或出生年月）、职业、婚姻状况、民族、住址（或通信地址）、联系电话等，有些情况须记下联系人的地址、电话。以上内容需在首次来访时记录，以后若内容发生变化再进行更正。由于我国社会文化背景的影响以及来访者存在的个别差异，有时会遇到来访者不愿意过多暴露自己的真实身份的情况，对此可以采取某些变通的办法，如可以暂时不填写真实姓名、具体工作单位、详细地址等，等待双方建立起良好的咨询关系、来访者的顾虑打消之后再进行补记。

(2) 来访日期、咨询个案编号、咨询者姓名。

(3) 来访者叙述内容（包括亲友叙述）。

(4) 确认来访者的主要问题（诊断意见、心理测验结果、咨询目标、咨询方案等）。

(5) 咨询意见及方式（包括咨询方法、咨询效果及评估、来访者会谈后要完成的咨询作业、下次咨询要点等）。

有关通过记录为来访者建立档案的其他内容可参见第六章。

三、处理多话现象的技术

在上一节中我们谈到了会谈中来访者出现的沉默现象及其处理，与沉默相反，咨询中有些来访者话语特别多，而且离题太远，这不但占用宝贵的咨询时间，而且会干扰咨询的顺利进行。对于多话的判断、衡量主要依据咨询者的个人经验，并无明确一致的标准[16]。

1. 宣泄和倾吐型多话及其处理

来访者的这类多话是由于内心有剧烈的情绪需要宣泄，有强烈的感受需要倾吐。对此，咨询者应热情、耐心、尊重、理解和爱护，要认真地（至少在来访者看来是如此）倾听，给他们以安全感，不可粗暴地打断其叙述。当咨询者依据个人经验判断来访者已足够多地宣泄和倾吐后,可给予必要的指点,使他们适可而止。一般来说,当来访者尽情叙述之后,大都会变得心平气和许多。

2. 寻求注意型与表现型多话及其处理

来访者的这类多话有其特点,一是在叙述时眉飞色舞,表情丰富,声调抑扬顿挫,富有感染力,所述内容有夸大和渲染的成分,而且他自己并不太为所说的问题而苦恼。他们多话的目的似乎就是为了引起咨询者的注意。另一特点是谈话内容很少涉及自己,即使谈到自己也大多是夸奖自己有某某特长,却无人赏识,因而得不到重用等。对此,只要对方不过分,咨询者应表现出耐心和理解。不过需要咨询者注意的是,他们中的一部分人可能具有表演型(癔症型)人格特征,应注意及时鉴别诊断和转介。

3. 掩饰型多话及其处理

有的来访者由于惧怕被咨询者真正了解,担心咨询者发问,害怕沉默给自己带来的压力而有意无意地用别的话题来打岔或转移注意。所以,这类多话是来访者用来掩饰内心紧张、焦虑和恐惧的手段。掩饰型多话往往是在快要涉及实质性或敏感性问题时出现,倘若咨询者善于识别、利用,往往会使咨询取得突破性进展。一旦遇到这类多话,咨询者应首先看自己是不是有逼迫来访者的成分,如果没有的话,则可提醒对方:"您是不是觉得有些不安和紧张?"或者直接挑明问题,让来访者正面回答。

4. 外向性格型多话及其处理

这类多话是来访者外向、健谈等人格特点的表现,对此,咨询者依据咨询目标和计划,适时予以提醒,将谈话切入正题,就会使咨询正常进行。

参考文献

[1][5] 中华人民共和国劳动和社会保障部:心理咨询师国家职业标准(试行),北京:中央广播电视大学出版社,2001年版,第2、10页

[2][3][4][6](美)S. Cormier 和 B. Cormier 著,张建新等译:心理咨询师的

问诊策略,北京:中国轻工业出版社,2000年版,第 206—208、217—218、225—226、280—281 页,稍作修改

[7] 马建青:辅导人生——心理咨询学,济南:山东教育出版社,1992 年版,第 251 页

[8] 曾文星:华人的心理与治疗,北京:北京医科大学中国协和医科大学联合出版社,1997 年版,第 287 页

[9] 周晓虹:现代社会心理学,南京:江苏人民出版社,1991 年版,第 287 页

[10][12] 中国大百科全书·社会学,北京:中国大百科全书出版社,1991 年版,第 77—78 页

[11] 时蓉华:社会心理学,上海:东方出版中心,1998 年版,第 247 页

[13] 中国大百科全书·心理学,北京:中国大百科全书出版社,1991 年版,第 282 页

[14] (美)S. Cormier 和 B. Cormier 著,张建新等译:心理咨询师的问诊策略,北京:中国轻工业出版社,2000 年版,第 158—159 页

[15] Cavanagh, M. E. The Counseling Experience, Monterey, CA, Brooks/Cole Publishing Company, 1982

[16] 汤宜朗、许又新:心理咨询概论,贵阳:贵州教育出版社,1999 年版,第 128 页

第九章　心理咨询中的阻力与干扰

　　心理咨询中的阻力(resistance)，也称阻抗，是指来访者在心理咨询过程中以公开或隐蔽的方式否定咨询者的分析，拖延、对抗咨询者的要求，从而影响咨询的进展，甚至使得咨询难以顺利进行的一种现象。阻力是心理咨询过程中的伴随现象，只是程度不同而已。这是因为心理咨询旨在帮助来访者发生某种改变，以消除或减轻心理问题或心理障碍，促进其成长。这是一项发生在咨询者与来访者两个个体之间、内容涉及来访者深层心理活动的工作，在其实施过程中，经常会遇到来自来访者的有意或无意的抵抗。咨询者对此要有充分准备，并加以妥善处理。

　　需要说明的是，咨询关系是由咨询者与来访者双方建立起来的，因此，来自咨询者的某些因素也会阻碍咨询的顺利发展，影响来访者的进步与成长。有些人也把这些当作咨询的阻力，但有的人并不赞同。有鉴于此，本书将来自咨询者的阻碍作用称之为干扰。

第一节 来自来访者的阻力

一、阻力的主要类型及表现形式

(一)阻力的主要类型

阻力具有不同的类型,通常可分为内容阻力、性格阻力及关系阻力三类[1]。

1. 内容阻力(content resistance)

所谓内容阻力是指来访者拒绝讨论某些特定的领域,因为这些领域使他们产生恐惧或痛苦。临床上常见的内容阻力多发生在涉及伤害、愤怒、妒忌、不信任、孤独、虚伪等认知或情感方面。咨询者会发现,在没有触及上述领域之前,交流往往相当顺利,但一旦触及这些领域,交流就难以进行。

2. 性格阻力(characterological resistance)

这类阻力在某些具有戒备心理的来访者身上表现明显。典型的情况是,他们拒绝讨论那些会对他们构成威胁的观念、情感以及其他内容。他们常常采用的方式为反复辩解、退缩以及不礼貌的言词。他们在咨询中所表现的阻力,实际上也是他们日常生活的反映。

3. 关系阻力(relational resistance)

这类阻力只存在于咨询者与来访者之间。它主要表现为来访者在心理上不愿攀近咨询者或从心理上敌视、对抗咨询者。这种阻力常常涉及对咨询者的恐惧、愤怒或被伤害感。比如,有的来访者觉得咨询者并不真正关心他们,从而有被伤害感,也有的来访者由于咨询者没有满足他们的要求而产生愤怒。关系阻力还有一种特殊类型,就是移情,来访者把自己对另一重要他人的感情移植到咨询者身上。

（二）阻力的常见表现形式

1. 迟到或擅自取消预约好的咨询

在心理咨询中，会谈时间往往是事先约定的，或在前面的会谈中商定的。一般来说，在预约时间经常迟到是反映来访者阻力较为可靠的指标。由于迟到，来访者要花掉几分钟至十几分钟来解释迟到的原因，以观察咨询者的态度和反应。倘若咨询者能善于把握这一现象，从中找出阻抗的内容，那么迟到的时间就不算是浪费。

还有一些来访者擅自取消预约好的咨询且事先不通知咨询者，这通常是极为严重的阻力。擅自取消预约的动机常包括对咨询本身或咨询者的恐惧和怨恨。如果在咨询的中期来访者减少会谈次数，往往表明来访者此时已处于困境，或由于咨询者的期望过高所致。

2. 把注意力指向咨询者

一些来访者将谈话重点指向咨询者，使会谈脱离其应有的主题，分散了咨询者对来访者的问题的注意力。

一种方式是吹捧或赞扬咨询者。如称赞咨询者是多么可信、可靠的好人，或者说他是一个多么有耐心、有才干、出色的人等等。此类赞扬式的言语会使咨询者局促不安或飘飘然。这种阻力不容易处理，一旦咨询者简单打断来访者的话语，直接转入正题时，来访者就可能认为咨询者对自己不耐烦，从而造成不和谐的咨询气氛。

另一方式是以反向的口吻责问咨询者。有的来访者可能会问咨询者："您为什么总是问与性有关的事情？""您今天精神不太好，是不是昨晚没休息好？"或者问"您刚才笑了一下是什么意思"等等。咨询者很容易被对方的问题所牵制，无法真正把握会谈的进程。

在会谈过程中，咨询者还可能碰到来访者对其个人情况（如职称、年龄、是否结婚、有孩子等）的提问，这除了预示着存在阻力以外，还可能有以下两种原因：一是对方在猜测咨询者的实力以决定自己是否应将问题和盘托出；另一种则可能反映了对方的移情。对于来访者对咨询者有关的个人情况的询问，咨询者可以反问对方为何关心此类问题，找出其原因所在，探讨进一步确立咨询关系的可能性。如来访者对咨询者的情况确实感到不满意,可以介绍他去找其他的咨询者。

3. 原地踏步

有些来访者从表面上看一直在进步,从未停歇,但他们实际上是原地踏步。他们惯用的方式是每次来的时候都向咨询者报告自己最近新的收获,称由于咨询者的帮助,自己已经发生了很大的变化。这些话使咨询者大受鼓舞。但如果咨询者仔细观察不难发现,他们的进步一直停留在口头上或不像他们嘴里说的那样明显。

4. 遗忘

遗忘是一种心理现象,但是,心理咨询中的遗忘往往具有重要的意义,它经常提示阻力的存在。来访者常常说:"我原打算告诉你我最近与丈夫的交流情况,但可惜我把内容给忘了。""我本来想这个星期就去参加一次社交活动的,但遗憾的是我忘记了。"

5. 控制交谈的主题

来访者想方设法把心理咨询的主题控制在自己所希望的内容上,牵着咨询者的鼻子走。他们所用的方法很多。比如,有的来访者一走进咨询室时就把写有自己问题和自己希望讨论的内容提纲交给咨询者;有的来访者每到咨询者快要触及关键问题或重要内容时,就用一些突发事件干扰咨询者的注意力,迫使咨询者先处理突发事件。例如,对某来访者来说最关键的问题是怎样正确面对其婚姻中的问题,而每次来访,他都会找出其他看上去很紧急的事情来讨论,而把这个要谈的问题拖至下一次甚至再下一次会谈。他会说:"哎呀,我这个星期又碰到一件倒霉事,不说说我觉得真过不去,不然我会老想着这件事的。"等等。

6. 提出新的咨询要求

有时,来访者要求咨询者改换咨询计划和方式,甚至于要求转到另一咨询者处去咨询。有时,这种情况可能反映了咨询者本身在咨询过程中确实存在问题。如并非此情况,则可能反映了来访者想主导咨询过程或企图抗拒咨询的深入。咨询者需在分析这些现象背后的原因的基础上应付来访者对咨询的抵抗。

7. 回避咨询者提出的问题

这是阻力的一种常见的表现形式。这种回避可能直接反映在对问题的回答上,如有的来访者在某些问题上保持沉默,既不点头摇头,也不回答是否,这是一种较为直接的抵触形式。更多的时候是来访者以答非所问的方式回避关键性的问题。这种情况他们本人往往也未必意识得到。

8. 为自己的问题辩护

这是来访者对咨询的明显抗拒。这种阻抗形式在因人际关系方面不适而前来求询的来访者身上表现尤为明显,他们可能常把其家庭、单位之中产生的人际矛盾的原因归结为他人,而不能认识其自身的一些不正确的言行对人际关系问题产生的不良作用。在他们看来,有问题的是与他们处于对立状态的人们,而绝不是他们自己。当咨询者对问题进行归因分析时,他们会认为自己的言行都是合情合理的,会据理力争,而这个"理"正是咨询者力求攻破的堡垒。遇到这种情况,咨询者不宜从一开始就加以否定,否则会引起更强烈的抵触情绪。

9. 为咨询关系的建立设定先决条件

一些来访者在建立咨询关系时,要咨询者首先满足他们提出的一些先决条件,而这些条件往往是很难或根本不可能满足的。比如,他们要求咨询者要始终如一地、耐心地对待他们,要求咨询者不能过多地触及他们的隐私等。

10. 过多地纠缠以前发生的事情

不少来访者喜欢把交谈的话题引向过去的经历,他们宁愿面对过去,也不愿面对现实。在咨询过程中,每当咨询者试图将咨询的主题引向眼前的事情时,就会招致来访者的反对或阻抗,他们要么认为咨询者缺乏耐心,要么认为咨询者只关心结果,不关心过程。

二、阻力产生的原因

多数来访者在咨询过程中都会产生某种变化,只是范围不同、程度不一。成长中的变化总要付出代价,感到不适,甚至是痛苦。来访者如若对此缺乏心理准备,往往容易产生阻力。

阻力产生的原因是多方面的,概括起来大致有以下三个方面:

（一）来访者原有的非适应性行为仍有一定的心理功能

人的任何一种行为都可以满足某种心理需要，即便是非适应性行为也是如此。来访者的非适应行为起初是偶然发生的，因其满足了来访者的某方面需要而保留、固定下来。在心理咨询过程中，来访者一方面为非适应行为的存在而感到焦虑，同时又难以割舍、放弃。除非咨询者有充分的理由让来访者相信，新的替代行为更能有效地满足其需要、降低其焦虑，对其成长和发展更具有建设性，否则，来访者往往仍坚持原有的行为模式。

一般来说，来访者原有的非适应性行为具有满足某些心理需要和掩盖更深一层的心理冲突的功能，这在实施精神分析疗法中显得尤为突出，正确解决来访者的阻抗现象，是获得治疗成功的关键。

以酗酒行为为例。该行为可以使酗酒者以下四个方面的心理需要得到程度不同的满足：

1. 得到别人的关注和重视

酗酒者发现，自己酗酒时比清醒时更加受人关注，家人有的给予关心、保护、劝导，即便是受到指责、训斥，也比受人忽视强。在这里，酗酒者的酗酒行为在一定程度上满足了自己希望得到别人关注、重视的心理需要。

2. 提供逃避的方式

酗酒行为可使酗酒者避开生活中那些最基本的问题。比如，他们可能在工作中碌碌无为，在待人接物方面委委琐琐，在家庭生活方面虽不满妻子的专横，却又敢怒不敢言，可几杯酒下肚，这些事全都"不见了"。于是，问题的解决就简单了，一遇到烦心的事，就借助酒来解决。

3. 发泄怒气

有的酗酒者在清醒时是谦谦君子，他不会在清醒时表达对家人、对其他人以及对自己的愤怒，但几杯酒下肚，他就变了个样，为所欲为，横行霸道，甚至伤人毁物。酗酒者发现酗酒是发泄怒气和不满的有效手段，因而不会轻易地放弃。

4. 赎罪

酗酒者过度酗酒经常会失去家庭、朋友、自尊、金钱、工作、健康、性功能等等，这在一般人看来是悲剧，可是当事人却可以在酗酒中体会到放松感和赎罪感。

当然这种满足需要的方式是非建设性的、不健康的，从根本上来说是非适应性的。

又如有位中年妇女平时工作很忙、家务负担也较重，对性生活兴趣一般，而其丈夫却性欲旺盛，经常提出性生活要求而遭到她的拒绝，为此夫妻常闹矛盾。某次生病，丈夫对她变得关心、爱抚，也不再提出性生活要求，而她病好之后丈夫故态复萌，夫妻又因性生活不和谐而闹矛盾，这使她很焦虑。以后又有几次身体不适，丈夫又不再向她提出性要求了。渐渐地她感到疲乏无力、生小病的日子、次数多起来，这种情况在无意识之中被持续了下来。她自己也很感痛苦，但咨询过程中却又表现被动，在关键时期退缩回去。显然，她的症状具有减轻自己作为妻子的责任、缓解夫妻因性生活不和谐而产生的冲突等作用。因而阻力的来源是她所患症状具有的掩盖更深的心理冲突的功能。

再如，一位大二女生，为自己所患的强迫症症状（因觉得自己右脸颊发抖、担心被同学发现而反复照镜子）感到非常苦恼，但交谈时却与咨询者绕弯弯、兜圈子，总强调自己痛苦，回避实质性问题。其原因是她的症状一旦去除就必须面对与班里其他同学学习上的竞争，而以往的成绩表明，她在这方面没有什么优势，竞争的结果很可能是失败，有病可以掩盖内心深处的挫折感。

（二）来访者开始新的行为需要付出一定的代价

（1）在心理咨询过程中，有些来访者需要重新反省甚至改变自己基本的信念和认知方式。须知改变一个人多年形成的信念和认知方式很不易，不仅需要咨询者的努力，来访者自身的努力更为重要。面对自己过去信奉的东西的瓦解是痛苦的，而建立新的信念和认知方式也是很艰难的过程。很多来访者前来咨询时，尚未认识这一点，没有认识到自己的心理不适或问题源于个人不恰当的信念与认知方式。这一点在实施认知疗法时十分显见。

例如,一位男性抑郁症患者向咨询者报告了在一个半小时之内他的生活中所发生的事件:他的妻子由于孩子穿衣慢腾腾的而很着急,他想"我是一个不称职的父亲,因为孩子没有养成良好的生活习惯";他看到水龙头漏水了,觉得自己不是一位好丈夫;他驱车去上班时,心想"我准是一个蹩脚的司机,否则其他车辆就不会超过我";他到了办公室时,看到不少同事已先到了,他想"我是一个工作不够勤奋的人,否则我该来得更早";他看到自己的办公桌上堆满了文件和报纸,他想"我准是一个工作没有章法的人,还有这么多的工作没做完"。

很显然,这位男士似乎有一种固执地将自己生活中的一切消极事件都归咎于自己的倾向。他之所以长期易于被情绪所困扰,源于其追求完美的信念和将自己消极行为原因内在化的认知(归因)方式。

(2)在心理咨询过程中,有些来访者需要调整或矫正自己原来的行为方式。放弃旧的、习以为常的行为方式,学习和重建新的行为方式需要来访者做出相当的努力,忍受心理上的种种不适,这种情况在实施行为治疗的时候表现得非常突出。

有些来访者对家人和其他人过分依赖,总是寻求他人对自己的承认和接纳,寻求他人的建议和忠告。他们总是听凭别人安排自己的生活、学习、工作中的事情,而自己没有应有的主见。当他们诉说别人让他们做这做那,而咨询者询问其自己想做什么时,他们可能会很吃惊。他们会非常想改变自己,但当脱离他人,自己独立向前迈步时,会产生强烈的双重趋避冲突,并因此感到非常紧张和焦虑。

(三)来访者存在对抗咨询活动或咨询者的动机

前来求助的来访者有各种各样的人,其求助动机也各不相同,其中也有些来访者会带有抗拒咨询或对抗咨询者的动机。汤宜朗、许又新根据他们的咨询经验,列举了7种常见的这类动机[2]:

1. 得到自己不需要改变的认可

这些人来咨询的目的,是在于寻求咨询者的认可,说他们目前这样很好,不需要作出什么改变。他们虽然也口口声声称自己希望生活中的冲突和困扰越少越好,但他们的行为却说明他们缺乏真正的动机。

2. 证实自己的某一决定

一些人在来到咨询室之前,就已经决定要离婚、要辞职、要休学,他们来到咨询室的目的,不是为了获得新的认识,不是对自己的决定进行新的审视,而是希望从咨询者那里获得进一步的证实。

3. 证明是他人的过错

这些人把咨询室当成讲理或评判的场所,他们之所以来这里,是要找出自己没有错的证据。比如,父母带着上中学的儿子来咨询,表面上说是要"改善亲子间的交流",但他们的真正目的,是联合咨询者一起对自己的孩子施加压力。在这种情况下,咨询者的工作很难做。在咨询过程中,一旦发现对父母不利的证据,父母就会表现出极大的不安,他们会说:"看,你怎么又和我儿子站在一起了呢?"

4. 操纵并控制他人

这些人参加咨询是想证明自己在心理上很脆弱,时时处处需要别人的理解和帮助,要求别人对他们的错误行为不予追究。一旦咨询者拒绝他们的要求,让他们像健康人一样行事时,他们就会像瘫痪病人一样,对医生让其下地走路的要求不予理睬。

5. 证明他不需要帮助

人们有两条理由能说明他们自己不需要帮助,其一是有些人迫使他们去成为他们不愿或不可能成为的人,其二是如果有人诊断他们的问题是"医治不了的",他们就不必尝试其他办法了。他们对咨询者的任何努力都不感兴趣,咨询者的努力常常被视为"浪费时间"。在这种情况下,咨询中常有意想不到的阻力。

6. 战胜咨询者

有些人将咨询者当成某一假想的敌人,或把咨询者当成可恨的父母、兄弟或上司,他们来咨询的目的不是为解决自己的问题,而是想方设法把对方打败,以证明自己的高明,或满足自己的病态心理。持这种心理的人,大多不适合心理咨询。

7. 满足他人的需要

尽管为数很少,但确实有些人是被迫前来咨询的。这在西方国家尤其如此。一些有决定权的人把参加心理咨询当成最后通牒：要么去接受心理咨询，要么我送你去少年管教所。对于这些人而言，前述的许多原则都不适用。他们中很少有人能从咨询中获益。

三、如何处理心理咨询中的阻力

显而易见，阻力的存在会妨碍咨询的顺利进行，必须及时加以解决。事实上，咨询者在实践中所遇到的阻力，无论是形式、内容，还是产生原因，都是各不相同的，因此应对办法也不可一律。在此仅介绍一些有关应对阻力的基本原则，供咨询者在实际工作中参考使用。

1. 咨询者对阻力要持正确的态度

（1）不要把认识阻力和处理阻力当作心理咨询中头等重要的大事。因为这样一来会把咨询者与来访者之间的关系变成一种攻与守的关系，咨询变成了一场决定输赢的斗争。

（2）不要因为存在阻力而指责来访者，因为阻力并不仅仅是来访者单方面的事，而是咨询关系中的双方相互作用时出现的一种现象，从某种意义上讲，咨询者对来访者阻力的产生也负有一定的责任。

（3）不要将来访者的阻力扩大化，把来访者所有的不依从行为都归为阻力，对于某一特定的要求，来访者完全有理由不遵从，他们可能有充分的理由，且往往与阻力无关。通常说来，阻力现象大多发生在快要出现进步或快要触及来访者问题的根源时。

（4）从本质上说，对成长的阻力是人性的一部分。阻力的存在并非坏事，相反，有阻力恰好说明咨询已经产生了某种效果。

2. 适当放松警惕，解除戒备心理

不少咨询者对阻力过于敏感，一遇阻力就有如临大敌的感觉。事实上，适当放松绷紧的神经是有好处的。不要一上来就直奔主题，可以从一些双方都感兴趣的问题开始，咨询中也可以加入一些轻松的话题。但在这同时，咨询者不能一味地对阻力现象不闻不问，因为发现并处理阻力是咨询取得成效所必需的甚至是关键的环节。

3. 正确地进行判断，弄清到底是不是阻力

前已述及，并非所有对咨询者要求的违抗都是阻力。在确定某一行为是否为阻力之前，咨询者必须有充分的理由确认自己的要求或指示是正确的。否则，就很容易因错误的判断而出现错误的处理。

4. 准确区分不同种类的阻力

要能够准确地区分出内容阻力、性格阻力和关系阻力，否则所采取的处理手段就缺乏针对性。

5. 咨询双方要适时交流各自的感受

当咨询者认为阻力确实存在，而且已经到了影响咨询正常进行的程度时，就可以将自己的感觉告诉来访者。咨询者还可以与来访者讨论一些双方都知道的行为，弄清它们的心理根源。

在心理咨询过程中，咨询者可不时地与来访者回顾一下咨询进展的速度及程度。在回顾的过程中，不少来访者会较容易地承认某些因素阻碍了咨询的进步。咨询者还可以与来访者讨论一下此前已经涉及了哪些领域，还有哪些领域没有涉及，以及现在距离双方达成的目标还有多远。

第二节 来自咨询者的干扰

一般来说，人们比较容易发现和重视来访者对心理咨询的阻碍作用，而往往忽视来自咨询者（特别是初学的咨询者）的干扰作用，结果导致咨询目标难以实现。有关心理咨询对从业人员（咨询者）的专业技能、职业道德以及其他个人方面的要求，我们已在第一章第五节中有过介绍，这些要求是有效咨询的必要条件。除此之外，还要求咨询者在咨询过程中对自己的不足有清醒的认识，尽可能地减少由于自身因素而给咨询带来的干扰。

一、干扰的主要表现

来自咨询者的干扰表现为多种多样，卡瓦纳（M．Cavanagh）曾列举了下列具体表现[3]：

(1)迟到或取消已约定的治疗时间,并且准备了一大套有关的理由。

(2)不是认真倾听来访者的谈话,也不是与来访者认真讨论问题,而是只顾自己说,让来访者听。

(3)会谈时走神或打瞌睡。

(4)会谈时不是讨论来访者的问题而是谈论自己的事情。

(5)常常忘记有关来访者的信息。

(6)给来访者提出不可能做到的要求。

(7)突然认为来访者有另一个"特殊问题",要把来访者介绍给其他治疗者。

(8)拒绝与来访者讨论对方认为是很重要的问题。

(9)以讽刺的口吻对来访者讲话。

(10)与来访者讨论治疗者自己感兴趣的问题,而这种讨论并非有助于来访者问题的解决。

曾文星、徐静认为治疗者在心理治疗过程中,因长期与来访者接触,谈论情感问题,比较深地介入了来访者的私人生活,产生了比较密切的关系。有许多事情必须避免发生或适当处理,特别是初学者。否则就会对咨询带来干扰[4]。一般来说,咨询者应注意避免下列几种情况的发生:

(1)过分关心爱护来访者。

虽然心理治疗的基本关键是支持与辅导,应关心爱护来访者,但有时治疗者往往会过分关心、同情来访者,也特别照顾、爱护来访者,对来访者产生不良影响。特别是一些来访者,如依赖性格者,基本病理在于过分依赖他人,不能独立自主,此时治疗者如仍一味迁就照顾来访者,只会加重且延长其依赖的病理。治疗者应适当地帮助病人能逐渐独立自主,而不是使其一味依赖治疗者。对于患有反社会型人格异常者,其特点是玩弄手段,利用别人来满足自己。假如治疗者一味考虑关心这种来访者,尽量满足其要求,不加以适当的限制,那可算是助长了这种来访者的病理要求了。又如,对于具有癔症倾向或疑病症特点的来访者来说,治疗者一味同情、袒护他,满足他的病态要求,则等于支持、助长其疑病症倾向,达不到治疗的目的。

(2)失掉"中立"与"职业性"的治疗关系。

虽然来访者来找治疗者,其原本目的在于运用咨询或治疗的"职业性"关系(professional relationship)来帮助他们缓解或去除不适或症状。可是因为来访者与治疗者的长期接触,谈吐私人隐情,难免会与治疗者发生私人关系(personal relationship),特别是"移情关系"(transference),有时会产生强烈的感情,如喜爱、厌恶、嫉妒、气愤等。相反,治疗者有时也难免会对来访者产生许多个人感觉,甚至产生"反移情关系"(counter-transference),即治疗者把他自己过去对某重要人物的感觉、态度与关系,转移到来访者身上来,并且加以反应。结果,失掉其中立及治疗的职业性,阻碍了咨询与治疗的进程。所以成功的治疗者,应能保持中立与客观性,与来访者保持治疗的职业化关系,以免陷入过分主观且私人化的纠缠和混乱之中。

(3)过分好奇,与现实治疗目的脱节。

有些治疗者,对于来访者所供给的私人资料,过分表示兴趣,详细追问,满足自己的好奇心理,从而忘却了治疗的目的。特别是有些人,如患有戏剧化多情性格的癔症型人格者,其病理特点是善变、做作,擅于吸引他人注意和关心,喜欢诉说一些私人生活资料挑逗别人的兴趣与关心。治疗者有时不知不觉地被迷惑,一味追问探讨来访者的隐私故事,这不但超越了治疗上的需要,而且也违反治疗这种来访者的治疗方针。

二、干扰的产生原因及其应对

(1)咨询者把咨询当作满足自身某些需要的手段,而这些需要却不是咨询过程所必需的,于是造成了对咨询的干扰。

例如,咨询者发现来访者能满足自己的某种私人需要,于是想与其建立咨询关系之外的私人关系,于是咨询者就会失去客观、中立的立场,给咨询带来非常不利的影响。

又如，某些咨询者有非常强烈的控制来访者的欲望，这种欲望大大超过职业咨询工作者所应有的帮助来访者的需要。其结果，使依赖性强的来访者变得更加依赖，使独立性强的来访者无法接受，最后不欢而散。

要想避免这种情况的出现，则要求咨询者恪守职业道德规范，努力提高自我调控能力。若这类干扰已经产生，且已无法逆转，则应及时把来访者转介给其他咨询者。

(2)由于咨询者的某些特征与来访者不匹配，尤其是在价值观念、信仰和重要的咨询观点等方面发生严重冲突，则导致咨询陷入僵局。

前面我们曾分析过，在心理咨询活动中要想完全排除价值干预或价值影响也是难以做到的。若双方在这方面有明显分歧或尖锐对立，咨询者努力影响对方接受自己信奉的价值观，而来访者偏又拒绝接受时，则咨询就可能无法进行下去。

又如，某位笃信来访者中心疗法的咨询者在咨询过程中坚持非指导的咨询原则，而他面对的来访者是一个把咨询者当作专家、权威者，有特别的专业知识、非同寻常的经验和办法，这样就不能满足来访者的心理期待，使来访者感到失望和不满。因而也无法产生预期的咨询效果。

针对这种情况，咨询者应对自己信奉的世界观、价值观及个人偏好的咨询方法等对咨询工作可能产生的影响（尤其是给咨询带来的干扰）等有正确的认识，妥善地处理咨询过程中价值观的差异、矛盾和冲突。咨询者应尊重、理解来访者的价值观，不要把自己的价值观强加在来访者身上。不要用自己的价值选择去代替来访者的价值选择。

如果咨询者意识到自己的价值观、自己信奉的咨询观点或偏好的咨询方法已经给咨询带来了干扰且已无法改变或不想改变，若条件允许，则可将来访者转介给其他咨询者。

(3)咨询者的刻板印象或移情也会对咨询带来干扰。

所谓刻板印象，是指个体在生活实践中形成的对人或物的概括笼统而又比较固定的看法。它具有先入为主的作用，常常导致认知偏见。咨询实践表明，咨询者的刻板印象会对咨询活动产生一定的干扰。如，咨询者平时对爱唠叨的妇女印象就不好,在咨询过程中恰好又遇到这类来访者,且该来访者的问题偏偏又是人际关系方面的,于是,咨询者就容易产生先入为主的认知偏见,把问题的产生更多地归因于这位爱唠叨的来访者,结果失去客观性,给咨询工作带来了干扰。

有关咨询者的移情作用对咨询带来的干扰,在前面介绍曾文星、徐静的观点时已做了介绍,不再赘述。

(4)咨询者缺乏自信心而影响咨询技能的发挥。

有些咨询者对自己能否帮助来访者缺乏自信,造成自己在咨询过程中焦虑水平过高,从而影响了咨询技能的发挥。这种情况在咨询初学者身上比较多见,特别是当来访者对自己的能力发生疑问的情况下。不自信的问题可能来自两种情况,一种是由于缺乏咨询经验、对咨询技术方法不能灵活运用而造成的;另一种情况是咨询者本身对自身的评价偏低所致。前者可以随着咨询经验的积累而加以改善,而后者则需进行认知调整。

(5)由于咨询出现失误而造成干扰。

咨询者在咨询过程中,失误在所难免,但应尽量避免大的、方向性的失误。若失误已经产生,造成了一些不利的影响,甚至于来访者也清楚地意识到了咨询者的失误时,咨询者就必须面对这一现实,以现实的态度处理自己的失误。

有效的应对措施之一是向来访者承认自己的失误。有关这方面的意义我们已在第五章第二节做过详细介绍。应对措施之二是尽可能地消除自己的失误带来的影响,并争取使之有所改变。当然这需要咨询者根据咨询中的具体情况作出处理。

(6)咨询者自身的其他问题也会给咨询活动带来一定的干扰。

同来访者一样,生活在现实生活中的咨询者也会面临各种各样问题、出现心理困扰,这类心理困扰可能会带到他们咨询的过程之中,而对咨询产生某种影响。有效的咨询者对此一是要有足够的认识,二是要及时加以处理和解决。有关应对方法已详细写在在第四章第三节中,请读者参考。

参考文献

[1][2] 汤宜朗、许又新:心理咨询概论,贵阳:贵州教育出版社,1999年版,第179—180,174—176页

[3] 转引自钱铭怡:心理咨询与心理治疗,北京:北京大学出版社,1994年版,第151—154页

[4] 曾文星、徐静:心理治疗:原则与方法,北京:北京医科大学出版社,2000年版,第329—332页

第十章　咨询效果的评定与行为改进的维持

当咨询者按照咨询计划采取了具体的帮助手段,使来访者的认知、情感或行为发生了积极明显的变化,并且经过对咨询效果的评定,认为咨询过程中的干预手段是有效的,达到了预期的咨询目标之后,则咨询进入了结束阶段。

第一节　咨询效果的评定

在咨询的最后阶段,咨询者要做的是对干预措施的有效性以及是否达到咨询目标进行评估,这种评估会使咨询者知道何时可以结束咨询,何时需要修补干预行动计划。而且,评估结果中显现出的具体的进步也常常会鼓励、强化来访者。

对心理咨询效果的准确评定是十分重要的。咨询者依据自己对咨询效果的评估,不断地修正和调整咨询目标、方法、策略和步骤。但是,对咨询效果进行精确评定又是一件十分复杂的事情,目前还处于研究和探索之中,至今仍没有明确且客观的结果。主要是因为来访者情况的好转与恶化,受着许多种因素的影响,难以客观地控制、测量,这给咨询效果的实证研究带来了许多困难。随着已有研究方法的成熟和新的研究方法的出现,这一问题将会逐步解决。

一般来说,对于心理咨询效果的评定,要考虑多方面的情况:咨询效果评定的内容和依据是什么,由谁来评定,在何时评定,以及心理咨询效果的临床显著性和统计显著性的关系等[1]。

一、咨询效果的评定内容和工具

(一)咨询的有效性、不良结果和效率

1. 有效性:指经过咨询和治疗后,来访者心理与行为出现的改进或积极变化。这是最常用的疗效标准。但要注意的是,在评定心理咨询与治疗的有效性时,不能忽略来访者潜在适应能力与生长。来访者人格会继续不断的成长、成熟,且情况会经由自然复愈而变好,与咨询和治疗过程并无直接关系。

2. 不良结果:指经过咨询和治疗后,来访者的问题、症状发生恶化或出现新问题,但必须注意区分哪些是来访者原有不适、症状发展的必然结果,哪些是由咨询和治疗引起的。

3. 效率:指心理咨询和治疗的效果与花费在咨询和治疗上的人力、物力、时间和金钱之比。两者的比值越大,说明咨询和治疗的效果越好。

需要指出的是,在评定时上述三个方面缺一不可。

(二)多种指标的综合评定

来访者心理与行为的改进可表现在许多不同的方面,因此必须采用多种指标进行综合评定,才能做出比较全面、准确的评估。一般来说,评定指标应包括主观的和客观的、定性的和定量的、即时性的和连续性的、不同评定者(包括咨询者、来访者、旁观者)的,内容涉及症状、体征、心理状态、行为方式、人格成熟、社会功能(如工作能力、社交能力、生活能力、学习能力)等诸多方面。

（三）咨询效果的评定工具

1. 标准化的评定工具

对咨询效果最为准确的评价是根据事先设计好的、定式化的、有明确评定方法和计量标准的量表进行评定。这些量表通常是由心理测验专家所制定的。目前，适用于心理咨询和治疗效果评定的量表很多，包括心理测验量表及症状评定量表等。属于前者的如韦克斯勒成人智力量表、瑞文标准推理测验、艾森克人格问卷（EPQ）、卡特尔16种人格因素问卷（16-PF）、明尼苏达多相人格测验（MMPI）、韦氏记忆成套测验等等；属于后者的90项症状检核表（SCL—90）、Zung焦虑自评量表（SAS）、Zung抑郁自评量表（SDS）、汉密顿抑郁评定量表（HRSD）、汉密顿焦虑评定量表（HAMA）、康乃尔医学指数（CMI）等。对于不同的来访者，需要采用不同的量表。量表必须能反映来访者的不适或症状，并能被来访者所接受。例如，对神经症性抑郁的心理咨询和治疗效果的评定，可以采用汉密顿抑郁评定量表，观察咨询和治疗后抑郁症状减轻的程度。

2. 自设评定工具

心理咨询和心理治疗的范围如此之广，以致于常常不能选择到现成的评定工具来评定其效果。此时，咨询者应充分了解来访者的情况，确定咨询的目标，在咨询前或咨询开始的时候设计一个能够反映来访者问题的条目，并确定统一的评定方法和标准。随着咨询和治疗的进行，咨询者就能较为客观地对咨询效果进行评估，为进一步咨询和治疗或预防复发提供帮助。

需要特别指出的是，评定咨询效果所采用的工具或手段应与咨询初期对来访者问题的评估工具或手段保持一致，这是有效评定咨询效果的必要条件之一。

二、咨询效果的评定者

传统的做法是只由咨询者对咨询疗效进行评定，但这往往不能得出客观的评估。目前认为,必须采用多种来源的评定,才能对咨询和治疗结果作出科学的估价。

1. 来访者对咨询效果的评定

通过来访者自身的体验来评定心理咨询的效果是非常重要的一种方式。由于有心理问题,来访者求助于心理咨询者,经过一定的心理咨询和治疗,来访者可以感到心理问题是否有了缓解、症状和体征是否有了改变。如"经过咨询,我感到好多了","我觉得跟以前差不多,没什么变化"。

需要指出的是,来访者对咨询效果的评定通常是一种粗略的总体评价,它是来访者体验的反映,是心理咨询效果评定不可缺少的,但由于它是一种主观评定,因此受到的影响因素甚多,如来访者的自我意识水平、言语表达能力、社会赞许反应(亦即"哈罗—古德拜效应":指来访者初见咨询者说"Hello"时,倾向于夸大自己的痛苦和问题,以使咨询者相信自己确实需要帮助;当咨询结束来访者说"Good-bye"时,便倾向于夸大自己的咨询效果,以使咨询者高兴,并使自己觉得金钱和时间没有白花)、移情作用以及咨询者的隐含压力等,导致来访者的主观体验与实际效果之间存在较大的差异。也就是说,来访者的个人申述情况与他们当时所存问题的轻重程度(咨询效果)并不是单纯的相关关系或平行关系。

例如,患转化症或脱离症的歇斯底里症病人,常常毫不在乎自己的障碍,没有申述症状的倾向;相反,患疑病症的病人,常会夸张自己的症状[2]。又如,有时问题本身根本没有解决或改善,只是来访者自己觉得舒适些;或者,相反的,问题已经大有改善,可是来访者仍觉得不舒适,自觉没有好转。

2. 旁观者对咨询效果的评定

除了来访者的主观描述以外,咨询和治疗效果亦可以根据旁观者的观察与评判来衡量。这些旁观者既可以是家人、朋友、同事、同学,也可以是受过训练的"盲目的观察者"(指不知来访者接受何种处理的人)或纯粹的研究者。尤其是后者,能以中立的角色非常客观地观察咨询的过程,测量咨询的效果。当然,后一种方法花费的人力、物力、财力都比较大,一般只有在特殊需要下进行。

3. 咨询者对咨询效果的评定

一般来说,咨询者对咨询效果的评定比来访者自身的评定要较为客观。一是咨询者比较详细了解来访者的情况,也明确知道咨询的过程,所以咨询者掌握的资料比较全面;二是咨询者受过专业训练,能运用多种有效的工具对来访者心理问题、心理症状和体征的减轻程度及社会功能的恢复情况等方面进行评价。当然,咨询者也会受自己的主观因素的影响而发生偏差,从而减少客观性。

三、咨询效果的评定时期

咨询和治疗效果往往会随着心理咨询和治疗的进行而按照某一先后顺序(由表及里、由浅入深)逐渐表现出来,也就是说,在心理咨询的不同阶段,咨询效果是不同的[3]。Howard 及其同事提出心理治疗的进展发生在三个相互关联的连续阶段中:首先来访者体验到较多的幸福感,然后症状缓解,最后社会生活能力得以提高[4]。

(一)初期的效果评定

当心理咨询开始时,常常马上可以观察到一些早期的效果。主要为自觉状态的改善,如焦虑、不安、悲伤、忧郁、疑惑、气愤等情绪障碍,会有显著的改善。这种早期效果,主要归根于几种原因。比如:咨询开始,来访者因有所依靠而放心;有机会能倾诉,把过去所累积下来的烦恼或情绪压抑发泄出来,感到心理上的舒适;受到咨询者的支持、鼓励与安慰,心情振作起来;对咨询者有信心,对将来产生希望等等。这种早期效果,多半是经过暗示而产生的短暂效果,往往不持久,可能又恢复到原来的状况。

一般说来,急性焦虑症、抑郁症,或者应激相关障碍,经咨询和治疗,能较快速地出现效果。如果是强迫症,或人格障碍者,则难于呈现早期效果,需要较长期的咨询和治疗。

(二)中期的效果评定

咨询进行若干个星期以后,早期效果已经消失,常常又恢复到本来的状况,进而慢慢出现中期的效果。所谓中期的效果,主要是外显行为的改善。如对配偶的态度好转,变为较温和、体贴;比较能听从老师、长辈的话;对自己的功课或工作逐渐有兴趣,等等。导致出现中期效果的主要因素为:经由咨询者的指点、解释,来访者渐渐了解自己困难的所在,找到处理困难的方法,开始改善自己的行为。有时是因经由环境的调整改变,客观障碍因素的减少,来访者较能适应其环境而得到的效果。这种效果,可能是短暂的,上下出现波动,也可能是较长久性的,逐渐影响到性格上来,呈现后期的效果。

(三)后期的效果评定

后期的效果,往往属于人格上的变化。如对人生的基本看法、待人处世的态度以及应对环境的行为方式等都逐渐变得比较成熟、积极、有效。一旦能达到这种地步,其效果维持得比较持久,可以影响以后的生活。

(四)远期的效果评定

心理咨询效果的评定不能仅限于咨询期间和结束时,还要有长期的跟踪评定。随访是评定心理咨询远期效果的重要方式。随访时不仅要观察来访者的不适、症状和体征的消失程度,同时也要评价其社会功能恢复的程度。

随访可以是面访,也可以采取信访等方式;随访的时间长度因咨询方法、目标以及来访者求助解决的问题而异;随访时还要注意:先后测量的对象、内容、方法和工具要有可比性。

四、咨询效果的临床显著性和统计显著性

在对咨询效果进行评价时要注意区分临床显著性和统计显著

性[5]。

1.临床显著性:指一种心理咨询满足由来访者、咨询者和研究者所设定的效果指标的程度,它反映了从临床角度看咨询的有效程度。

2.统计显著性:指在对咨询效果进行随机大次数观察和实验中所呈现出的显著性程度,亦即咨询效果在统计学上的显著程度。统计显著性可为咨询和治疗效果的评定提供基本依据,但它有如下的局限性:

(1)它没有提供关于来访者对咨询的多种不同反应的信息,而这类信息对咨询者来说可能更为重要。

(2)咨询和治疗结果在统计学有显著性,不意味着它也有临床显著性或临床意义。

例如,一项研究发现,经一种行为治疗后,一组肥胖症病人平均减肥5公斤,而对照组无显著变化。如果组内变异低,这一组间差别在统计上是显著的。但从临床角度看,这一差别便不显著或不重要了:120公斤是肥胖,115公斤也是肥胖!

上述分析说明,在对心理咨询和治疗结果进行评定时,不仅应考察其统计显著性,而且应进一步评定其临床意义;统计显著性应服务于临床显著性,后者才是心理咨询和治疗应该达到的最终目的。临床显著性可依据由研究者、来访者和咨询者所提出的咨询目标或指标逐个加以判定。在组间比较研究的基础上,可采用统计学方法先个体化地确定各个来访者经咨询后有无临床意义的变化,而后判定心理咨询对整组来访者的临床疗效或临床显著性。

第二节 咨询效果的维持和巩固

一、咨询效果的维持、巩固

在前面第七章第一节中我们讲到,心理咨询的终极目标(或根本目标)是帮助来访者解决心理问题,增进心身健康,提高适应环境能力,促进个性发展与潜能发挥。在咨询实践中,能够达到终极目标的并不多,大多数咨询往往只达到了中间的目标,即停留在向着终极目标迈进的某一步骤或阶段。其中一个主要原因就是受咨询者所采用的咨询理论与方法的限制。

我们知道,心理咨询的不同理论流派,其咨询目标各有不同的侧重。以较有代表性的行为疗法和来访者中心疗法为例,行为疗法的目标观是消除来访者适应不良的行为组型(靶行为),帮助他们学习适应性的行为组型。而来访者中心疗法则是通过提供一种安全、和谐的气氛,引导来访者作自我探索,以便来访者能认识成长的障碍,能体验到从前被否定与扭曲的自我。使他们能更开放地体验,更相信自我,有进入咨询过程中的意愿,并且增加自发性与活力[7]。显然,行为疗法的目标是典型的中间目标,而来访者中心疗法的目标更接近于终极目标。一般来说,心理咨询越接近于终极目标,其咨询效果越能长久地巩固和维持。

在咨询接近尾声的时候,咨询者要做的一项重要工作就是如何帮助来访者巩固、维持咨询效果的问题。因为心理咨询的目的不仅仅是为了暂时缓解或消除来访者的心理不适或问题,而且要促进来访者的成长,使来访者的心理面貌或行为方式有根本的改变。然而,实际情况常常令咨询家们感到困窘:他们费了九牛二虎之力取得的咨询效果却很难持久地维持下去。来访者常常是在短期内感到不适消失或问题解决,但很快就又陷入以往的那种难以自拔的境地。这一点,行为治疗家们早有体会。他们发现这与来访者(或患者)生活的现实环境中缺乏正面的强化和存在的负性刺激和诱因有关,而来访者的生活环境又是难以控制的。但是随着归因理论,特别是"归因—维持模型"的提出,人们认识到这种情况并不是那么难以改变,通过强化来访者的自我概念,训练他们的抗干扰的能力,这个问题有望得到一定程度的解决[8]。

所谓"归因—维持模型",是指来访者对自己所取得的行为改进作出什么样的归因对他们未来的行为具有至关重要的作用。具体地说,对成功的行为改变作内归因(如本人良好的领悟能力和自己付出的努力),将导致来访者对自己所具有的内在力量产生积极的自我推断,增强其控制自己不适应行为或症状的信心或信念,这种积极的自我推断和由此产生的控制自己症状的信心将超出局部的治疗环境而起作用。如果对积极的行为改变进行外部归因(咨询者水平高超、咨询方法恰当或运气好),则咨询效果只能出现在特定的咨询情境中,难以泛化到咨询环境以外的现实生活中去。因此在咨询的终末阶段,咨询者要积极引导来访者将其取得的进步(亦即咨询效果)归因于来访者内部因素(良好的领悟能力和个人付出的努力),这样有助于维持和强化其行为改进。

目前已有大量的研究证实上述"归因—维持模型"。较有代表性的有达维森(Davison)等人1973年进行的一项研究,在该研究中他们考察了失眠症患者对已经获得的睡眠改进的内归因是否有助于维持这种改进。一些失眠症患者接受了一系列的治疗,既服用了医生给他们的药(请注意,这是真的安眠药),又接受了如何进行自我放松的训练。在疗程结束以后,告诉一半患者他们所服用的药是无效的,对帮助他们更好地入眠没有任何作用;告诉另一半患者他们服用的药是一种高效的安眠药。很显然,前一半患者被引导和鼓励对他们的睡眠改进作内归因,即将其归因于自己的放松技巧;后一半患者被引导和鼓励对自己的睡眠改进作外归因,即将其归因于药物。达维森等人发现,尽管两组患者在治疗结束后的前几天都保持了良好的睡眠,但随着时间的推移,只有前一组患者的睡眠改进维持下来了[8]。还有人采用类似的技术成功地戒除了一些人的烟瘾[9]。

对于"归因—维持模型"的较近期的支持来自于多少有点离开心理治疗领域的肥胖症的治疗。有两项研究调查了肥胖症患者对自己的减肥效果和饮食习惯改进的归因和随后的行为坚持性之间的关系。在杰弗里(Jeffrey)1984年进行的一项研究中,首先让一部分患者相信治疗效果的好坏主要是由他们能否节制饮食和加强运动决定的,而让另一部分患者相信治疗效果主要是由治疗方法和程序的是否得当决定的。结果发现,虽然在连续七周的治疗过程中,所有的患者都表现出了一定的减肥效果,但前一组患者减肥效果维持的时间更长[10]。

许多临床研究表明,当咨询过程中,咨询者权威角色明显,对来访者进行直接、具体、有力的干预和指导,"反应—强化"联结较强,而来访者处于被剖析、被引导、被控制的被动地位,缺乏行为自由感和"自我引导感"(Sense of Self-initiation)时,尽管短期咨询效果明显,但却不容易维持和巩固。有鉴于此,不少咨询家提出了"最低限度奖励或惩罚原则"(Principle of least powerful reward or punishment),或称"巧控制思想"(Idea of subtle control)。这就是说,要想使来访者获得的咨询效果维持和巩固下去,咨询者就应该设法使自己在咨询中的作用更隐蔽和不明显,不使来访者觉察到自己的进步是由咨询者引起的,突出其自身的作用,减少他们受控制的感觉。但是这种"无为而治"的咨询方法,绝不意味着咨询者可以对来访者的行为不加任何控制,只不过施行的控制(可能称作"影响"更为贴切)更加间接和隐蔽,采取的手段更加巧妙,因此对咨询者的要求不是降低了,而是提高了,是一种更难以达到的境界。它不仅要求咨询者具有高度的责任感和对来访者问题的深刻的洞察力和移情能力,而且要求他们具有忍受来访者怀疑、非议和指责的任劳任怨的品质和对来自各方面压力的抗拒力,当然还要求他们具有更高超的与来访者周旋的能力和控制来访者行为的艺术。显然,来访者中心疗法可能更多地体现出这一特征。

当然,几乎任何来访者开始时都是抱着对咨询者的高度信任和很高的期望前来求助的,希望从咨询者那里直接得到有效的帮助,不顾来访者的这种需要和期望确实会给咨询工作带来暂时的困难,咨询效果不如前者明显,但坚持这种不干预或巧控制原则的咨询方法有助于达到一种更为主要的咨询目标——咨询效果的维持和巩固。也就是说,这种咨询方法的低成效是以来访者行为改进的持久性和高度的可迁移性为报偿的。

总之,如何在日常生活中将特定情境下产生的咨询效果加以维持和巩固,不仅需要咨询者在咨询的结尾阶段给来访者以专业上的指导,而且与咨询者所运用的不同流派的咨询方法有关。对此,咨询者应有足够的意识。

二、咨询的结束

心理咨询施行若干时间,取得预期咨询效果以后,随即进入结束阶段。在这一阶段,咨询者要对来访者进行一次总结性交谈:回顾咨询要点,检查咨询目标实现的情况,回答来访者进一步提出的某些疑问,指出还有那些需要进一步改进的地方。这种综合性的评语、建议,容易使来访者铭记在心。

在国外,咨询结束阶段的工作可能要占据一至几次会谈的时间,而对于我国的心理咨询工作来说,这一阶段往往并不能占满一次会谈的时间,因咨询时间短,次数少。但即使是一次性咨询,结束阶段也是必不可少的。

鉴于一些来访者可能仅来访一次,或在一次来访之后就自行停止来访(有时也被称为来访者脱落)的情况,许又新提出了开放性一次性治疗的观点。开放性一次性治疗是指每一次治疗既为本次治疗划一个句号,又为下一次治疗留有余地[11]。这样,每一次会谈都可以看作是一个相对独立的治疗单元,而许多这样相对独立的治疗单元又可形成为一个完整的治疗过程。

参考文献

[1] 梁宝勇、王栋:医学心理学,长春:吉林科学技术出版社,1998年版,第108—109页

[2] 曾文星、徐静:心理治疗:理论与分析,北京:北京医科大学出版社,2000年版,第354—355页

[3] 曾文星、徐静:心理治疗:原则与方法,北京:北京医科大学出版社,2000年版,第320—321页

[4] 吴明霞、郑涌、汤万文:心理治疗效果研究的进展,心理学动态,2001,2:152

[5] 梁宝勇、王栋:医学心理学,长春:吉林科学技术出版社,1998年版,第109页

[6] 马建青:辅导人生——心理咨询学,济南:山东教育出版社,1992年版,第

76页

[7][8][9][10]刘永芳:归因理论及其应用,山东人民出版社,1998年版,第292—295页

[11]许又新:心理治疗现状的简短评述,中国心理卫生杂志,1991,5(1):35—371.

下 篇

第十一章 精神分析疗法

第一节 精神分析疗法的概观

一、精神分析的历史与现状

精神分析是现代心理治疗的奠基石,但它的影响远不是局限于心理治疗领域。对于整个心理科学乃至20世纪西方人文科学的各个领域,它的影响可与达尔文的学说媲美。就它在心理治疗领域的地位和作用来说,它既是一个系统的疗法,又是整个现代心理治疗的基础。精神分析的思想和方法,有时从正面,有时从反面,给后来的其他疗法以灵感或刺激。

精神分析疗法整个体系的形成和完成,基本是在它的创立者西格蒙德·弗洛伊德(Sigmund Freud,1856~1939)的有生之年完成的。综观它的发展历程,大体上可以说,经历了艰难的崛起、辉煌鼎盛和渐趋衰落这样几个时期。

弗洛伊德1856年出生于奥属摩拉维亚一个名叫弗赖堡的小镇,父母都是犹太人。弗洛伊德的犹太人身份在他早年的生活中是一个相当重要的事件,它对弗洛伊德的个性有很大的影响。因为作为一名犹太人，弗洛伊德在学业和后来的学术研究上不断受到歧视，这又促使他养成了自尊自强、决不妥协的个性特点。

虽然弗洛伊德很早就对精神病学感兴趣，但直到1885年之前，他的研究主要集中在神经系统的组织学方面，并且取得了几项相当重要的成果。同年秋天，由于得到一笔奖学金，弗洛伊德得以赴法国巴黎，在萨尔帕屈里哀医院就学于当时欧洲著名的精神病专家沙可（Jean—Martin Charcot，1825～1893）。在这里，沙可对癔病的研究和治疗给弗洛伊德留下了深刻印象。回维也纳以后，他便开始独立行医，以治疗神经症为主。从此开始了他对神经症的病因学，尤其是神经症的心理学原因的探索。

弗洛伊德开始用从沙可那里学来的催眠方法治疗歇斯底里症。其实在此之前，弗洛伊德的一位至交J.布洛伊尔医生已经在这么做。布洛伊尔曾向弗洛伊德详细介绍过他治疗的一位患歇斯底里症的女病人的情况，这位姑娘在清醒的时候和别的病人一样，既说不清症状的起因，也闹不清这些症状与她生活中的其他经历有什么联系。而在催眠状态中，她一下子就吐露了这种联系。结果发现，她身上的所有症状，都与她照料父亲时的一些情绪性事件有关。后来，弗洛伊德在自己的病人身上进行研究，发现凡用上述疗法的歇斯底里患者身上均可观察到布洛伊尔发现的情形。对这些现象的思考导致弗洛伊德提出精神分析学的几个重要概念，其中最重要的是无意识、压抑、能量转化等思想。这些思想最初出现于弗洛伊德和布洛伊尔1893年的论文《癔病症状的心理机制》，后又在两人合著的《癔病研究》一书中得以阐发。《癔病研究》一书被视为精神分析学说的开端。

在这一时期，布洛伊尔和弗洛伊德所使用的治疗方法称为疏泄法（cathartic）。治疗目的是要把病人的那些因受到阻碍而导致症状的情感引入正常轨道，使之得以释放。疏泄法中的关键技术是催眠。但是，弗洛伊德后来逐渐感到，在他和布洛伊尔合作期间，有一个重要的东西被疏忽了，那便是病人的性的因素。随着经验的积累，他认识到并不是所有的情感刺激都会引起神经症病象，引起这类病象的，通常是病人当时经历的性冲突或者早年的性经验。这一发现促使弗洛伊德从专门研究癔病走向探讨一般神经症的心理病因。这一步又导致两个重大发展，一是他终于认为，性的因素是所有神经症的基本病因之一；另一是他放弃了催眠方法，转而发明了一种自由联想法（Free association）。从催眠术到自由联想法，中间经历了一个过渡。最初，弗洛伊德发现催眠术在一些非癔病患者身上并非总能成功，后来，他又感到在整个疏泄疗法中，似乎病人与医生个人的情感联系比整个疏泄的作用还要大，而且他从法国南锡的伯恩海姆——与沙可齐名的另一催眠大师那里了解到催眠的确有局限。这些促使他决心放弃催眠而寻找一种替代的方法。

弗洛伊德从伯恩海姆的做法中受到启发，他不用催眠，而是让病人舒适地躺在沙发上，弗洛伊德以手触按病人的额头，叫病人注意一个特殊症状，回忆与这个症状有关的经历。当病人表示不愿或不能回忆时，弗洛伊德坚持要他回忆。用这种催逼加鼓励的方法，病人也能回忆出那些遗忘了的经验。但弗洛伊德很快又发现了这个方法也不适用，因为这个方法仍然不能很好地克服病人无意识的抵抗，而且对双方的压力太大。因而弗洛伊德转而采用一种正好与此法相反的做法。让病人尽量放松、注意当时"流"过脑子的任何思想、意象，不用意识去指导思想或进行任何评判，并报告出这些意识经验。这便是后来一直保留下来的自由联想法。

自《癔病研究》出版以后，弗洛伊德一直独自孜孜不倦地进行着探索和研究，陆续出版了早期的一系列著作，其中包括《梦的释义》（1900年）、《日常生活的心理病理学》（1901年）、《一个歇斯底里病例》（1905年）、《性学三论》（1905年）、《戏谑及其与无意识的关系》（1905年）。这些著作标志着精神分析体系的正式诞生。与此同时，精神分析的理论也逐渐从无人理睬或遭人贬斥转而赢得一些支持者，瑞士的著名精神病学家 E. 布洛伊勒（Eugen Bleuler，1857～1939）及其助手 G. 荣格（C. G. Jung，1875～1961）与弗洛伊德建立了个人联系，在维也纳和欧洲其他地方也陆续有人参加进来。1908年，一批同仁在萨尔茨堡会晤，一致决定定期举行非正式会议，并出版一份名为《精神病理学与精神分析学研究年鉴》的杂志。1909年，弗洛伊德和荣格应美国心理学家、克拉克大学校长G. S. 霍尔的邀请，去美国作了为期一周的讲学和访问。从此，精神分析学说就在美国流传开来。

弗洛伊德是一个性格倔犟的人，曾因学术见解的歧异与不少老师、同事、学生分手。但他并不是个固步自封的人，就在精神分析学说已广泛传开，他个人赢得了世界范围的声誉之后，他仍在不断地修改、发展自己的理论。20年代以后，他的体系有了相当大的变动。其中最重要的是在早期的意识——无意识理论基础上发展出关于人格结构的理论，即著名的本我、超我和自我学说。这个人格结构理论与原先的精神区划理论（即意识、无意识、前意识的划分）互相补充，使整个体系更为完善。

30年代以后，纳粹势力在中欧纷纷得势。在纳粹的迫害下，许多心理学家（其中也包括一些精神分析学家）逃亡到美国。弗洛伊德作为一个犹太人和精神分析的创始人，开始受到迫害，他的著作在柏林被当众焚烧，出版公司被查封、没收。在英国医生、弗洛伊德忠实的追随者E. 琼斯（Ernest Jones）的帮助和劝说下，他于1938年迁居伦敦。1939年9月，弗洛伊德因多年的口腔癌复发，在伦敦去世。

精神分析的理论和治疗体系在发展过程中经历了两次较大的修正。第一次是在弗洛伊德还在世时，弗氏自己的体系还未定型的时候，阿德勒（A. Adler）和荣格因与弗洛伊德意见不合而分裂出去。阿德勒创立了自己的个体心理学，荣格则创立了他的分析心理学。这两人与弗洛伊德的观点分歧各不相同，但都不赞成弗洛伊德关于心理动力的本源——里比多（libido）的看法。阿德勒认为心理动力的本源不是生物性的里比多，而是社会性的追求优越的要求；荣格则认为里比多的本质不是性力，而是一种普遍的生命力，性力只是这种普遍的生命力的一部分。这两次分裂并未导致弗洛伊德对自己的体系作重大修改，倒是促使阿德勒疗法作为一个独立的体系出现于心理治疗的舞台。不过，阿德勒与弗洛伊德的分歧似乎预示着精神分析运动史上的第二次重大修正，即三四十年代一批新弗洛伊德主义者对传统精神分析理论的挑战。这批人在总的倾向上与阿德勒一致，强调社会性因素的影响在心理活动中的作用。

由于一批精神分析学者移居美国,加上欧洲本土上战火纷飞,30年代以后,美国成了精神分析发展的中心。由于时代精神的变化,一些新的学术思想影响着美国的精神分析研究。这些新思想认为应该把人看作是社会的动物而不是严格的生物学上的动物来加以研究。所谓新弗洛伊德主义就是在这样的背景下出现的。

新弗洛伊德主义的几个代表人物是 K. 霍妮(Karen Horney)、E. 弗罗姆(Erich Fromm)、H. 沙利文(Harry Stach Sullivan)和 E. 埃里克森(Erik Erickson)等人。这些人相互之间也有分歧,但在以下几点上有共同认识:

① 在对人性的理解上,更强调社会文化因素而不仅是生物学因素;

② 性本能的作用被弗洛伊德夸大和歪曲了,与其说性本能及其冲突决定人格,不如说人格决定性反应;

③ 在性格的形成、焦虑及神经症的产生上,人际关系是最重要的原因;

④ 早期经验仍然重要,但重要的不是心性发展中的冲突,而是一般的家庭教养关系及其作用方式。

50年代以后。由于人本主义心理学的兴起和大量新的疗法的出现,心理治疗领域中精神分析独霸天下的格局发生了很大变化。精神分析疗法开始走下坡路。在精神分析内部,严格坚持弗洛伊德的观点和疗法的治疗者只占很小的比例,出现了许多修正了的疗法。当代动力心理学实际上是一个包容着大量同中有异、异中有同的"小疗法"的集合体。他们都承认自己属于精神分析这一大治疗流派,但每个疗法都有自己的新观点或新作法。就它们的共同点来看,弗洛伊德的一些最基本的概念依然保持下来,这些概念包括:无意识活动及其冲突、人格结构理论、早期经验的作用、领悟在治疗中的基本作用等等。就其独特之处来说,他们各自发展或从其他流派借鉴了一些新方法,用来检查无意识中的情感冲突、促进领悟或者发展适宜的应付策略。吉利兰德(B. Gilliland)等曾举若干例子,见下表[1]:

表 11-1 若干当代精神分析疗法

疗法	工具
Shorr(1972,1980) 心理意象疗法	造像术,排演,练习,联合,遭遇(encounter)
Tion(1969) 心理综合法	意志训练,音乐疗法,暗示,升华,冥想,录像技术,医疗技术
Greenwald(1973) 指导决策疗法	目标定向的问题解决,练习,家庭作业,自我控制的奖赏
Keston(1980) 无意识抗拒策略	对无意识抗拒的沉思
Langs(1973) 支持性干预	支持性的和正视现实的反映
Riess(1972) 大时间量疗法	马拉松式的克服防御的方法
Spotnitz(1969) 当代精神分析	治疗家卷入,复现自我,使对象贬值,类酶素反应(使来访者对有害的内投射产生"免疫")
Progoff(1977) 强化日志疗法	强化日志记录,过程反省,"昏暗意象",日志反馈
Small(1972); Alexander;French(1946) 简短疗法	理性的动力方法
Wolberg(1964); Barnett(1981) 催眠分析和催眠疗法	催眠方法,改变意识状态
Pearsons(1965) 协同一致疗法	纸笔交流,协同一致

从表中可以看出,当代精神分析有了相当大的变化,治疗者不再拘泥于弗洛伊德的经典思想和自由联想技术,而是大量创造和借鉴其他疗法的技术。山茨(Shands)曾分析过这么一个现象:从一些调查数据看,精神分析治疗的人数相当有限,估计只有约2%的病人接受精神分析治疗;但从事精神分析的治疗者和学习精神分析的学生却不算少。对此,作者指出,在美国社会里,接受精神分析是一种给人优越感的途径。因为精神分析对治疗对象从经济、智力和文化教养等方面进行了限定,

只有极少数人有条件接受精神分析。这便使得从事和学习精神分析者有可能向社会上层流动。作者在这篇名为《精神分析有前途吗？》的文章结尾处谈出自己的看法：作为一种疗法，精神分析前途暗淡，作为一种人格理论和研究工具，它将继续保持强大的影响。这个看法似乎正变成事实。

二、精神分析治疗的特点

（一）治疗目标

当代心理动力治疗有两大目标，缓解和改变人格。本来传统的精神分析只重视人格改变，由于受行为治疗的影响，现在的治疗者也重视像焦虑、强迫行为、心身症状等等临床症状的缓解或消除。改变人格是个不很确切的术语，在治疗者认识中有较大出入。它有时是指矫正像攻击、怯懦这样的人格特质，这是容易理解的。但有时人格改变也指一些更一般因而也较模糊的概念，比如"更有效率"、"更为适意的个人生活"，这些又可在工作、人际关系、性等方面表现出来。这些来访者希望治疗能达到这样一些目的：更能实现智力和情感上的潜能；使人际交往，包括与同性和异性的交往更有成效；对自己有更高的认同感；与双亲分离（不再依赖）但又保持良好的关系；稳定适意的婚姻关系等等。还有一些治疗者把人格改变主要限定在"心理动力学的变化"上，这是指弗洛伊德人格结构体系内的自我、本我、超我的动力协调。自我力量的加强，能更好地控制、应付本能驱力、外部世界以及良知之间的矛盾冲突。这倒是弗洛伊德的本意。

（二）病人的选择

并非所有的精神病人都适宜作精神分析治疗。即使是神经症，也并非所有的病种都适合于分析疗法。传统上，认为最适于精神分析治疗的是歇斯底里、强迫症、焦虑症和恐怖症。传统上也有一些明确排除的病症（但不是说除此之外的其他病种可以接受）。一般地说，情感性精神病、精神分裂症、病态人格、药物及酒精依赖、长期的严重人格障碍以及器质性病变所致精神障碍都是应排除的病种。

当代一些治疗者不再单纯根据精神病学的临床诊断选择病人,而试图寻找更有普遍意义的标准。他们想知道:什么样的来访者更可能从精神分析治疗中获益?这种想法促使人们去考虑来访者的个人特征。实际上,许多人认为弗洛伊德的话仍有道理,"人不太老,病不太重"。有人据此提出,年轻、有吸引力、善言谈、聪慧和成功的病人较适合作精神分析。更深入的一些研究尤其强调来访者的两个特点,一是智力,主要是领悟力、言语表达能力;二是动机,即缓解症状和改变现状的愿望。其实,具有这些特点的来访者不仅是精神分析的理想对象,而且可能是任何疗法的最可能的获益者。

(三)治疗时间

正统精神分析的一大特点(不一定是优点)之一是旷日持久。一般一个病人需要二三年,甚至更长时间,每周四五次治疗会谈,每次50分钟。当代精神分析已在这方面做了大的改变,时间一般在6~18个月,会谈也改为每周一次。发生这种改变主要是由于社会要求更迅速地取得疗效。为适应这种要求,当代治疗者一方面不断创造和革新治疗技术,另一方面在治疗中也更积极主动,因而使病人的改变快了一些。但总的说来,精神分析的治疗仍然太费时,加上费用颇高,一般人是很难承担得起这笔花费的。

第二节 精神分析疗法的理论

美国著名的心理学史家波林(Boring),在其巨著《实验心理学史》一书中曾这样写道:"谁想在今后3个世纪内写出一部心理学史而不提弗洛伊德的姓名,那就不可能自诩是一部心理学通史了。"[2]其他西方心理学家也认为:"很难找到心理学或精神病学的一个领域未曾受到弗洛伊德的思想影响。他的学说曾经激起成千上万的富有成果的假说和鼓舞人心的实验。他的影响在社会学和人类学方面也都是同样不可估量的。"[3]

在精神分析学说的基本理论中,与心理咨询和心理治疗有关的部分主要有:意识和压抑的理论、性心理的发展学说、人格构成学说以及神经症的心理病理学说等。

一、无意识和压抑的理论

精神分析学说的一个基本概念是:作为一切意识行为基础的是一种无意识的心理活动。在弗洛伊德的早期著作中,认为人的精神生活主要由两个独立的部分组成,即意识和无意识,中间夹着的很小的一部分为前意识。

无意识(unconsciousness),在我国亦译作潜意识。无意识这个词有两个含义:一个是指人们对自己的一些行为的真正原因和动机不能意识到,另一个是指人们在清醒的意识下面还有潜在的心理活动在进行着[4]。作为后一种含义的无意识之中,包含了各种为人类社会伦理道德、宗教法律所不能容许的原始的、动物性的本能冲动以及与各种本能有关的欲望。它也是过去经验的大贮藏库。这些无法得到满足的情感经验、本能欲望与冲动是被压抑到无意识之中的,但它们并不肯安分守己地呆在那里,而是在无意识中积极地活动着,不断地寻找出路,追求满足。

前意识(preconsciousness),介于意识与无意识之间,其中所包含的内容是可召回到意识部分中去的,即其中的经验经过回忆是可以记起来的。其中的观念可以说暂不属于意识,但随时能够变成意识。

意识(consciousness),是可以直接感知到的有关的心理部分。这一部分在弗洛伊德的理论中不很重要,只是一个人心理活动的有限的外显部分。弗洛伊德曾做过这样的比喻,认为心理活动的意识部分好比冰山露在海洋面上的小小山尖,而无意识则是海洋面下边那看不见的巨大的部分。

人的心理活动中的意识、无意识和前意识之间所保持的是一种动态的平衡。前意识与意识之间虽有界限却无不可逾越的鸿沟,前意识之中的内容与意识之中的内容的相互转换非常容易,是转瞬即成的事情,而无意识部分的东西要进到意识中来则非常困难。在意识之中似乎有一种抵抗力,起着"检查官"或"看守人"的作用——严防无意识中的观念进入意识部分。无意识之中的各种本能冲动或动机、欲望一直都在积极活动之中,有时还很急迫,力求在意识的行为中得到表现。但因其是为社会道德、宗教法律所不能容许的冲动,所以当其出现时,就会在意识中唤起焦虑、羞耻感和罪恶感,因之加以抵抗,进行压抑。弗洛伊德认为无意识的动机都是向上运动的,向外推的,而意识却施以相反的力量,向下、向内紧压。这就是所谓压抑。

压抑的功能是把主体的经历和回忆、各种欲望和冲动保存和隐藏起来,不让它们在意识中出现。但这些东西并未消失,而是一直潜伏着、活动着,在压抑的作用下存在于无意识之中。阿根廷一位精神分析专家奥达拉教授曾举了这样一个例子以解释压抑的作用,他说:"如果自己的眼睛出了点毛病,带一副墨镜来,免得他人看见,此时压抑就在这里发挥作用了。捂着、盖着,不想让别人看见,但却引起了他人的猜想——这人大概有惧光症,害怕阳光;也可能猜想是个斜眼或是他刚刚哭过,不愿让别人看见哭肿了的眼睛。墨镜在这里是要掩盖某些东西,即在其背后隐藏着某些东西。这就是压抑。它一方面在掩饰,另一方面又在暴露;一方面在隐瞒,另一方面又在揭露。压抑从来不会使被压抑的东西消失。这些东西会以梦、口误、笔误、记忆错误等方式出现,病态的压抑则可能导致心理疾病——即以神经症的形式表现出来。"[5]

弗洛伊德自己曾对其关于意识、无意识和压抑的关系做过如下形象的说明:"我们把无意识的系统比作一个大的前庭,在这个前庭内,各种精神的冲动,作为个别的存在物,彼此摩肩擦肘,拥挤在一起。从这个前庭通向另一个较小的房间,类似一个会客室,意识就居住于此。但在这两个房间之间的门槛上,却站着一个看守人:他传递个别的精神冲动,检查他们,如果他们没有得到他的许可,他就不让他们进入会客室……在无意识的前庭内的各种冲动不可能被住在另一个房间的意识看得到,因此,他们当时必然继续是无意识的。当他们已经成功地向前挤到门槛,但却又被看守人遭送回去时,那他们就是不适于意识,于是我们就把他们称之为被压抑的。然而那些已被看守人准许跨过门槛的冲动,也并非必然会变为有意识的;因为这只有当他们已经成功地吸引意识顾盼他们一眼时,才会发生。因此,我们就正当地把这第二个房间称之为前意识系统。……对任何个别的冲动来说,压抑就在于未能通过看守人从无意识的系统进入前意识的系统。"

弗洛伊德在晚期于1923年发表了《自我与本我》一书,进一步用自我和超我代替了"看守人"一说,从而确立了其有关人格构成的学说[6]。

二、人格构成学说

(一)本我、自我和超我

1. 本我(id)

又译伊特、它、它我、原我。本我是人格中最原始、最模糊和最不易把握的部分,它是由一切与生俱来的本能冲动所组成的。按照弗洛伊德的看法,本我是贮藏心理能量的地方,混沌弥漫,仿佛是一口本能和欲望沸腾的大锅。这些本能和欲望强烈地冲动着,不懂得逻辑、道德和价值观念,其活动只受"快乐原则"的支配,一味寻求无条件的、即刻的满足。由于本我不能直接同外部世界接触,所以总是在急切地寻找自己的出路,而其惟一的出路就是通过自我。

本我所具有的特性可概括为:是无意识的,是无理性的,要求无条件的得到满足,只遵循快乐原则;是一切本能冲动后面的性力的贮藏库;它收容了一切被压抑的东西,并保存有遗传下来的种族的性质。弗洛伊德认为婴儿的人格结构完全属于本我。

2. 自我(ego)

自我是现实化了的本能,是在现实的反复教训之下,从本我分化出来的一部分。从本我分化出来的这一部分由于现实的陶冶变得渐识时务,不再受快乐原则的支配去盲目地追求满足,而是在现实原则的指导下,力争既避免痛苦、又能获得满足。自我在人格结构中代表着理性和审慎。它在同外界现实的相互作用中成长,对外感受现实,正确认识现实和适应现实,对内调节本我,节制欲望的宣泄。

弗洛伊德曾把自我和本我的关系比作骑马的人和他的马之间的关系,认为马提供了运动的力量,而骑马人则具有决定方向和指导他那有力的坐骑的大权。但有时也会出现不合理的情形:骑马人必须得按马自己所要去的方向来指导他的马[7]。弗洛伊德亦曾指出:"自我企图用外部世界的影响对本我和它的趋向施加压力,努力用现实原则代替在本我中自由的占支配地位的快乐原则。"[6]

自我具有这样的特性:它是从本我中分化出来的,一部分是无意识的,一部分是意识的,而其主要为意识的;它合乎逻辑,受现实原则支配;对本我之中的东西有检查权,防止被压抑的东西扰乱意识;它还要在超我的指导下,按外部现实的条件,去驾驭本我的要求。就这样,自我可以说是同时在侍奉三个严厉的主人:超我、本我和现实。

3. 超我(superego)

超我也称为理想自我、自我典范,它是从自我发展起来的一部分,是道德化了的自我。它被认为是人格最后形成的,而且也是最文明的一部分。它是一切道德准则的代表,其主要作用是按照社会道德标准监督自我的行动。超我是从自我中分化出来的,能进行自我批判和道德控制的部分。它反映着儿童从中生长起来的那个社会的道德要求和行为准则。最初,这种角色是由双亲扮演的。从自我中发展出来的那一部分(超我)正是双亲权威的内部化,执行着早年父母所行使的职权。父母施行惩罚的职权,变作了超我中的"良心";施行奖励的职权,则变成了超我中的"自我理想"。自我理想确定道德行为的准则,良心则负责对违反道德标准的行为进行惩罚。

由此看来,超我的特性是:从自我中分化而来,大部分是无意识的。它是父母权威的内化,执行父母早年的职责(亦被认为是遵循至善原则);可分为自我理想——确定道德行为的标准和良心——对违反道德标准的行为进行惩罚;其主要作用是监督和控制自我。

弗洛伊德认为人格的这三种构成:本我、自我、超我之间不是静止的,而是不断地交互作用着。自我在超我的监督下,按现实可能的情况,只允许来自本我的冲动中的有限的表现。在一个健康的人格之中,这三种结构的作用必然是均衡、协调的。本我是求生存的必要的原动力;超我在监督、控制主体按社会道德标准行事;而自我对上按超我的要求去做,对下吸取本我的动力,调整其冲动欲望,对外适应现实环境,对内调节心理的平衡。弗洛伊德认为人的一切心理活动都可以在这种人格动力学的关系中得到阐明。当然,如果这三种力量不能保持这种动态的平衡,则将导致心理失常的产生。弗洛伊德的人格构成学说并未排除他关于无意识理论中的观点。但在人格构成学说形成之后,他也开始不那么轻视意识的作用了。基于对弗洛伊德的人格构成及意识划区的理解,人们曾将其形象地比作浮在海中的冰块,见下图[8]。

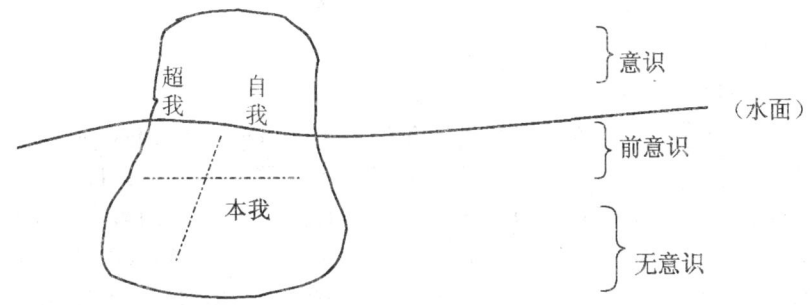

图 11-2　弗洛伊德人格构成与意识划分示意图

超我一部分在意识之中,一部分在无意识之中;自我也是同样,本我则完全处于无意识领域。前意识是既可以变为意识又可以成为无意识的边缘部分,随冰块起伏而变化,意识是露在水面上的部分,而无意识是深藏于水下的那一部分。随冰块的起伏,三种人格动力维持着一种动态的平衡。

（二）自我的心理防御机制

自我同时服侍着三个严厉的主人:外部世界、超我和本我,而且要使它们的要求和需要相互协调,"它感到自己在三个方面被包围了,受到三种危险的恐吓。如果它难以忍受其压力,它就会产生焦虑作为反应"[6]。焦虑的产生,促使自我发展一种机能,用一定的方式调解冲突,缓和三种危险对自身的威胁,使现实能够允许,超我可以接受,本我又能有满足感。这种机能就是心理防御机制(defense mechanism)。许多证据表明,自我在采用防御机制时付出了昂贵的代价,它所消耗的能量完全可以挪做他用。防御机制是在无意识之中进行的一种儿童式的反应,这可能会阻碍现实行为的发展。对于个体来说,不会采用所有可能的防御机制,而只会有选择地采用其中的某些机制,这些机制就可能在其自我中固定下来[9]。

心理防御机制在弗洛伊德最初提出时,专指癔病中病态的特殊防御机制,以后陆续又发现了新的防御机制。其他精神分析家也都各有自己的观点和发现。综合弗洛伊德和其他精神分析家的看法,心理防御机制主要有下述几种:

1. 压抑(repression)

一些为社会伦理道德所不容的(亦即意识所不能接受的,超我所不允许的)冲动、欲望,在不知不觉中被抑制到无意识之中,使人自己不能意识到其存在,这种机制叫做压抑。被压抑的冲动与欲望并未消失,仍在无意识中积极活动,寻求满足。压抑是最基本的一种心理防御机制(例如一个不想下井的矿工,总是自己制造伤病,结果不能工作,但他自己并不能认识到自己的这种想法)。

2. 投射(projection)

把自己的愿望与动机归于他人,断言他人有此动机、愿望,这些东西往往都是超我所不能容的(如我喜欢我的同学,但他们恨我)。

3. 否认(denial)

有意识或无意识地拒绝承认那些使人感到焦虑痛苦的事件,似乎其从未发生过(如拒绝承认亲人的亡故,仍坚持说其未死)。

4. 退行(regression)

当遇到挫折和应激时,心理活动退回到较早年龄阶段的水平,以原始、幼稚的方法应付当前情景(如成年人以儿童式的方式提出各种不适当的要求)。

5. 固着(fixation)

心理未完全成熟,停滞在过去的某一心理发展水平(如一成人害怕负起工作和家庭的责任,心理发展水平仍如青少年)。

6. 升华(sublimation)

把为社会、超我所不能接受、不能容许的冲动的能量转化为建设性的活动能量(如将攻击性的欲望转化为竞技场上的拼搏)。

7. 置换(displacement)

因某事物而起的强烈情绪和冲动不能直接发泄到这个对象上去,就转而移到另一对象上去了(找个"替罪羊"发一通火是最常见的这种心理防御机制的表现)。

8. 抵消(undoing)

以从事某种象征性的活动来抵消、抵制一个人的真实感情(如儿童以责骂桌子碰疼了自己的手的方式抵消由疼痛引起的不快)。

9. 反向形成(reaction formation)

把无意识之中不能被接受的欲望和冲动转化为意识之中的相反的行为(如拿了桌子上苹果的孩子,当妈妈询问苹果的下落时,马上高声说"我没拿"就是这样的例子)。

三、性心理的发展

弗洛伊德曾说过:"精神分析以它的两种断言触犯了全世界……精神分析的这些令人不愉快的断言的第一个,就是肯定精神过程本身都是无意识的,而那些有意识的精神过程不过是一些孤立的动作和整个精神生活的局部……其次,一个被精神分析宣布为它的发现之一的断言,就是肯定那些不论就狭义还是广义来说,人们都只能称之为性的本能冲动在神经和心理的疾病成因中都起着一种不平凡的巨大作用……"[2]

(一)关于性本能

弗洛伊德在早年认为人有两种本能:即以食欲为基础的自我保存本能——自我本能和以性欲为基础的种族保存本能——性本能。在其生活的晚年，认为又发现了一种人类的本能——死本能。此后把其早期发现的两种本能合二为一成为生的本能。生本能要使生命得以延续和不断发展，而死本能要使生命回复到无机状态。两种本能有机地结合在一起，生命就在它们的冲突和相互作用中表现出来。

然而弗洛伊德晚期的两种本能的影响远不如其早期的关于性本能的论述。他认为这种以性欲为基础的种族保存的本能背后还有着一种潜力（或说驱力）叫做里比多。里比多又称性力，是一种力量、一种本能。性生活即是里比多的机能。里比多驱使人寻求快感的满足，为人的行为提供动力。

由于性生活即是里比多的机能，而里比多的机能发展经过了一系列的变化过程，在这里，性的概念被扩大了，不再是人们一般概念上的性或性生活，它包括了与生命得以延续和发展有关的广泛内容在内。个体在其生存与发展过程中，其性生活不仅趋向于身体快感的满足；而且在里比多的推动下，个体趋向于有利于其生存的其他快感的满足。这一点在弗洛伊德的性心理发展的有关论述中得到了体现。

(二)性心理的发展

按照弗洛伊德的观点，人的发展即是性心理的发展，这一发展从婴儿期就已开始。儿童在性生活方面是主动的，其发展源于里比多的驱动。弗洛伊德将人的性心理的发展从婴儿期到青春期分为5个阶段，在不同的阶段中性欲满足的对象也随之变化。每一阶段的性活动都可能影响人的人格特征，甚至成为日后发生心理疾病的根源。其中，儿童早期的经历在弗洛伊德看来，对一个人其后的心理发展是至关重要的。

1. 口欲阶段（0～1岁左右）

此期中，婴儿的主要活动为口腔的活动，快感来源为唇、口、吸吮、吃、吃手指，长牙后，快感来自咬牙、咬东西。

2. 肛欲阶段（1～3岁左右）

此期中，婴儿要接受排泄大小便方面的训练，主要为肌肉紧张的控制，快感表现为忍受和排便。

3. 性器欲阶段（3～6岁左右）

此期中,儿童能分辨两性了,产生对异性双亲的爱恋和对同性双亲的嫉妒。此外,生殖器部位的刺激也是快感来源之一。

4. 潜伏期阶段(6～12岁左右)

此期中,儿童性欲倾向受到压抑,快感来源主要是对外部世界的兴趣。

5. 青春期阶段(12～18岁左右)

此期中,兴趣逐渐转向异性,幼年的性冲动复活,性生活继续沿着早期发展的途径进行。

弗洛伊德认为,性心理的发展过程如不能顺利地进行,停滞在某一发展阶段,即发生固着;或在个体受到挫折后从高级的发展阶段倒退到某一低级的发展阶段即产生了退行,就可能导致心理的异常,成为各种神经症、精神病产生的根源。

在性心理发展中,弗洛伊德有一个著名看法:即认为人在幼年时期,对异性双亲的眷恋现象是人类普遍存在的特征之一。俄狄浦斯情结(Oedupus complex)(又称恋母情结)即是他用于说明此问题的一个术语。他认为古希腊神话中,俄狄浦斯王"无意识"地杀父娶母的故事,说明了男孩都恋母而仇父,但女孩则相反,她们是爱父而嫌母。儿童的这种感情是为社会伦理道德所不容的,因此受到压抑。"情结"是被压抑的欲望在无意识中的团结,是一种心理的损伤。解决这种情结的方法是儿童在发展中把他的自我的一部分视为与社会一体的部分,形成超我,遵守社会道德规范的要求。但此问题若不解决好,人就会焦虑以至形成神经症。

四、神经症的心理病理学

(一)症状的意义

弗洛伊德认为,神经症的症状,与过失和梦相同,都各有其意义,都与病人的内心生活有相当的关系[10]。他指出:神经症的症状是性的满足的代替物。症状既可以达到性欲满足的目的,也可以达到禁欲的目的。"症状乃是两种相反的互相冲突的倾向之间调和的结果；它们一方面代表被压抑的倾向，另一方面代表抑制其他倾向而引致症候的主动倾向。这两个因素必有一个在症候中略占优势，但另一个也不必因此完全失去地位"[10]。

弗洛伊德曾列举治疗实例来说明其观点。这其中他列举了一个患有强迫症状的女青年的例子。这个女青年有许多强迫动作的表现，其中包括睡前要使自己的卧室和父母之间卧室的门半开着，并在门口放上障碍物。她床上的长枕头不能与床背碰到一起等等。她上床前的种种预备仪式即强迫动作可重复达1～2小时。在治疗过程中发现这个少女自己忽然了解到了她之所以不让长枕头与床背接触的缘故。她自己认为长枕像一个妇人，而直挺挺的床背像一个男人。弗洛伊德指出，其强迫性仪式动作的目的在于阻止父母性交，并想借此仪式使自己代替母亲[10]。因此，弗洛伊德认为，症状是被压抑到无意识中的欲望寻求满足的曲折的表现，是压抑与被压抑的两种势力相妥协的结果。被压抑的本能欲望既不能得到真正的满足，则以症状的形式得到某种替代性的满足；而由于症状不是本能欲望赤裸裸的再现，因此超我也不再干涉。

由于病人本身并不能意识到症状的真实意义，是无意识的，因此必须通过长时间的自由联想和分析，病人才能意识到。

（二）神经症的心理病理学

弗洛伊德曾将其学说运用于阐述神经症、性变态、妄想型精神分裂症等心理异常现象的形成过程及机制，其中惟有对神经症的心理病理学的阐述最有实际意义。在神经症中，弗洛伊德的学说所涉及的是癔病（或称歇斯底里）、强迫症和恐怖症这三种类型的神经症。

精神分析学说认为，焦虑是理解神经症的关键所在。焦虑是一种弥漫性的恐惧的体验。由于有焦虑体验者无法意识到其恐惧的具体对象，所以焦虑被称之为"无原因的恐惧"。弗洛伊德在其学说发展的早期，曾认为焦虑来自对性冲动的压抑，即里比多得不到正常宣泄，就转化为焦虑或以焦虑的形式求得宣泄[3]。弗洛伊德在20年代后，在发展了其人格结构论之后重新研究了自我的机能，发现并不是自我先对里比多进行压抑,以后被压抑的性驱力转化为焦虑的;而是自我先预感到某种危险的存在,产生了焦虑,为防止焦虑的发展而对里比多的要求实行压抑的,即是焦虑造成压抑,而不是压抑引起焦虑[6]。

　　本我中的本能欲望和冲动在里比多的驱使下不断地寻求他自身的满足和表现,超我根据社会、道德的要求不允许其表现,而自我同时要注意本我和超我及现实这三方的利益,必然对寻求满足的本能的冲动加以压制。在自我足够强大时,采用心理防御机制中的压抑能够获得成功。但当自我力量减弱时,压抑未能成功,即产生神经症性的心理冲突。两种势力冲突的结果达到妥协,自我采用心理防御机制中某些特别的技巧,对急于寻求表现的性冲动予以化装,使之以神经症症状的形式表现出来。这既使里比多的能量得到了宣泄,也使自我避免了焦虑。例如,在我们前面提到的弗洛伊德所列举的那个少女的例子中,如果该少女不继续其强迫性的仪式动作,便会感到极度焦虑。这种焦虑是对其无意识之中取代其母的欲望有可能进入意识的一种恐惧。因此,这个少女所做的一系列强迫性的仪式动作,只是为了避免焦虑,即本来要产生的焦虑为症状的形成所代替了[3]。

　　由于自我所恐惧的那些寻求表现的性的本能冲动处于无意识领域,自我很难察觉到正处于无意识领域中的意识并感到其恐惧的真实对象。因此其所体验到的无名恐惧即为焦虑。而这种焦虑又为神经症的症状所取代,以致病人无法意识到症状的原因所在,只有经过精神分析的治疗,才能找到病症的真正原因。

第三节　精神分析的治疗

一、治疗的原理

　　从上面精神分析的病理学理论可知,精神分析把无意识的心理冲突看作神经症的根本原因。参与冲突的有四种力量:本我、超我、外界现实和自我。在这四种力量中,惟一行使认识功能的是自我。而神经症病人的自我都不够强健有力,它在协调解决冲突中不能正常有效地发挥作用,不得已而采用这样或那样的防御机制,从而形成了各种心理症状。又由于参与冲突的各方处于不同的意识层面,这种冲突本身又是无意识的,不能被病人所觉察,所以病人虽明白自己有这样或那样的症状,但却不知症状的意义以及造成症状的原因。因此,分析治疗的焦点不应放在消除外显症状上,而应放在向病人揭示内在冲突的原因和冲突过程上。即把这一系列的无意识过程和材料经过分析、解释,让病人在意识层面得以了解和领悟。一旦病人明了自己得病的原因和过程情形,症状便有了一个合理的解释,自然就消失了。所以,分析治疗工作的要旨可以简明地归结为:促使无意识过程向意识转化。

然而,这一转化工作是异常艰难的。因为,第一,由于致病冲突的无意识心理内容不能通过有意回忆揭示出来,而分析者也不能知晓病人已经忘却的那些经验。第二,由于所谓的"两级获益",病人对分析会产生抵抗。因为这两重原因,促使病人由无意识向意识转化就变成了一场艰苦的往往是马拉松式的"战斗"。关于上述第一种原因我们已经讨论过,现在对后一种原因再作一些说明。

所谓"两级获益",是说病人借助生病从两方面获得了好处。第一级获益又叫内部获益,指的是症状满足了病人的无意识欲望,使无意识冲突得到变相的虚幻的解决这一事实。前面我们说过,受到压抑的里比多要求表现和宣泄,由于这种性欲望的满足对象和表现方式是为现实和超我不容许的,自我只好通过心理防御机制,把这些欲望化装为症状表现出来。欲望既得到表现,自然也是一种宣泄,一种满足。这是所谓一级获益的情形。二级获益是指病人借助生病,从家人、朋友和其他人那里获得支持、同情、安慰,从而减低应激压力。这种情况很容易理解,事实上无论什么病人都可能有这种获益。由于这种好处来自环境,所以也叫外部获益。

由于这两级获益,病人便有意无意地想"留在病中",而对治疗表现出一种矛盾态度。他一方面由于现实症状的痛苦和环境压力,在总体上表现得积极求治,想要努力摆脱疾病的折磨;但另一方面,在实际治疗进程中，又时时显得消极、回避，例如不积极配合检查，不愿意采取实际行动练习新行为，纠正强迫动作，乃至借故误掉治疗时间或"忘了"治疗时间等等。弗洛伊德把这种现象叫做治疗的"阻抗"(resestance)。阻抗有有意识的，但大多数是无意识的。有意识的阻抗容易消除，无意识的阻抗则很难对付。在治疗中，出现明显、强烈的阻抗是分析接近问题症结的一个信号，它提示分析进入了一个实质性阶段，但也是最难的攻坚阶段。所以弗洛伊德说，分析工作中最艰苦的是克服阻抗，它是治疗的中心任务之一。

阻抗的力量与压抑的力量同源，都由于自我或自我与超自我的联合活动。弗洛伊德认为，同一种力量先是实行压抑，而后又抵抗分析以维护压抑。要克服压抑和抵抗，我们可以借助的是病人自己的两种积极力量，一是病人要求康复的动机，一是病人的理智。在帮助病人克服抵抗时，心里要明白此时病人内心正经历两种力量的"决斗"：一种是要援助抵抗力的动机，一种是要打消抵抗力的动机。医生的策略是：第一，向病人表明旧的解决（实行压抑，以症状为替代性满足）足以致病，新的解决（在意识水平认识、接受自己的里比多欲望）可以恢复健康；第二，告诉病人他的自我已不是幼年时的自我，现在的自我已足够强大，有能力在意识水平上清醒地认识、处理矛盾冲突。

与阻抗同样在治疗过程中具有重要作用的另一种现象是移情(transference)。在长时间的分析治疗过程中，病人会逐渐出现一种特殊的表现，他不再关注自己的疾病，而对分析者变得越来越有兴趣。他与分析者的关系似乎变得越来越亲密，对医生表现出好感、顺从、崇拜，变得极易相信分析者的话，人前人后称赞医生高明。一段时间里，病情也急速改善。这便是病人对治疗者发生了移情。移情具有性爱的基本色彩。如果医生与病人的关系在年龄和性别上符合常态的恋爱条件，这种场合的移情具有典型的异性爱特点，如果是同一性别或年龄差距相当大，则以稍稍不同的形式出现。男病人和男性治疗者之间有时出现一种貌似相反的情况，病人不表现钦慕和依恋，而表现为敌视和贬低。前一种情况叫正向移情，后一种叫做负向移情。事实上，不管哪一种移情，病人对医生的这种强烈的感情并非由于治疗情境或治疗者的行为而发生,因此不能作正常发生的恋情来看待。弗洛伊德认为移情实际上是病人过去(多为幼年时期)对父母或他人的情感经历的重演,只不过分析者替代了儿时的情感对象。换言之,病人把医生当作早年生活环境里和他有重要关系的人,把曾经给予这些人的感情置换给了医生。

一旦移情发展到了相当强烈的程度,整个治疗工作的重心便发生转变。分析回忆过去退居次要地位,而对新出现的"移情神经症"的分析治疗占了主要地位。既然移情神经症是原来神经症的翻版,假如治愈了这个新得的神经症,就等于治好了原来的神经症。病人如果能重新与医生保持正常的关系,摆脱了被压抑的本能倾向的影响,则在离开医生之后,也仍然能够保持健康。

因此,移情的产生和处理,就是治疗过程中医生工作的重心所在。从后面对治疗过程的讨论可以看出,医生先是要发展与病人的关系,以利于移情的发生,然后努力解决移情问题。这好似把病人体内的各种毒气诱集于一个瘤疖,然后一刀切去这个瘤疖的做法。

二、治疗的方法

(一)自由联想(free association)

自由联想法是弗洛伊德1895年创造的。他让病人很舒适地躺着或坐好,把自己想到的(进入头脑中的)一切都讲出来,不论其如何微不足道、荒诞不经、有伤大雅,都要如实报告出来。精神分析家的工作则在于对对方所报告的材料加以分析和解释,直到从中找出病人无意识之中的矛盾冲突,即病的起因为止。在弗洛伊德看来,浮现在脑海中的任何东西都不是无缘无故的,都是有一定因果关系的,借此可发掘出无意识之中的症结所在。

(二)释梦

弗洛伊德1900年出版了《梦的释义》一书。他在给神经症病人治疗时发现梦的内容与被压抑的无意识幻想有着某种联系。他认为睡眠时自我的控制减弱,无意识中的欲望乘机向外表现。但因精神仍处于一定的自我防御状态,所以这些欲望必须通过化装变形才可进入意识成为梦象。因此梦是有意义的心理现象,梦是人愿望的迂回的满足。

在梦中所出现的几乎所有物体都具有象征性,成为性器官和性行为的象征。梦的工作通过凝缩、置换、视象化和再修饰才把原本杂乱无章的东西加工整合为梦境,这就是梦者能回忆起来的显梦。显梦的背后是隐梦,隐梦的思想,梦者是不知道的,要经过精神分析家的分析和解释才能了解。对梦的解释和分析就是要把显梦的重重化装层层揭开,由显相寻求其隐义。为了得到梦的潜隐内容,治疗者仍需采用自由联想技术,要求病人对其梦中内容进行自由联想。通过联想,治疗者就可获得梦的真实意义。在分析过程中,由于阻抗的作用,病人可能会歪曲梦的内容。因此,治疗者还需突破病人清醒时的防御,才能达到理解梦的象征性的目的。

(三)阻抗(resestance)

这是指病人有意识或无意识地回避某些敏感话题,有意无意地使治疗重心偏移。有意识的阻抗可能是病人怕治疗者对自己产生坏印象,或担心说错话,或对治疗者还不能信任,这种情况经治疗者说服即可消除阻抗。无意识的阻抗则表现为对治疗的抵抗,而病人自己则并不能意识也不会承认。病人往往口头上表示迫切希望早日完成治疗,但行动上对治疗却并不积极热心。例如病人可能表现为不愿更改其某种行为,即使这种行为给他带来了很大的痛苦。病人也可能很难正视和讨论他的创伤性体验,或寻找其他话题。在自由联想过程中,病人还会表现出很难回忆起一些与症状相关的重要事件及线索。

病人对精神分析治疗的这种强烈抵抗,自己无法意识到,也不会承认,他们可能还会为自己的这种无意识行为寻找理由,进行辩解。无论其表现形式如何,阻抗会一直贯穿于治疗的全过程之中。阻抗一方面是治疗神经症的障碍;另一方面它是治疗的中心任务之一。精神分析的治疗无法回避这种无意识的阻抗。治疗者需经过长期的努力,通过对阻抗产生的原因的分析,帮助病人真正认清和承认阻抗,治疗便向前迈进了一大步。

(四)移情(transference)

由于做精神分析治疗所用的时间很长,病人会把对自己父母、亲人等的感情转移到治疗者身上,即把早期对别人的感情转移到了治疗者身上,把他当成自己的父母、亲人等。像我们前面所讲的那样,这种移情有的是正性的、友爱的,有的是负性的、敌对的。但移情并非是对治疗者产生的爱慕,也不是有意识的恐吓,移情是病人无意识阻抗的一种特殊形式。移情表示病人的里比多离开原来的症状而向外投射给治疗者,此时移情成了治疗的障碍,亦变成了治疗的对象。治疗者通过移情可以了解到病人对其亲人或他人的情绪反应,引导他讲出痛苦的经历,揭示移情的意义,使移情成为治疗的推动力。由于精神分析治疗认为病人在分析过程中都会使治疗者产生移情,由于对移情的处理成为病人对症状领悟的重要来源,移情因此被认为是精神分析治疗的重要组成部分。

弗洛伊德曾这样写道:"治疗的工作乃可分为两个方面:第一,迫使里比多离开症候,而集中于移情作用;第二,极力进攻移情作用而恢复里比多的自由。我们要使这个新矛盾有一成功的结局,必须排除压抑作用,里比多才不再逃离了自我而逃入无意识。而此事之所以可能,又是由于病人的自我因分析家暗示的帮助而有了改变。解释的工作即将无意识的材料引入意识,于是自我乃因无意识的消逝而逐渐扩大其范围;又因教育而与里比多取得和解,于是自我也愿给里比多以某种限度的满足,自我能使少量里比多为升华之用,于是对里比多的畏惧也渐渐减弱了。治疗的经过愈接近这一理想的叙述,则精神分析治疗的效果也愈增大。"[10]

(五)解释

解释是精神分析中最常使用的技术。要揭示症状背后的无意识动机,消除阻抗和移情的干扰,使病人对其症状的真正含义达到领悟,解释都是必不可少的。解释的目的是让病人正视他所回避的东西或尚未意识到的东西,使无意识之中的内容变成意识的。

解释要在病人有接受的思想准备时进行。此外,单个的解释往往不可能明显奏效。较有效的方法是在一段时间内渐渐地接近问题,从对问题的澄清逐步过渡到解释。因此,解释是一个缓慢而又复杂的过程。通过解释,治疗者可以在一段时间内,不断向病人指出其行为、思想或情感背后潜藏着的本质意义。

三、治疗的实施

(一)治疗对象的选择和治疗规则

精神分析治疗的适宜对象是癔病、强迫症和恐怖症病人。弗洛伊德的精神分析学说虽对精神分裂症的病理心理学机制亦做了阐述,但对真正的分析治疗而言,此类病人并非适宜对象。

分析治疗过程中,病人半卧在躺椅上,治疗者坐在躺椅的一侧后面。治疗环境要安静,不应受到干扰。此外,不能有其他人在场旁听。

治疗中要求病人必须遵守治疗的规则,如在进行自由联想过程中,必须把浮现在头脑中的任何想法随时报告出来,不应有所隐瞒。这是因为病人所想隐去不报的内容,可能正是无意识之中与症状有关的使其自身感到羞愧、内疚的潜隐动机。

(二)治疗实施过程

精神分析治疗通常是每周会谈 3~6 次,每次平均 1 小时。其治疗疗程少则半年至 1 年,多则 2 年至 4 年[3]。在正式开始治疗前,还需先经过两周的试验性分析阶段,以排除在初次会谈确定的治疗对象中仍存有不适于做精神分析治疗的对象。

试验性分析过程之后,进入正式治疗的第一阶段。此阶段的目的在于建立治疗的同盟关系。第二阶段是移情的出现及其解释。随着移情的发展,治疗者要及时进行解释,使病人对他将过去经历、体验投射至治疗者身上的情况有充分认识。在对移情的分析和理解的过程中,治疗进入第三阶段,这一阶段实为治疗的修通或扩通(working through)阶段。这一阶段要帮助病人对移情有更深刻的认识,并着力克服治疗中遇到的各种阻力,使病人对治疗者的解释,即其症状的隐义有更为清晰的认识。治疗的第四阶段,是治疗的结束阶段。这一阶段中要解决病人对治疗者的依赖问题和拒绝治疗结束的企图。此期要彻底解决病人对治疗者产生的移情[3][11]。

第四节 精神分析治疗的发展与评价

一、精神分析疗法的发展

精神分析的学说从其创立之日起,至今已有近百年的历史了。精神分析学说随着社会的发展,其理论和方法亦被不断地补充和修正。弗洛伊德的精神分析理论和治疗方法现已被称之为经典的精神分析理论和方法。

(一)精神分析疗法在国外的发展

在弗洛伊德最初创立精神分析学说时,其学说是在批评和责难中艰难地发展起来的。至1902年以后,一批相信和推崇这一学说的青年学者开始聚集在弗洛伊德周围,定期在维也纳对此学说进行研讨。至1908年第一次国际精神分析学术会议召开,1910年国际精神分析协会成立,精神分析学说才得以向世界各国迅速传播。

在精神分析学说逐渐被学术界和公众认识的情况下,精神分析的团体发生了分裂,蛮克(O. Rank)、阿德勒(A. Adler)、荣格(C. Jung)等人与弗洛伊德在学术上的争论逐渐公开化,渐渐远离弗洛伊德的学说及团体。其中荣格和阿德勒的发展离开了"纯"精神分析的轨道。分别提出了有关广义的里比多及自卑情结论的学说,对精神分析的理论进行了重大修正[12]。

1909年美国的霍尔(G. Hall)邀请弗洛伊德赴美讲演,使霍尔及詹姆斯(W. James)等美国心理学家有机会接触到了精神分析的理论。至30年代到40年代,欧洲正统的精神分析家纷纷到美国定居和讲学,使美国成为精神分析学说的中心。从30年代至50年代,美国的一批理论家和心理治疗家在弗洛伊德精神分析学说的基础上,发展了与时代、社会及文化相适应的学说与方法。这些学说从不同角度修正了弗洛伊德的经典学说,提出了各具特点的观点。由于它们同多异少,被称为新弗洛伊德主义(neo-Freudism)。其代表人物有霍妮(K. Horney)、埃利克森(E. Erikson)、萨利文(H. Sullivan)和弗洛姆(E. Fromm)等人。

近年来,对弗洛伊德主义和新弗洛伊德主义的传统理论的修正和革新已成趋势。许多理论家和治疗家各自强调了精神分析学说的某些方面而建立起了自己的理论观点。在精神分析学派内,各种理论观点互相渗透,出现了各式各样的治疗技巧,其目的都是为了缩短疗程,提高疗效。目前这些疗法常被称之为精神分析性疗法或精神分析式疗法(Psychoanalytic·therapy, Psychoanalyticallyoriented therapy)[13]。

(二)精神分析疗法在我国的发展——中国的认识领悟疗法

在我国,三四十年代开始即有介绍精神分析的书籍发行。但真正实施则是近年来的事情。其中最突出的工作当属钟友彬先生的认识领悟疗法的发展。在这里,我们主要介绍钟友彬先生对精神分析在中国的应用及发展所做的工作和他的认识领悟心理疗法——一种精神分析式治疗。

钟友彬是一位精神病学方面的专家。他在任务繁重的基层医院精神科工作的同时,努力探索、坚持实践,为把精神分析应用于我国作出了艰苦卓绝的努力。近年来他已发表了一系列有关他的领悟性心理治疗的研究及治疗成果的文章[14][15],并于1988年出版了他的《中国精神分析:认识领悟心理疗法》一书[7],此书的问世标志着他对精神分析的应用与发展进入了一个较为成熟的阶段。

1、理论与方法

钟友彬的认识领悟心理治疗主要遵循精神分析的理论与原则进

行。他认为:"病症的'根源'在于儿童时受过的精神创伤,这些创伤引起的恐惧在脑内留下痕迹,在成年期遇到挫折时就会再现出来影响人的心理,以致用儿童的态度去对待在成年人看来不值得恐惧的事物。"[3]由于症状都是幼年期经历的恐惧在成人身上的再现,因此症状的表现必然带有幼稚性,具有不成熟的、儿童式的心理表现。

在涉及具体的症状表现时,钟友彬认为性变态病人在幼年期(13岁以前)有主动参与的具有快感的性经历或性游戏的经验,在成长过程中,这种经验被遗忘,进入无意识领域。成年后遇到挫折,性欲无法排解,无意识地采用幼年的方式解决成年期的困难和性方面的问题,就形成了性变态。如病人在儿童期有主动性的性经验,至青春期发育时产生怕羞和对儿童期经历的自责时,其所产生的羞耻反应与对他人的敏感性关系妄想相结合,即产生见人恐怖的症状。当幼年期的恐惧经验进入无意识之中,成年时遇到挫折使幼儿期的恐惧(初期焦虑)再次显现出来,并采用幼年的行为方式排除这种恐惧,此时病人表现出的就是强迫症状。

在治疗过程中,钟友彬认为,可以询问病人的生活史和容易记起的有关经历,但不要求勉强回忆"不记事年龄"时期的经历。对于病人的梦,可偶尔谈及,但一般不作过多分析。在治疗中,应用较多时间引导病人分析讨论症状的性质,说明其幼稚性和成年人的身份是不相称的[13]。在这种思想指导下,他不要求病人反复追忆,深挖过去,在无意识领域展开分析。他认为精神创伤已成为过去,不必再去追忆。在他的临床实践中,工作重心是在意识的层次,向病人指出其症状是幼年行为的表现,是在用儿童的方式解决和处理成年人遇到的问题,并要求病人对此达到领悟。

在这个前题之下,他主要着手解决两个方面的问题。一个是各种病人都会有的一般性问题:为什么说症状是儿童的方式,为什么儿童的方式带有成年人的痕迹?他通常以"火柴盒里有只大灰狼"的例子作为开始来解释这类问题。这句话只能唬住三五岁的小孩子,他们可能真的相信有可怕的大灰狼来了,防御措施之一,可能会躲到房间开着的门背后去。而对于成年人来说,这个说法的荒谬可笑显而易见。第一,在城市中绝少有大灰狼出现的可能性;第二,即使真的有大灰狼出现,它也绝不可能被装进小小的一只火柴盒中去;第三,如果大灰狼真的来了,藏在打开着的门背后是不解决任何问题的。这个说法对于强迫症及恐怖症病人极其有效,可以借此指出其以恐惧心理、不安全感为核心的焦虑之无意义,以及所采取的回避、防御方式之幼稚,是不能解决任何问题的。对于某些性变态病人(露阴症、挨擦症、窥阴症等)则着重指出它是在以幼年的猎奇、取乐的方式满足性欲的需要或解除某种紧张感。这种方式之幼稚与不可取,在任何正常成年人看来都是值得鄙视的、毫无意义的。那么,为什么在幼年的方式中又带有成人的痕迹呢?钟友彬告诉他的病人,人有4种年龄:实际年龄、生理年龄、智力年龄和情绪年龄。通常病人的前3种年龄都是基本相符合的,但第4种年龄——情绪年龄的发展落后于前3种年龄的发展。在一般情况下,情绪年龄不成熟是不明显的,但当遇到重大挫折之后,情绪的恐惧占了上风,压倒了其他(如理智等),产生了退行,以幼年的儿童方式表现出来。此时,因其智力水平是成人的,所以在幼年的方式中又带有成人的痕迹(如儿童不懂得恐惧癌症,只有成人才懂,情绪是儿童式的,恐惧的内容却可以是成人式的)。

第二方面是要解决病人的具体问题。通常病人在对上述道理理解之后,症状仍然出现,治疗者还要解决他们每个人存在的不同问题。如强迫症病人有万一自己头脑不清楚办错了事(如会计怕记错账,医生怕开错药方)等想法,某些性变态病人认为异性对其行为是赞赏的等等。指出这也是以儿童式的逻辑推理得来的,并以科学的道理对此进行阐述,直至病人心服口服,放弃这些想法。

2、领悟的本质

钟友彬认为治疗的目的是要消除病人的症状,而症状的消除需要病人对治疗者解释的领悟。病人的领悟是在治疗者引导下达到的,因此疗效的取得不在于揭示了幼年的精神创伤,而在于病人对治疗者解释的信任,这就是领悟的本质。领悟的内容是治疗者灌输给病人的,病人自感以前的想法及行为可笑,自己抛弃了原有的态度、行为,使症状得以消失[14][15]。

因此,治疗的过程是一个治疗者与病人交互作用的过程,也是特别需要病人主观努力的过程。钟友彬从治疗一开始就对病人强调一句中国的老话:"师傅领进门,修行在个人。"每次治疗后,都要求病人写出自己的体会,这是作业的一种形式。另一种作业形式是要求病人暗中调查一下其他成年人对自己恐惧的事物、自己认为有意义的事物的看法。以破除他们某些不正确的观念。钟友彬对病人强调:一定要"下决心不做儿童心理的奴隶",这样症状才有好转的可能。这是要求病人自己有一个消化、吸收的过程,使治疗者的信念变为病人自己的信念,这样才能放弃其病态的行为,达到治疗的目的。

3. 治疗的适应症及步骤

(1)适应症主要为强迫症、恐怖症和某些类型的性变态(如露阴症、挨擦症、窥阴症)等。

(2)采取直接会面交谈方式。每次时间为 60~90 分钟。疗程不固定,间隔时间不固定。每次会见后要求病人写出对治疗者解释的意见及结合自己病情的体会,并提出问题。

(3)初次会见时,让病人和家属叙述症状产生和发展的历史及症状的具体表现,并进行精神检查以确定是否适宜进行心理治疗。如时间许可,则简单向病人解释其病态是儿童心理的表现。

(4)以后的会见可询问病人的生活史和容易回忆起来的有关经验,但不要求"深挖"过去。

(5)引导病人,并和他一起分析症状的性质。症状大都是幼稚的不符合成年人思维逻辑规律的感情或行动。其症状表现是以幼年的方式来解决成年人的问题。具体的解释要结合病人实际情况作出。

(6)当病人对上述解释和分析有了初步认识和体会之后,再向病人进一步解释病的根源在于过去,甚至在幼年时期[3]。

从近几年钟友彬发表的文章来看,他所提出的这一方法是行之有效的。经过 5~12 次左右的治疗,不少病人的症状就已有了好转、显著好转甚至症状消失[14][16][17][18]。

4、对认识领悟疗法的分析与看法

关于认识领悟疗法与精神分析的异同,钟友彬曾作了下列几点分

析,他认为他的认识领悟疗法:

(1)承认人有无意识的心理活动,承认人的一些活动可以在意识以外进行,自己不能理解这些活动的原因,尤其是病态的行为。

(2)承认人格结构论,承认人们不自觉地使用心理防御机制来解除或减轻自己的心理冲突和烦恼,包括病态的恐惧。

(3)承认神经症病人患病后有两级获益,尤其是外部获益,给治疗这类疾病造成困难。

(4)承认幼年期的生活经历,尤其是创伤性体验,对人个性形成的影响,并可成为成年后心理疾病的根源。但不同意俄狄浦斯情结是人的普遍特性,也不同意把各种心理疾病的根源都归之于幼年性心理的症结。

(5)同意精神分析的观点,认为各种神经症病人的焦虑都有其幼年期的焦虑的前例,这是成年焦虑的根源。认为强迫症和恐怖症的症状即是过去或幼年期的恐惧在成年人心理上的再现。

(6)弗洛伊德认为性变态是幼儿性欲的直接表现,是成人的一种非常态的性满足。认为这有一定道理,性变态是成年人用幼年的性取乐方式来解决成年人的性欲或解除成年人的苦闷的表现,是本人意识不到的。

(7)用病人易理解的符合其生活经验的解释使之理解、认识并相信其症状和病态行为的幼稚性、荒谬性、不合成人逻辑的特点,使之达到真正的领悟,从而使症状消失。

从上述分析看,钟友彬的观点与精神分析的观点有许多接近和一致之处。如认为病态的行为是无意识的心理活动所造成的,认为病态的恐惧是心理防御机制的表现,承认幼年的创伤体验有可能成为成年后心理疾病的根源等。

与此同时,他的看法与精神分析观点又有相异之处。在他最初的工作中,他曾试图沿袭精神分析的观点,努力寻求症状背后的无意识动机,尝试在病人的幼年生活经历中找出精神创伤的影响。但也正是从此时开始,他已开始怀疑"象征性"与病人症状的不相吻合,是牵强附会之说,"情结"亦不能说明问题以及认为"领悟"是治疗者强加给病人的等等。他认为，病人所能领悟的内容与治疗者的观点有密切关系，治疗者的解释更为重要，解释是进行心理治疗的武器。

因此，他放弃经典的精神分析治疗方法而不用，自行创造了一套适于中国国情的治疗方法与解释。他既未采用自由联想，也未对病人的梦加以解析；既未利用移情与反移情进行工作，也未采用弗洛伊德的性心理发展阶段的固结之说，而是按照中国的文化背景、中国人的特点采用了适合这些情况的方法与解释。

从他所采用的精神分析原则来看，他所强调的是，病人以儿童式的思维逻辑、儿童的行为方式解决成年人所遇到的问题。而他在治疗中所要做的事情是使病人对这一点达到某种程度的领悟，从而以健康的行为模式代替过时的、幼稚的行为模式，使病人痛下决心——绝不做儿童心理的奴隶。这种解释反映了中国传统的自然观——顺应自然而发展的要求，因此是病人能够、而且易于领会、接受的解释。虽然他自己常说自己的解释是杜撰的，但实际上改造病人的人格，使之变幼稚为成熟是其治疗的中心工作，这也是他的工作中最富于创造性的部分。

而从这一点展开来看，其工作重心都集中在病人的意识领域，无意识领域中的工作他已全然置之一旁。他不在无意识领域中寻找"情结"，不让病人挖掘其早期生活经历。而是在引导病人改变信念，更为正确地认识自己，认识自己的行为。使病人认知发生转变，认识到以前的恐惧、焦虑之无意义，行为的可笑及不可取，认识到成人的逻辑与行为方式与儿童式的思维与表现形式之不同，并改变之，以达到治疗的目的。从这种意义上讲，钟友彬的治疗方法又与当今世界上以改变人的认知为主的认知心理治疗有着共同之处。

根据以上对钟友彬的认识领悟心理治疗的观点与方法的分析，我们总的认为：他是借用了精神分析的某些理论观点，从改变病人的认知入手，创造了一套适合于中国国情的具体实践办法。他的方法既可以归类于精神分析学派，亦可以认为超出了此学派的范畴。

当然，从理论观点上讲，他的治疗方法还远未达到真正成熟的程度；从治疗疗效上讲，各种因素的分析研究亦未真正进行过。他的理论及方法仍需经过实践的考察与检验，并在这一过程中不断向前发展。

二、精神分析疗法评价

对精神分析进行评价不是一件容易的事。弗洛伊德的理论诞生后,既有捧到天上的赞扬,也有打入地狱的贬斥。从近些年的总的倾向看,精神分析理论正失去昔日耀眼的光彩,越来越陷入受冷落的境况。

从积极的方面看,精神分析疗法的若干贡献是不能抹杀的。它第一个对人类的无意识心理现象作了系统探讨,无意识概念已被正统心理学所接纳。它对成年人人格结构的分析包含许多合理成分,它强调自我在人格结构中的核心作用,强调自我的整合、组织经验、协调、控制功能,这与当代多数人格理论家的看法是一致的。它偏重从生物学角度看待人格的发展原因,虽然有重大偏颇,但也包含着一些重要事实,而这些事实又恰恰是经常遭到忽视的。因为不管怎么说,婴儿最早、最原始的欲求是生物性的欲求,这是无法否认的。

精神分析疗法的另一种贡献体现于它在心理治疗中的历史作用上。它是第一个正规的治疗体系,它的出现使心理治疗跨入了一个新的历史时期。正因为这个第一,它对后来出现的各种疗法有重大影响,有的疗法直接从它这里接受了某些思想和原理,有的从它身上吸取了灵感,也有的从反对它、攻击它的过程中创造了新东西,这时候,它从反面刺激了创新。

精神分析疗法也受到多方面的批评。首先,它的疗效并不很肯定。当然,由于鉴定心理治疗疗效的研究的固有困难,对精神分析的疗效评价有不同看法,但总的说来,人们同意它不是很有效的一种疗法。其次,它疗程太长、花费太大是公认的事实。加上它对病人(适应精神分析疗法者)的选择条件(如智力、文化程度等),使得心理障碍患者中只有极少一部分人有可能成为接受分析者。事实上,正统的分析治疗是一种典型的贵族式治疗。除了上述这些较外在的缺陷外,精神分析的理论体系中也有不少遭到批评的地方。

精神分析学说有太强的生物决定论色彩。它单纯强调人的生物本性的作用,人成了他的生物欲求的奴隶。理性、意志不过是直接、间接地服务于生物欲望的工具,自我是本我的仆人。这里固然包含着部分真理,但精神分析把它当成了全部,这就走向了谬误。

更为严重的是,精神分析学说把性本能的作用强调过头了,它把性驱力看成心理发展的基本动力以及心理障碍的基本原因。这是不符合事实的。从发展的角度说,虽然婴儿最初只有一些最基本的生理需要,但这种需要不一定就具有性的色彩。弗洛伊德实际上是把人的一切快乐的情绪体验都归结为发自性快感这个本源,这与当代情绪研究的认识相去甚远。而且,婴儿在稍为长大一点后,便开始萌发一些社会性的需要,儿童是在各种需要与环境发生相互作用(在相互作用中又不断产生新的需要)这样一个复杂的相生相长的过程中发展的,决不是一种不变的性驱力与环境力量之间的相互作用。

把性失调和性压抑解释成一切神经症的成因更不符合事实。许多人指出,弗洛伊德之所以这么看重性的作用,与他生活在维多利亚时代的性道德观占统治地位的欧洲有关。他接触的病人阶层大多持清教徒的性道德观,性压抑是比较普遍的。这导致了弗洛伊德作出错误的概括。要反驳弗洛伊德的这一观点,只要看看当代西方社会和一些非禁欲文化中的人就行。当代西方社会中性已成了与穿衣吃饭差不多一样随便的东西,而神经症病人并不稍减。一些非禁欲的原始部落中并非没有自己的神经症。事实上,当代多数分析家已不再特别看重性因素的作用,更不把它当做惟一的原因。

弗洛伊德忽视环境、社会力量的作用这一点也受到批评并在当代分析者那里有所矫正。当代多数治疗理论正确地看到,社会性的冲突是众多心理障碍的主要原因,但在弗洛伊德体系里,社会力量只限于家庭成员;社会力量只以不变的方式与儿童性驱力发生相互作用,作用的结果只产生一种不变的心理症结——俄狄浦斯情结。冲突的复杂性、多样性被惊人地单纯化、公式化了,这绝对是有违事实的。

最后,弗洛伊德的方法论遭到更普遍的批评。他收集资料、处理和解释资料的程序完全不符合一般科学研究的要求。例如,他的个案样本不具有随机性,他的记录依赖的是他和病人的回忆。这无法排除他可能有意识地根据自己的假设,有选择地寻找支持证据。总之,正如霍尔和林基德在 1970 年指出的,弗洛伊德的著作包括他的结论,但不包括做结论时所依据的资料、分析资料时所用的方法和关于他的经验材料的系统说明。正因为如此,对待弗洛伊德理论出现了一种有趣的情形,一方面,许多人(包括一些著名学者)赞扬它的天才智慧的光辉;另一方面,这一理论的大部分并未被主流心理学所接纳。

参考文献

[1] B. Gilliland 等:咨询和心理治疗的理论与策略,1984 版,第 11—12 页
[2] 钱铭怡:心理咨询与心理治疗,北京:北京大学出版社,1994 年版,第 157 页;转引自波林、E. G. 著,高觉敷译:实验心理学史,北京:商务印书馆,1981 年版
[3] 钱铭怡:心理咨询与心理治疗,北京:北京大学出版社,1994 年版,第 157 页;转引自杨青:现代西方心理学主要派别,沈阳:辽宁人民出版社,1984 年版
[4] 钟友彬:中国精神分析:认识领悟心理疗法,沈阳:辽宁人民出版社,1988 年版
[5] 弗洛伊德著,林克明译:日常生活的精神分析,志文出版社,1983 年版
[6] 弗洛伊德著,苏晓离、刘福堂译:精神分析引论新讲,合肥:安徽文艺出版社,1987 年版
[7] 钱铭怡:心理咨询与心理治疗,北京:北京大学出版社,1994 年版,第 161—175 页
[8] 张伯源、陈仲庚:变态心理学,北京:科学技术出版社,1986 年版
[9] Freud, S. Analysis Terminable and Interminable . In S. Freud, Collected Papers, Vol. V. London, Hogarth Press, 1950
[10] 弗洛伊德著,高觉敷译:精神分析引论,北京:商务印书馆,1984 年版
[11] Gilliland, B. E. James, R. K. and Bowman, J. T. Theorries and Strategies in Counseling and Psychotherapy , second edition , Englewood Cliffs, New Jersey, Prentice Hall 1989
[12] 汤宜朗、许又新:心理咨询概论,贵阳:贵州教育出版社,1999 年版
[13] 钟友彬:现代心理咨询——理论与应用,北京:科学出版社,1992 年版
[14] 钟友彬:在强迫动作症的心理治疗中"领悟"的本质和作用,中国神经精神疾病杂志,1984 年版,19(5):267—270
[15] 钟友彬:论动力学疗法中的领悟,国外医学精神病学分册,1985 年版,2

期,137—140
[16] 钟友彬、杨华渝:窥阴症,神经精神疾病杂志,1981,7(2):71—73
[17] 钟友彬:挨擦症一例报告,中国神经精神疾病杂志,1983,18(2):114—115
[18] 钟友彬:窥阴症,中国神经精神疾病杂志,1986,21(4):239—241

第十二章 行为治疗的理论和方法

行为主义是现代心理学主要流派之一,对西方心理学有着巨大的影响,被称为西方心理学的第一势力。行为主义研究早在20世纪初弗洛伊德进行心理分析研究时就已开始,但直接植根于行为主义的行为治疗(behavior therapy)却是在20世纪50年代末至60年代初这一期间发展起来的。由于行为治疗本身具有独特的理论见解和特殊的治疗方法,所以它在较短时间内就成为可供临床应用的有效的心理治疗方法之一。

第一节 行为治疗的基本理论

从理论基础来看,行为治疗的基本理论源于行为主义的学习原理,主要以经典条件作用原理、操作条件作用原理和模仿学习原理为基点。

一、经典条件作用原理

经典条件作用(classical conditioning)学说的建立最早可追溯到俄国生理学家谢切诺夫(I. M. Sechenov)。他在1863年出版了《脑的反射》一书,认为一切有意识和无意识的活动就其发生机制来说都是反射。这就从根本上改变了人们关于心理活动性质的旧观念。

巴甫洛夫(I. P. Pavlov)在此基础上进行了更为深入的研究。他在实验室中研究狗的消化过程时，无意中发现狗不仅仅是在食物出现时才分泌唾液，当与食物出现相关的其他刺激物单独出现时狗也会有相同的反应。巴甫洛夫对此进行了进一步的实验研究。他在给狗喂食的同时，对狗进行一个节拍器的声音刺激(中性刺激，也称无关刺激)。这样结合多次以后，狗只要听到节拍器的声音(但没有食物)，就会有唾液流出(反射行为)。巴甫洛夫将这种后天习得的对一个中性刺激的反射行为就称为条件反射，这个中性刺激就是条件刺激。

巴甫洛夫进一步又发现，几乎任何的先天性反应(如眨眼等)都可以与任何刺激(如颜色、声音等)建立起一种条件反射(conditioning reflex，简称 CR)；反过来讲，条件反射的建立必须依赖于一种无条件反射(unconditioning reflex，简称 UR)，否则无法形成。如没有食物结合的单纯的节拍器声音是绝对不会使狗产生唾液分泌反应的。若条件刺激多次出现，但没有无条件刺激的强化，这个条件反射就会削弱或消退。

行为主义心理学的创始人——华生(J. B. Watson)，则明确的将条件反射的研究纳入了心理学范畴。华生行为主义又称为"刺激—反应心理学"，即 S—R 心理学。华生认为，行为是有机体应付环境的全部活动，刺激是指引起有机体行为的外部和内部的变化，而反应则是指构成行为最基本成分的肌肉收缩和腺体分泌。华生从严格的决定论出发，认为一定的刺激必然引起一定的反应，而一定的反应也必然来自一定的刺激。如完全知道刺激，就可推知会有什么反应；如完全知道反应，也可推出曾有什么刺激。因此，心理学研究的任务就是确定刺激与反应之间联系的规律，以便预测行为和控制行为[1]。

从 S—R 这个立场出发，华生(1924)认为人的行为除少数简单的反射外，完全是由外界环境塑造的。他甚至曾经说过这样一段话："给我一打健全的婴儿和我可用以培养他们的特殊世界，我就可以保证随机选出任何一个，不问他的才能、倾向、本领和他的父母的职业及种族如何，我都可以把他训练成为我所选定的任何类型的特殊人物如医生、律师、艺术家、大商人或甚至乞丐、小偷。"[2]

华生还用条件反射来研究情绪的发展变化,并得出一些有价值的理论。他遵循条件反射的程序,使一个叫阿尔伯特的 11 个月男孩产生了恐惧反应。小阿尔伯特起初并不害怕实验白鼠,看到白鼠时毫无惧色。对他来说,这只小白鼠只是一个中性刺激。华生把白鼠给阿尔伯特看,同时马上在他脑后用锤子敲击一根金属条,发出出其不意的响声,也就是引起阿尔伯特惊恐反应(UR)的非条件刺激。华生将白鼠和锤敲金属声在一周内共同演示了七次以后,小白鼠就成了条件刺激,阿尔伯特只要一看到白鼠就会惊哭不止,这种恐惧还不断泛化,以至于后来见到小猫、兔子及其他带毛的东西都会大哭不已。华生将这种通过条件反射产生的某些情绪上的条件反应就称为条件情绪反应(conditioned emotional responses)。他认为,不良的条件情绪反应,可以通过条件反射方法如重行条件作用或解除条件作用加以消除。

华生还针对精神分析理论戏谑地说:"如果 20 年后,这小家伙长大成人,假如他还因恐惧裘皮大衣而苦恼,又假如他因为这个毛病去求助于精神分析专家,那么精神分析学家该做何反应呢?"他继续说道:"如果弗洛伊德主义者们那时仍然坚持他们的理论假设的话,他们在分析这位恐惧裘皮大衣的患者时,一定会引诱他讲述一个梦,并根据这个梦分析出这位患者很可能在 3 岁时,因为试图抚弄他母亲的阴毛而招致过分严厉的责骂。"[3]华生这段"恶作剧"般的话语,除了令人忍俊不禁之外,似乎不无发人深省之处。

经典条件反射学说已成为行为治疗最基本的理论之一。该学说中有关条件反射的形成、泛化和消退等的原理,可以解释人的某些行为是通过学习得来的,一种刺激物或情境亦可以泛化到另一种刺激物或情境中去。条件反射建立或消退的规律已成为消除不良行为、塑造健康行为的重要方法。

二、操作条件作用原理

操作条件作用(operant conditioning)是由美国新行为主义的主要代表斯金纳(B.F.Skinner)提出的,但有关这一原理的最早论证则是由桑代克在 1911 年作出的。

桑代克将一只饥饿的猫关在迷箱中，在箱外猫可见范围内摆上食物，箱上有一机关，只要猫用爪子击打一根杠杆，箱门就会打开。关在迷箱里的猫一开始做出很多行为，如挤栅门、把爪子从缝隙中伸出等。最后，它偶然碰到了杠杆，笼门打开了，猫于是走出迷箱吃到了食物。以后每次桑代克将猫放进迷箱，猫都能用更短的时间击打杠杆打开笼门，错误行为渐渐减少，只有成功的反应保存了下来。就这样通过"尝试错误以及偶然的成功"，猫学会了如何逃出迷箱。桑代克将这种现象称为效果律，即一种行为过程的发生次数受该行为的后果的影响而改变：一种行为之后出现了好的效果，这种行为就趋向于被保持下来；如效果不好，则该行为趋向于被消除，这也就是斯金纳所说的一种"强化"。

斯金纳坚持华生的 S—R 公式，但他更着重于研究反应，而不是刺激与反应之间的联结。他把行为分为两种：一种是应答性行为（respondent behavior），即巴甫洛夫的经典条件反射，指某种特定刺激诱发的行为，如食物引起唾液分泌；另一种是操作性行为（operant behavior），即个体操作其环境的行为，如人走路、老鼠压杠杆等。其特征是，构成行为的反应是自发的，无法确定反应的出现是由何种刺激引起的。斯金纳把几乎所有人类的条件作用都看作一种操作，认为这是心理学研究的主要对象。

斯金纳设计了著名的"斯金纳箱"（Skinner Box）作为研究动物操作行为的实验仪器。饥饿的老鼠被关在箱子里，可以自由探索。它在探索中或迟或早的偶然压到箱内的一根杠杆，从而牵动了食物库，一颗食物小丸落入箱壁下的小盘里，老鼠就得到了食物。由于这个压杠杆的行为每次发生时，都立即跟随着一块食物的出现，因此，这一行为就得到了加强。这样，每次老鼠被放在箱子里时，就更可能去压下杠杆，相对于老鼠在箱中所展示出的其他行为，这个行为的可能性增加了。这就是操作条件反射。

"斯金纳箱"非常清楚地说明了行为强化的原理：当一个行为造成了有利的结果（如对生存或安宁有好处的结果）时，这个行为更有可能在将来的相似环境中被重复。因此，塑造行为的过程就是学习的过程。

斯金纳把学习的公式概括为"如果一个操作发生后,接着给予一个强化刺激,那么其强度就增加"[4]。这里所谓的"强度增加",是指使这些反应发生的一般倾向;这个增强了操作行为的结果就称作强化刺激。强化刺激物可以是作为奖赏的任何东西,如食物、金钱、赞扬,甚至只是避免某种惩罚。

斯金纳根据实验中所得的观点,提出了一套行为矫正术(behavior modification),广泛应用于各种社会机构,特别是学校、精神病院、弱智儿童教养所、工业管理等方面的心理矫治,卓有成效。他认为包括心理疾病在内的大多数行为都是习得的,因此,心理治疗和咨询就是要以改变对来访者起作用的强化物的方式来改变其行为,有目的奖赏那些需要保留、巩固的有益行为,忽视或惩罚那些需要弃除的不良行为,从而创造出一种新的行为模式。

三、模仿学习原理

行为治疗中的许多学习理论认为,个体在获得习得行为的过程中并未直接得到过强化,学习的产生是通过模仿过程而获得的。心理学的研究亦已证明,人类的大多数行为都是通过观察模仿学会的。在有关模仿学习的理论中,班杜拉(A. Bandura)的工作最为突出。

班杜拉认为,人的社会行为是通过观察学习获得的,模仿学习可以在既没有模型也没有奖励的情况下发生,个体仅仅通过观察他人的行为反应就可达到模仿学习的目的,但要使个体运用这些行为,就必须运用强化手段。也就是说,班杜拉仍坚持S—R的接近性原理和强化原理,认为在社会学习的过程中,有决定性影响的仍是环境,如社会关系和榜样等客观条件。人们只要能够控制这种条件,就可促使儿童的社会行为向着预期的方向发展。

班杜拉的社会学习理论亦具有一些不同于以往行为主义的特点[4]:(1)强调人的行为是内部过程和外部影响交互作用的产物;(2)强调认知过程的重要性。与以往的行为主义者不同,班杜拉认为认知因素在人的活动的组织与调节中起着核心作用。社会学习是信息加工理论和强化理论的综合过程;(3)强调观察学习的重要性。他认为许多行为模式都是通过观察别人的行为及其后果而学来的,他尤其强调模仿对象及其特征对激发特定行为的重要性;(4)强调自我调节的作用。他认为某个特定行为既会产生外在的后果,也会产生自我评价的反应,所以行为的强化来源于外界反应与自我评价。因此,班杜拉除注意到外部强化、替代强化(因观察别人的某种行为而强化自己的该种行为)对学习的影响外,特别重视利用自我强化或自我惩罚的方式来加强行为的自我控制。

总之,在提倡模仿学习观点的社会学习论者看来,人们的大量行为都是通过模仿而习得的。人的一些不良行为就常常是通过这一渠道而形成的,如疑病症的儿童多来自对疾病过于关注的家庭等。模仿也有助于人们学会许多重要的技能,并能有效的对一些不良行为加以矫正,建立新的行为模式。

第二节 行为治疗的基本假设和治疗过程

一、行为治疗的基本假设

行为治疗的基本假设是:(1)人的行为,不管是适应性或非适应性的,都是经过学习而获得的,并由于强化而得以巩固。一般说来,当某一行为的结果不再具有社会适应性时,该行为就会减弱、消退,而某些行为则不同,它们在丧失了适应性后仍不消退,这就需要借助治疗者的帮助来加以改变。(2)通过奖赏或惩罚的强化方式,可以控制行为增减或改变的方向。也就是说,个体可以通过学习消除那些习得的非适应性行为,也可通过学习获得所缺少的适应性行为。

概括地说,行为治疗就是以行为学习理论为指导,按照一定的治疗程序,来消除人们的非适应性行为的一种心理治疗方法。

二、行为治疗的基本特点

1. 行为治疗的对象是个体的非适应性行为

行为治疗旨在对个体的非适应性行为进行矫正,通常把要被矫正的行为称作问题行为或靶行为。

2. 行为治疗强调环境事件的重要性

行为治疗理论认为,人类行为是由其所处环境中的各种事件所控制的,行为治疗的目的就是识别这些事件,对与非适应性行为有关联的环境事件进行评估,改变非适应性行为和环境中的控制变量之间的相互关系,从而对非适应性行为加以矫正。行为治疗在重视当前环境事件影响作用的同时,还认为过去的经验也可能提供一些和非适应性行为有关联的环境事件的有用信息,这可能有助于分析当前的某些行为以及选择合适的技术与方法。

3. 行为治疗不对行为的潜在动因进行假设

有些心理治疗方法,如精神分析疗法,着眼于假设行为的潜在动因(如俄狄浦斯情结),但行为治疗拒绝这种假设,认为这种解释及其与之试图解释的行为之间的相互关系缺乏科学性、可操作性,其真伪永远也无法证实。

4. 行为治疗是一种系统的、可操作性很强的方法

行为治疗强调对治疗的程序和方法进行精确的描述,这样可便于治疗者正确实施这些程序和方法。除此之外,行为治疗还重视在进行治疗干预的前后对目标行为(靶行为)的评价,从而可以及时把握治疗干预的效果。

三、行为治疗的基本过程

行为治疗的具体方法虽然有很多,但其治疗过程却有许多共同之处,大都包括以下方面:

1. 了解来访者非适应性行为或疾病产生的原因

来访者的非适应性行为往往不是由单一因素引起的,而是多种因素(生物、心理、社会因素)综合作用的结果。只有比较准确地把握了这些影响因素,才能奠定有效咨询的基础。

2. 确定需要矫治的目标行为(或称靶行为)

来访者的非适应性行为往往十分复杂,其中有主要的,也有次要的;有"原发性的",还有"继发性的"。因此,需要把来访者非适应性行为的主要表现确定下来,即把需要矫治的靶行为确定下来,作为治疗的目标。然后通过观察、检查,记录下来访者非适应性行为的严重程度与出现的频度,并列出治疗前症状表现的基线,作为治疗时的对照指标。例如对焦虑,就可按照所规定的轻、中、重的等级标准,确定其表现的严重程度与出现的频度。这项工作的完成为下一步制定恰当的治疗方案打下了基础。

3. 向来访者说明行为治疗的目的、意义和方法

行为治疗的实施方案和程序虽然是由治疗者制定的,但实施过程必须取得来访者的主动配合才能成功。行为治疗从表面上看,治疗者是主动的,来访者是被动的,但实际上,必须要求双方密切配合,特别是来访者的主动配合行动是行为治疗能否取得理想疗效的关键。因此,在治疗开始之前要向来访者说明行为治疗的目的、意义和方法,使其消除由于无知而产生的不必要的疑虑和心理阻抗,从而主动配合治疗。

4. 采用专门的行为治疗技术或配合必要的药物或治疗器具进行治疗

行为治疗技术种类繁多,但每种方法都有其一定的适应症范围。在开始进行行为治疗时必须根据靶行为的临床特点、治疗的目的,选取一种或两种最为恰当、最可能取得可靠疗效的行为治疗技术。有时,为了提高疗效,还需配合一定的药物或治疗器械,作为综合性的治疗措施。

5. 根据行为治疗技术的性质及来访者行为的改变情况给予正负强化

治疗过程中,治疗者根据选用的治疗技术本身特点和靶行为的性质、特点、形成原因以及治疗目的(例如,是对靶行为进行消退、改造,还是进行重塑,或是形成新的行为以取代旧有的行为),给予相应的正强化(如表扬、鼓励或物质奖励等)或负强化(如批评、疼痛刺激或撤消奖励等),并且在整个治疗的过程中针对行为改变的具体情况而变换方式,以达到最佳疗效。

6. 根据治疗的转变情况,调整治疗方法

由于来访者的非适应性行为大多数是经过相当长的时间逐渐形成起来的,而且形成的原因也很复杂,所以不经过一定的疗程难以治愈。因此,在治疗开始以后就需要根据治疗情况的变化,对治疗方法与措施作适当的调整。

7. 将治疗效果迁移到非治疗情境中

行为治疗一般都是在专门的治疗情境中(如治疗室)进行,来访者有可能在特殊的治疗情境中是有效的,能否将疗效迁移到到日常生活情景中,这是行为治疗经常碰到的一个难题。可能的解决方法之一,是根据归因理论,特别是"归因—维持模型",通过改变归因,强化来访者的行为自由感和"自我引导感"(Sense of Self-initiation),训练他们的抗干扰的能力。有关内容我们已在第十章第二节中做过介绍。

第三节 行为治疗的常用方法

行为治疗家在行为治疗的基本理论之上,经实验与临床实践,创立了许多富有成效的治疗方法,甚至许多非行为治疗学派的咨询者亦采用了个别的行为治疗技术。本节将选择其中几种常用的治疗方法进行介绍,从中可领会到行为治疗的治疗要领与方法。

一、放松训练

放松训练(relaxation response),又称松弛疗法,是通过一定的程式训练学会精神上及躯体上(骨骼肌)放松的一种行为治疗方法。其核心的理论认为放松所导致的生理改变对应激所引起的生理改变是一种对抗力量。放松可阻断焦虑,副交感支配可以阻断交感支配。因此,各种放松技术的共同目标都是降低交感神经系统的活动水平、减低骨骼肌的紧张及减轻焦虑与紧张的主观状态。

(一) 放松训练的主要类型

(1) 渐进性肌肉放松；
(2) 自生训练；
(3) 自我催眠；
(4) 静默；
(5) 生物反馈辅助下的放松。

(二) 实施放松训练的基本条件

(1) 精神专一：要求自己集中注意于身体感觉、思想或想象。默默地或出声地重复一个音、词、句子或想象，以促进逻辑的继发性过程性思维转变为较少现实依据的原发性过程性思维；

(2) 被动态度：当思维或想象发生分心时，教导自己不理睬无关刺激而重新集中注意力于精神专一；

(3) 减低肌肉能力：处于一种舒适的姿势，减低肌肉紧张；

(4) 安静的环境：闭目以减少外来的分心，宁静的环境可以减少外来刺激的传入；

(5) 有规律地进行训练。

(三) 渐进性肌肉放松的技术

1. 环境要求

治疗室要求安静整洁，陈设简单，光线柔和，周围没有噪音和干扰。

2. 声音要求

治疗者在训练时，说话声音要低沉、轻柔、安详、愉快、坚定，吐字要清楚，发音要准确。可以低声播放轻松、缓慢、柔和的音乐，音乐节拍以每分钟约60拍为宜。

3. 准备工作

患者在治疗前可少量进食，排空大、小便，宽松衣袋、鞋带和颈部衣扣,坐在舒适的沙发或椅子上,头向后靠,双手自然下垂置于腿上,整个身体保持舒适、自然的姿势。

4. 具体实施的步骤

(1)握紧拳头(停 5 秒左右)——放松;伸展五指(停 5 秒左右)——放松。

(2)收紧二头肌(停 5 秒左右)——放松;收紧三头肌(停 5 秒左右)——放松。

(3)耸肩向后(停 5 秒左右)——放松;提肩向前(停 5 秒左右)——放松。

(4)保持肩部平直转头向右(停 5 秒左右)——放松;保持肩部平直转头向左(停 5 秒左右)——放松。

(5)屈颈使下颌触到胸部(停 5 秒左右)——放松。

(6)尽力张大嘴巴(停 5 秒左右)——放松;闭口咬紧牙关(停 5 秒左右)——放松。

(7)尽可能地伸长舌头(停 5 秒左右)——放松;尽可能地卷起舌头(停 5 秒左右)——放松。

(8)舌头用力抵住上腭(停 5 秒左右)——放松;舌头用力抵住下腭(停 5 秒左右)——放松。

(9)尽力张大眼睛(停 5 秒左右)——放松;紧闭双眼(停 5 秒左右)——放松。

(10)尽可能地深吸一口气(停 5 秒左右)——放松。

(11)肩胛抵住椅子,拱背(停 5 秒左右)——放松。

(12)收紧臀部肌肉(停 5 秒左右)——放松;臀部肌肉用力抵住椅垫(停 5 秒左右)——放松。

(13)伸腿并抬高 15～20 厘米(停 5 秒左右)——放松。

(14)尽可能地收紧腹部(停 5 秒左右)——放松;绷紧并挺腹(停 5 秒左右)——放松。

(15)伸直双腿,足趾上翘背屈(停 5 秒左右)——放松;足趾伸直趾屈(停 5 秒左右)——放松。

(16)屈趾(停 5 秒左右)——放松;翘趾(停 5 秒左右)——放松。

5. 注意事项

（1）第一次进行放松训练时，治疗者与患者同时做，这样可减轻患者的焦虑程度，并能提供模仿的信息。

（2）放松的引导语，有录音和口头两种。在训练开始时使用口头语，更便于患者接受和掌握。

（3）在放松过程中，要帮助患者体验身体放松后的感受。

（4）患者除了在治疗师的指导下进行放松训练之外，还可以听录音自己在家练习，每天1～2次。待掌握要领后可逐渐脱离录音带，独立练习，每次10～15分钟。

二、系统脱敏疗法

系统脱敏疗法（systematic desensitization），也称交互抑制法或缓慢暴露法，是行为治疗中的第一个规范化了且至今仍然盛行的一项基本技术，由南非的精神病学家沃尔普（J. Wolpe）于1958年创立的。这一疗法主要运用交互抑制（reciprocal inhibition）原理或"对抗条件作用"（counter-conditioning）的原理，在系统的程序下，从轻而重的，逐渐消除在某一特定的情景下产生的超出一般紧张的焦虑或恐怖状态。该法主要用于治疗恐怖症，除此之外，也适用于其他以焦虑为主导症状的行为障碍，如口吃、性功能障碍、强迫症等。

（一）系统脱敏法的治疗原理

系统脱敏法的问世源于对动物的实验性神经症的治疗。1958年，沃尔普在经典条件反射和操作条件反射的理论基础上，根据自己的一系列实验结果，提出了交互抑制理论。他的典型实验是：将一只饿猫放在笼中，当食物出现猫去取食物时，给予强烈电击。反复数次后，即使食物出现时不再有电击，猫仍惧怕去取食物。同时，猫还对整个实验环境也产生了恐惧反应：在铁笼旁边，甚至是实验室隔壁的房间，猫的进食都受到不同程度的抑制，形成了猫的实验室神经症。为了消除这种恐怖性神经症，沃尔普先在离实验室较远的地方给猫以食物，这时猫虽然也有较轻恐惧,但终因进食动机强烈而出现进食的正常反应,也就是正常反应抑制了异常反应。之后,沃尔普逐步将食物分阶段的移到原先的实验环境,猫每一次的轻微恐惧都逐渐消除,最后,这只猫回到铁笼中也能正常进食了。

沃尔普认为,这是交互抑制的作用。"交互抑制"的原理认为,个体不可能有相对不同的情绪同时发生,譬如高兴和不快;如有相反性质的情绪反应,这两种情绪就会交互作用而产生抵制和抵消。也就是说,要消除不安或恐惧的负性情绪反应,就要有相反的正性情绪反应来进行抑制,从而抵消负性情绪。饥饿的猫进食后,得到一种满足和快感,就可以抑制焦虑紧张反应。不过,沃尔普又指出,这种抑制力量是很有限的,通常只能对付比较轻微的焦虑。所以对恐惧刺激情景的暴露要由远及近、由轻到重、循序渐进,焦虑程度每次只增加一点,逐步达到最严重的程度。这种通过渐进性暴露于日益恐惧的刺激情景以逐步消除恐惧反应的治疗方法,就是系统脱敏疗法。对于人类,沃尔普采用了全身肌肉放松来代替食物作用作为抑制焦虑或恐惧的反应,即让一个原可引起微弱焦虑或恐惧的刺激在来访者面前重复暴露,同时来访者以全身肌肉放松来进行对抗,从而使该刺激逐渐失去引起焦虑或恐惧的作用。

1963年,经严格控制条件的对照研究证实,系统脱敏是一种安全有效的治疗手段,可用于临床治疗。系统脱敏法是人类医学史上第一个规范化了的行为疗法。

(二)系统脱敏法的治疗程序

系统脱敏法包括三个程序:放松训练、建立焦虑(或恐怖)等级表、系统脱敏。

1. 放松训练

让来访者坐在舒适的椅子上,深呼吸后闭眼,并想象可令人轻松的情境,如躺在海边听轻松的音乐等,而后让来访者依次练习放松前臂、头面部、颈、肩、背、胸、腹及下肢,亦可借助肌电反馈仪来增强训练效果。反复这样的训练,直至来访者达到能在实际生活中运用自如、随意放松的娴熟程度。

2. 建立焦虑(或恐怖)等级表

这一步十分关键。首先要根据来访者的病史及会谈资料找出所有使来访者感到焦虑(或恐怖)的事件。将这些事件进行相互比较,根据致病作用的大小分成若干等级。通常可将刺激因素按其可引发来访者的主观焦虑程度,分为五等或采用百分制(0~100),如引起1分主观焦虑或恐怖的刺激为一等,引起2分的为二等,以此类推,而后将这些不同的刺激因素按其等级依次排列成表,即为"焦虑(恐怖)等级表"。

需要注意的是,被视为一等刺激因素所引起的焦虑或恐怖(即主观的焦虑或恐怖评定为1分者)应小到足以被全身松弛所抵消的程度。这是治疗成败的一个关键。此外,理想的等级设计应是各等级之间的级差均匀,是一个循序渐进的系列层次。这一点需要启发来访者共同完成。

3. 系统脱敏

首先让来访者在放松的情况下进行脱敏学习,而后按照设计的焦虑(或恐怖)等级表由小到大依次逐级脱敏。

先让来访者想象最低等级的刺激物或事件。当他能清楚地想象并确实感到有些紧张时,就让其停止想象,并全身放松,而后反复重复上述过程,直至来访者对这样的想象不再感到焦虑(或恐怖)为止,从而完成第一等级脱敏。接着再对下一个等级的刺激物或事件(焦虑或恐怖等级表中列为2分的刺激)进行同样的脱敏训练。最后迁移到现实生活中,不断练习,巩固疗效。在咨询过程中,一般在一次会谈时间内以完成1~2个事件的脱敏训练为宜。

需要指出的,除了想象脱敏以外,系统脱敏法还有四个变式[5]:

(1)自动化脱敏(automated desensization):采用事先备好的焦虑层次的录音录像进行脱敏。此法的优点是来访者可自由地决定脱敏的速度,亦可在家里独自进行。

(2)接触脱敏法(contact desensization):在渐进性焦虑层次的基础上,外加了示范和接触,让来访者观看治疗者处理其所害怕的刺激物,而后照着做,一直到用手握或触摸不感紧张为止,如让怕猫的孩子去摸猫的照片。

(3)实际场所脱敏(invivo desensization):采用实际的刺激物代替

视觉性想象,来访者在他人陪伴下到实际生活中去逐级面对实际的刺激物来进行脱敏操作。这种方法较不易操作,但效果比较实在。

(4)情绪性表象法(emotive imagery):通过形象化的描述,诱发来访者的兴奋、骄傲和欢乐等积极情绪情感活动。这些积极的情绪情感活动与由恐惧所引起的焦虑反应互不相容,从而就可以逐渐抑制和消除恐惧心理。该法最适合儿童来访者。

在实际脱敏过程中,可根据实际情况及需要,灵活运用这些脱敏方式。

(三)治疗案例——社交恐怖症[6]

患者,女,23岁。平素性格内向敏感,勤学好胜。自幼家境不好,儿时便颇知几分人情冷暖、世态炎凉。19岁考入某专科学校,某日发现新来的青年男教师讲课时总是注视自己,课后联想甚多。最终觉得可能是自作多情,因而羞愧不已。后来凡遇见该老师就面红耳赤、心慌气促。以后觉得同学好像都看出了她的隐私,因而与同学们在一起也是手足无措、言行尴尬。好容易熬到毕业,分配在某单位工作。但情况并未好转,仍不敢与同事面对面交谈,更害怕与别人眼光对视。自知如此会招致非议,但苦于不能自拔。后经人介绍一男友,才貌均在意中,却因害怕会面,多次托词,回避约会。虽同在一市居住却多是鸿雁往来。一次遇上男方父亲寿辰,无从推托,只得"铤而走险"。临行前便忐忑不安,有大祸临头之感。一到男方家便头昏目眩、全身发抖、语无伦次、大汗淋漓,遂被送往医院。此后几乎羞见一切人,有时连与自己家人同桌共餐也感到不自然。这位患者患的是社交恐怖症,进行一些必要的检查之后,我们决定使用系统脱敏疗法。

首先告诉她社交恐怖症是一种神经症,在行为治疗家看来这是一种社会适应不良行为。这种适应不良行为不是脑内损伤或体内的病理变化引起的,而是习得的结果。最后她终于明白了,她这种适应不良行为和正常行为一样,都是后天习得的,因此也都是能够弃掉的。但是她还是有些疑虑:"我也想了很多法子弃掉它,为什么老弃不掉呢?"我们告诉她:"行为的习得和弃除都有它的规律性,了解了这种规律,并照这个规律去办自然就容易多了。系统脱敏就是弃除社交恐怖症的规律性的方法。"我们发现来访者已经理解了她患的疾病和系统脱敏治疗的道理,并乐于参与治疗。此时,治疗才算正式开始。

患者是很聪明的,很快就能比较准确地衡量自己在不同情况下的焦虑程度。接着就进入松弛训练阶段。首先,我们用肌电仪测查她额、臂、颈、胸、背等部位的肌电位,电视荧光屏上显示的肌电约在10微伏到18微伏之间。我们告诉她,这是比较高的肌电位,反映了她此时的情绪状态是比较紧张和焦虑的。然后让她深吸气,再缓缓呼出,逐步放松全身肌肉。第一次训练花了半个小时,患者掌握了放松的程序,最好的成绩是将肌电下降到8微伏。在10微伏的水平,她可持续3~5分钟的时间。首次训练十分顺利,我们对她进行了鼓励,并要求她回去继续练习。第二次训练是在次日进行的,这次训练成绩平平,最好的成绩是肌电下降到9.5微伏,而且持续不到1分钟便有波动。第三次的情况更糟,肌电竟居高不下,一直徘徊在12微伏左右。来访者十分着急。我们发现,她有些急于求成,在练习时"使劲"放松,结果适得其反。针对这种情况,我们停止荧光屏上的肌电位数字显示,让她不要给自己定指标,更不要刻意追求达到指标,要心平气和,顺其自然。结果,经过一段时间的摇摆不定后,反馈仪表上的指示表明,肌电已逐渐下降到6.5微伏左右。后来的几次训练,肌电在稳步地下降。最后,她能在听到放松指令后2~3分钟内全身放松,并使肌电长时间地维持在3微伏左右的水平。完成第8次放松训练后,着手设计焦虑等级。刚起初,患者说除了医生(指治疗者)以外,见到什么人都紧张。让她仔细回忆比较之后,她便能区别出见到哪些人不太紧张,而见到哪些人又会更紧张些。例如在街上见到毫不相干的行人时并不十分紧张,而碰见熟人时则会紧张一些。我们要求她根据紧张或恐怖的程度试着给自己恐惧的对象记分。记分标准是相处自然、毫不紧张的为0分,极度恐惧以致回避的记5分(最高分)。其他不同程度的紧张对象从轻到重依次可记1、2、3、4分。来访者逐个比较考虑之后,对她所接触的人一一予以评分。每一个记分等级上都罗列有若干对象。我们让她从每一个等级中挑选出1~2个最典型、最常见的对象作代表。于是,便形成了下面这个恐怖等级表:

对象	恐怖程度	等级
母亲	不恐怖,自然	0
父亲	有点紧张	1
同学、同事	紧张、不自然	2
顶头上司	害怕并回避	3
男友	恐怖并回避	4
男友父母	极端恐怖	5

至此,治疗的前期工作完全就绪。

系统脱敏的实施过程如下:

治疗者:你在家里还在做全身放松的练习吗?

患　者:每天按要求做3次,每次20分钟。

治疗者:放松效果如何?

患　者:还可以,不过没有肌电反馈仪,效果还是差一点。

治疗者:好,请你现在逐步全身放松,并且闭上眼睛想象一个场面,可以是你经历过的,也可以是你任意想象出的。要想得清晰一些、生动一些。

患　者:想好了。

治疗者:能把你想象的场面描述给我听吗?

患　者:(继续闭上眼睛慢慢地描述)我在一个幽静的地方漫步,脚下是弯弯曲曲的石板小道,道旁是参差不齐的灌木丛。远处,远处有一口池塘,塘中有几只鸭子在嬉戏……

治疗者:能看清楚是几只吗?

患　者:能,3只。

治疗者:请你告诉我,此情此景,此时此刻,你紧张吗?

患　者:不。

治疗者:如果按焦虑等级评分,该评多少?还记得焦虑等级吗?

患　者:记得,应评0分。

治疗者:好。以下的问题,你不要再口头回答,以手示意就行。比如紧张焦虑评0分,你就用拇指和食指构成一个环状;评1分你就伸出一个指头;评2分就伸出两个指头,依此类推。

　　　　　如果想象的图像清晰则点点头；不清晰，则摇摇头。记住了
　　　　　吗？
患　者：记住了。
治疗者：现在请你闭上眼，想象你正在同你父亲对话。
　　　　　（15秒钟之后）
患　者：（点头示意）
治疗者：焦虑程度是多少？
患　者：（伸一个指头）
治疗者：抹掉脑中的想象，全身放松。（1分钟之后）
治疗者：现在焦虑程度是多少？
患　者：示意为0。
治疗者：请继续想象你同父亲对话的场景。（10秒钟之后）
患　者：（点头示意）
治疗者：焦虑程度是多少？
患　者：（仍伸一个指头）
治疗者：抹掉脑中的想象，全身放松……

　　经过十几次想象——放松的反复交替之后，患者示意，想象在与父亲对话的情景中不再紧张，第一次脱敏治疗成功结束。告诉患者，现在见到父亲时，就不会像以前那样紧张了，万一还有点不自然，就运用这种接触——放松反复交替的办法。并嘱其一定要寻找机会与父亲接触，反复实践，巩固成果。

　　三天之后，患者告诉我们，她已能比较轻松自如地与父亲相处。我们让她长时间地想象与父亲对话的情景，不仅她自己示意焦虑程度为0分，从肌电监测的结果来看也显示心情较为平静。于是我们确认她已完成第一级脱敏，治疗可推向第二级。

　　患者第二级恐怖对象是她的同事和中专时期的老同学。仍然采用想象——放松反复交替的方法，在30分钟的治疗中顺利完成。

　　然后回家实践，效果令人满意。经过这两次脱敏治疗之后，患者的精神状态已大为改观，已不再畏畏缩缩，并主动与其他病友交谈。按照原定计划，脱敏继续升级。最后几级的恐怖对象分别是：顶头上司——一

个不苟言笑的中年男子;男朋友和男朋友的双亲。这几级的脱敏难度比较大,每一级都经过3次以上的脱敏治疗才算过关。

经过8次放松训练,12次系统脱敏,总共为期两个多月的治疗,患者已不再回避任何人。治疗结束时,患者已能常去男友的家中。她说:"还是有些提心吊胆,不过就只那么大回事,该去还是要去的。"一年后践约复查,患者说她与人交往基本上还算自然,对某个人特别恐惧以致不敢见面的情况很少了。

三、冲击疗法

冲击疗法(flooding),又称情绪冲击疗法(emotional flooding)或满灌疗法。其治疗的基本原则与系统脱敏法相反,不再是让来访者按轻重程序逐渐面对所惧怕的情况,而是一下子就将来访者置于能引起其极大恐惧的刺激情境中,意图物极必反,从而达到消除恐怖情绪的目的。

(一)治疗原理、类型和使用原则

1. 治疗原理

患者的害怕恐怖反应是过去习得的,现在将患者置于感到害怕恐怖的事物面前。这时如果没有真正的危害发生,那么最终患者会使恐怖情绪消退。

2. 主要类型

冲击疗法又可分为现实冲击疗法和想象冲击疗法。前者是让患者到现实的情境中体验强烈的恐惧情绪,后者是治疗者口头指示,让患者想象可怕的情境,体验其恐惧情绪。

3. 使用原则

虽然冲击疗法具有方法简单、疗程短、收效快的优点,但它会使来访者承担巨大的痛苦,甚至引起超过来访者心理承受能力的焦虑而导致恐惧反应加剧,从而欲速而不达。沃尔普(Wolpe)建议说,冲击疗法应该是在任何一种其他的办法都失败之后再行使用。因此,冲击疗法不宜滥用,而且应该对使用该疗法时的各种影响因素进行周全的考虑和有效控制,以尽量减少风险性和伤害性。

(二)治疗程序

1. 向患者详细介绍有关情况、签署治疗协议

在实施冲击疗法之前,治疗者要向患者仔细介绍该疗法的原理、过程、疗效和可能出现的各种情况,尤其要让来访者了解在治疗中可能会承受的痛苦,从而使来访者可慎重考虑是否选择该疗法。当患者及家属经慎重考虑、下定决心接受治疗之后,可拟定治疗协议。

2. 进行身体及精神科检查

患者同意使用该疗法后,必须对患者进行严格、详细的体检和精神科检查,确保来访者没有严重的心血管疾病、中枢神经系统疾病、严重的呼吸系统疾病、内分泌疾病(如甲状腺机能亢进)、各种精神病性障碍,此外老人、儿童、孕妇及各种原因所致的身体虚弱者不适宜采用此疗法。

3. 治疗场地及其他条件的准备

首先要确定刺激物和治疗场地。刺激物应是来访者最害怕和忌讳的事物,也就是引发来访者恐惧反应的根源。如果刺激物不止一种,则选择引起焦虑或恐惧反应程度最高的事物。治疗场地由刺激物的性质决定。在可能的情况下,尽量在治疗室内进行,以便于对治疗过程有较多的控制。如对利器恐怖症患者进行治疗时,可将尖锐的刀剪布置若干件在室内。治疗室不宜太大,布置应简单,除了刺激物外别无其他。刺激物的摆放应使来访者无论在哪一方位都能感觉到刺激物的存在而无法对之回避。房门原则上要由治疗者把持,控制来访者使其不能随意夺门而出。要注意的是,治疗时要准备好安定、心得安、肾上腺素等应急药品以备不测。

4. 实施冲击

实施治疗前,患者应正常进食、饮水,最好排空大小便。如可能最好在治疗中同步监测血压和心电。治疗者将患者带入治疗室在指定位置坐下,就迅猛地向来访者呈现刺激物进行冲击。患者受惊后可能会惊叫、失态,治疗者应不予理睬,仍持续地呈现刺激物,并对患者闭眼、塞耳等回避行为进行制止、劝说、鼓励,除非患者出现严重的生理反应(如晕厥、休克、呼吸异常或心电、脑电指标异常等),治疗者应马上终止治疗,否则治疗者应尽量鼓励、劝说来访者坚持下去,特别是在患者的应激反应高峰期之后(即达到焦虑紧张的极限,其标志是情绪由强到弱的逆转),一定要说服甚至使用适当的强制手段让患者完成治疗,以免前功尽弃。如患者的情绪反应和生理反应均已经过高潮,开始逐渐减轻,直至精疲力竭,对刺激物听而不闻、视而不见,本次治疗就可结束了。通常一次治疗要持续 30～60 分钟。

冲击治疗一般需实施 2～4 次,1 日 1 次或隔日 1 次,视效果而定。如治疗过程中来访者未出现应激反应的逆转趋势,一方面可能是由于刺激物的刺激强度不够,应设法增强刺激物效果;也可能是该来访者不适于冲击疗法,应停止冲击治疗而改用其他方法。

(三)治疗案例——恐怖症[7]

患者,女,22 岁。害怕带"孝"的人和灵车、死人。首先,向患者讲解冲击疗法的意义、效果,征得患者同意,治疗者带患者去"八宝山"火化场。

第一次:治疗者带患者从"八宝山"地铁站上来后,见到许多戴"孝"的人,异常恐惧、心慌、出冷汗、脉搏快、手足无措。这时,让患者放松,并给予鼓励。稍休息一会,共同走到火化场门口,在"老山"烈士骨灰堂前和墓碑前停留 30 分钟。

第二次:治疗者带患者到"八宝山"火化场,并进到里面停留 20 分钟,患者已看见进来的送灵车和抬尸体的担架等。出来后患者受到鼓励,并让其回去后做放松训练。

第三次:治疗者带患者再去"八宝山"火化场,她的焦虑情绪消失了。由患者在前面带路,见到的情景与上次相同。

之后,患者讲:"不用来了,我已经不害怕了。今后我能接受这个场面了,也能见这些人了。"

四、操作条件治疗法

操作条件治疗法(operant conditioning therapy),也称强化的方法(reinforcement methods),这一疗法是以"操作条件作用"原理为依据的。如本章第一节所述,一个行为发生后,由紧随其出现的直接结果来决定加强或减弱该行为再发生的可能性。如果结果得到的是奖励等正性强化,该行为就可能在将来再次出现;若结果得到的是惩罚等负性强化,则会减弱该行为再次出现的可能。大量研究表明,操作条件治疗法对于建立良性行为或消除不适应行为有着很好的效果。目前,由这一方法派生的许多子方法已被广泛使用,如下面所要介绍的塑造法、代币法、差别强化法、厌恶疗法等。这些方法不仅被用来矫正那些明显的适应不良行为,也普遍适用于儿童的行为塑造和人类行为规范的建设。

在介绍具体方法之前,首先要对强化和惩罚的不同类型作一说明,因为那些具体方法就是建立在这些基本原理之上的。

(一)强化和惩罚的类型

(1)正强化:给予一个好刺激。为了能建立一个适应性的行为模式,运用奖励的方式,使这种行为模式重复出现,保持下来。奖励的方式可以是给予对方喜爱的实物、代币和金钱,也可以是微笑、点头、称赞和表扬。

(2)负强化:去掉一个坏刺激。为引发所希望的行为模式,运用减少或停止惩罚的方式,使这种行为模式重复出现,保持下来。例如较大点的小孩仍有吸吮手指的习惯,这种行为一出现就受到指责,一旦他不再吸吮手指了,立即停止对他的批评。

(3)正惩罚:施加一个坏刺激。当一个不适应的行为发生后,给予惩罚,从而导致这个行为不太可能再次发生。如学生发生侵犯行为时,受到了老师批评这一惩罚,结果这个学生在将来就可能会减少侵犯行为的发生。

(4)负惩罚:去掉一个好刺激。这种惩罚比之正惩罚更为常用。当不适当的行为出现时,不再给予原有的奖励,从而导致该行为在将来不太可能再次发生。如小孩完成作业之后可以让他看电视剧"西游记",没有完成则不让他看了。

(二)具体方法

1. 差别强化法(distinctive reinforcement)

差别强化法亦可称为阳性强化法。作为一种行为矫正手段,差别强化用以提高正性行为的出现频率,降低负性行为的发生频率。一俟正性行为出现,便对之进行强化,这样就可以提高未来正性行为的发生频率;同时,任何妨碍这种正性行为的负性行为都不会得到强化,因而在未来其发生频率就会降低。整个差别强化的过程涉及两方面问题,即正性行为的强化和负性行为的终止。举例来说,一个孩子总是表现出对别的孩子的攻击行为,这时老师就会过来把他带离并对他进行批评、教育。可是,这个孩子只会乖上一会儿就又去打人。行为学家认为,实际上老师的关注可能是对这个孩子攻击行为的强化。咨询师建议老师运用差别强化手段来提高这个孩子友好行为的发生率:当这个孩子和别的同学正常交往时,老师应马上向他走去表示自己的关注;对于孩子的攻击行为,老师则在保护其他孩子不受伤害的前提下,将对他的注意程度降到最低点,不要有多的干涉。这样,这个孩子的好斗行为受到的关注就远少于其正常行为。这样施行后,由于对这个孩子友好行为的强化作用比对他的好斗行为的强化作用程度更深,相对于攻击行为来说,他的友好行为开始有所增加。有一点需要指出的是,在使用差别强化时,一定要坚持对治疗对象的消极行为不予强化。在治疗初期,治疗对象的消极行为往往会表现得更为激烈。如上例中的孩子,在老师对之不予关注时,可能会以更激烈的行为吸引老师的注意,此时,老师一定要坚持对其不加强化,若稍有动摇,这种关注就会变成一种对孩子攻击行为的正性强化而使其不良行为更加不宜消除。

有效实施差别强化需要几个步骤:

(1)明确治疗目标。要对积极行为和消极行为进行明确的行为学定义,定义必须是客观而明确的具体描述。如"发脾气"这样的定义可能就不是很清楚,行为学定义应为"大哭并躺在地板上踢地板,或者使劲把物品摔向地板"等对具体行为的描述。这样便于不同的人在记录行为的频率和程度时,有统一的依据。

(2)确定强化刺激。对于不同的人,强化刺激亦会有所不同,因此必须确定一个适合患者的强化刺激。一种办法就是采用目前维持其消极行为的强化刺激,因为我们已经知道这种刺激是有效的,如前面所举例中老师的关注,只不过使用老师的关注来强化那个孩子的正常交往活动。此外,还可以去观察、测试患者或向了解患者的其他人询问,来确定治疗中所采用的强化刺激。

(3)实施强化。一方面要对积极行为进行即时、不断的强化,同时要力图消除对消极行为的强化作用。要注意对积极行为的强化——如奖励、关注等,必须是即时、不拖延的,否则会削弱差别强化的效果。同时,积极行为每一次出现时,都必须加以强化,尤其是在治疗初期,这种连续的强化可以大大提高对积极行为的强化效果。而当积极行为持续出现,消极行为大大减少时,就要改为间歇强化,以维持积极行为,使之难以消退。

(4)泛化计划。泛化是指目标行为应该也出现在实验环境之外的所有相关刺激情境中,否则,治疗就不算是完全有效的。这一点十分重要。如前面例子中的孩子经差别强化后,若当老师不在现场时,仍会出现攻击行为,就说明治疗是不彻底的。因此,要将泛化纳入差别强化的计划中,要有尽可能多的个体和在尽可能多的相关环境中,对目标行为加以差别强化。

【治疗案例】 神经性厌食[8]

某女,18岁,中学生。因怕肥胖而平时极力压缩饮食,以至近1~2月来饮食量逐渐减少,直至拒绝饮食,人变得非常消瘦,出现衰弱状态,看见食品就厌恶反胃,不想进食。体格检查除全身消瘦外,无异常。诊断为神经性厌食。经与家人详细交谈,知病人比较恋家,怕与父母分离,并且喜爱手风琴,虽病致无力,有时仍抚弄弹奏自娱。于是与其家人共同设法,准备采用行为疗法中差别强化法来进行治疗。具体方法是:将她收入院治疗,但规定其父母不来探视,亦不准带手风琴来医院,除非得到医生的通知。病人入院后只靠输液维持,仍拒进食,入院后3天,她非常想家,想见父母,但医生不允许。后来在交谈中医生告诉她,如果你每餐能吃一小碗饭,两天后,就通知你父母来看你,在此情况下,她勉强每餐吃了一小碗,于是通知其父母来看她一次。后来她又要求把手风琴取来医院,但医生要求的条件是每餐如果能增加一碗饭,就可以弹奏手风琴1小时,如果每日3餐,每餐都能吃两小碗饭,就可以允许请假回家半天,为了达到弹奏手风琴及回家看望的目的,她都逐步地达到了要求的饮食量,通过两月余的治疗,她的神经性厌食终于通过行为疗法中的强化法得以治愈。

2. 塑造法(shaping)

如前所述,差别强化是提高积极行为发生频率的一种手段,要运用它来进行行为矫正,积极行为至少要出现过。如前例中那个常对别的孩子实施攻击行为的小孩,当偶尔出现与别的同学正常交往时,老师便可马上向他走去表示自己的关注,亦即给予正强化。如果那个男孩根本不曾有过这种行为,就需用别的方法来使该行为发生。塑造法就是这样一种行为矫正方法。

塑造是用来培养一个人目前尚未做出的适应性行为的手段。它可以定义为:使个体行为不断接近目标行为(适应性行为)而最终做出这种目标行为的差别强化过程。

在确定实施塑造法之前,首先要判断塑造法对于治疗对象是否最合适。如果治疗对象曾或多或少有过目标行为,就不需用此法,而只要用差别强化来提高目标行为的发生频率即可。此外,如果只需简单告诉治疗对象怎样做到目标行为或可以直接给他示范要做的正确行为,也不需用塑造。

塑造的实施一般包括如下过程:

(1)定义目标行为。

(2)确认初始行为。即个体已有的、与目标行为有关联的动作,可以其为基础向目标行为推进。

(3)选择塑造步骤。塑造过程中的各个步骤之间所体现出的改变应适宜,太小可能过于费事,太大则可能导致个体停滞不前。

(4)选定强化刺激物。治疗对象每一次达到预期目的,都要马上对之加以强化。强化刺激的量要适度,以免治疗对象很容易得到满足而不思进步。

(5)实施塑造。从初始行为开始,要对行为的每一过程都加以强化,直到确保该行为已经习得,然后对这一行为停止强化,转而强化下一个步骤的行为,依此类推。按照这样的程序进行,直到目标行为出现并得到强化习得为止。

【治疗案例】[9]

S太太,32岁,患有多种硬化症。在医院里,她经常因为去盥洗室而中断疗程。原因是有一次她在公众场合大小便失禁(肛门失控),所以她非常担心这种事会再发生,于是她总是在1小时内不止一次的上厕所。为了协助S太太治好病症,医生决定采用塑造法来拉长她在两次上厕所之间的时间,目标行为是两次上厕所之间相隔2小时。医生认为初始行为可以是两次上厕所之间相隔1个小时,因为在实施塑造过程之前,S太太有时就是隔1小时去一趟厕所。S太太只花了几天时间就成功地达到了这一目标,得到了治疗人员的赞赏和表扬,作为对她的强化刺激。下一步则将两次上厕所的时间间隔拉长为70分钟。几天后,S太太也做到了。之后,间隔时间又拉长为90分钟、105分钟,一直到最后的120分钟。S太太达到每2小时才去一次厕所这一目标,共用了12天时间。当S太太离开医院时,她两次上厕所之间的平均时间间隔为130分钟。离开医院几个月后,S太太反馈说,她的努力成果一直得以保持,这使她的生活得到了改善。

3. 代币法(Token Economics)

代币法,也称代币管制法或代币治疗法,它是一种运用强化原理,来增加参加治疗或教育的个体的期望行为(适应性行为)的行为治疗技术。其中的条件强化物所起的作用类似于货币,因此称为"代币"(token)。大量的研究表明,代币管制可以成功的用于各种治疗环境中的儿童和成人,不同的代币法已被广泛应用于住院的精神病人、学校中的多动儿童、中小学生、监狱中的被管制者、犯罪少年和工厂工人等。

运用代币法,首先要确定治疗中将要强化的期望行为(适应性行为),对之加以清楚、明确的界定,如早上七点钟起床,按时完成课外作业等。而后规定、说明如何表现这些期待行为，就可以得到怎样的奖赏，即可获得多少代币。代币必须是可以积累、计算、且只能从治疗人员那里获取的一种证券，其形式有纸牌、硬币、小红旗、小铁牌等。经过训练的治疗人员要每天审核被治疗者的行为，并依其表现情况即时发给代币。当被治疗者所获代币积累到一定数量之后，就可像用真的钱一样来购买或兑换想要的东西或优待，如买日常零用品、做某种游戏、外出许可等，代币法的主要目标在于培养动机，并鼓励被治疗者产生期待行为。这样具体而又实用的正性强化，对于被治疗者有直接鼓励、改善行为的疗效，特别对于行为颓丧的慢性精神病患者和长期住院而与实际社会环境长期脱节的患者，有直接的效果。

【治疗案例】 对一大型收容所的33名被收容者的代币管制[10]

国外某一大型收容所的33名被收容者每天要完成日常的生活起居、教育活动及指定的工作后，才能得到代币。其代币是记录在银行支票系统上的分值。然后他们可以把这些分值（以签写支票的方式）兑换成各种物品及活动项目等强化物。其靶行为及强化物分别列于表12-1和表12-2中。结果证明对这些被收容者使用代币管制促进了靶行为（期望行为）的出现。

表12-1 靶行为（期望行为）及授予分值

靶行为	授予分值
早晨的活动：	
按时起床	60
整理床铺	60
打扫清洁生活区	60
个人仪表	60
教育活动：	
学生表现	2/分钟（估计）
指导教师表现	2/分钟（估计）
指定的工作：	
打扫主要的走廊（后半部）	60
将娱乐室的垃圾罐倒空	60
拖地及前台阶	120
打扫并摆放好电视间的家具	120

表 12-2　强化物及授予分值

强化物	收取分值
代币管制所提供的活动	
进入电视间	60/小时
进入游泳间	60/小时
进入休闲室	60/小时
小卖部提供的项目	
热咖啡	50
罐装软饮料	150
火腿及三明治	300
香烟	450
离开代币管制环境的自由时间	1/分钟

4. 厌恶疗法（Aversion therapy）

厌恶疗法是在想要消除的不适应性行为发生时，提供令人不愉快的或惩罚性的刺激，使被治疗者产生厌恶的心理或生理反应，以此作为对不适应行为的"正性惩罚"，使不适行为与厌恶反应建立起条件联系，从而达到戒除不适应行为的一种行为治疗技术。

但是，正如一些专家和组织所认为的那样，厌恶疗法作为一种惩罚程序，也可能会带来一些消极的后果：

(1)可能产生侵犯行为或其他情绪上的副作用。有的被治疗者可能会因为附加刺激的作用，增加了焦虑紧张的情绪（对窥阴癖患者进行电击厌恶治疗后患了阳痿），甚至使不良行为更加牢固（如对尿床儿童的惩罚可能会导致儿童因紧张而尿床更频）。还有的被治疗者可能会模仿惩罚的方法，从而更有可能在将来使用这些惩罚方法。

(2)疗效可预测性差。厌恶疗法往往只能暂时压抑而不是消除不良行为，其远期疗效不像奖励法那样可预测。

(3)厌恶的泛化。厌恶与惩罚治疗也会造成被治疗者对治疗者和治疗场所的厌恶。

(4)厌恶疗法的伦理问题。有的专业人员认为出于任何原因施加的厌恶刺激都是不人道和不公正的，以惩罚作为一种治疗方法，可能有悖于医疗、心理治疗的宗旨。当然也有不少学者则认为，如果行为相当有害或者非常严重,而使用惩罚来矫正目标行为对个体的潜在好处非常大,那么惩罚就可以被证明是正当的。但不管怎么说,在使用厌恶疗法之前,必须对道德问题加以考虑。对于大多数案例,不能把厌恶疗法作为首选,应先考虑使用那些限制较少且不产生厌恶的治疗方案。厌恶疗法的实施,还必须预先使被治疗者及其家属对该疗法有全面的了解并自愿同意接受治疗。此外,惩罚程序不能对被治疗者造成任何伤害,否则不能使用。

厌恶疗法的操作程序:

(1) 确认靶症状

厌恶疗法具有极强的针对性,因此,必须先确定打算弃除的是什么行为,有清楚、具体的行为学定义,尽量不要夹杂其他行为,如具有不止一个不适应行为,则择其最主要、最迫切需要弃除的行为。

(2) 选用厌恶刺激

厌恶刺激必须是强烈的,能使被治疗者产生的不快远远压倒原有的种种快感,才可能取而代之。但同时,作为一种医疗措施,厌恶刺激又必须是无害、安全的。一般说来,常用的刺激物包括适当电压的电刺激、可引起恶心和呕吐的药物及想象刺激(内在敏感训练)等。此外,还要注意的是,对不同的人,在不同的情况下,同一刺激所起的功能可能是惩罚亦可能是奖励。例如,对这个学生来说,斥责的功能是厌恶刺激;但对另一个学生,斥责却是作为一种关注形式的正强化刺激。概括说来,厌恶刺激是根据它对跟随其后的行为所起的作用而界定的。

(3) 把握施加厌恶刺激的时机

要尽快的形成条件反射,必须将厌恶体验与不适应行为紧密联系起来。厌恶体验与不适应行为应该是同步的,这样才能很快建立起新的条件反射,从而达到消除不良行为的目的。

【治疗案例】 用橡圈厌恶疗法治疗强迫症[11]

某女,13岁,中学生。两年来一见男性(不论年龄)即产生可能要与他谈恋爱、结婚的想法,虽明知不可能,但脑内反复思考不已,无法控制,以致影响生活与学习。另外到商店去或在门口经过,便产生害怕被售货员说少付了钱的想法,明知不会,但亦不可控制,以致怕去商店。病前个性好静,喜欢看书。体格检查除长得较高大外,无异常。诊断为强迫症(强迫性思虑)。应用橡圈厌恶疗法。在左手腕上套一橡圈,要求当见到男性或经商店出现上述强迫观念时,即拉弹橡圈至有痛觉,并计算拉弹次数,直到强迫观念消失为止。每日并需作记录,结果第1周每天出现上述强迫观念3~6次,前3天拉弹橡圈30~50次强迫观念才消失,后3天拉弹3~5次即可消失。第2周每天出现强迫观念平均2次,拉弹橡圈2~5次即消失;第3~6周,平均每天约有1次强迫观念出现,拉弹橡圈5~10次即消失。从第9周起强迫观念不再出现,橡圈亦脱掉(病人称橡圈是"救命圈"),偶有轻微关于性的想法,能很快自己控制而消失。以后追踪观察3个月,强迫现象无复发。

五、自我控制疗法(self-control therapy)

自我控制疗法,也称自我管理疗法(self-management therapy)。多数情况下,行为矫正都是由矫正监理人负责实施的,如心理治疗师的帮助等。当行为者本人用行为矫正法矫正自己的行为时,这个过程就称为自我控制或自我管理。作为一种行为疗法,自我控制表现为行为者要以一种行为(期望行为)控制另一种行为(靶行为)的出现。

(一)自我控制疗法的临床意义

日常生活中常听到人们抱怨:知易行难,明知是坏习惯,但总是克服不了;明知是好习惯,但总是坚持不下去。这就是所谓的非期望性行为过剩与期望性行为缺乏。

1. 非期望性行为过剩的原因

非期望行为,是指该行为对行为者将来的生活会有负面的影响,如吸烟、酗酒、赌博等。虽然行为者了解这些行为的负面影响,但仍会持续这种非期望行为,原因在于:

(1)当它出现时总是得到即时的强化;

(2)没有对抗它出现的替代行为。

人人都知道吸烟有害健康,它的后果是惩罚性的,但吸烟时的短暂愉快强化了这一行为;吸烟的负面结果是出现在将来,对现在吸烟这一非期望行为的出现就没有影响,因而行为者对替代行为(戒烟)的反应性努力就大大减少了。

2. 期望性行为缺乏的原因

期望行为,是指该行为对行为者将来的生活产生积极影响的行为,如早锻炼、清洁、努力学习和工作等。然而即便某种行为将来的结果是正向的,行为却并不一定出现。原因在于:

(1)当该行为出现时,没有得到即时强化;

(2)与它出现有关的对抗性行为立即被强化。

由于期望行为的积极结果产生在将来,所以对于现在的该行为的出现并没有产生影响,没有强化作用。如不愿早起的人也清楚早锻炼的好处,但在床上舒服地多睡一会儿的对抗性行为很快被强化了。

显然,行为者在从事某种不良行为时,似乎是不由自主的,因为行为的自我控制不仅是认识和意志的问题,还有赖于一系列行为技术的干预。自我控制疗法就是一个非常重要的手段。自我控制疗法的目标就是减少或消除非期望性行为过剩与期望性行为缺乏。

(二)自我控制疗法的操作程序

1. 治疗对象要适宜

治疗对象必须具有强烈的去除不良行为和学习适应性行为的动机。

2. 确定适宜的治疗目标

治疗目标就是要达到期望程度的适应性行为。具体做法上,类似于塑造的基本原理:先确定一个适宜程度的目标行为,而后以渐进的方式完成最终目标。

3. 自我监督

每一次靶行为出现后患者都要立即记录下来,并与所建治疗目标相对照,以决定是否实施下一步骤的程序。自我监督要连续不断地贯穿于整个自我管理程序的始终,以判断该程序的有效性。

4. 自我强化

患者在自我控制取得进步时要奖励自己。奖励的分量要与进步的大小成正比。

(三) 自我控制疗法的具体技术

1. 前提控制法

该技术是指通过对某些物理或社会环境等前提刺激的调节、控制，以促使期望行为的发生，并使对抗行为不易出现。它包括促使期望行为发生的前提调节和减少竞争(对抗)行为发生的前提调节两大类[12]。

(1) 促使期望行为发生的前提调节

包括呈现对期望行为发生有刺激作用的线索，减少期望行为的发生难度，增加期望行为的强化效果。

(2) 减少竞争行为发生的前提调节

包括去除对竞争行为发生有刺激作用的线索，增加竞争行为的发生难度，去除竞争行为的强化效果。

举例说来，一个不清洁、不整齐的人，可用在厨房及卫生间等张贴提示物的办法进行自我暗示(呈现对期望行为发生有刺激作用的线索)；买来盛放洗漱用具的篮子，可便于将这些东西收拾起来(减少期望行为的发生难度)。

值得注意的是，所有的自我控制疗法都包括前提操纵法，因为当事人所采用的控制行为是先于被控制的靶行为的。自我控制方法的设计都是出现在靶行为发生之前的。

2. 行为契约

行为契约是一份写好的文件，其中包括所确定的靶行为、行为改变进度的安排及奖惩办法等。一般最好由另一个人来负责实施契约的后果，以确保契约的施行。具体说来，在一份行为契约中，主要包括确定靶行为、确定收集资料的方法、确定在契约规定的时间范围内所要达到的靶行为的程度标准、及安排奖惩和负责实施奖惩的人等步骤。

3. 社会支持

社会支持也是一种自我控制方法。它可以预防或阻止行为者的不自觉行为，也就增加了成功的可能性。有这样一个例子：某个喜欢喝酒的人想减少喝酒的行为,便设计了一些社会支持,如与不喝酒的朋友在一起,不参与喝酒朋友的任何活动等。当他与不喝酒的朋友在一起时,就会喝一些非酒精饮料,在这种氛围中他就减少了饮酒的可能性。

一般说来,自我控制程序中都应有社会支持这个成分。

4. 自我指令及自我鼓励

这种特殊的自我对话方式可直接影响个体的行为。行为者在寻找特定的靶行为时,可运用自我指令来告诉自己要做什么,或如何做,以暗示适宜的行为;当适宜行为出现后,行为者可立即复诵自我鼓励语,从而为自己的行为提供了正性评价。这种做法在日常生活中亦颇为常见。例如职员在去老板办公室之前,对自己说:"记住,要看着他的眼睛,用一种坚定的语调,直接提问题。"一旦她采取了这种自信的行为,就要对自己说:"很好,我是自信的,说了自己想说的话。"她的这种自我指令和自我鼓励就使她在老板面前举止更为自信。

为了能自如做到自我指令及自我鼓励,行为者往往需要先进行学习,即进行预演,再安排使用。

六、模仿法

模仿法(modelling),又称示范法,亦是行为治疗常用的方法之一。其原理主要来自社会学习理论:利用人类通过模仿学习获得新的行为反应的倾向,向具有不良行为的人呈现某种行为榜样,以使其从事相符行为,从而消除不良行为,建立适应性行为的治疗方法。目前,模仿法主要被大量应用于儿童行为的训练(包括正常儿童和弱智儿童),有时也用于临床治疗。

模仿法的操作程序:

1. 选择合适的治疗对象

在模仿法的实施之前,首先要评估来访者的模仿能力,以决定是否为合适的治疗对象。每个人的模仿能力是不一样的,而且模仿能力还有总的模仿能力和特殊的模仿能力的区别,如有的人对肢体动作的模仿较快,而有的人则对声音模仿力较强。模仿能力可以根据来访者的经历和心理测量结果做出判断。

2. 设计示范行为

完成评估后,就可以根据来访者的具体情况,有针对性地设计示范行为。与塑造相似,示范行为的顺序应是从易到难,由简到繁;示范的情景要尽量真实,示范者亦应与模仿者有较多的共同之处,以易于得到模仿者的认同,这样的模仿会收到较好的成效。

3. 对正确模仿行为予以强化

在整个模仿学习过程中,要对模仿者的每一次进步与成功都给予及时的强化,如赞许、微笑、物质奖励等,从而加强、巩固模仿者已习得的模仿行为。

第四节 行为治疗的简要评价

各种心理治疗方法都有其适合性与局限性。广义地说,行为治疗的原理已在很多领域中得到应用,帮助人们改变各种各样的问题行为,包括发育障碍领域的人员训练及管理、精神疾病的治疗、儿童管理及特殊教育、与健康相关的行为的发展以及个人的自我管理等。从临床心理学的角度来看,行为治疗主要适用于以下诸症:

(1)神经症:恐怖症、焦虑症、强迫症、抑郁性神经症、癔症、神经衰弱等。

(2)不良习惯:口吃、抽动症、遗尿、咬指甲、职业性痉挛等。

(3)性功能障碍:阳痿、早泄、阴道痉挛和性乐缺乏等。

(4)性变态行为:同性恋、窥阴癖、露阴癖、恋物癖等。

(5)自控不良行为:贪食、厌食、酒瘾、病理性赌博等。

(6)其他:慢性精神分裂症、精神发育迟滞等。

简单说来,如果来访者的问题能以具体的心理或行为单位来把握、可以具体描述的,就比较适合采用行为治疗。而对于那些比较抽象、与行为方式关系不大的问题,就不宜运用行为治疗,如妄想症患者等。

由于行为治疗不仅有具体的治疗目标行为,还有清楚的可描述的治疗方法及步骤,因此,较为易行,也便于控制疗程和进度,并易于被来访者所接受。

但是,行为治疗也有其局限和不足之处。如上文所提及的,行为治疗的适应症仅限于那些与行为方式有关的问题。此外,行为治疗不重视认知因素的影响作用,而只是就事论事,对症治疗,难以从根源上解决问题,疗效不容易迁移,远期疗效较差、症状易复发。如有的恐怖症患者,经系统脱敏消除了对某物的恐惧,不久以后,可能又会产生新的恐怖对象。

总体说来,行为治疗的出现,是对传统的西方心理治疗理论和方法的一个突破。它打破了精神分析治疗当时在西方一统天下的格局,证实不了解心理问题的症结也可就行为来施行治疗,克服了精神分析治疗的摸索不定、疗程冗长的不足。虽然行为治疗的正式开展还不到半个世纪,还有许多问题尚待研讨发展,但大量的临床实践已证明,行为治疗仍不失为当今一种行之有效的心理治疗方法。

参考文献

[1] 车文博:西方心理学史,杭州:浙江教育出版社,1998年版,第368—369页

[2] 高觉敷:西方近代心理学史,北京:人民教育出版社,1982年版,第264页

[3] 张亚林:行为疗法,贵阳:贵州教育出版社,1999年版,第37页

[4] 车文博:西方心理学史,杭州:浙江教育出版社,1998年版,第395页

[5] 梁宝勇、王栋:医学心理学,长春:吉林科学技术出版社,1998年版,第121—122页

[6] 张亚林:行为疗法,贵阳:贵州教育出版社,1999年版,第46—51页

[7] 温泉润:矫正人生——心理治疗学,济南:山东教育出版社,1992年版,第114页

[8] 车文博:心理治疗手册,长春:吉林人民出版社,1990年版,第321页

[9] [10] [12] R. G. Miltenberger 著,胡佩诚等译:行为矫正的原理与方法,中国轻工业出版社,2000年版,第253、632—633、363页

[11] 车文博:心理治疗手册,长春:吉林人民出版社,1990年版,第301页

第十三章 理性—情绪疗法

作为几种主要的治疗理论取向之一,认知治疗(有时也称认知行为治疗)是当代吸引了众多治疗家的一种取向。对这一取向的成功作出了重要贡献的心理学家不只一人,也不是一批人团结在一起协同努力,而是由许多人各自相对独立地发展出各自的体系。随着这些体系的成熟,人们发现它们有着相同或相近的取向。一般认为,属于这一取向的有埃里克·伯恩(Eric Berne)的"相互作用分析"(TA),梅钦鲍姆(D. Meichenbaum)的"认知行为矫正",贝克(A. Beck)的"认知疗法",埃利斯(A. Ellis)的"理性—情绪疗法"(RET),以及格拉塞(W. Glasser)的"现实疗法"[1]。在这些体系中,埃利斯的"理性—情绪疗法"享有很高的知名度,其"认知—行为"取向的色彩也特别突出,所以我们把它作为一个代表进行较详细的介绍。

第一节 理性—情绪疗法概观

一、理性—情绪疗法的历史

理性—情绪疗法(Retional—Emotive Therapy,简称RET)酝酿于20世纪50年代,60年代后渐趋成形。但据埃利斯自己说,理性—情绪疗法的核心思想——对理性认识在人的生活中之作用的强调，却与埃利斯的早年生活与学习有关。

阿尔伯特·埃利斯（Albert Ellis）生于1913年。在童年和少年时代，埃利斯在身心两方面的发展上都出现过一些困难。他患过急性肾炎，性格也一度很羞怯，怕在人前讲话，尤其怕与异性相对。在此期间他对哲学发生了浓厚兴趣，阅读了古代和现代许多哲学家、思想家的著作。其中爱比泰德、奥勒留、爱默生、杜威、弗洛伊德、罗素、华生等人对他尤其有影响。在这些思想家的影响下，埃利斯开始意识到自己的情绪问题是没来由地自己制造出来的，从而下决心采取一种认知—行为性质的方法来克服自己怕在人前讲话以及社交焦虑的毛病。

埃利斯于1943年在哥伦比亚大学获得临床心理学硕士学位，1947年获哲学博士学位。尽管他对当时占统治地位的心理分析疗法不无疑虑，他还是觉得这是种深刻的治疗形式，因而于1947年在凯伦·霍妮研究所的一位分析家的指导下开始进行个人分析和训练。自此以后，他便开始以经典心理分析的方法进行心理治疗。到1953年左右，他越来越对这种疗法的理论及其疗效失去信任，虽曾努力尝试对它进行改造，但最后还是认为这样做徒劳无益。

在50年代理性—情绪疗法的酝酿时期，曾将这种治疗称作"理性疗法"（RT）。埃利斯试图以此使它与其他疗法区分开来。但后来发现人们常将它混同于18世纪的理性主义哲学思想，这易于使人忘记这种疗法的同时也强调行动的特点。这样，埃利斯与他的第一个合作者罗伯特·A.哈帕（Robert A. Harper）决定，将RT改名为"理性—情绪疗法"（RET）。

RET的特点是认知、行动并重，理性、经验并重。但在60年代，它强调理性作用这一特点更突出。埃利斯坚信，一个人如果有了一种合情合理的生活哲学，他就几乎不可能产生情绪困扰。埃利斯认为他的这种信念吸收了古今许多哲学家、思想家和一些重要的认知治疗家的思想。其中也包括中国古代思想家孔子和道家的思想。中国古代思想家大多认为，情生于思，要改变情绪，就得改变人的思想。后来，西方哲学家如斯宾诺莎、罗素把这些观点引入了现代西方世界。

RET 在 60 年代早期曾采用其他疗法的一些练习方法,如皮尔斯(Perls)的"遭遇法"(encounter methods)等,后来又发展出一些属于它自己的经验性练习,这使它的行为取向也得到加强。

随着 RET 的成长,70 年代以后有越来越多的临床心理学家加入了 RET 的阵营。RET 的原理被应用于多种多样的情绪障碍的治疗,出现了不少阐述 RET 的著作。除了学术性著作外,RET 还出版了大量自助性的理性—情绪治疗程序读物,以及一般的普及读物。例如《理性生活向导》(Ellis and Harper)、《成功婚姻向导》(Ellis and Harper)、《克服拖沓毛病》(Ellis and Knaus)、《个人幸福向导》(Ellis and Beoker)等等。

到了 80 年代,RET 已经成了一个国际闻名的心理治疗体系。它有两所研究机构,一个是"理性生活有限研究所",是一家非盈利性的教育和科研组织,创办于 1959 年;另一家是"理性—情绪治疗研究所",创办于 1968 年,是一个培训机构。两所机构的本部都设在纽约市。除了出版专著、书籍和通俗读物外,还出版一份名为"理性生活"的期刊。在教育培训方面,开设了成人教育课程,研究生培训,以及特别的专业进修班。目前,埃利斯仍担任纽约理性—情绪治疗研究所的所长。

埃利斯在 40 年代早期就开始了自己的职业生涯。那时,他从事有关性问题的研究及相关的工作,并获得了一定的声望。后来,他决定进行正式的临床工作。他当时认为,最有效的心理治疗是精神分析。然而后来他认识到,失调的关系是由失调的人导致的,一个人要想知道怎么跟别人处好关系,就必须先知道怎样让自己协调好自己的生活。

对埃利斯有主要影响的是古希腊和罗马的斯多葛学派,他们强调哲学起因先于心理障碍。实质上,斯多葛学派所要表明的是引起人们失调的并不是事物本身,而是他们对事物的看法。这成为理性—情绪疗法的理论基础。同样,这个观点也深深地植根于今天的各种认知—行为疗法之中。

1. 主要的哲学影响

除了斯多葛主义之外,还有其他几种哲学对理性—情绪疗法也产生了重要影响。

(1)康德、斯宾诺莎和叔本华的思想。

(2)科学哲学家波普、赖欣巴赫和罗素对埃利斯也产生了重要影响,埃利斯认为理性—情绪疗法的治疗实践在许多方面都与科学方法中的逻辑经验原则一致,他也强调科学方法的灵活性和反教条主义的特征。

(3)基督教哲学也是重要的影响源之一,理性—情绪疗法关于人的价值的理论与基督教谴责罪恶,但谅解有罪者的观点相一致。

(4)理性—情绪疗法站在自我接纳的立场上,反对各种形式的人类等级,因此与道德人文主义产生了联系。同时,理性—情绪疗法认为,人类是宇宙的中心,他们有选择的权力,因此它又受到海得格尔和蒂利希的存在主义哲学的影响。

(5)在60年代,埃利斯还受到普通语义学的影响,这些语义学家强调语言对思想的强大的影响,感情过程依赖于人类用语言所建构的思想基础之上。

2. 主要的心理学影响

(1)埃利斯曾经在霍妮学院接受分析训练,其间,接受了霍妮的若干重要概念,尤其是"专制的必须"(tyrant of the shoulds)对他形成了早期的影响,使他注意到绝对的教条主义的认识会导致心理障碍。

(2)阿德勒对理性—情绪疗法的发展也形成诸多方面的重要影响。

(3)理性—情绪疗法也受到早期行为主义的先驱们的影响,借鉴了行为主义的一些治疗方法[1]。

二、理性—情绪疗法的特点

从整体上看,理性—情绪治疗有以下一些特点。

(一)人本主义倾向

埃利斯明确宣称,"RET不刻意装作是'纯客观的'、科学的或以技术为核心的,它对人类的困难及其基本解决途径采取明确的人本主义—存在主义的立场倾向"。这种倾向首先表现在理性—情绪治疗对人的本性的观点上,同许多人本主义者一样,埃利斯也认为人有其固有本性,虽然人的先天生物倾向中既有好的东西也有消极的东西,但人要活着、活得快乐,总是一个不争的事实,这是人的本性。理性—情绪疗法断定,人从其本性出发,就有追求一种充实的、自我实现的生活的倾向。在目标和价值问题上,RET 认为,人仅仅因为他活着、存在着,就完全可以做他自己,而用不着非要做出什么业绩来证明自己的价值。作为一种人本—存在的治疗,RET 的目标就是帮助人克服其非理性的、自损的行为,帮助他获得其生命的最大价值,帮助他追求长期的幸福而不是眼前的短暂快乐。在治疗力量上,RET 信赖、重视个人自己的意志,理性选择的作用,强调人能够"自己救自己",而不必仰赖魔法、上帝或超人的力量。

(二)教育的倾向

RET 有很浓厚的教育色彩。也可以说它是一种教育的治疗模式。首先,在咨询和治疗的原则方面,RET 不回避它力图用一套它认为合理、健全的心理生活方式去教育来访者这一事实。RET 的基本目标就是要帮助人们更富理性地思考问题,更适宜地去体验和感受,更有效地行动。其次,RET 的治疗过程有很强的教导味道。在咨询中,RET 的治疗者经常用讲解、说服乃至论辩的方式来教导来访者与自己的不合理信念质疑问难,并大量使用阅读 RET 书籍、讲座、录音录像、讨论会、示范等教育技术,教会来访者运用 RET 的思考方式,以理性的信念和思考方式取代非理性的思考方式。最后,理性—情绪疗法还专门发展出了一套适用于儿童和学校咨询的体系,称作"理性—情绪教育",是一套用于青少年心理教育和辅导的体系,旨在帮助孩子提高心理机能水平,解决学习中的各种问题。

(三)强调理性、认知的作用

理性—情绪疗法承认并且强调心理机能的整体性,认为人的感知、思维、体验和行动是互相联系的整体。在治疗途径上也广泛采纳情绪和行动方面的方法。但它更突出地重视理性、认知的作用。这是 RET、也是所有认知疗法的一个最本质的特点。理性—情绪疗法的一个基本假定是：人的情绪来自人对所遭遇的事情的信念、评价、解释或哲学观点，而非来自事情本身。情绪和行动受制于认知，认知是人心理活动的"牛鼻子"。把认知这个"牛鼻子"拉正了，情绪和行为的困扰就会在很大程度上改善。所以在 RET 的治疗中，总是把认知矫正摆在最突出的位置，给予最优先的考虑。

第二节 基本理论

一、主要的理论概念

理性—情绪的疗法是建立在人性之复杂和可变的假设基础上，下面是它的基本理论概念：

(一)理性—情绪疗法的人性观

任何一个成型的心理治疗体系都有自己的人性观或人性假设，这种观点总是相当深刻地影响着它对心理障碍的原因、发生机制，以及治疗途径的理解和探索，RET 也不例外。RET 的人性观有自己的独特之处。

埃利斯强调人具有生物性的、先天的心理倾向，这种倾向在人的心理生活中扮演着重要角色。在这一点上，RET 与人本主义者相同，而和行为主义者有别。但对这种先天倾向的性质的看法，埃利斯与罗杰斯、马斯洛等人本主义心理学家判然有别。埃利斯虽然也认为人有要存在、趋向于成长和自我实现这样的内在倾向，但同时还认为人天生就有发展出一种非理性的、不利于生存发展的生活态度的倾向，而且埃利斯更强调后一种倾向。例如，他说："在许多时候，人类天生就倾向于进行畸形的思维；倾向于自毁前程；倾向于过分易受暗示影响和过分概括化；倾向于无端的焦虑不安和生气，并且持续不断地让焦虑和敌意侵害自己。不管他们受过何种教育,也不论他们在什么样的社会环境中长大。"

"人类天生就有一种异常强大的倾向,要求并坚持他们生活中的一切都得尽善尽美。一旦他们未能立刻得到想要的东西,就狠狠地谴责自己、他人及这个世界。"

埃利斯的 ABC 理论是建立在他对人的本性的看法之上的,他的这种看法可归结如下:

(1)人既可以是有理性的、合理的,也可以是无理性的、不合理的,当人们按照理性去思维、去行动时,他们就会是愉快的,富有竞争精神以及行有成效的人。

(2)情绪是伴随着人们的思维而产生的,情绪上或心理上的困扰是由于不合理的、不合逻辑的思维所造成的。

(3)人具有一种生物学的和社会学的倾向性,倾向于存在有理性的合理思维和无理性的不合理思维。即任何人都不可避免地具有或多或少的不合理的思维与信念。

(4)人是有语言的动物,思维借助于语言而进行。不断地用内化语言重复某种不合理的信念就会导致无法排解的情绪困扰。

(5)情绪困扰的持续是由于那些内化语言持续的结果。埃利斯曾指出,"那些我们持续不断地对我们自己所说的话经常就是,或者就会变成我们的思想和情绪"。

在埃利斯看来,正是这种先天倾向,容易使人在后天的教育和环境影响下发展出非理性的生活态度,造成心理失调。

(二)健全的人和咨询目标

RET 假定人的基本存在规定性就是要活着,要避免不必要的痛苦,要自我实现。为了达到这样的存在,一个人应该获得并内化以下一些价值,或者说,一个健全的人应该具备以下一些品质:

(1)自我兴趣:健全的人应该首先对自己感兴趣,并且应稍稍高于对他人的兴趣。

(2)社会兴趣:大多数人是在群体中生活,从社会交往中获得自我价值感,只有关心他人,帮助他人,尊重他人,他才能在环境中生活得愉快适意。

（3）自我指导：健全的人首先倾向于自己对自己负责，同时也愿意与人合作。他不一味依赖他人的支持和援助。

（4）高耐挫力：健全的人能容忍自己和他人犯错误，即使他强烈厌恶自己或他人的行为，他也能克制自己不去诅咒自己或他人。

（5）灵活机变性：成熟和健全的人在考虑问题时富有灵活性，能接受改变，对自己和他人没有定下一套死板的、不能改变的规则。

（6）能接受不确定性：健全者有这样的观点，我们生活的世界充满机遇和各种可能性，绝对的肯定性是不存在的。他们能接受并欣赏这种不确定性。

（7）投身于创造性的追求：健全者除了积极从事基本的人生事业之外，还能从投身于一些极大地吸引了他们的某些身外之事中获得更大乐趣。

（8）科学的思维：健全的人比失调者更客观，更富理性，更求实。他们能了解自己的所思所感，所作所为，并在意识中达到知、情、行的整合协调。

（9）自我接纳：健全者能够做到仅仅因为自己是个人，自己活着，就高兴活着，欣赏自己。他们不以自己是否做出了在外人看来有价值的事业来评判自己。简言之，他们无条件地接受自己。

（10）冒险精神：情绪健全者敢想、敢试、敢冒失败的风险，有开拓精神，但并不蛮干。

（11）追求长远的享乐：适应良好的人也是趋乐避苦的享乐主义者。但他们眼光更远，不会为眼前快乐而牺牲长远幸福。

（12）现实主义：健全者有现实、实际的人生态度，他们知道十全十美的理想境界只是乌托邦。他们不枉费心机去追求十足的快乐、幸福，不企求完全免除焦虑、抑郁、灰心和敌意。

（13）自己对情绪困扰负责：健全者觉得自己应对自己的情绪困扰负主要责任，而不是防卫性地责怪他人和社会环境。

以上这些品质可以总起来看作一种理性的人生态度。RET 咨询和治疗的基本目标就是要帮助人达到这种人生态度。而为了实现这个基本目标,就应该在人的认知、情绪和行为这些基本方面下功夫。因此,RET把咨询和治疗的直接目标放在认知、情绪和行为的改变上。具体一些说,RET直接追求的东西是:

(1)矫正非理性的思想、信念,以及非理性的思维方式;帮助来访者树立积极的、能带来生存快乐的价值取向、追求、目标和理想,学会用科学、理性、求实、灵活的方式来思考问题。思考方式又是更基本的东西,RET假定,科学、理性的思维方式对大多数人大多数时候来说,是达致前者的有效工具。

(2)矫正不合宜的情感,帮助来访者获得合宜的情感体验。埃利斯把情感区别为合宜的和不合宜的,这种区分颇有独到之处。情感本有肯定性情感和否定性情感之分,然而合宜与否并不与肯定否定的划分标准一致。合宜情感既有肯定的,也有否定的;不合宜情感亦然。合宜的肯定性情感是人的目标、愿望达到和满足时产生的体验,如爱、幸福、愉快等;合宜的否定性情感是人愿望受挫折、目标行动受阻时产生的体验,如遗憾、歉疚、生气、失望等;不合宜的肯定性情感是使人暂时感到好受,但却导向将来的更大痛苦和挫折的情感,如自大、敌意、妄想;不合宜的否定性情感是使人的处境更糟,使挫折更重,而不是有助于人改善、克服不利处境的情感,如抑郁、焦虑、绝望、自卑等等。

(3)矫正不合宜的行为,增进合宜的行为。埃利斯把强迫冲动、不良行为、刻板反应,以及退缩、恐怖等称作自我损害(self—defeating)行为,因为它们不必要地严重妨碍了人的生活和幸福,妨碍人实现近期和远期目标。

(三)目标、意图和理性

按照理性—情绪疗法,人们建立了重要的生活目标并为之努力应当是最幸福的。埃利斯认为,人们在建立和追求目标的过程中应当认识到,他们生活在一个特定的社会里和一种以自我为中心的哲学里。在这样的环境下,人们首先把自己置于一个重要位置上,其次才是他人。但这与自私哲学还是有所不同的。在这样的前提下,理性—情绪疗法中的"合理性"意味着"有助于人们达到其基本目标和意图",而"不合理性"

则意味着"阻止人们实现这些目标和意图"。因此,合理性不是绝对意义上的概念,而是相对的。

(四)心理过程的互动及认知的地位

理性—情绪疗法从始至终都强调心理过程(认知、情绪和行为)之间的相互作用,尤其是在心理失调的时候就更是如此。埃利斯近来又强调了应激事件与心理过程之间的互动,这将在后面部分进行讨论。

尽管有互动的观点,但事实上理性—情绪疗法是以强调人们心理认知的特殊位置而著称的,特别是认知评价对心理健康与心理障碍的影响。理性—情绪疗法的一个独特贡献就在于它在认知—行为疗法领域内把信念区分为合理与不合理。合理的信念是根据个人的意义来进行选择的评估性认知。其表达的形式主要为"愿意"、"宁愿"、"希望"、"喜欢"和"不喜欢"等等。当人们达到他们的愿望时,会体验到一种愉快和满足感。否则就会有不愉快和不满足的情绪,如:悲伤、忧虑、遗憾、烦恼,这些消极情绪是对消极事件的适当反应,而不会严重地影响目标的建立和目标的达到。

不合理的信念与合理信念相比存在着如下两种区别:

(1)它们具有绝对化或教条化的性质,表现为"必须"(must)、"应当"(should)、"不得不"(have-to)等;

(2)它们将会导致一些严重影响目标实现的恶劣情绪,如失望、焦虑、负罪感、气愤等等。

埃利斯指出,合理的信念会导致功能性的行为,而不合理信念则会引起负功能性行为,如孤僻、固守陈规、因循守旧、酗酒、破坏等。

(五)两种基本的生理倾向

按照埃利斯的假设,人们的不合理信念很大程度上是由生物性因素(通常与有影响的环境相互作用)所决定的,甚至在那些理性化程度很高的人当中,也会扭曲地思考问题。埃利斯指出:即使天生就极为理性的人,实际上也会把自己的一些个人选择和社会选择不自觉地带到一种绝对化的境地,并以这种绝对性来要求自己、他人和周围的事物。

埃利斯进一步论述了另一种基本的生物倾向，也就是人还有一种努力改变自己不合理认知的力量。它具体表现为三种能力：

(1)能够感到自己是被不合理的想法带入到困境之中的；

(2)能够看到自己具备改变这种想法的能力；

(3)通过运用认知和行为调整的方法可以积极地、不断地改变这种认知的能力。

理性情绪疗法的贡献在于它认为人们有不合理认知的强烈的生物倾向，同时，也认为人们并不是完全被这种倾向所奴役，而是可以减弱(尽管不是全部)它的作用。

(六)两种基本的心理失调

两种基本的心理失调是指自我失调(ego disturbance)和不适失调(discomfort disturbance)。

自我失调的具体表现是，当个体对自我、他人和周围的世界提出一定的要求，而这些要求又不能得到满足时，个体便责怪自己，这种自责常体现为对自我的全盘否定，把自己视为一无是处、一文不值。调节这种心理状态的方法是自我接纳，包括放弃对自我简单的、否定性的评价和承认自己失误的事实。

不适失调也是指个体对自我、他人和周围的世界提出了教条而刻板的要求，这种要求与当下获得舒适的生活条件有关，当这些要求不能被满足时，个体便产生心理上的痛苦。理性—情绪疗法的治疗家常试图帮助这些人认识到，能忍受不适、放弃当下的满足而着眼于长远的目标和幸福才算得上是理智的表现。

由此可以看出，理性—情绪疗法的基础是自我接纳和保持较高水平的挫折承受度，这样的人才是心理健康的人。

二、分析和确定患者的问题：ABC 理论框架

在理性—情绪疗法建立之初，埃利斯便用 ABC 的框架来概括和解释患者的心理问题。

A 代表诱发性事件(Activating events);
B 代表对诱发性事件的认知和信念(Beliefs);
C 代表个体的情绪和行为反应或结果(Consequences)。

ABC 框架的优点之一是简洁,但又因为简洁,它没有注意到不同类型认知活动的差别。此外,还有一点必须指出的是,不同的治疗家在运用 ABC 框架时,是有较大的灵活性,并不存在一种绝对正确的解释形式。下面,便是该框架的解释形式之一。

(一)认知、情感和行为结果的诱发性事件

人们通常是在特定环境或是在遭遇到一系列诱发性事件(Activating events)(As)的情况下来尝试达到自己所设定的目标的。诱发性事件或是会起促进作用,或是会起阻碍作用。事实上,所谓的诱发性事件已经是经过人们思维(认识)、感情或行为加工过的事件了,它们已经被有意识或无意识地印在人们过去的记忆或认知中。人们之所以会对诱发性事件趋向于作出特定的反应,是因为:其一,生物的或基因的倾向;其二,制度化的历史;其三,先前的个人或社会学习;其四,先天固有的倾向和后天获得的习惯模式。

事实上,应激事件从来不会单纯或单方面的存在,它总是与信念(Bs)和结果(Cs)相互影响、相互作用的。

(二)对诱发性事件的信念

按照理性—情绪疗法的观点,人们有无以计数的信念,它包括认知、想法和主意等等。这些信念(Beliefs)是影响认知、情绪和行为结果的直接和主要因素。尽管看起来好像是诱发性事件引起结果,但 B 处于 A 与 C 之间,是 A 的更直接的原因。人们总是按自己的信念认识 A,并按照带有偏见的信念和一定情绪结果去认识和体验 As。因此,人们实际上从来不会体验到没有信念(B)和结果(C)的诱发性事件(A),而没有诱发性事件(A)也体验不到信念(B)和结果(C)。

信念可以有不同的形式,因为人们有各种各样的认知形式。在理性—情绪疗法中,主要关注的是合理的信念和不合理的信念,前者导致自

助性的积极行为,而后者则会引起自我挫折和反社会的行为。下面是一些主要的信念形式:

1. 无认知评价的观察

比如"(我看到)这个人在走路"。这个事实与我们所要达到的目标无关,所以,它是无认知评价的。但当这个人是我的父亲,而他由于车祸刚从医院里恢复,这时认知评价的因素便暗含在观察中了。"(我很高兴)看到这个人在走路。"

2. 无认知评价的推理

例如:"那个走路的人是去邮局。"这样的判断不论正确与否,如果与我们的目标无关时,认知评价就不发生作用,但若这样的判断与我们的目标有关时,那么,认知评价的因素就暗含其中了。比如,这个人如果确实是去邮局并是去带回我们的生日包裹时,那么这个人去邮局就会是令人非常高兴的。

认识到相关的推断是紧紧联系在一起,这对我们是很有帮助的。例如:一个患者说他因为妻子忘了买东西而生气时,买东西本身可能并不是引起生气的关键。这其中的推理链条可能是这样的:妻子忘了买东西→我将要提醒她→她将会唠叨、斥责我→我将不能够安静地看足球比赛。这个链条上的任意一个因素都会引起生气,因此在评估的过程中,应当通过提问,帮助患者,让他们提供最可靠的信息,来确定最相关的推断。

3. 积极的可供选择的认知评价

例如:"我愿意让别人称赞我"或"我喜欢别人称赞我"(但他们不一定这么做)。这就是积极的可供选择性的认知评价,因为它是相对的而非绝对的。埃利斯曾举例说明,具有这种认知评价的人,当看到一群人在笑他时,他会作出如下推断:

A.(假定)他们认为我很可笑;

B.(假定)他们喜欢我;

C.(假定)他们喜欢我确实有优点。

这是积极的非绝对的推断,与个人的目标有一定关系。

D. 我有使他们高兴的能力,这很好。

E. 听到他们很开心,是很愉快的事情。

这是两个积极的非绝对评价。

4. 积极的必须性的认知评价

例如:"我必须让人们称赞我",这样的认知就被称为积极的必须性的认知评价,因为它具有绝对化的和教条化的性质。这些通常被称为是"不合理"的,因为它们可能阻碍人们实现自己的基本目标和意图。

可以设置同样情景,一群人在笑另一个人。埃利斯总结了在这种积极的必须性认知评价指导下人们的想法。错误的地方标在后面括号里:

A."我是个伟大、高贵的人"(太笼统)

B."我的生活一定会绝对美满"(极端化)

C."好事应该只发生在我身上"(一厢情愿、神化)

以上三种都是积极的绝对化的认知评价,在这种评价中的"我"和"世界"都被大大地夸张了。

D."我确信他们会喜欢我"(肯定的幻想)

E."我确信我会使他们高兴"(肯定的幻想)

上面两个都是积极的绝对化的推断。

5. 消极的可供选择的认知评价

例如:"我愿意让别人不贬低我"或"我不喜欢别人贬低我"(暗含的意思:没有任何理由表明他们一定不会贬低我)。这被称为消极的可供选择性的认知评价。在理性—情绪疗法中,这种认知评价被认为是"合理的",因为它有助于人们实现自己的基本目标。

在这样的认知前提下,我们来看一下前面的例子。被笑的人可能会推断那些人在嘲笑自己,埃利斯指出下面几种消极的认知评价:

A.(假定)他们认为我是愚蠢的

B.(假定)他们不喜欢我

C.(假定)他们不喜欢我确实有弱点

以上认知是消极的非绝对化的推断,他可能进一步推论:

D."很不幸他们在嘲笑我"。

E."如果我有某些不幸的缺点,那是很糟糕的"。

D 和 E 两种认知都是消极非绝对化的认知,他的"情境"和"不幸的缺点"的评价是消极和非神化的。

6. 消极的必须性的认知评价

例如:"我一定不会让别人贬低我",这是消极的,必须性的认知评价。这种认知不但是绝对化和教条化的。并且也是消极的。在认知理论中属于"不合理"的信条,它会阻碍人们实现自己的目标。

仍然是使用前面的例子,被嘲笑的人可能会得出下面的结论,其错误之处标在括号里:

A."我是个无能的废物"(笼统、自我仇视)

B."我的生活糟糕透顶"(笼统、极端化)

C."这个世界真是个鬼地方"(笼统、极端化)

D."坏事只发生在我一个人身上"(绝对化)

E."太可怕、太恐怖"(极端化、灭顶之灾)

F."我不能忍受"(过头了)

以上都是消极绝对的认知评价。

G."我总是办事不力,让大人物贬低我"(笼统)

H."他们知道我不是优秀的,总是显得无能"(错误推论,跳跃推论)

I."他们总是会嘲笑我,小看我"(错误推论、跳跃推论)

J."他们只会小看我,而看不到我的长处"(笼统)

K."当他们赞许地看我时,仅仅是因为他们心情好,而没有看到我正在愚弄他们"(错误推论、虚假的)

L"他们嘲笑我,不喜欢我,将会导致我失去工作和所有的朋友"(灭顶之灾、夸大化)

M."他们肯定是嘲笑我所做的愚蠢的事,而不可能为其他原因而笑"(错误推论)

以上的认知都是消极的绝对性的推断,倾向于阻碍甚至破坏个体目标的达到。

(三)诱发性事件的结果和信念

认知、情绪和行为的结果来自于诱发性事件和信念的相互作用,用数学公式可以表示为 A(诱发性事件)×B(信念)＝C(结果)。这个公式可能太简单,或许可以再用一个复杂的公式来充分地表示这种关系。C差不多主要是由 A 影响的,但 A 并不是 C 的确切原因。因为人类自然地作出一定的反应,且当 A 很强烈(如饥饿或地震)时,会趋向于更深刻的影响 C。

当结果 C 是由情绪"失调"(严重的焦虑、失望敌意、自我否定、自我怜悯)构成时,B 通常(但不总是)直接生成或"引起"C。然而情绪失调也许随时都会来自于强烈的应激事件。例如,来自于外部环境的洪灾、战争,或者来自于个人的悲剧,情绪失调也可能来自于机体内部,比如内分泌或其他的疾病因素。这些都可以在一定程度上独立地"引起"结果(Cs)。

当强烈的或是异乎寻常的诱发性事件(As)主要导致或"引起"结果(Cs)或当生理因素"引起"时,通常也伴随着信念(Bs)的形成。这样,如果人们在遇到地震或如果他们内分泌严重失调而"因此"变得失望的话,那么他们所遇到的诱发性事件(As)或生理改变可能在强烈地影响他们,并产生不合理的信念。比如,"地震本不应该发生！太可怕了！难以忍受！"这些不合理信念反过来会导致绝望感的产生。

结果 Cs 通常是由情感和行为构成的,但可能也包括一些想法或观念(如强迫观念)。来自于 As 和 Bs 的结果 Cs,绝不可能是纯粹或单一的,它部分地包含着 A 和 B 的相互作用。比如,如果 A 是一件非常可恼的诱发性事件(比如求职失败),那么在不同的 B 的作用下会产生不同的 C：

(1)如果是合理的信念(比如,我希望自己的求职不会被拒绝),那么会使结果趋向于一种比较健康的挫折和失望感；

(2)如果有不合理的信念,比如："我一定要得到这份工作,否则我就不是好样的！"那么,这时的结果会趋向于一种非健康的、严重的焦虑感和绝望感。

但人们通常把感情(比如希望、意图)的成分夹杂进诱发性事件 A,比如,除非人们对一份工作有着极大的渴求或在某些方面非常满意于这份工作,否则,他们是不会安心于这份工作的。因此,对于他们来说,所谓诱发性事件,已经部分地包含了他们的认知评价(B)和结果的因素(C)在里边,而这二者从一开始便是相互联在一起的,不是完全孤立地起作用。

同时,人们的信念(Bs)也部分地或是固有地与 As 和 Cs 相关联。比如,如果他告诉自己"我想找到一份好的工作"这是一种信念认知(B),它会部分地促使一定的诱发性事件的生成(A)(渴望面试的机会),它也会部分地引起一定的情绪和行为结果(C)(当遭到拒绝时会产生失望感和绝望感)。如果对一项工作事先没有较好的认知评价,那么就不会想努力得到它,也不会在遭到拒绝后有特别的感觉。

A、B 和 C 总是紧紧地相互关联,没有另外两个因素的存在,任何一个都不会存在下去。

在理性—情绪疗法中,一般来说 A 和 C 是先于 B 而被评估的,这是按咨询叙述过程的先后顺序来进行的。C 通常是选择性或必须性信念认知评价的情绪和行为结果。理性—情绪疗法强调对情绪结果的慎重仔细的评估,因为这种评估是发现何种认知评价在起作用的指示器。在此,埃利斯强调区分"适当的"和"不适当的"否定情绪的重要性,适当的情绪像难过、遗憾、愤懑等。在理性—情绪疗法中,这些情绪被认定是由"合理的"选择性的认知评价造成的,它们有助于人们通过努力而改变已有的成见,从而向好的方向发展,而"不适当"的情绪状态则包括:绝望、负罪感、焦虑等,这些情绪被视为是由"不合理"的必须性的认知评价造成的,这些情绪状态倾向于干扰人的力图改变现状的建设性的努力。

在评估情绪结果时,认识到以下三点是很重要的:

首先,患者不必像治疗家那样使用专业的、有关情绪的术语,应该让患者知道,不同的情绪状态之间有着性质上的独特差异,这样才能够让治疗家和患者使用共同的情绪"语言"对话。

其次,情绪结果的出现也可能是链式的,例如,生气经常是与焦虑联系在一起的,因此,一个人能够体验到生气而隐藏了一种不充分感,或一个人可能在自尊受到威胁后而备感压抑。一种情绪状态的出现,常是另一种更原始的情绪状态引发的。

最后,治疗家们应当能够意识到,患者们并不总是需要机械地改变每一种"不适当"的消极情绪,也就是说,有些特殊的"不适当"的情绪可能并非是真的"不适当"或代表一种自我挫折,要视具体情况而定。因此,在评估情绪结果时,应该具备足够的变通能力和敏锐的判断力。

在强调对情绪结果评估的同时,也应该强调对行为结果的评估,像退缩、拖延、酗酒、药物依赖等失常的行为会与"不合理"的绝对化的认知评价(B)相关联。

(四)不合理信念的特征

对于人们所持有的不合理的信念,韦斯勒(Wessler)等曾总结出下列三个特征,这就是:绝对化的要求(demandingness)、过分概括化(overgeneralization)和糟糕至极(awflizing)[2]。

绝对化的要求这一特征在各种不合理的信念中是最常见到的。对事物的绝对化的要求是指人们以自己的意愿为出发点对某一事物怀有认为其必定会发生或不会发生这样的信念。这种信念通常是与"必须"(must)和"应该"(should)这类字眼联系在一起的。比如"我必须获得成功","别人必须很好地对待我","生活应该是很容易的"等等。怀有这样的信念的人极易陷入情绪困扰。因为客观事物的发生、发展都是有一定规律的,不可能按某一个人的意志去运转。对于某个具体的人来说,他不可能在每一件事情上都获得成功。而对于某个个体来说,他周围的人和事物的表现和发展也不会以他的意志为转移。因此当某些事物的发生与其对事物的绝对化要求相悖时,他们就会感到受不了,感到难以接受、难以适应并陷入情绪困扰。理性—情绪疗法就是要帮助他们改变这种极端的思维方式,而代之以合理的思维方式,以减少他们陷入情绪障碍的可能性。这种治疗要帮助他们认识这些绝对化要求的不合理之处、不现实之处,并帮助他们学会以合理的方式去看待自己和周围的人与事物[3]。

过分概括化是一种以偏概全,以一概十的不合理思维方式的表现。埃利斯曾说过,过分概括化是不合逻辑的,就好像以一本书的封面来判定一本书的好坏一样。过分概括化的一个方面是人们对其自身的不合理的评价。一些人当面对失败或极坏的结果时,往往会认为自己"一无是处"、"一钱不值"、是"废物"等。以自己做的某一件事情或几件事情的结果来评价自己整个人,评价自己作为人的价值,其结果常常会导致自责自罪、自卑自弃的心理的产生以及焦虑和抑郁的情绪。过分概括化的另一个方面是对他人的不合理评价,即别人稍有差池就认为他很坏,一无可取等。这会导致一味地责备他人以及产生敌意和愤怒等情绪。按照埃利斯的观点来看,以一件事的成败来评价整个人是一种理智上的法西斯主义。他认为一个人的价值是不能以他是否聪明,是否取得了成就等来评价的,他指出人的价值就在于他具有人性。他因此主张不要去评价整体的人,而应代之以评价人的行为、行动和表现[4]。这也正是理性—情绪疗法所强调的要点之一。这一治疗的一句名言就是"评价一个人的行为而不是去评价一个人"[5]。因为在这个世界上,没有一个人可以达到完美无缺的境地,所以埃利斯指出,每一个人都应接受自己和他人是有可能犯错误的人类的一员。

糟糕至极是一种认为如果一件不好的事发生将是非常可怕、非常糟糕,是一场灾难的想法。这种想法会导致个体陷入极端不良的情绪体验,如耻辱、自责自罪、焦虑、悲观、抑郁的恶性循环之中而难以自拔。糟糕的本意就是不好、坏事了的意思。但当一个人讲什么事情糟透了、糟极了的时候,这往往意味着对他来说这是最最坏的事情,是百分之百地坏,或是百分之一百二十地糟透了,是一种灭顶之灾[6]。埃利斯指出这是一种不合理的信念,因为对任何一件事情来说,都可能有比之更坏的情形发生,没有任何一件事情可以定义为是百分之百地糟透了的。当一个人沿着这种思路想下去时,当他认为遇到了百分之百地糟糕的事情或比百分之百还糟的事情时,他就是自己把自己引向了极端的负的不良情绪状态之中了。糟糕至极常常是与人们对自己、对他人及对自己周围环境的绝对化要求相联系而出现的,即在人们的绝对化要求中认为的"必须"和"应该"的事物并未像他们所想的那样发生时,他们就会感到无法接受这种现实,无法忍受这样的情景,他们的想法就会走向极端,就会认为事情已经糟到极点了。"RET认为非常不好的事情确实有可能发生,尽管有很多原因使我们希望不要发生这种事情,但没有任何理由说这些事情绝对不该发生。我们将努力去接受现实,在可能的情况下去改变这种状况,在不可能时,则学会在这种状况下生活下去"[72]。

在人们不合理的信念中,往往都可以找到上述三种特征。每一个人都或多或少地会具有不合理的思维与信念,而那些具有严重情绪障碍的人,具有这种不合理思维的倾向更为明显。情绪障碍一旦形成,他们自己是难以自拔的,就需进行治疗了。

(五)其他问题

在理性—情绪疗法的评估阶段,还有一些重要问题必须提及。首先,治疗家们要注意识别两种失调即自我失调和不适失调,尤其要注意两种失调的相互作用,只有在进行仔细地评估后才能将二者加以区别;其次,患者们通常会在首要问题的基础上产生次要问题,因此,为了取得良好的疗效,就需要对此进行仔细认真的评估;第三,理性—情绪疗法特别注意到,人们永远不会彻底地摆脱心理问题的困扰,人们会把他们的心理问题以其他的方式持续地表现出来,治疗家在治疗中要留心注意这种趋向。

三、其他重要概念和观点

(一)次级症状

一个人在 C 点产生情绪失调,体验到焦虑、抑郁、自卑或愤怒等痛苦感受时,会把相当大一部分注意力转到这些心理痛苦上,以同样非理性的信念和自损思维来对待自己的情绪症状。他会对自己说:"我是绝对不该如此焦虑的,天哪,我竟然得了焦虑症,这太可怕了,我无法忍受,我是多么糟糕啊!"这样,这个人就会出现对焦虑的焦虑,对抑郁的抑郁。埃利斯把这种由心理痛苦本身而来的症状称作次级症状。这种次级症状往往比初级症状还令人痛苦。由于次级症状,当事人更觉得无能为力,因而妨碍当事人把精力放在理解、处理初级症状上。所以,RET 的治疗者往往先处理次级症状,或者在处理初级症状的同时注意鉴别和处理次级症状。

(二)咨访关系

RET赞成咨询者与来访者之间建立一种亲密的关系,也赞成运用共感倾听、情感反映等技术来建立关系。但总的说来,RET只把关系作为支持、鼓励来访者自我探索和改变的辅助条件,不像以人为中心治疗那么重视关系本身。事实上,RET认为在没有咨访关系支持的情况下,个人通过阅读RET的自助读物也能自我改变。更有甚者,RET指出,对咨访关系中咨询者和来访者过分依赖、需要对方的认可这一点应抱谨慎态度,因为这种态度一方面会妨碍来访者切实行动起来改变自己,另一方面会妨碍咨询者坚定地激励来访者作出改变,因为这种态度会导致彼此迁就。RET经常要对双方需要对方认可、赞赏这种态度背后的非理性信念进行探讨。

RET与以人为中心治疗非常一致的一点是对无条件自我接纳的重视。它非常注意向来访者灌输这样的信念:对人不应作价值评判,一个人不因他有钱、事业成功就更有价值,也不因未达到某一外在标准就没有价值。总之,一个人肯定自己作为一个人的价值时,是不需要任何先决条件的。

(二)整体机能观和综合的改变途径

RET坚持认为人的心理活动是一个整体,思想、体验和行为互相作用,彼此关联。假如一位妇女的信念是:"我在任何情况下都必须很出色,如果不这样那就太糟了,那我就是个一无是处的人!"她就会感受到焦虑、抑郁等情绪,她在求职、工作中的行为也会出现失调。不仅认知会影响情绪和行为,情绪、行为也会影响认知。这就是整体机能观。

与此相应,RET在治疗策略上持综合立场,即开放性地采用认知的、情绪的和行为的治疗方法和技术。RET认为,人产生失调的方式是复杂多样的,因此,没有一种单一的方法,能帮助当事人从各不相同的失调中恢复过来。所以,RET除了它自己独有的一些认知、行为方法外,也有选择地运用由其他治疗流派发展出来的策略。

（三）领悟与行为改变

RET极其强调领悟的作用。但它对领悟有自己的看法。RET认为领悟可以有认知的领悟和情绪的领悟，两种领悟的效果是不一样的。前者只是相信某事，其强度较弱，且难以一贯坚持，而后者强度大，坚持性好。因此，治疗应追求这种伴有强烈的情绪体验的领悟，它对改变的作用更大。RET认为，一个人要改变其不适情绪和行为，须达到三种不同水平的领悟。第一种领悟是当事人承认情绪、行为的失调基本上不是由先前事件引起，而是由自己加在这些事件上的非理性信念引起；第二种领悟是，当事人认识到，不管自己最初是怎样出现失调的，我们之所以现在仍然心烦意乱，是因为我们仍在向自己灌输与当初一样的非理性信念；第三种领悟是，来访者意识到即使有了第一种和第二种领悟，认识到是我们自己"创造"和"维持"着自己的情绪失调，这些认识不会自动使我们的情绪、行为困扰消失，除了我们立即行动起来，在现在和将来持之以恒地从思维上、情绪体验上和行动上与我们的非理性信念战斗，我们没有别的出路。

第三节 实际运用

一、治疗关系

理性—情绪疗法是一种积极指导式的心理疗法。在这样的疗法中，治疗家们所要承担的角色主要是引导患者认识到，他们的心理问题有着人生观上的根源。与此同时，也要让他们知道，可以挑战和改变这些不合理的、绝对的认知观念，从而去除心理困扰。

（一）治疗环境

按照上面所指出的角色，理性—情绪疗法的治疗家们应当努力做到无条件地接受他们的患者,这些人不过是一些在某些方面易犯错误的人,并非本质上就坏(或是好的)。无论在治疗中患者的行为表现多么不好,治疗家都须将其视为可接受的人。若情况允许,治疗家可让患者知道他们对患者消极性行为的感受是怎样的。

埃利斯认为,若患者有要求,治疗家可以把自己的情况告诉患者。治疗家还可以用亲身经历来讲述,自己曾经是如何处理那些与患者现在遇到的相类似的问题的。这样,治疗家便可在治疗中营造出一种真诚的气氛。

治疗家要在与患者的接触中表现出幽默的风格,这对治疗将产生促进作用,因为患者许多的情感障碍是与对自我、对他人和对周围世界过于严肃的态度联系在一起的,幽默将有利于这种态度的缓解。

治疗家还需向治疗者"显示"出一种特殊的共情(empathy),它表现在两个方面,其一是情感共情,即理解患者的感受;其二是"哲学共情"(philosophic empathy),即理解作为患者感受、情感之基础的哲学观念。

从上面的讨论中不难发现,理性—情绪疗法在一些方面与罗杰斯(Rogers,C.)的观点是一致的,如对患者无条件的尊重、真诚、共情等等。但应指出的是,理性—情绪疗法不主张对患者显示出过分的热情(undue warmth),因为它会带来两个问题:第一,强化了患者对爱和赞许的过分的要求,对爱和赞许的过分要求恰恰是造成人们失调的两个最常见的原因;其二,降低了患者对挫折的容忍程度,而这又是不适失调的表现形式之一。

(二)治疗形式

理性—情绪疗法的治疗家们对大多数患者采取积极引导的形式,而对严重失调和抵制治疗的患者采取一些带有强制性的方法。由于治疗家的知识结构、训练背景及人格特点各不相同,且所遇到的患者和情境也各不一样,因此,治疗风格也会表现出较显著的差异,但无论如何,绝大多数的治疗家都同意这样的原则,即视具体情况采取灵活的治疗方式。此外,在治疗过程中,治疗家应特别注意以下的问题:

(1)避免以过分的友谊和情感投入的方式与"癔症"患者进行互动；

(2)避免以过分理智的方式对待强迫症患者；

(3)避免以过分直率的方式对待那些易感到自己的自主感受到威胁的患者；

(4)避免以过分活跃的方式对待那些易陷于消极、被动状态的患者。

二、治疗策略

埃利斯认为，理性—情绪疗法有两种形式：其一为一般性的，其二为选择性的。一般性的理性—情绪疗法与认知—行为疗法(cognitive-behavior therapy)同义，而选择性的理性—情绪疗法在许多重要方面都有其独特性。

在选择性理性—情绪疗法中，主要目标是帮助患者追求长远的基本目标和尽可能有效地接纳自我、忍受一些不适的的生活环境。选择性理性—情绪疗法的治疗家们可以帮助患者掌握一些技巧以应对未来可能出现的失调。为鼓励患者在人生观方面有所改变，治疗家们形成了以下的策略。

其一，情绪和行为失调是由于认识上的先入之见，这些认识以绝对化的形式出现。治疗家可训练患者仔细观察自己心理上的问题并寻找到观念上的根源。

其二，人是有自我决定能力的，他们可以选择有效的方式来解决自己的问题。如通过自身的努力来改变不合理的认知、信念，所以人决非不合理思维过程的奴隶。

其三，运用认知、情绪和行为的方法可以改变不合理的、绝对化的信念，以获得最大程度的自由，进行自己的选择。

对于绝大多数患者来说，理性—情绪疗法的治疗家们都可以用设计好的策略来有效地改变他们复杂的人生观。治疗家们确信，每个患者都能够在理性—情绪疗法的帮助下实现这种改变。但当患者不能或不愿进行这种改变时，治疗者通常会转用一般的理性—情绪疗法，并运用一些适当的方法来达到认识上和行为上的改变。例如,一位中年已婚妇女在接到她父亲的电话时总是感到很生气,因为她父亲总是先问她:"喂,你在干什么?"她认为,这是在粗暴地侵犯她的隐私权,并说她父亲无权这样做。治疗家最初是用选择性的理性——情绪疗法来试图改变她这种教条的认知,让她认识到世界上没有任何一部法律禁止父亲这样做。在遭到患者的抵制后,治疗家开始用一般理性——情绪疗法来帮助她,即首先告诉她,她父亲是在干涉她的隐私权,但考虑到她父亲的年龄,也许他的做法是一种特定的电话问候方式,而不是干涉。这对这位患者有很大触动,她开始重新审视和理解父亲的动机。

三、基本步骤

因为理性——情绪疗法认为人们的情绪障碍是由于人们的不合理信念所造成的,因此,这一治疗简要地说,就是要以理性治疗非理性。帮助来访者以合理的思维方式代替不合理的思维方式,以合理的信念代替不合理的信念,最大限度地减少不合理的信念给他们的情绪带来的不良影响,以改变认知为主的治疗方式来帮助来访者减少或消除他们已有的情绪障碍。

治疗的第一步,要向来访者指出其思维方式、信念是不合理的,帮助他们搞清楚他们为什么会这样,怎么就变成目前这样子了,讲清楚不合理的信念与他们的情绪困扰之间的关系。可以直接或间接地向来访者介绍 ABC 理论的基本原理。

治疗的第二步,要向来访者指出,他们的情绪困扰之所以延续至今不是由于早年生活的影响,而是由于现在他们自身所存在的不合理信念所导致的。对于这一点,他们自己应当负责任。

治疗的第三步,是通过以与不合理的信念辩论的方法(disputing irrational beliefs)为主的治疗技术,帮助来访者认清其信念之不合理,进而放弃这些不合理的信念,帮助来访者产生某种认知层次的改变,这是治疗中最重要的一环。

治疗的第四步,不仅要帮助来访者认清并放弃某些特定的不合理信念,而且要从改变他们常见的不合理信念入手,帮助他们学会以合理的思维方式代替不合理的思维方式,以避免重做不合理信念的牺牲品。

这四个步骤一旦完成,不合理信念及由此而引起的情绪困扰乃至障碍即将消除,来访者将会以较为合理的思维方式代替不合理的思维方式,从而较少受到不合理的信念的困扰。

在理性—情绪疗法的整个治疗过程中,与不合理的信念辩论的方法一直是治疗者帮助来访者的主要方法。这一方法几乎不变地应用于每一个来访者,而其他方法则是视来访者情况而选用之。因为辩论一词的英文字头是 D(Disputing),治疗效果的效果一词的英文字头是 E(Effects),加入这两个字母,RET 的整体模型就成为 ABCDE 了。即:

A(Activating events)——诱发性事件;

B(Beliefs)——由 A 引起的信念(对 A 的评价、解释等);

C(emotional and behavioral Consequences)——情绪的和行为的后果;

D(Disputing irrational beliefs)——与不合理的信念辩论;

E(new emotive behavioral Effects)——通过治疗达到的新的情绪及行为的治疗效果。

理性—情绪疗法具有典型性(代表性)的治疗步骤也可以归纳为:

(1)检查患者是否愿意做在预备阶段布置好的作业。

A. 如果这些作业完成得很好,询问咨客从中有无收获。

B. 解决出现的问题,特别是如果这些作业没有完成的话,评价一下阻碍患者完成作业的不合理的认知,质疑这些认知并重新安排作业。

(2)询问患者最紧迫的首要问题。

A. 用 ABC 框架评估这些问题。

B. 确认最相关的推断,它为情感和行为问题提供了背景。

C. 暂时设定这个推断是正确的,让患者再重复做一次。

D. 检查是否存在次要问题,如果存在,就应当按照下面的程序做一次 ABC 分析,先对患者讲明解决次要问题的合理性,然后征得患者同意,开始着手解决这个问题。这个步骤也可在(2)A 前进行。

(3)帮助患者认识到"必须性"的不合理信念,和由此而产生的绝对化的评价与情感、行为问题的关联,以及前者是怎样引起后者的。

(4)通过询查支撑患者不合理的必须性信念、绝对化评价的有关证据来达到质疑的目的。

A.向患者指明,所提出任何证据通常都是支持合理信念的,而不是支持不合理的信念。比如,证据表明把事情做好和得到赞许是人人几乎都希望达到的,但它决不意味着人人都必须不打折扣地做到这一点。

B.重复上面 A 的步骤,直到患者确信证据是支持合理信念的。

C.帮助患者认识到合理的认知与建设性的情绪和行为改变之间的关系。

(5)帮助患者认识到在同样或相关的情形下,不断质疑不合理认知的重要性。

(6)安排作业,使患者有机会质疑不合理的认知,按新的合理的认知来行动。

A.清除在完成作业过程中的障碍。

B.进行一系列的实践,使患者能够通过想象的或模仿性的练习来演练作业。

(7)确定并修改那些错误的推论,而这些推论过去曾被认为是正确的。

以上清楚地表明,典型的理性—情绪疗法的治疗框架是按相互关联的顺序建构起来的,若患者能理解它并同意积极参与每个步骤,那将是大有裨益的。

四、主要的治疗方法

理性—情绪疗法在治疗过程中,广泛应用了认知的情绪的及行为的治疗方法。在认知的方法中,有与不合理的信念辩论的方法,有认知性的家庭作业,给别人进行 ABC 的分析等;在情绪的方法中,有合理的情绪想象技术(有些理性—情绪疗法家亦把它归入认知方法之中)、耻辱练习(shame exercises)等;在行为的方法中,主要采用了行为治疗中的自我管理的技术、放松训练、决断训练、社会技能训练和问题解决的训练等方法。

在理性—情绪疗法的过程中,最常用的技术就是与不合理的信念辩论的技术。其次是合理的情绪想象技术、认知的家庭作业以及为促使来访者很好地完成作业而提出的相应的自我管理的方法。其他一些技术方法不作为主要的方法,而作为辅助的方法;或只在治疗最后阶段使用,如决断训练、社会技能训练等。埃利斯本人曾着重指出,理性—情绪疗法者可以倾向于采用多种多样的技术方法,只要是将这些方法运用于理性—情绪疗法的框架之中,这都是允许的。但在治疗过程中,应强调改变来访者的认知,如果治疗者的工作重心放在改变来访者的情感和行为上,而很少强调认知的改变,那就有权怀疑他们所搞的是不是真正的理性—情绪疗法了。理性—情绪疗法是一种带有综合性质的治疗技术,其中有很多是从其他疗法借鉴而来的,它们通常与理性—情绪疗法的基本理论观点是一致的。理性—情绪疗法的治疗家特别关注某种技术的短期效果和长期效果,很少运用那种即刻见效,但却不利于长远效果的技术。

理性—情绪疗法中最常用的,也是区别于其他心理治疗的最具特色的几种治疗技术:与不合理信念辩论的方法、合理情绪想象技术及认知的家庭作业。

(一)与不合理信念辩论的方法

1. 辩论的具体方法

这一方法是埃利斯根据自己咨询与心理治疗的实践经验不断摸索总结出来的。他认为,这一方法使得治疗者得以用科学的方式向来访者所持有的关于他们自己的、关于他人的以及关于他们周围世界的不合理的信念进行挑战和质疑,以动摇他们的这些信念[7]。

事实上,理性—情绪疗法从整个治疗过程一开始,治疗者就在运用这一方法,帮助来访者接受 ABC 理论的观点,认识到自己情绪和自己信念之间的关系。由于来访者自身往往从未把自己的症状与自己的思维、信念相联系,因此有时要使他们同意理性—情绪疗法的基本观点也是要经过一番辩论的。但在治疗的第三个步骤中,要帮助来访者认识其信念的不合理之处,进而放弃这些信念,则辩论的任务就更重了。

在治疗的第三步中,采用这一辩论方法的治疗者要积极主动地、不断地向来访者发问,对其不合理的信念进行质疑。从提问的形式上看,可以分为质疑式和夸张式两种。

(1)质疑式:治疗者直截了当地向来访者的不合理信念发问,如:"你有什么证据能证明你自己的这一观点?""是否别人都可以有失败的时候,而你不能有?""是否别人都应该照你想的那样去做?""你有什么理由要求事物按你所设想的那样发生?""请证实你自己的观点!"等等。

一般说来,来访者不会简单地放弃自己的信念,虽然他们往往不加批判地接受了许多现成的看法,但面对来自治疗者的质疑,他们也会想方设法地为自己的信念辩解。因此,治疗者需不断努力,借助于这种辩论过程的不断重复,使对方感到为自己的不合理信念辩护变得理屈词穷了,使他们真正认识到:第一,他们的那些不合理的信念是不现实的、不合逻辑的东西;第二,他们的那些信念是站不住脚的;第三,分清什么是合理的信念,什么是不合理的信念;第四,以合理的信念取代那些不合理的信念。

(2)夸张式:这是治疗者针对来访者信念的不合理之处故意提一些夸张的问题,其落脚点与质疑式提问是一样的,仅仅是方式上略有区别。这种提问方式犹如漫画手法,是把对方信念的不合理之处、不合逻辑、不现实之处以夸张的方式放大给他们自己看。

例如,一个患有社交恐怖的来访者说:"别人都看着我。"治疗者问:"是否别人都不干自己的事情了,都围着你看?"对方回答:"没有。"治疗者:"要不要在身上贴张纸写上'不要看我'的字样?"答:"那人家都要来看我了!"问:"那原来你说别人都看你是否是真的?"答:"……是我头脑中想象的……"

在这里,治疗者抓住对方的不合理之处发问,前两个问题均可归入夸张式问题一类。这种提问方式往往优于前一种方式,因为对方在这一过程中自己也感到自己的想法的无道理及可笑和不可取,因此比较容易心服口服。

2. 对辩论方法实施的探讨

(1)找到不合理的信念,才可有效地进行辩论。

初学者试用此法往往不得要领,关键问题是找不到不合理的信念,感到辩论无从下手。寻找来访者的不合理信念,可先从ABC模型入手:

以一典型事件入手先找出诱发性事件A;询问对方对这一事件的感觉和是怎样对A进行反应的,即找出C;

询问对方为什么会体验恐惧、愤怒等情绪(即由不适当的情绪行为的反应着手,找出其背后的看法、信念等);

分清对方对事件A持有的信念哪些是合理的,哪些是不合理的(对同一事件,人们往往有合理的与不合理的两种信念交替出现,而不适当情绪反应的起因是不合理的信念),将不合理的信念作为B列出来。

找B时要特别注意,要找的是对方对某类事物所持的信念而不是表面的想法。但这不同于心理分析的无意识动机。埃利斯本人曾指出如果一定要以心理分析的模式去套的话,这至多只能说是前意识领域中的东西。在学习理性—情绪疗法课程时,一个学生曾做过这样一个找ABC的练习:

A. 父母吵架

B. 父母无感情

C. 苦闷、抑郁

在这里,他找的B不是真正的理性—情绪疗法中所说的B,而只停留于表面的想法。真正的B可能是一种对他人的绝对化要求的反映,如可能为:"是夫妻就应该感情融洽"或"父母就不应该吵架"。这才是人们对一类事物总的看法。而上面这个B之所以不能被称之为真正的B,是因为它仍沿袭了将自己情绪反应C归于外因的想法。照这个B看来,对这个学生来说,他可以说这个问题不是我自己的,而是父母有问题了,是因他们吵了架我才不高兴的。而不是认为自己的信念B决定了自己的反应C的。

在进行理性—情绪疗法的过程中,只有真正找到了对方不合理的信念,辩论时治疗者才可做到有的放矢,否则易出现在外层转圈子而辩论难以深入的现象。而B要一个个地去找,并采用各个击破的原则,不能指望一锤定音，一了百了。当然有些来访者真正领会了 ABC 理论的精神，自己能够触类旁通，这倒是最好不过的事了。

（2）辩论中的积极提问能促进对方的主动思维。

与不合理的信念辩论，类似于苏格拉底以来许多哲学家所用的辩论方法。戴尔·卡耐基曾这样谈论过苏格拉底式辩论方法："雅典哲学家苏格拉底对人类思想的变动，有透彻的了解。他是迄今能使对方心服口服的第一个人。苏格拉底绝不指责对方错误。所谓苏式回答法，就是使对方说出肯定的回答。以简洁的问题询问对方，使他不得不回答'是'。第二句也使他不得不说'是'。接下去每个问题都使他的回答不脱离肯定的范围。等到他感觉时，他原先否定的问题，已在不知不觉中回答'是'了。"[8]

在理性—情绪疗法中，所应用的与不合理信念辩论的方法和苏式辩论法同出一辙。所不同的是后者的目的是让对方说"是"，是肯定性回答，而前者更多地是使来访者说"不是"、"没有"等否定性的回答。与不合理信念辩论的方法也正是要在这样的过程中使对方的认知发生某种改变，逐步放弃其不合理的信念。不过使一个人说"不是"往往比使一个人说"是"阻力更大，也更为困难，因为说"是"仅仅是肯定对方的观点，而说"不是"时更多地是否定自己的观点。但这一过程比之说"是"的过程对对方触动更深，也是需要对方经过更多的主动思考的过程。

例如有一个女学生，非常在意他人的评价，总是觉得自己什么都不好。治疗者与她曾有过这样一段对话[9]：

治疗者：假如有 100 个人，其中 30 个人说你不好，你是不是就不好了？

来访者：我会那样想的。

治疗者：假如另外那 70 个人说你好呢？

来访者：……

治疗者：30 个人说你不好，你是不是就不好了？

来访者：……

治疗者：现在我们假定坐在一辆车上，这辆车在向南开，而车上其他人都说车在向北开，你说它是向哪儿开？

来访者：……

在这段对话中，来访者在治疗者提出的后3个问题上都未以言语作答；但其非言语行为表现出她确实被触动了，感到了某种程度的不安。这说明她在思考这一问题了。但她终于未能作出否定的回答，也说明了内心阻力仍然很大。

3. 运用与不合理信念辩论的方法举例

下面是治疗者与一位来访者一次会谈的主要片断，这位来访者是位大学生，他觉得自己与别人在一起时，总有一种排斥他人的感觉。

来访者：和别人在一起时，常常觉得挺没意思的，玩得不好，不如自己看书、睡一会儿……

治疗者：什么样的情况你觉得没意思呢？

来访者：要是能和别人谈得挺好还可以。如果别人谈的是我不熟悉的事，我就觉得没意思了。

治疗者：在这种情况下，你是怎么想的呢？是不是觉得应该得到别人的承认？

来访者：有这样的想法。

治疗者：如果情况不是这样呢？

来访者：如果不是……嗯，我不在意别人怎么看我……

治疗者：如果你真是这样想的话，你的反应会是什么？

来访者：避开人群，就开始觉得对谈话没兴趣了。

治疗者：避开人群是因为你不在意别人的反应吗？如你确实不在意的话，你的反应会是什么？

来访者：……我是这么想的，如果别人评价不好，那么一个人在人群中就处于劣势；而如果得到了别人的承认，对他来说，交往就是有价值的，对他肯定是有好处的。

治疗者：除此之外，还有别的什么想法呢？

来访者：要是别人瞧得起的话，我玩的就来劲儿；如果与别人谈得尴尬就没心思玩了……如果与某些人一次交往失败了，以后就觉得还要失败，就不大理睬他们了，见面只打招呼，相互不理睬。

治疗者：但是，如果你确实不在意别人的反应的话，你会怎么做？

来访者：如果确实不在意，就应该在人群中很自然……我明白了，对别人怎么看，我应该不在意，要是老计较这些，心胸就会变得很狭窄。

治疗者：我的问题是如果你不在意……

来访者：我还是在意，不在意就会勇往直前……

治疗者：那么在意是因为什么？

来访者：心理上受不了，就不愿讲话了，如果别人讲的是我不熟悉的问题……还是怕过多暴露自己，怕给人形成某种印象……

治疗者：觉得我不行？

来访者：对，这样人家就会排斥我，我就先走一步。这样就形成了我排斥他，心理感觉好些。就像空城计那样，人家不知道你是怎么回事，反而会造成一种神秘感，反而会有一种吸引力……

治疗者：那么这样做结果会怎么样呢？

来访者：其实我知道我自己的情况，有时也想学学有些别的人，那么坦率。

治疗者：你对他们怎么看？他们有什么特点？

来访者：觉得他们挺奇怪的，他们可能特别憨厚，与他们交往就像与家里人交往一样，不觉得紧张。

治疗者：那就是说人群当中还是有不少人你不排斥？

来访者：但这类人只是少数。另一些人，我在他们面前就有一种想证实自己的感觉，就紧张……

治疗者：为什么紧张？

来访者：还是怕人家看不起自己……

治疗者：怕人看出你的短处？

来访者：……嗯……

治疗者：那么你是否有短处？

来访者：有。

治疗者：有没有长处？

来访者：当然也有啦。

治疗者：好，每个人都有长处和短处，是吗？

来访者：是的。

治疗者：那么，别人看到了你的短处，你的长处是否就不存在了？
来访者：不，还在。
治疗者：别人即便否定了你，你仍有你的长处，而别人即使是承认了你，你也仍有你的短处，这些东西并不因别人的承认或否定而消失，是吗？
来访者：……（点头）[9]

在这段谈话中，治疗者更多的工作是在找来访者的不合理的信念。在这里，排斥他人的感觉实质上源于自卑心理，源于怕别人否定自己，绝不能让人家看到自己短处的不合理的信念。怕别人排斥自己，因此要先采用排斥他人的办法，这些来访者自己在辩论过程中已开始有了认识，而在这一过程中也使他看到了自己的认知与行为（避开人群）、情绪（紧张感）的关系。在辩论过程中，治疗者未采取咄咄逼人式的质疑方式，但仍以质疑式提问为主。

（二）合理的情绪想象技术（Rational—Emotive Imagery）

这一技术简称为REI，是理性—情绪疗法中最常用的方法之一。它与心理治疗中通常所用的想象技术既有联系又有区别。它也是需要由治疗者进行指导，帮助来访者进行想象的技术。其步骤如下：

（1）使来访者在想象中进入他产生过不适当的情绪反应或自感最受不了的情境之中，体验在这种情境下的强烈的情绪反应。

（2）帮助来访者改变这种不适当的情绪反应并体会适度的情绪。

（3）停止想象，让对方讲述他是怎么想的，而使自己的情绪发生了变化。此时治疗者要强化来访者的新的合理的信念，纠正某些不合理的信念，补充其他有关的合理信念。

例如，有这样一个女大学生，她对在即将举行的一个会上发言感到恐惧，认为自己肯定不行，会出丑、砸锅，一切都会变得非常之糟。治疗者可以帮助她做下面的想象练习：

治疗者：好，闭上你的眼睛，想办法使自己坐得很舒服。现在请你想象你到了会场，要想得像真的似的……

来访者：……嗯……

治疗者:想好了吗?(来访者点头)好,现在该轮到你发言了,你有点紧张,讲得有点磕磕巴巴……你在想吗?

来访者:……是……

治疗者:现在你感觉怎么样,是不是真正达到像你所说的那样恐惧、困窘了?

来访者:嗯,我已经觉得要不行了,要讲不下去了……

治疗者:对,这正是你担心的情形。现在我要求你把这个场景保持在脑海中,同时,请你把那种觉得要不行了的感觉变成只是有点紧张,想象你仍在会场上发言;只是有点紧张……

来访者:……恐怕不行……

治疗者:要坚持这样做。

来访者:……嗯,差不多了。

治疗者:很好,说说你是怎么想的?

来访者:我要是逃走会更糟,反正我得在这坚持讲完。

治疗者:还想了些什么吗?

来访者:我已经站在这儿开始讲了,虽然讲得不好人家会笑话我,但我要是中间停下来不讲跑掉了,人家更会看不起我。不管别人说我什么,我也得讲完该讲的话……

治疗者:说得对,你现在所做的事情正是在用合理的信念代替那些不合理的东西。这会使你的情绪不再那么坏。不管别人怎么想你,你现在要做的最关键的事,是要完成这次大会发言。而且不管别人会怎样看你,你还是你,可能发言不如某些人讲得好,但并不是个一无是处的人,是吗?

来访者:……(点头)[9]

合理的情绪想象技术除像上例那样用于帮助来访者改变情绪体验,认清信念B与情绪反应C的关系之外,还可用于帮助来访者找出他对某事所持有的不合理的信念。有时来访者谈到某一事件时,往往只记得自己当时多么气恼,却说不上自己当时的想法,想不起来为何如此气恼了。治疗者可帮助对方想象当时的情景,重新进入那种最坏的情绪体验之中,此时再进一步探查来访者当时的想法,从而找到其所持有的不合理信念。

(三) 认知的家庭作业

理性—情绪疗法是在改变人的认知上下功夫,但要改变人的信念与思维方式是一件非常困难的事。因此,治疗不但需要治疗者的努力,也需要来访者本人的努力,这种努力不仅在会谈时间中进行,也应持续到会谈以外的时间中。认知的家庭作业正是为此而设立的。在完成作业的过程中,来访者可以更好地掌握会谈之中的内容,并且学会自己与自己不合理的信念进行辩论。

认知的作业主要有:理性—情绪疗法自助量表(RET Self-Help Form)与不合理的信念辩论(Disputing Irrational Beliefs)和合理的自我分析(Rational Self-Analysis,简称 RSA)。

1. 理性—情绪疗法的自助量表

这是由埃利斯在美国纽约创立的理性—情绪疗法研究所特制的一种自助表格。其内容为,先让填表者找出 A 和 C,然后再找 B。表中列有十几种常见的不合理信念,填表者可从中找出符合自己情况的 B,若还有其他的不在此列中的不合理信念可单独列出。接下来是请填表者自己做 D,对自己所有的不合理信念,一一进行质疑式的辩论。最后是填写 E,即通过自己与自己的不合理信念辩论而达到了什么情绪的和行为的效果。

2. 与不合理的信念辩论

这也是一种规范化的作业形式,内容很简单,只需来访者回答一些具体的问题:

(1) 我打算与哪一个不合理的信念辩论并放弃这一信念?

(2) 这个信念是否正确?

(3) 有什么证据能使我得出这个信念是错误的(正确的)这样的结论呢?

(4) 假如我没能做到自己认为必须要做到的事情,可能产生的最坏的结果是什么?

(5) 假如我没能做到自己认为必须要做到的事情,可能产生的最好的结果是什么？

3. 合理的自我分析（RSA）

合理的自我分析目的与上述作业相同，是一种完全由来访者自己完成的报告。其内容即为ABCDE5项。没有什么特殊的要求与规定，但报告的重点在D上。

事实上，这种自我分析人人都可以做。按理性—情绪疗法的观点来看，人人都可能存在不同程度的不合理的信念。下面的例子是一位心理系的女大学生在学习理性—情绪疗法时做的RSA练习：

认知治疗的家庭作业（RSA练习）

问题：每次看见母亲严肃的样子，就非常恐慌，担心自己有什么事做错了。只要母亲没有笑容，就感到焦虑，有压力，非常不舒服。一旦母亲笑了，才感到好些。但笑容一消失，一切的焦虑和烦恼又回来了，每天这样，非常苦恼。

诱因（A）：母亲常有不笑的时候。每天看到母亲严肃的面孔。

信念（B）：

（1）人们（或说母亲）只要没有不顺心的事就必然满面笑容，一个人只要不笑，就必然是在生气。

（2）我决不能做错事，只要做一点错事，就不是好女儿，就会惹母亲生气。如果不能使母亲笑颜常驻，我就是罪大恶极。

（3）母亲对我的要求必定非常严格，只要我出一点毛病，母亲就一定会板起面孔生我的气。而母亲一旦不高兴，也必定是我惹的。

（通过以上分析，自己也觉得这些观念很可笑。）

结果（C）：每日紧张焦虑，惟恐做错什么事，很难受。

辩论（D）：在B(1)(2)(3)中所列的观念符合逻辑吗？请自己回答。

(1) 一个人只要不笑，就必定是在生气，这对吗？

答：好像不对，人在心情平静甚至有高兴的事时，也有可能不笑。人不可能有那么多烦恼，而只要不烦恼就笑，笑肌就会累僵了。所以人们经常是不笑的。母亲与常人没有什么不同之处，所以也会经常不笑。

(2) 即使母亲不笑是在生气，就一定是针对我吗？

答：不一定。母亲的生活中除了女儿，还有许多其他事情，比如工作、家事等。她即使不高兴,也不一定是因为我做错了什么事,有可能是工作不顺心,家务繁重,或在外受了其他人的气,都有可能的。

(3)即使母亲不笑是因为生我的气,就一定糟糕透了吗?

答:也不一定。应当想到人不可能不出错,如果做错了事,母亲不高兴,也是人之常情,这并不表明母亲就认为我是坏女儿。

效果(E):通过自己与自己辩论,可以消除一些紧张情绪,但心里仍隐隐有些不通畅。后来回家去,在母亲不笑时问一些"您在想什么?""您觉得我比别人的女儿如何?"这样的问题,发现母亲时常只是在考虑工作上的事,在动脑筋想问题,所以不笑。而且母亲认为我是很合格的女儿,感到比较满意。这样就比较彻底地解决了问题。现在虽然在见到母亲不笑时仍会不够放松,但这大概是惯性。以后相信会逐渐好转直至焦虑完全消失。

这个女学生后来还自己做了调查,有了信息反馈,更进一步认识到自己以前的看法的不合理。但在生活中,有些事情是无法得到这样的信息反馈的。那时,与不合理信念的辩论要反复做,才可以达到以合理的信念代替不合理的信念的目的。

理性—情绪疗法的治疗家们所常用的技术就是质疑(disputing),不合理的信念方法包括四个子范畴。发现(detecting):即寻找不合理的信念,特别是那些导致自我挫折情感和行为的"必须"、"应当"、"不能不"之类的信念。讨论(debating):治疗家提出一系列设计好的问题,以帮助患者放弃不合理的信念,提出的问题有,"证据在哪里","在哪种意义上说是正确或错误的","为什么导致这样"。这些问题不断地被治疗家提出,直到患者认识到不合理信念的错误以及合理调节的正确。区别(discriminating):治疗家帮助患者区分,什么是绝对化的价值判断,什么是非绝对化的价值判断。界定(defining):治疗家帮助患者用自己的语言迅速而准确地对自己的信念做出定义。

在这些过程中,治疗家通常可以充分发挥创造性,甚至可以运用一些戏剧式的方法。比较正规的方法被称为DIBS,即质疑不合理的信念(disputing irrational beliefs),其形式如下:

问题1.我想质疑和放弃的信念是什么?

答案：我必须像其他女性一样健康和美丽。

问题2.我能合理地支持这样的信念吗？

答案：

问题3.这种信念正确性的根据在哪里？

答案：

问题4."我必须像其他女人一样美丽"这一信念的错误何在？

答案：

问题5.我认为我必须美丽，如果我不能达到，最坏的结果会是什么？

答案：

问题6.我认为我必须美丽，如果我从来也没能被人认为美丽，那可能会有什么好事发生？

答案：

DIBS是认知作业的一个实例，它的目的是给患者提供一个明确的框架来学会质疑。

对那些不具备必要的智能来进行质疑的患者，治疗家可帮助他们发展合理化的自我评价，患者可进行记忆或写在卡片上加以重复。比如："我的身体超重是不好的，但不意味着我这个人是坏的。""过量饮食使我超重是不好的，但我可以改正并能获得更好一些的结果。"

理性—情绪疗法的治疗家经常运用两种方法使患者强化他们新的、合理的认知，一种是阅读疗法（bibliography），即患者通过自己读书来帮助自己；另一种是与他人一起运用理性—情绪疗法，这可以使患者有机会通过与朋友或家人进行理性的辩论来强化新的思考。

（四）情绪技术

理性—情绪疗法非常注重情绪因素。在治疗实践中，治疗家首先对患者有一种无条件接受的态度，以此为基础，治疗家还经常运用一些幽默、诙谐的技巧来消除患者不合理的信念，以有助于患者进行合理的思考。

理性—情绪疗法的治疗家也应是一个理性认知的典范。在与患者的交流中,治疗家应采取自我表白的方法,告诉患者自己是如何处理心理问题的。此外,治疗家还使用理性角色换位(rational role reversal)法,让患者站在治疗家的角度上来质疑自己不合理的信念。

此外,治疗家还应让患者强制性地做一些事或想一些事,如"羞愧攻击练习"。患者为提高对不适的容忍度和自我接纳的程度,而故意去做一些他认为是羞耻、但对人对己并无伤害的事——到一个书店里去买裤子或整天带一幅颜色不同的手套。

(五)行为技术

行为技术在认知改变中是广为使用的,但一些行为技术显然是比另一些行为技术要更为理想一些,如暴露技术要优于想象技术,因为在真实生活中,实际的"暴露"比在想象中暴露更能给人提供改变想法的机会。因此,理性—情绪疗法的治疗家经常鼓励患者在治疗中多尝试暴露的方法。

其他常用的行为技术还有:

A. "挺在那儿"(Stay-in-there):即鼓励患者在不适的环境里呆一段时间,承受一些折磨,以此来提高他们的心理承受力;

B. "反拖延练习":要求患者尽早开始进行工作和作业,质疑他们对片刻舒适的需求;

C. 一些行为技术训练如自信训练、社会交往技巧训练等对患者(尤其是对在这些方面有欠缺的人)是有益的,可帮助他们获得自我发展;

D. 使用奖励和惩罚,用以促进患者的自我转变进程。

第四节 障碍及其解决

在患者康复的过程中常会遇到一些障碍,它们主要有:关系障碍、来自治疗家的障碍和来自患者的障碍。

一、关系障碍

关系障碍的出现首先是源于不适当的医患组合关系,患者可能会按照自己的口味和偏好挑一个年轻或年老、开放或保守、积极或消极的治疗家。如果这种关系的组合确实阻碍着治疗,那么就应建立新的组合关系,令患者转到另一个更为适合的治疗家那儿去。另一种关系障碍出现在治疗家与患者相处的"太好了",以至于许多其他琐屑的小事转移了双方的注意力。结果使治疗本身受到了影响。克服这一障碍的方法是,治疗家首先是要让自己,然后是让患者克服低水平的挫折承受度,进而从"良好"关系所带来的暂时欢乐中走出来。

二、来自治疗家的障碍

来自治疗家的障碍有两类,技术取向的障碍和失调取向的障碍。

1. 技术取向的障碍

A. 不恰当地引导患者进入治疗,不能及时纠正患者不现实的期望和想法,如"我的治疗者会为我解决所有问题"。

B. 错误地评估患者的"问题",治疗的焦点对准了患者根本不存在的问题。

C. 不能向患者指明,他们的问题有深刻的意识层次的根源,也没有说清楚C在很大程度上是由B决定的,而不是由A决定的。

D. 不能向患者指明,意识层次的问题通常是以绝对化的认知形式表现出来的,而只是关注非实证的或推论性的错误思维上。

E. 主观地认为,一旦辨认清楚,患者就会自动地改变他们绝对化的想法,治疗家因而不去质疑,或者不能去充分地质疑那些想法。此外也没有给患者安排一定的作业,使其获得通过实践来质疑不合理认知的机会,亦没有帮助患者发现和克服自我改变的相关障碍。

F. 认识不到患者经常存在着由于问题而产生的问题,所以,当患者为次要问题所扰的时候,治疗家仍把精力放在主要问题上。

G. 在一个治疗阶段中把重点从自我失调变换到不适失调或从不适失调又变换到自我失调,使患者无所适从,不得要领。

H. 治疗进程的速度和水平常令患者感到力不从心,所以患者很难认真而有效地投入到治疗中去。

2. 失调取向的障碍

A. 我无论在什么时候都应治疗好所有的患者;

B. 我必须是位杰出的治疗家,我应当比别的治疗家做得更好;

C. 我必须得到所有患者的尊敬和爱戴;

D. 因为我在尽最大努力,所以患者也必须同样努力,他们应当仔细倾听,也应当不断地使自己有所改变;

E. 因为我们都是平等的人,所以,我必须让自己在治疗过程中同样有所收获,解决自己的一些个人问题。

在这些情况下,治疗家应该运用理性—情绪疗法的原则和方法来寻找和质疑自己不合理的信念,因为这些信念会对治疗产生极为不利的影响。

三、来自患者的障碍

为了确实从理性—情绪疗法中受益,患者应当认识到以下三点:

A. 心理失调主要是由他们对自己、对他人和对周围世界的绝对化信念造成的;

B. 即便是在早年形成的不合理的信念,也会在当前重新起作用而导致心理失调。

C. 只有当患者在当前和未来不断地去思考、去感觉,并以行动来改变不合理的信念,才能去除这些不合理的信念,从而减少心理困扰。

埃利斯对在理性—情绪疗法中"失败"的患者的个性作了研究后,划分出几种类型:

A. 在治疗中表现很差、不能持续进行认知上的自我质疑的人,其特点是极度困扰、夸张、缺乏结构、抵制作业;

B. 不但拒绝承认有不适当的情绪、拒绝改变信念和行为,而且极

为压抑、迟钝,并非常固执,充满反抗情绪;

C.对挫折的容忍度极低、有严重不良癖好、生活混乱无序、拒绝在治疗中做出任何努力和付出。

对待难以治愈的患者,治疗家应尝试其他的方法,其一是持续地、强度较大地与患者互动,并让患者认识到,只要他们愿意去做,就能做得更好;其二是令患者认可和接纳他们自己;其三,让患者了解和认识到,拒绝在治疗中做任何努力,将会导致更为痛苦和糟糕的后果;最后,治疗者要有较大的灵活性和耐性,尝试、借鉴多种可能有效的方法,以找到帮助"困难户"的最好途径。

第五节 理性—情绪疗法评论

理性—情绪疗法三十余年来受到心理治疗界的极大重视,成为认知—行为治疗取向中最知名的疗法之一。这与它的一些特点及其对临床心理学的贡献有关。但理性—情绪治疗也有一些明显的局限性。作为中国的治疗者,对这一疗法的长处和短处,以及这一疗法在我国文化背景下的适用性问题,应该有所认识。下面就这些问题,作些简要评论。

一、理性—情绪疗法的贡献和局限

如前所述 RET 的最突出特点就是它对情、理关系的见解和处理,强调情从理生,以理驭情。这一见解虽非 RET 的创见——诚如埃利斯所说,它与古代东西方的哲学思想有渊源关系;另一方面,在基础心理学中,从阿诺德(Arnold)、沙赫特(Schachter)、拉扎勒斯(Lazarus)到伊扎德(Izard)和曼德勒(Mandler),也有一条清晰的理论主线,主张知觉、评价等认知过程在情绪反应中起着支配性的作用。但 RET 的作者们结合临床心理障碍对这一思想作了有自己的独到之处的阐发,它表明在心理障碍患者这一特殊人群中,是哪样一些非理性信念,通过怎样的认知评价过程,来影响当事人,产生情绪失调的。

上述事实一方面表明，RET 的基本理论假设有相当牢固、坚实的基础；另一方面表明，RET 对人类关于理情关系的知识作出了自己的贡献。

但这一基础理论仍留下一些值得质疑的问题。一个重要的问题是何为"理性"？像这样的说法，"理性思想是……使人生活得更长久、更快乐的思想"，是循环定义；而如果说"有理性"就是能对信息进行客观、合逻辑的加工，那许多正常的人，无心理障碍的人并非就是有理性的人，因为几乎人人都经常会有非理性的观念和思维。这并非只是个理论思辨中的问题，在实际治疗中，虽然我们可以按照埃利斯所指出的非理性信念和思维的特征来发现非理性信念，但仍然不时会感到识别困难。这与上述问题不一定没有关系。

第二个特点是 RET 的积极、主动、明快和追求速效的咨询和治疗风格。相对于心理分析和以人为中心疗法，RET 的确显得非常有力，有一种不断推进的动感。RET 的治疗者像一个强有力的辩论对手，对对方的非理性思维步步进逼，直到对方投降。但这种风格也有一个重大隐患。由于 RET 不太重视咨访关系的作用——事实上，埃利斯曾认为即使来访者对咨询者感到反感，仍然能实现有效治疗，在没有信任、温暖、共感等因素支持的情况下，可能会出现以下结果：①咨询者的话的影响力会打折扣；②来访者可能因承受不了这种咄咄逼人的会谈压力而中途中断咨询。埃利斯认为不能过于强调关系因素的理由是，咨询者小心翼翼、过于关心情感支持的态度会向来访者暗示：他（她）是软弱无力的，不能承担改变的责任，不能承受改变的痛苦的。这有一定道理。但不能说咨询者就无法做到既取得积极的关系支持，又避免消极暗示。

RET 的第三方面的贡献在于它对待方法和策略的折中主义态度。它主张"有效即可用"的原则，综合采用认知的、情绪的和行动定向的治疗策略。但这种折中是一种"以我为主"的折中，坚持把与非理性信念和思维辩论作为 RET 的核心治疗策略。在这种原则下，RET 开发了一些自己独有的技术和方法，如理性—情绪想象、羞耻—攻击练习、RET 自助表等，这些方法丰富了心理治疗手段的储备。

最后一个值得讨论的问题是 RET 的再教育的、价值干预的倾向。

RET 的治疗者又像一位教师,他或直接或间接地告诉来访者哪是理性信念,哪是非理性信念,并极力说服来访者用理性信念代替非理性信念。我们知道,人的价值观与信念总是紧密联系的,有时候二者简直无法区分。改变信念事实上也是改造价值观。我们在前面曾区分了价值的功能干预和内容干预,并认为咨询应以功能干预为主。依此原则衡量 RET,可以发现,RET 的价值干预虽然在理论上也是功能性的——表现为以逻辑的、经验的准则来区分理性和非理性,但在实践上 RET 治疗者常常容易超出功能干预范围,而进行内容干预。这一点是应该引起注意的。

二、RET 在我国应用的几点考虑

中国人是一个较重现实、重理性的民族,中国人这种"讲理"、"说理"的特点与 RET 的基本精神非常符合。所以,RET 治疗从总的倾向看比较适合中国文化的特点。这从 RET 介绍到我国来以后,在短短几年时间里就获得不少治疗者的好评,可以得到印证。但从一些咨询者的经验看,还有一些问题需要讨论。

(一)当事人和问题的选择

理性—情绪疗法偏重从认知环节入手,以逻辑方法来解决问题;这就使得它的治疗效果与来访者是什么人,他(她)的问题是什么性质的问题有一定依存关系。从经验看,RET 对受过较多逻辑思维训练的当事人比较适合,对文化程度低的人比较费力(不是不能应用)。在治疗的适应症方面,虽然迄今为止 RET 几乎应用于任何心理治疗,但有证据表明,它并非在所有方面都同样成功。例如,它在治疗考试焦虑和社交焦虑方面非常成功,但在治疗单纯恐怖上不如现实脱敏。另外,用 RET 结合行为管理方法矫正强迫障碍比单独运用其中任何一种效果更好。一个总的感觉是,RET 在处理诸如爱情、婚姻、家庭、学习、工作等方面由明确可辨的现实事件引发的心理困扰上,显得更有用武之地。

(二)非理性信念的文化差异

信念,不论是理性的还是非理性的,基本上都是在社会化过程中形成的。由于文化环境不同,社会化条件不同,不同文化中的人的非理性信念自然也会不同。这一点在逻辑上是很容易证明的。中国的当事人有哪些常见的非理性信念?这些非理性信念是否也符合埃利斯在美国人身上发现的那些特征?这是中国的 RET 治疗者应该引起重视的一个大问题。从现有的一些跨文化心理学研究结果看,已经表明中国人的价值、信念取向与西方人有很大差别。例如,与自我价值感有关联的一些非理性信念,美国人常表现为对个人成就的过分要求,中国人则更重品行,在道德方面出现绝对化的要求。美国人的非理性思维中,"我不能忍受"是一个突出特征,中国人的非理性思维则以"我必须忍受"为特征。另外,埃利斯概括的美国人三类非理性信念之一:"我的生活环境、条件必须样样合意,使我能轻松、迅速、方便地得到一切我想要的东西,免除任何我不想要的东西",在我国来访者中并不典型。凡此种种,都需要我国治疗者认真思考。实践者应该有意识地观察、总结我国来访者的非理性信念及其独特特征,这样才能使 RET 在我国站住脚。

(三)口服与心服

还有一个看来很小但并非无关紧要的问题。RET 的辩论,须使来访者"口服心眼"才有实际效果。但据观察,我国来访者容易出现"假说服"的情况。这可能有两个原因:一是由于咨询者在辩论中运用单方面说理太多,忽视了双向的对峙,致使来访者因咨询者的"苦口婆心"感到他"应该被说服",而不是真的投降;二是由于我国来访者大多比较注意尊重咨询者的权威或面子,或为了取悦咨询者,而违心地投降。无论是哪一种情况,咨询者都应该保持清醒和警惕。一般地说,通过培养咨访关系中的真诚坦率因素,鼓励来访者为自己辩护,都可以有效地避免出现口服心不服的情况。

参考文献

[1] 汪新建:认知—行为治疗范式,兰州:兰州大学出版社,2001年版,第19—51页

[2] Wessler,R. A and Wessler,R. L. :The Principle and Practice of Rational-Emotive Therapy ,San Francisco ,Jossey-Bass Publishers,1980

[3] 钱铭怡,Metoorst,G:合理情绪疗法:理论与方法,中国心理卫生杂志,1988,2(3):104—108

[4] Ellis,A. Intellectual Fascism,New York,Pamphet issued by Institute for Rational -Emotive Therapy,1984

[5] Ellis,A. Reason and Emotion in Psychotherapy,Secaucus,N. J. The Citadel Press,1962

[6] Ellis,A. and Bernard . M. E. What is Rational-Emotive Therapy (RET)? in A. Ellis and M. E. Bernard(eds),Clinical Application of Rational-Emotive Therapy,New York,Plenum Press,1985

[7] Ellis,A. ,Overview of the Clinical Theory of Rational-Emotive Therapy, in R. Grieger and J. Boyd(eds)Rational-Emotive Therapy,New York, Nostrand Reinhold Company,1980

[8] Ellis,A. ,Reason and Emotion in Psychotherapy ,Secaucus,N. J,The Citadel Press,1962

[9] 钱铭怡:心理咨询与心理治疗,北京:北京大学出版社,1994年版,第233—251页

第十四章 患者中心疗法

20世纪80年代初,有人曾对800名临床和咨询心理学家作了一次调查,结果发现,被认为对当代心理治疗最有影响的心理学家中,卡尔·罗杰斯名列第一。的确,罗杰斯及其开创的"患者中心疗法"在当代心理咨询和发展历史上享有特别的声誉。虽然近些年来,患者中心疗法作为一个单独的流派不再像数年前那样声名隆盛、追随者众多,但它的一些重要思想,如人本倾向、强调咨访关系、自我概念等等,已经被大多数新的治疗体系所吸收,成了整个咨询和治疗学科的共同财富。

第一节 患者中心疗法概观

一、以人为中心疗法的发展过程

患者中心疗法的基本体系是由罗杰斯一手发展起来的。卡尔·罗杰斯(Carl Rogers,1902~1987)生于美国芝加哥近郊一个勤奋劳作的清教徒家庭。幼年时受的教育强调德行、勤劳,以及基督教的信仰。1922年,罗杰斯到北京参加世界基督教徒学生联合会,异域见闻使他原有的一套信念受到很大冲击,使他"能够思考我自己的思想,得出我自己的结论,并采取我所信任的立场"。这次经历以及从中得到的感受,使罗杰斯相信:人最终必须信任、依靠自己的经验,才能做真正的自己。这一思想深深地影响着他日后的人格研究。

按照吉利兰德(Glliland)等人的看法,患者中心疗法的发展大体可分为四个阶段。第一阶段以罗杰斯1942年出版《咨询和心理治疗》一书为标志。这本书的副题为"临床实践中的最新概念",正如这个副题表明的,罗杰斯在书中提出了一些重大的、与当时占主导地位的心理分析疗法很不相同的治疗理念。其中一个关键思想是:只有当事人才能够充分、深刻地了解自己。要取得较好的疗效,就要依靠当事人来指导治疗过程。针对心理分析由治疗者主导一切的倾向,此时期罗杰斯的体系称为"非指导性治疗"。

发展过程的第二阶段以《当事人为中心疗法》的出版(1951年)为标志。自此以后很长一段时间里,罗杰斯的体系一直叫"当事人为中心疗法"。在这本书中,罗杰斯系统地阐述了这一疗法的理论和实践。其中,关于人的"自我概念"、"自我概念与机体经验的关系"等理论问题得到更深入、更清楚的探讨和分析。在实践方面,也从重视反映来访者所说的事实内容转为同时重视反映隐蔽的情感,从而真正深刻、准确地"进入"来访者的"现象世界"。

第三阶段称为"经验阶段"。1957年,罗杰斯从芝加哥大学来到威斯康辛大学,任心理学和精神病学教授。由于这一转变,罗杰斯的当事人从主要是正常人变成了主要是精神病人。此时,罗杰斯开始有意识地探索治疗中究竟需要什么条件才能使来访者发生改变,并力图使自己的理论受到严格的经验检验。这一努力导致他对咨询者和来访者之间"伙伴关系"的强调,重视咨询者的态度对来访者的影响,重视双方的情感、体验的交流。

第四阶段,也就是现在称为"以人为中心治疗"的阶段,约始于70年代初。这一名称的改变恰如其分地反映了罗杰斯兴趣重点的转移:罗杰斯强烈地希望把他的体系扩展到传统的心理治疗领域以外,使当代大多数人过上一种人本主义的、存在主义的个人生活,即超出个人的社会角色的、充分发挥其机能的、整合程度高的生活。在这种帮助活动中,"以人为中心的治疗"强调一种"人—人"关系,而不是"帮助者—被帮助者"的关系。

许多年来,罗杰斯的思想一直在不断变革,然而他的体系中的一些基本组成部分并没有大的变化。新的思想往往是前面思想的深化和丰富,而不是原有思想的否定。

80年代后期以来,由于心理咨询和治疗领域折中主义途径和"复合论"的途径日益赢得重视,加上患者中心疗法本身某些固有的局限,再加上心理学中盛极一时的人本主义思潮已经送走了它的鼎盛期,患者中心疗法的声势似乎有所减弱。但总的看来,它仍是当今世界上地位比较稳固、影响很大的几种治疗流派之一,同时也是新的治疗模式的主要灵感来源之一。

二、以人为中心治疗的特点

以人为中心治疗的所有特点可以归纳为一点,即强烈的人本主义倾向。这一倾向与心理学中的一个派别——人本主义心理学一致,或者说是人本心理学思想在治疗领域的表现。这里先谈谈以人为中心治疗在一些基本理念上的人本主义色彩,然后分析以人为中心治疗的几个主要特点。

(一) 基本理念的人本主义色彩

心理学的一个根本问题是怎样看待人。在人本主义心理学出现之前,心理学中最有影响的两大学派是精神分析学派和行为主义学派。人本心理学是作为对这两大学派的反对力量而出现在心理学舞台上的。它一方面反对精神分析学派从对心理障碍患者的观察去推论人性,认为这样看人得到的是"病态的人";另一方面反对行为主义者从对动物的观察去推论人性,认为行为主义者眼里的人是"大一点的白鼠"。人本主义者主张应该从健全发展的人身上去观察人的基本属性,这样才能正确把握"人是什么样的"这一根本属性。

具体到罗杰斯及其患者中心疗法,其人本主义精神主要可归纳为这样几点:相信人本质上是好的,有"善根";相信人有向好的、强的、完善的方向发展的强大潜力;相信人能够自我依赖,自主自立;主张心理学应该研究人的价值和尊严,咨询和心理治疗应该为恢复和提高人的价值、尊严作贡献等。

(二)重视当事人的主观经验世界

罗杰斯认为,一个人的主观经验世界(称作现象场)是他的真正的现实。他从何而来,要往何处去,为什么痛苦悲伤,这一切都只有进入他的现象世界才能理解。所以,患者中心疗法反对用一些外在的指标、标准来衡量、评估当事人。其理由除了认为这种诊断或评估容易使咨询者见"病"不见人,容易产生一种自大、自负的咨询态度之外,最主要的就是认为这种"从看台上观察当事人"的做法根本无法了解当事人独一无二的主观现象世界。

(三)反对教育的、行为控制的治疗倾向

以人为中心治疗的基本假设之一,就是当事人有能力自己发现价值,发现自己的问题,并有潜在的个人资源来获得价值,解决自己的问题。所以这种疗法反对咨询者耳提面命式的教导,摒弃由咨询者告诉当事人什么好,什么不好。同理,患者中心疗法也不主张采用奖励、惩罚等行为控制手段来"治疗"当事人。总之,它反对一切对来访者施加"影响"的做法。

(四)由来访者主导治疗过程

由于咨询者总是不如来访者更了解他自己,所以,会谈的主题和方向应交给来访者掌握,由来访者选择。咨询者信任来访者有能力主导治疗进程,并且相信,没有咨询者的指导性的干预,来访者能够更自由地自我探索,从而获得对自己最有价值的收益。

(五)咨询者做来访者的"朋友"和"伙伴"

在以人为中心的治疗者看来,咨询者在会谈中能做的最好工作是创造一种气氛,一种能够让来访者(也包括咨询者自己)不感到有威胁和限制,能够自由地感受情感、探索自我的氛围。要做到这一点,首要的条件是建立、发展和维系双方之间的情感联系。因此,咨访双方应该做脱去了角色面具的朋友,像一对结伴到个人内心世界进行"探险"的伙伴。

第二节 以人为中心的有关理论

以人为中心的治疗是人本主义的心理治疗之一。其最初的理论与治疗均称之为来访者中心理论或来访者中心心理治疗(Client-centered theory and Client-centered psychotherapy),近年来,逐渐被以人为中心的(Person Centered)理论或治疗的名称所代替。

一、对人的基本看法

(一)人的主观性

罗杰斯认为:"人基本上是生活在他个人的和主观的世界之中的,即使他在科学领域、数学领域或其他相似的领域中,具有最客观的机能,这也是他的主观目的和主观选择的结果。"[1]在这里,他强调了人的主观性,这是在咨询与治疗过程中要注意的一个基本特性。人所得到的感觉是他自身对真实世界感知、翻译的结果。来访者作为一个人也有自己的主观的目的和选择,这也是导致来访者中心一词出现的原因。

罗杰斯认为当一个人发怒的时候,总是有所怒而发,决不是受到肾上腺素的影响;当他爱的时候,也总是有所爱而爱,并非盲目地趋向某一客体。一个人总是朝着自我选择的方向行进。因为他是能思考、能感觉、能体验的一个人,他总是要实现自己的需要[2]。

由于罗杰斯相信每个人都有其对现实的独特的主观认识,所以他进一步认为人们的内心是反对那种认为只能以单一的方式看待真实世界的观点的。因此,以人为中心的治疗或来访者中心治疗强调了人的主观性的特性,为每个来访者保存了他们的主观世界存在的余地。

(二)人的实现的倾向

实现的倾向是一种基本的动机性驱动力,它的实现是一个积极主动的过程,不但在人身上,而且在一切有机体身上都表现出先天的、发展自己各种能力的倾向性。在这一过程中,有机体不但要维持自己,而且要不断地增长和繁衍自己。这种实现的倾向操纵着一切有机体,并可以作为区分一个有机体是有生命的还是无生命的鉴别标准。

罗杰斯在其早期的著作中就认为人类有一种成长与发展的天性,心理咨询与治疗应趋向于此种人类的天性。以后,他更加坚信人类的发展是朝着自我实现的方向迈进的,具有实现的倾向。他从其对个体和小组治疗的经验中得到这样的启示:"人类给予人印象最为深刻的事实似乎就是其有方向性的那种倾向性,倾向于朝着完美,朝着实现各种潜能的方向发展。"[3]基于他的这种观点,他所倡导的来访者中心治疗或以人为中心的治疗的基本原理就是使来访者向着自我调整、自我成长和逐步摆脱外部力量的控制的方向迈进。

实现的倾向被看作是一种积极的倾向,它假定人具有引导、调整、控制自己的能力。以人为中心的治疗有一种不变的诊断,即认为所有心理问题及困扰均是由于这种实现的倾向的阻滞所造成的。因此,咨询或治疗就是要排除这种障碍以重新确立起良好的动机驱力。

不过,对于人来说似乎存在着两种动机系统,即其机体的实现倾向和其有意识的自我的实现倾向。随着自我概念(self—concept)的发展,实现的倾向更多地被用于表达自我概念的实现了,而这种实现的倾向既可能与有机体的实现倾向相似,也可能与之不同[4]。

罗杰斯的关于实现的倾向的观点受到马斯洛的动机与需要的理论以及自我实现的理论的影响,亦受到安雅尔(Angyal)等人的影响。

(三)对人的其他看法

罗杰斯认为,人基本上是诚实的、善良的、可以信赖的。这些特性与生俱来,而某些"恶"的特性则是由于防御的结果而并非出自本性。而且，他认为每个人都可以作出自己的决定，每个人都有着自我实现的倾向。若能有一个适宜的环境的话，一个人将有能力指导自己，调整自己的行为，控制自己的行动，从而达到良好的主观选择与适应[2]。这也是以人为中心的治疗对人的看法的要点之一。

二、有关自我概念的理论

罗杰斯和其所倡导的以人为中心的理论认为，有必要将自我与自我概念区别开来。在这里自我（self）用通俗的方式讲，就是一个人真实的自我；而自我概念（self-concept）则是一个人对他自己的知觉和认识。自我概念并不总是与一个人自己的体验或机体的真实的自我相同的。因此，理想的实现倾向即自我实现，就是指自我与自我概念完全一致的那种情况了。不过，在自我和自我概念一致的情况下，自我概念又可能向着实现机体的自我更深层需要的目标而努力了。

（一）自我概念的发展

1. 有机体的评价过程

有机体的评价过程对于现实的或真正的自我来说，是一个中心概念。一个人的有机体的评价过程，与他对体验的估量和根据这种体验能否满足实现的倾向的情况而得出的评价的价值排列有关。例如，一个婴儿的行为表现出他更喜欢诸如新奇感和安全感等体验，他依靠这些经验来维持其有机体并使之得到发展；他对于那些诸如疼痛和饥饿的感觉体验，对那些不利于他维持有机体自身及发展的东西，会采取拒绝的态度。这一对自身的体验、经验评估的过程，是在有机体的水平（无意识的有机体水平）进行的，而不是有意识借助于言语信号进行的。这种评价过程的源泉或评价的产生在婴儿身上似乎可以看得很清楚：婴儿只对其自身感觉和本体感觉进行反应。当人们长大一些之后，他们的评价过程在帮助他们达到自我成长方面就会变得更为有效了，达到这样的水平之后，他们就能感觉到自己的经验和体验，并能意识到这种经验和体验了[4]。

2. 自我概念的早期发展

自我概念最初是由大量的自我经验、体验堆砌而成的,由在各种情境中区别作为主体的"我"(I)和作为客体的"我"(me)以及自己(self)的经验构成。此时,对于主体和客体的我及自己的认识尚未达到可用言语表述的水平。例如,婴儿饿了,他可能会把他对饥饿的消极评价结合进他的自我概念之中。在儿童与环境的交互作用之中,越来越多的自我体验被意识到并被言语化了。在与环境、与他人的交互作用中,儿童区分出了不同于他人、他物的自己,发展出了包括有关于他对自身的知觉的和各种各样的与自我概念有关的积极的和消极的评价的自我概念[4]。

3. 价值的条件化(conditions of worth)

对来自他人的积极的评价的需要,是在婴儿早期发展中通过学习得到的。当一个人的行为得到他人的好评时,人们的这种对积极的评价的需要就得到了某种满足。当儿童对其父母微笑时,对方就会有一种愉快的体验,并对此作出积极的评价。在生命的最初的岁月中,这种行为是带有偶然性的。

当然,对儿童来说,也存在着另外一种可能性,即他会感到他的那种要从某些对他来说是重要的人那里得到积极的评价的需要会与他自身的体验发生矛盾和冲突。罗杰斯曾举过这样一个例子:一个男孩觉得打他的小弟弟使他感到很快活,但他的父母却对他这样说:"你很坏,这种行为很坏,你这样做一点也不可爱。"这个男孩打小弟弟的行为没有得到积极的评价,却体验到了负的消极的评价,因为他的父母不喜欢他这样做,而他需要正的积极的评价。这样,他可能产生不正确的、歪曲的言语评价,如"我觉得这种行为是不能令人满意的",而此时,正确的体验的言语化应为"在我干这种事时,我感到高兴而我的父母感到不满"。那种不正确的评价不是建立在个体自身的有机体的评价过程之上的,而是建立在他人的评价之上的,这就被称之为价值的条件化[1]。有非常多的时候,"个体被其文化条件化了,对其行为的奖励、强化等,事实上影响了其固有的实现倾向的自然取向"[3]。

价值的条件化这一概念在自我概念理论中是很重要的,因为这意味着个体存在两种评价过程。第一种是有机体的评价过程,这种过程可以真实地反映实现的倾向。第二种是价值的条件化的过程,这是建立在对他人评价的内化或对他人评价的内投射的基础之上的,这一过程并不能真实地反映个体的实现倾向,相反却在妨碍着这种倾向[4]。当个体采用第二种评价过程反映现实时,就会产生错误的知觉,而这可能更多地是为了避免出错而不是为了自己真正的需要。

4. 在自我概念中价值条件作用的影响

不同个体在价值条件作用内化的程度上各不相同,这与他们所处的环境及他们对积极的评价需要的程度有关。对某些人来说,他们的自我概念可以发展到能够准确地感知许多他们自身的经验与体验的程度。然而,没有人能够达到完全排除价值条件作用的程度。对不同个体来说,其区别仅在于一些人将价值条件作用较多地内化到自我概念中而另一些人则内化的较少。

价值的条件化最常见的例子是:"实现自己的目标是非常重要的,如果做不到这一点,我就不配为人","挣钱是很重要的,如果我不能挣到很多的钱,我就是失败者"等等。这种价值的条件化不仅仅是把一个人应怎样做人的评价内化了,而且当一个人没能做到他认为应该做到的情况时,把别人怎样看待他自己的外部评价内化了。罗杰斯认为对许多个体来说,他们作出大量的内投射的评价是习以为常的事情,而他们固守着这一点却很少对其进行考察或试验。就这样,他们不仅脱离了自己的体验,而且对自我的评价也是很低的。更进一步来看,价值的条件作用的内化,会起降低人的自身评价的作用,即会产生"自我压抑"。

(二)自我概念与心理失调

以人为中心或来访者中心治疗不是要在寻找来访者是怎样变得以现在这种方式行事上下功夫,而是要询问是什么原因使他们保持了现在的这种行为,而不是满足自己的真正的需要的。了解失调的行为和知觉怎样得以保持下来这一点,对理解以人为中心的或来访者中心治疗的理论与实践是很关键的。

1. 经验或体验的过程

罗杰斯认为个体生活中的经验或体验可能会产生四种结果[5]。第一种情况是这些经验或体验可能被忽视了,就如同对于坐着的感觉一样。第二种情况是这些经验或体验可以被个体准确地知觉到,并且由于它与个体的需要相符或由于它可强化自我概念,而被结合进自我概念之中。第三种情况是这些经验或体验可能会被歪曲,用以解决自我概念和经验、体验之间的矛盾。例如,一个在学业方面自我概念很低的学生当得到好成绩时,可能会认为"老师定的标准太低了"。第四种情况,个体可能对其真实的经验或体验予以否认或根本就不去接收这种信息。例如,一个妇女的自我概念深受过于严格的道德观影响,因此,根本否认她对性欲满足方面的要求。

下图表明了适应程度较高的个体与适应程度较低的个体其经验与体验被否认、歪曲或准确感知的情况。适应程度低的个体,在很大程度上或很大领域中偏离了其自身的经验或体验。在这些领域中,其自我概念是建立在价值的条件作用的基础之上的,而正是这一评价过程使得他歪曲或否认了其自身的经验或体验。一个适应程度高的人则不同,他很少出现价值的条件化的评价过程,因此能更为准确地感知自身的体验。

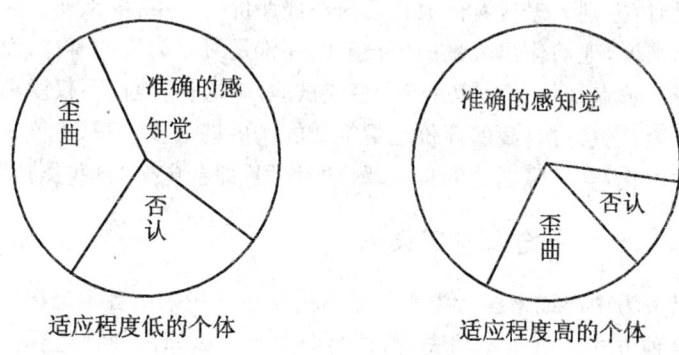

图 14-1 适应程度不同的个体自我概念的构成[6]

人亦可以被看作是处于一种实现其自我概念的过程之中的人。高适应者的自我概念允许他知觉到更多的自身的感觉和本体体验,这样自我概念的实现就非常相似于自我实现或有机体的那种自我实现了。而低适应者则不行,其自我概念的实现过程很少基于有机体自身的评价过程。其结果,高适应者可以在大量现实信息的基础上与他人进行交往,与环境发生作用,而低适应者则很少具有这种能力[4]。

2. 自我概念和经验、体验的不一致

当经验或体验被准确地言语化,并被结合进自我概念之中时,就可以认为自我概念和经验、体验是一致的,或者说自我概念与有机体的自我是协调一致的。而当经验或体验遭到否认或歪曲时,自我概念与经验或体验就不一致了。这种不一致既可在经验或体验是积极的情况下产生,也可在它是消极的情况下产生。在治疗过程中,来访者大多具有很低的自我概念,经常否认和歪曲来自外部的积极的信息反馈,也常抑制来自其自身的积极的情感。

3. 潜识(subcention)、防御和焦虑

罗杰斯用潜识或前知觉(Pre-Perception)的概念来解释与实现的倾向有关的自身感觉及本体体验被否认或被歪曲的机制。潜识包括有对经验或体验的过滤机制,它会消除或改造矛盾的经验或体验以及对个体有威胁的经验或体验。因此,有机体在不用牵涉到意识或知觉的更高一级的神经中枢的情况下,就可以辨别经验或体验的意义了。潜识的过程就是自我概念的防御机制,用以对那些可能对个体现有的自我概念及其构成具有威胁的经验、体验作出反应。焦虑是一种紧张状态,是有机体对潜识中自我概念和经验、体验的矛盾的反应。当这种矛盾或不一致有可能进入知觉或意识,并可能因此而迫使当前主要的自我概念产生变化时,焦虑就会因此而生[4]。

4. 崩溃和紊乱状态

简单的问题也有可能导致严重的失调。适应程度低的人的自我概念常常阻碍了他自身的感觉和对本体体验的准确的知觉。在这样的情况下,一旦突然出现某种特别重要的经验、体验或在某一领域中出现非常明显的不协调的情况,防御过程就可能失灵,不能成功地控制局面。这样,不仅因其自我概念受到某种程度的威胁而产生焦虑,而且由于防御过程失败,这种经验或体验就可能言语化而被意识到。此时个体就不得不面对着那些他所否认的经验或体验,而这些东西又超出了他所能把握的范围。其结果就出现了紊乱的状态,甚至于可能出现精神崩溃的情况[4]。罗杰斯提到,当个体寻求"治疗"时,精神崩溃就已发生了。而一旦出现了精神崩溃的现象,防御过程就开始起保护个体免受由不一致的知觉带来的痛楚和焦虑的干扰作用了。

5. 自我概念是了解心理失调的关键

人的自我概念,特别是某些重要的自我概念是理解心理失调状况产生的关键。借助于自我概念,人们有了关于他们自己的知觉和认识。有效的自我概念允许人们真实地感知其经验或体验,不论这种经验是来自有机体内部的,还是来自外部环境。

而无效的自我概念,虽然不能使人正确地感知其经验、体验,却很顽固地固守着其阵地。原因是:首先,与有效的自我概念相似,无效的自我概念也使人感受到了需要的满足,它也是个体适应的源泉。第二,无效的自我概念中包含有许多价值的条件作用,这可能会成为人生某一阶段的机能,这些作用一旦被保存下来,还会发展出某些有用的机制。尽管如此,由于价值的条件化产生于个体对积极的评价的需要,它们可能作为"情绪的负担"(emotional bagage)而深深植根于自我概念和其结构之中。第三,价值的条件作用越是深深地植根于自我概念之中,它们就越来越难以改变,这是因为要改造它们,必将产生由于意识到自我概念与经验或体验的不一致而导致的焦虑。第四,价值的条件化对个体来说具有使个体价值感下降的作用,这就使得个体很少能有足够的勇气承认和面对他自身的矛盾之处[4]。虽然把不一致的知觉同化到自我概念之中去的可能性时刻存在,但对于适应程度低的人来说,这种可能性似乎太小了。

(三)自我概念与心理治疗

罗杰斯在《来访者中心治疗》一书中,第一次试图构成一个理论模型以解释下述问题:

(1)个体根据什么原则行动?

(2)什么情况促使精神障碍形成?

(3)什么措施可以使精神障碍好转？

罗杰斯的关于人格的自我概念的理论已可以对前两个问题作出解答了。而第三个问题则涉及来访者中心或以人为中心的治疗了。

有关自我概念的理论前提是，认为人有一种与生俱来的实现的倾向。这种实现的倾向不仅要在生理、心理上维持自己，而且要不断增长和发展自己。有关自我概念的理论把自我与自我概念作了区分，自我概念是人们对自己的主观知觉和认识。当自我与自我概念的实现倾向一致时，人就达到了一种理想的状态，即达到了自我实现。自我得到的经验、体验与自我概念冲突矛盾时，自我概念受到威胁就产生了恐惧，通过防御机制否认和歪曲自身的经验、体验。当经验、体验与自我的不一致有可能被意识到、知觉到时，焦虑就产生了。一旦防御机制失控，个体就会产生心理失调。自我概念与自我经验的不一致主要源于自我概念受到外部文化因素的影响，个体把他人的价值观内化为自己的价值标准。但以人为中心的治疗相信个体中蕴藏着的实现的倾向的强大推动力，相信积极的成长力量，相信人有能力调整和控制自己，相信人是能够发现其自我概念中的问题的，他们会评价自我经验对自我实现的作用，不断地使自我概念适应于新的经验。基于这种认识，罗杰斯提出了来访者中心疗法，这是以来访者为主导的治疗方法，而治疗者的作用退居其后。治疗者在治疗中，更多地是创造一个帮助来访者了解其自身的气氛和环境，减轻他面对自我概念与自我经验矛盾时的焦虑。

第三节 治疗过程和策略

一、治疗的目标

以人为中心的治疗的基本目标可以说是"去伪存真"。"伪"就是一个人身上的那些与其价值条件化了的自我概念相一致的，或者说由这些自我概念衍生出来的生活方式，思想、行动和体验的方式。"真"就是一个人身上那些代表着他的本性，属于他的真正自我的思想、情感和行动方式。罗杰斯常用"变成自己"、"从面具后面走出来"这样的话来表达以人为中心的治疗目标。在《成为一个人意味着什么》一文中，罗杰斯这样谈到咨询者希望在来访者身上产生的变化："他……变得愈来愈接近他真正的自己。他开始抛弃那用来应付生活的伪装、面具或扮演的角色。他力图想发现某种更本质、更接近于他真实自身的东西。"

一旦去伪存真的工作得以完成，来访者似乎变成了一个新人，一个"充分发挥机能的人"。充分发挥机能的人起码在以下几方面有根本的变化：

(1)他对任何经验都较为开放，也就是说，他不再对经验进行取舍，歪曲和否认某些经验。他变得更能够了解源于自身机体内部的情感和态度，也能够更客观、更准确地认识客观现实，而不是穿着一套防御盔甲置身于经验世界。他能够自由地体验并意识到对己对人的爱、恨、气恼、失望；他能看到"并非一切树木都是绿的，并非一切男子都像刻板无情的神父，并非一切女性都拒人于千里之外，并非一切失败都证明自己毫无是处……"

(2)他的自我结构变得能与其经验相协调，并能够不断变化以便同化新的经验。他变得越来越感到他对经验的评价是立足于自身，是用自己的心、自己的眼去看待一切，而不再寻求他人的赞同或否认，不再依赖他人提出的生活准则，不再依赖他人来帮助自己作出决定或选择。总之，他这时能感到自己是为自己活着，自己对自己负责，完全真诚地对待自己。

(3)他变得更信任自己的机体，充分利用机体估价过程而不是价值条件来评价经验。"他们越来越深刻地发现自己机体的可靠性，认为它是一个最好不过的工具，因为它能够在任何新的环境下找到最恰当的行为方式"。虽然机体给出的信息也可能出错，但由于人对经验的开放，一旦出错即可知道，并迅速修正。他不再害怕自己的情感反应，他能够信任、欣赏自己源于机体的丰富情感。良心不再是一个铁面无情的监察官，而能够与机体感受和睦相处。

(4)他愿意成为一个变化的过程，而不是追求达到一种理想、满意然而固定不变的状况。他愿意生命像流水,愿意体验这种此时此刻正在进行的流动、变化,承认生命的意义存在于这流动过程之中,而不是为了一个"目的地"而生活。

可以看出,以人为中心的治疗目标总是表述得较为笼统,较为一般化,而不够具体确切。这是因为它把咨询看作是整个人的改变,而不是某个症状、某个问题的改变。罗杰斯相信,人的心理机能活动具有整体性,是一个通体相关的组织系统,任何一个部分的变化都会涉及整体。因而要从整体变化去了解部分的变化。由于这个考虑,以人为中心的治疗不以问题解决模式为然,不以特定的策略、手段去追求某个问题的可观察的改变。

二、治疗过程

罗杰斯在其工作的早期,曾就治疗过程提出过12个步骤[2][7]。但他强调说这些步骤并非是截然分开,而是有机地结合在一起的。

(一)来访者前来求助

这对治疗来说是一重要的前提,如果来访者不承认自己需要帮助,不是在他人的压力之下希望有某种改变,咨询或治疗是很难成功的。

(二)治疗者向来访者说明咨询或治疗的情况

治疗者要向对方说明,对于他所提的问题,这里并无解决的答案,咨询或治疗只是提供一个场所或一种气氛,帮助来访者自己找到某种答案或自己解决问题。治疗者要使对方了解咨询或治疗的时间是属于他自己的,可以自由支配,并商讨解决问题的方法。治疗者的基本作用就在于创造一种有利于来访者自发成长的气氛。

(三)鼓励来访者情感的自由表现

治疗者必须以友好的、诚恳的、接受对方的态度,促进对方对自己的情感体验作自由表达。来访者开始所表达的大多是消极的或含糊的情感,如敌意、焦虑、愧疚与疑虑等。治疗者要有掌握会谈的经验,有效地促进对方表述。

(四)治疗者要能够接受、认识、澄清对方的消极情感

这是很困难同时也是很微妙的一步。治疗者接受了对方的这种信息必须对此有所反应。但反应不应是对表面内容的反应,而应深入来访者的内心深处,注意发现对方影射或暗含的情感,如矛盾、敌意或不适应的情感。不论对方所讲的内容是如何荒诞无稽或滑稽可笑,治疗者都应能以接受对方的态度加以处理,努力创造出一种气氛,使对方认识到这些消极的情感也是自身的一部分。有时,治疗者也需对这些情感加以澄清,但不是解释,目的是使来访者自己对此有更清楚的认识。

(五)来访者成长的萌动

当来访者充分暴露出其消极的情感之后,模糊的、试探性的、积极的情感不断萌生出来,成长由此开始。

(六)治疗者对来访者的积极的情感要加以接受和认识

对于来访者所表达出的积极的情感,如同对其消极的情感一样,治疗者应予以接受,但并不加以表扬或赞许,也不加入道德的评价。而只是使来访者在其生命之中,能有这样一次机会去自己了解自己。使之既无须为其有消极的情感而采取防御措施,也无须为其积极情感而自傲。在这样的情况下,促使来访者自然达到领悟与自我了解的境地。

(七)来访者开始接受真实的自我

由于社会评价的作用,一般人作出任何反应总有几分保留;由于价值的条件化,使得人们具有一个不正确的自我概念,因此常常会否认、歪曲若干情感和经验。这与人的真实的自我是有很大距离的。而在治疗中,来访者因处于良好的能被人理解与接受的气氛之中,有一种完全不同的心境,能够有机会重新考察自己,对自己的情况达到一种领悟,进而达到了接受真实自我的境地。来访者这种对自我的理解和接受,为

其进一步在新的水平上达到心理的整合奠定了基础。

(八)帮助来访者澄清可能的决定及应采取的行动

在领悟的过程之中,必然涉及新的决定及要采取的行动。此时治疗者要协助来访者澄清其可能作出的选择。另外,对于来访者此时常常会有的恐惧与缺乏勇气及不敢做出决定的表现应有足够的认识。此时,治疗者也不能勉强对方或给予某些劝告。

(九)疗效的产生

领悟导致了某种积极的、尝试性的行动,此时疗效就产生了。由于是来访者自己达到了领悟,自己对问题有了新的认识,并且自己付诸于行动的,因此这种效果即使只是瞬间的事情,仍然很有意义。

(十)进一步扩大疗效

当来访者已能有所领悟,并开始进行一些积极的尝试后,治疗工作就转向帮助来访者发展其领悟以求达到较深的层次,并注意扩展其领悟的范围。如果来访者对自己能达到一种更完全、更正确的自我了解,则会具有更大的勇气面对自己的经验、体验并考察自己的行动。

(十一)来访者的全面成长

来访者不再惧怕选择,处于积极行动与成长的过程之中,并有较大的信心进行自我指导。此时治疗者与来访者的关系达到顶点,来访者常常主动提出问题与治疗者共同讨论。

(十二)治疗结束

来访者感到无须再寻求治疗者的协助,治疗关系即就此终止。通常来访者会对占用了治疗者许多时间而表示歉意。治疗者采用同以前的步骤中相似的方法澄清这种感情,接受和认识治疗关系即将结束的事实。

三、非指导的治疗方式

罗杰斯早在1942年就在其名著《咨询与心理治疗》一书中,提倡非指导(nondirective)的治疗方式。他认为采用较多指导性(directive)的治疗技术与方法的治疗者与更多地采用非指导性的治疗技术与方法的治疗者,对于治疗的目的与看法是不同的[7]。指导式的治疗假定治疗者应为来访者选择治疗目标,指导来访者努力去达到这一目标。这种治疗实际上假定治疗者地位优越,而来访者是无法全部承担为他自己选择治疗目标的责任的。非指导的治疗认为来访者有权为他自己的生活作出选择,尽管他选择的目标可能与治疗者的看法很不相同。非指导的治疗还认为,如果来访者对自身的问题有所领悟的话,他们更可能会作出自己明智的选择。

非指导的治疗重视个体心理上的独立性和保持完整的心理状态的权利。而指导式的治疗重视社会的规范,认为有能力的人应该对能力较差的人进行指导。不同的治疗观对治疗的结果会产生不同的影响。指导式的治疗者更倾向于对来访者的问题进行工作,一旦症状消除或问题得到解决,治疗就算是成功了。非指导的治疗着眼点在来访者而不是来访者的问题。一旦来访者对自己与现实的关系有了充分的理解之后,他就能够选择适应环境的方法。由于其领悟力的提高和经验的增长,他将更有能力去应付将来可能出现的问题。

来访者中心治疗即是非指导的治疗,这种治疗的着眼点是促进来访者的成长。具体地帮助来访者进行自我探索,促进其自我概念向着更接近自我的经验、体验的方向发展。

罗杰斯曾列举了前人的研究,表明指导式的治疗者与非指导式的治疗者在会谈中常用技术的不同之处[7]。指导式的治疗者最常用的技术依次为:(1)提出非常特定的问题;(2)讨论说明或提供与问题或治疗相关的信息;(3)指出对话的主题,但让来访者自行发挥;(4)向来访者提出活动方面的建议;(5)确认来访者谈话的主题;(6)列出证据,说服来访者采纳行动的建议;(7)指出需要纠正的问题或条件。

非指导的治疗者常用的会谈技巧顺序如下：(1)以某种方式确认来访者表达自己时所反映出的情感与态度；(2)确认或说明来访者的行为举止所反映的情感与态度；(3)指出对话的主题，但让来访者自行发挥；(4)确认来访者谈话的主题；(5)提出非常特定的问题；(6)讨论、说明或提供与问题或治疗相关的信息；(7)根据来访者的情况确定会谈情境[7]。

尽管指导式的治疗者与非指导式的治疗者在其常用的个别会谈技术上有所重叠，但仍可以看出在非指导的会谈中，来访者的活动占据优势，治疗者的基本技术服务于帮助来访者认清、理解他自己的情感、态度和行为模式上[7]。

四、治疗者与来访者的关系

指出指导式治疗与非指导式治疗的区别，说明非指导式治疗的常用技术与特点，这是罗杰斯早期工作的重点之一。在其不断的实践与思考过程中，罗杰斯很快意识到了自己工作的局限性，他认识到在其非指导的方法的研究中，对会谈技术给予了过多的注意，而对治疗关系的重要性未给予足够的重视。50年代末，他接连发表文章，对治疗者的态度、治疗关系的特征进行了系统的论述。

罗杰斯曾指出："治疗的成功主要并非依赖治疗者技巧的高低，而依赖于治疗者是否具有某种态度。"1957年，他在《治疗性人格改变的充分必要条件》一文中，提出治疗者应以真诚、无条件积极关注和共情的态度对待来访者[8]。他认为治疗者的主观态度影响着治疗关系的质量，而治疗关系对来访者人格的改变所产生的影响远远大于治疗者所采用的治疗技术的作用。

(一)共情式的理解与交流

治疗者对来访者的共情的态度与理解可以从两个方面表示出来。一个方面是治疗者的非言语性行为，例如治疗者的身体姿势、面部表情、语气语调、与来访者的目光接触等等，都可以反映出治疗者对来访者的态度与理解。为此,治疗者应善用自己的身体语汇表达对来访者的关注与共情。

共情式的理解亦表现在治疗者与来访者的言语交流之中。吉利兰(Gilliland)等人认为共情式的理解就是要理解来访者言谈话语所反映的情感和认知信息。对来访者的理解可分为表层的理解和深层的理解[9]。如下例:

来访者:那次考试之后我感觉非常坏,我没想到我考得那么差。

治疗者(1):你对这次考试感到很失望。

治疗者(2):你对你这次考试的情况感到惊讶和失望,特别是因为你曾希望自己做得更好一些。

在这里治疗者(1)的反应只是重复了来访者原话之意;而治疗者(2)的反应有助于来访者理解自己的情感的更深一层次的含义。治疗者的后一种反应有助于启发来访者对其自我、自我概念及自我体验之间的关系进行深入的探索。在这里,治疗者(2)的反应相当于我们在前面章节所谈到的高级准确的共情式反应。来访者中心的治疗者借助于对来访者体验的共情式反应,一步步引导来访者使之在自我的探索历程上不断向前迈进。而由于治疗者对来访者的深刻理解,来访者更加信任治疗者,治疗关系亦进一步得到加强。

(二)真诚地交流

伊根曾根据罗杰斯的理论提出作为治疗者在会谈中与来访者进行真诚的交流所应注意的事项。其中包括:

(1)从角色中解放出来:这是指治疗者无论是在生活中或是在治疗关系中都是真诚的,不必隐藏在自己专业角色的背后。

(2)自发性的交流:治疗者与来访者的言语交流与行为应是自然的,不应受某些规则和技术的限制。而这种自然的言语表达和行为表现是建立在治疗者的自信心基础之上的。

(3)非防御的态度:治疗者应努力理解来访者的消极体验,帮助他们深化对自我的探索,而不是忙于抵御这些消极的体验对自己的影响。

(4)一致性:指治疗者应言行一致,表里一致。

(5)自我暴露:治疗者应以真诚的态度,通过言语和非言语行为表达其情感。

(三)积极关注式地交流

来访者中心的治疗家认为,要帮助来访者就必须尊重来访者个人,相信来访者具有成长的潜力,相信他们具有自我指导的能力,支持他们去发展自己的潜力,支持他们发展其独特的自我。准确地理解来访者的体验,突出其中积极的成分,真诚地表达对来访者的关注。上述做法都有助于来访者的自我成长。而在这一过程中,治疗关系必将日益深化。

在具体的临床实践过程中,要真正做到上述要求并非易事。这要求治疗者在任何情境中都必须做到对来访者以诚相待,而这种真诚又必须是发自内心的。当来访者意识到这一点时,他才能畅所欲言。这就形成了良好的人与人之间的关系。由于这种关系,治疗便取得了进展。由于治疗者对来访者采取了完全接受的态度,又由于治疗者对来访者能达到共情与理解的水平,来访者把治疗者当作是一个能倾听和接受他的思想和感受的人,他就会一点一点地与自己的内心交流,把过去完全排除在意识之外的经验或体验重新整理出来。而不论来访者所表述的事情的内容是多么的不可思议,治疗者始终对其表示关注与理解。来访者渐渐学会以同样的态度对待自己,也就能更坦率地表达自己的想法了。此时,其所否认或歪曲的经验、体验就会逐步减少,而自我概念与自我经验更趋向于一致,来访者就在这样的过程中改变和成长起来了。

(四)会谈技巧

在来访者中心的治疗会谈中,治疗者不仅要避免将自身的价值观与偏见带入治疗过程,而且一般治疗所常用的会谈技巧如决定治疗目标、解释等方法也不予采用。在治疗过程中,治疗者主要通过言语的和非言语的方式表达对来访者内心感受的理解,创造良好的治疗气氛,帮助来访者无拘无束地表达和探索自我,进而产生某种人格的改变。治疗者所起的作用是一种能动的作用。

非言语技巧比较好理解,就是治疗者通过自己的面部表情、身体姿势、目光接触、语气声调表明对来访者的共情、关注与理解。言语技巧则不大好理解，尤其是对来访者的话语不作评判、说明、解释，不提供信息、建议、忠告等。那么，如何能推动治疗的进程呢？

来访者中心治疗所最常采用的会谈技巧是鼓励、重复及对感情的反映（reflection of feelings）。治疗者对来访者的谈话内容的鼓励和重复及对其感情表达的反应不是简单的回声式的反应，而是对来访者谈话涉及其内心真实的自我体验方面作有重点的突出或重复，对其尚未意识到的或仅有模糊意识的内心感受的深层次挖掘。例如：

来访者：我父母从不认真听我说什么，好像我就不可能有对的时候……

治疗者：你觉得你的父母不重视你的意见，你感到很委屈，你觉得自己已经长大了……

来访者：他们不相信我，他们觉得我哪件重要的事也处理不好……

治疗者：你觉得自己的自尊心受到了伤害……你实际上非常希望父母相信你，你觉得自己有能力处理好某些重要的事情。

…………

从上述对话中，我们可以看到，治疗者对来访者反映出的对父母的消极情感采取了接受的态度，同时对其谈话的反应不是停留在其话语的表面，而是尽可能深入其内心，帮助对方认清自己的感受。

罗杰斯发表于1986年的一篇文章在论及对感情的反应时指出，以"测验理解程度"（testing understandings）或"考察感受的程度"（checking perceptions）代替"对感情的反映"更好[10]。罗杰斯晚年的这一看法，可能更好地表达了来访者中心治疗者常用技巧治疗会谈的一些特征性成分。其中包括：

(1)完全接受来访者所体验到的任何情感、思想、变化等，对此不加评判。例如来访者希望依赖罗杰斯，希望他作为一个权威人士对自己的问题作出解答。罗杰斯接受对方的这种依赖性的愿望，但他认为这并不意味着他要以来访者希望的权威方式行事。

(2)深刻理解来访者情感和体验所包含的个人涵义。一旦治疗者能成功地进入来访者个人的精神世界，来访者心理上感到安全感增加，就能更为自由地表达自己的想法[11]。

(3)伴随着来访者对自身的探索[11]。由于认为来访者比治疗者对通向其痛苦的渊源的途径更加清楚,因此罗杰斯并不试图引导来访者。他说他只是伴随在来访者身旁,"偶尔落在其后;只是当我能更清楚地看清我们正在走的道路时,当我凭着直觉的引导向前时,偶尔走在前面"[11]。

(4)相信"有机体的才智"能够引导治疗者和来访者双方走向来访者问题的内核[11]。"因此,作为治疗者,我愿使来访者按其自己的方式、以其自己的步伐、向着其冲突的内心迈进成为可能"。

(5)帮助来访者充分体验其情感[11]。罗杰斯认为来访者一旦能充分感受到其内心深处的那些令人烦恼的情感,他就向前迈进了,这是改变过程的一个重要步骤[11]。

罗杰斯在这里对来访者中心会谈中治疗者的角色和任务进行了很好的总结。经过来访者中心的治疗,来访者可达到某种程度的人格改变。这种改变的特征是:焦虑减轻,自我防御减少,自我经验或体验被歪曲或否认的情况减少,自我概念与自我经验、体验更趋于一致。

第四节　患者中心疗法评价

一、患者中心疗法的贡献

从咨询和治疗科学的发展角度看,患者中心疗法的一个主要贡献恐怕是它对咨访关系的研究。它先是从实践中发现了咨访关系对促成来访者改变的至关重要的作用;然后又从理论上阐明了何种咨访关系会导致积极改变;最后,它令人信服地提炼出良好的咨访关系的一些基本要件。正如我们已多次说明的,发展咨询关系,培养真诚、共感理解和无条件积极关注等关系条件,这已成为大多数咨询者的共识,成为当代咨询和治疗实践的共同基础[12]。

患者中心疗法的第二个贡献是它对人的能力的积极信念。这种能力一是当事人的自我指导能力，一是自我负责的能力。很难证明这种信念没有根据。而一旦咨询者怀着这样的信念去对待来访者和咨询，它本身似乎会创造一种神奇的力量，推动咨询取得进展，推动来访者发生改变。

虽然可以明显看出弗洛伊德的影响，罗杰斯关于自我概念的发展受早期教育环境（尤其是父母）影响，通过价值条件作用而内化的论述，无论是经验研究还是常识，都是令人信服的。我们也能接受由于自我排斥某些对机体有益的经验而导致适应障碍这样的"病因学"理论，虽然我们怀疑这是否真如罗杰斯想象的那样，是所有障碍的共同原因。

最后应提到的一个贡献是，患者中心疗法强调咨询者这个人，他的人格和态度的作用，而不是方法技巧的作用，这对咨询者形成自己的咨询思想是有积极意义的。因此，不应提倡患者中心疗法的轻视方法的倾向，而把咨询者的人格和态度摆在具体方法技术前面是合理的。

二、患者中心疗法的局限

公平地说，患者中心疗法也有不少相当明显的局限或缺陷。其中比较突出的有如下一些：

首先，它的整个体系透露出一股强烈的重情轻理的气息。把人的情绪感受摆在第一位，理性的力量退居不重要的地位。这一点已有不少人予以批评。人对生活价值的选择和评价，既不依据他们认为这种选择正确与否，也不需要逻辑的合理性，而主要依靠人的情绪感受，这对绝大多数人来说，恐怕都是难以接受的。也有不少学者怀疑机体估价过程是否真如罗杰斯相信的那么值得依赖，多数"机能充分发挥的人"是否真是主要依靠其感受来指导生活的。

第二个问题是这个体系的个人主义取向。正如舒尔兹的评论：罗杰斯的体系"看来缺乏对他人的责任感和清楚明确的目标和目的。这一理论好像是鼓励个人过一种完全自私和率性而为的生活。它强调的是体验、感受，完全为自己而活着，而没有相应地强调对事业、目标或人而不是'我'和'我'在每时每刻的新鲜体验的爱、奉献和义务。……机能充分发挥的人……所关切的只是一己的存在,而不是促成他人的成长和发展"[13]。

如果说这种取向在信奉个人至上的美国尚有人批评的话,以这种取向为基本特色的以人为中心治疗体系在中国文化中的适用性则更让人产生怀疑。我们且不谈这种取向"好不好"的问题,专家担心的是这样调教出来的当事人一旦回到现实生活中,会产生更多的人际冲突,遇上大量的现实适应问题。因为中国的文化是重视社会价值,重视个人的社会责任的文化,个人主义者很难有真正自由的生活空间。

第三点局限是以人为中心治疗的咨询者显得过于消极,有时简直是易受来访者的操纵。仅仅满足于倾听和反映来访者的感受,对有些来访者,譬如内省能力和内省习惯比较好的来访者,可能很适合,对另一些来访者则可能使咨询旷日持久地拖下去,却收获很少。

最后一点是以人为中心治疗体系排斥任何诊断或评估,不对障碍进行任何分类,也忽视具体策略和技术的运用。在这里我们同意罗杰斯对这些常规做法的大部分批评,但这不意味着咨询在采用这些方法时不能做到扬长避短,充分利用评估手段更迅速有效地理解来访者,利用某些有针对性的技术更直接地促进改变。

参考文献

[1] Rogers,C. R. A. Theory of Therapy ,Personality ,and Interpersonal Relationshios, as Developed in the Client-Centred Framework. In S. Koch (ed.)Psychology:A Study of Science,New York,McGraw-hill,1959

[2] 李东白:咨商的理论与技术,台湾:复文图书出版社,1984年版

[3] Rogers,C. R. ,Carl Rogers on Personal Power,London,Constable,1977

[4] Nelson-Jones,R. ,The Theory and Practice of Counselling Psychology, london,Holt,Rinehart and Winston,1982

[5] Rogers,C. R. ,Clinet Centered Therapy,London,Constable,1987

[6] 钱铭怡:心理咨询与心理治疗,北京:北京大学出版社,1994年版,第213—232页

[7] Rogers,C. R. ,Counseling and Psycholotherapy,Boston ,Houghton Mif-

flin,1942
[8] Rogers,C. R. ,The Necessary and Sufficient Conditions of Therapeutic Personality Change,in H. Kirechenbaum and V. L. Henderson eds, The Carl Rogers Reader,Boston,Houghton Mifflin,1989,219—236
[9] Gilliland,B. E. ,James,R. K. ,and Bowman,J. T. ,Theories and Strategies in Counseling and Psychotherapy,2nd ed . ,Englewwood Cliffs,New Jersey. Prentice Hall,1989
[10] Rogers,C. R. ,Reflection of Feelings and Transference ,in H. Kirschenbaum and V. L. Henderson eds. ,The Carl Rogers Reader,Boston, Houghton Mifflin ,1989,127—135
[11] Rogers,C. R. ,A Client-Centered /Person-Centered Approach to Therapy, in H. Kirschenbaum and V. L. Henderson eds. ,The Carl Rogers Reader,Boston Houghton Mifflin,1989,135—152
[12] 汤宜朗、许又新:心理咨询概论,贵阳:贵州教育出版社,1999年版
[13] 梁宝勇、王栋主编:医学心理学,长春:吉林科学技术出版社,1998年版

第十五章 森田疗法

森田疗法(Morita therapy)是由日本的森田正马博士于20世纪20年代在日本创立的。森田疗法的创立不是像精神分析那样源自于一种心理学及精神病学的理论的发展,也不像行为疗法那样出自某实验研究的结果的延伸。它是森田正马从事数十年精神治疗的探索以后又以安静疗法、作业疗法、说服疗法、生活疗法为基础的合理结合和改进、创造的结果。这其中还融入和体现了森田正马个人成长经历、个性的丰富内容和浓厚的东方文化色彩。

第一节 森田疗法产生的背景及森田正马其人

森田正马创立森田疗法是在1919年至1921年之间,当时在日本的精神科医生还没有"神经症"的概念。面对临床上大量的神经症病人的普遍用语是"神经衰弱"。而弗洛伊德的精神分析理论此时也是刚刚被介绍到日本,在学术界基本上无人接受,也不认为它对神经症病人有什么治疗意义。在这种对神经症缺乏有效治疗方法的时候,森田以他的个性和经验,不甘寂寞地不停探索,同时独树一帜地创立了森田疗法。森田正马的个性是不安分,善思考,头脑清晰而又富于创造性,同时他又是一个较为机智、幽默和富于爱心的人。森田正马还是一个热爱哲学的思想家,他从青年时代起就有志于哲学,他学医学其实并非他的初衷,而是偶然的外界因素的影响的结果。所以,尽管他后来成为医学家,但还是更热衷于读哲学、心理学、伦理学、法学等方面的书籍。在青年时代,他还曾热衷于电工学,幻想做一名发明家。这些也都是促使他创立森田疗法的非常重要的因素。森田正马的善于思考,善于观察,喜好研究问题和心灵手巧,有极强的动手能力都来自于他父亲的影响,他父亲对很多事情都能很快掌握,除了田间劳动以外,他父亲还曾独自一人翻盖房屋,一个人兼做木工、泥瓦工、黑白铁活,还曾经花七年时间独自完成了家里的清水塘和引水工程。而森田正马在实际治疗中指导患者种地、干木匠活,颇有乃父风范。他平时也常为小事长时间思考,比如他就曾经长时间地琢磨被狗追得四散奔逃的鸡是怎样从鸡窝里跑出来的。这和他之所以能坚持十余年的不断探索研究、改进,最终得以创立森田疗法应当说是一脉相承的。森田正马还是一个很幽默、很重感情的人,了解森田正马的人都知道他其实是一个很富有热情和人情味的人。这和外界传说森田正马很严肃、很严厉、经常训斥病人的说法极不相同,这也可以理解为森田疗法是不可以板着面孔,以冷酷无情的态度要求病人去做的。森田正马即使是申斥病人,病人也会相当感激地接受,这是因为森田正马对病人充满热情和关爱的缘故。森田正马的这方面特点源自他的母亲,他母亲是个个性刚强、做事迅速、热情开朗活泼极有同情心的人。据说有一次,森田正马回家时发现有个佃户家遭不幸和歉收,就给他免了租子,他母亲听说后开始批评他,说他不该乱管事,可据说以后他母亲见到这位佃农听说了他家的遭遇,不但同意给他减租,而且比森田正马减得还多。由此可见其感情色彩的浓烈和森田正马受其影响之深。

　　森田正马本人的个性中自然有很多他父母的影响的因素,然而要真正理解森田疗法的背景,森田正马的妻子也是一个应当了解的人。森田疗法在最初,是森田正马为了治愈神经症患者开始在医院,后来又转而在自己家里治疗患者的家庭式方法。在这种治疗方法的早期,森田的妻子久亥做了森田的助手和护士长,帮森田做了很多事情,也可以说是她帮助、总结、实践和共同创造了森田疗法。久亥在少女时代就十分勤劳、勤奋而且心灵手巧、做事踏实,还忙里偷闲悄悄读书。和森田正马结婚后，经常给丈夫以宽慰、鼓励和称赞，这无疑给了森田正马长久的心理上的积极的影响。久亥虽然文化水平不高，但生活积极，善于学习。她学习英语、书法、茶道、文学、俳句等都成绩出色，不让人后。她虽然早于森田正马去世，但她这种积极的、建设性的人生态度却早已融入森田疗法之中。久亥在善于照顾别人的同时也较善于把握别人的心理状态，这在她帮助森田正马治疗病人时有出色的表现。一位20岁的患有不洁恐怖的学生，受到久亥的斥责以后委屈得直哭，但久亥则警告他："你要是再不听话，我就让你出院。"这个学生就像受到启发，此后居然真的振作起来，不久便痊愈出院了。还有一些强迫症患者，据说都不止一次受到过久亥的斥责而哭泣，但却初步体验到了治疗的进步和喜悦。有一次，森田正马治疗一位年已六旬的老妇人，患者的症状是心动过速、眩晕、疾病恐怖。病人长时间卧床不起，看护的人也是寸步不离，不能外出。久亥了解了情况后主动去替下了看护人，设法指导患者积极从事一些日常劳动，不久就使她恢复了健康。经过森田正马治疗已经出院的一些人也向森田正马说，您的着眼于大局的讲话和夫人着眼于细节的指导，都是对我们的难得的教诲，我们都受益匪浅，而且看到您的忙碌和辛苦，我们不忍心请您指导，反而是向夫人提出问题。久亥对森田疗法的贡献由此可见一斑[1]。

  森田疗法的形成用了大约20年的时间，在1900年，森田正马就开始了探索神经症的治疗，他先是让患者住进精神病院，让他们口服溴化物、磷制剂、阿片制剂、核酸钠、内脏制剂、林格氏液，然而都无效。以后他让患者在他家附近租房住下，试着给他们治疗，但也收效不大。1919年8月，有个人与森田正马很熟，每天都有37.2～37.5℃低热，被怀疑为肺病，同时还患有痔疮、神经衰弱，无法工作，终日无所事事。森田正马就让他住到自己家里的空房间，与健康人一样生活。一个月时间以后，症状竟全部消失了，恢复了健康。森田正马于这次治疗中受到启发，想出用家庭式的方法治疗患者。这就是第一次的森田疗法[1]。

第二节 森田神经质及森田理论

一、关于森田神经质的观点

森田正马将其疗法的适应症称为(森田)神经质,而神经质本来是一种个性的概念,森田却将其用作一类病症的概念,确实在理解上会有一定困难。所以,日本及其他国家的学者或森田的弟子们,如高良武久就都拿森田本人的经历和病症来说明这个问题[2]。森田在9~10岁时,一次在村里的真言寺中看到墙上画有彩色的有关地狱的画,感到非常恐怖,以后便经常想到人死后的情景,因此睡不好觉,常在梦中惊醒。20岁时他又得过一场伤寒,并因病重卧床达两个月之久。在那段时间里,他时常会在夜里有发作性神经症的表现(如心动过速、发冷、全身发抖、感到死的恐怖等等)。以后又常常出现心悸、头痛,被诊断为神经衰弱和脚气病(即当时认为的维生素B_1缺乏症)。而此时他已经是东京大学的医学生了。以后的两年时间里,他不断地服各种药物,没有取得什么效果。而有一段时间,家里由于某种原因,有两个月没能给他寄生活费,他的生活一下子都成了问题,更不用说吃药了。森田当时异常气愤、悲观,曾想过回家去当着父母的面自杀。当然,最后他没有自杀,而是放弃了这种想法,从而更加奋发读书,用他自己的话说是以"必死的决心"来读书。一段时间以后,在他的学习取得了优良成绩的同时,他的神经症症状竟也大部分消失了。这段经历森田正马本人称其为生死体验,对他的神经质的理论有了较大影响。同时,森田正马还把相应的个性倾向称为神经质性格。后来森田正马的弟子高良武久和野村章恒说森田就是属于森田疗法对之颇有疗效的森田神经质性格。森田对这种神经质的解释以及后人对森田神经质的理解、解释当然就不仅限于个性的解释,而是与个性有一定联系的一种神经症的概念。虽然森田神经质所说生的欲望是普遍存在的,但在神经质者身上表现尤其强烈。概括起来是指一种强烈内向、内省,并容易陷入疑病倾向的素质特征。

森田认为,"神经衰弱"的术语过于含混,而且历来不统一,应予废止,所以他不用这个词。森田也从来不使用"神经症"的概念。因为他认为神经症是把不同的病症归在一起的概念,是不合适的,应予区分。他把神经症分为神经质、癔病和心因性疾病[1]。他认为这几种类型在本质、发病机理和治疗上都是不同的。神经质是内省的、理智的、疑病的,是成人性的。癔病是情感过敏、自我中心的、外向的,是孩子式的和人格不成熟者的,而且癔病还有幻觉、妄想、意识障碍等多种重症的症状,是用森田理论无法解释和治愈的病症。而心因性反应是心理休克,以精神病样症状为主,森田疗法或其他心理疗法都是无能为力的,森田疗法只是对森田神经质才是最为适合的、可以解释的,也是完全具有疗效的。

二、森田神经质的形成

按照森田的观点,神经质者虽然有很多症状,但是因为他们自身的素质性或体质性的原因,单单治疗他们的症状表现是不能治好的。要达到彻底治疗的目的就要了解和掌握神经质特点,给予恰当的指导和纠正,让他们以健康人的态度去生活,他们才能最终恢复健康。所以,这也是森田不同意将他们称为神经症或神经衰弱的理由。这是森田的早期观点,后来森田的弟子高良武久将这种观点给予了修正,提出了森田神经质症的概念[2]。让人们明确了这仍是一种病症,仍然是需要治疗的,只是这种病症比较特殊而已,现代精神医学和临床心理学虽然不能再坚持和延续神经质的临床分类,但对森田神经质的分析、研究发现,森田神经质其实主要是神经衰弱,还有部分的抑郁症以及躯体形式障碍者。但森田疗法仍不失为一种有独特理论观点和方法的临床心理疗法,也有其特有的疗效。所以森田对其病症的认识、分类是否符合现代医学的观点倒并不重要,而如何学习并掌握森田的理论方法,真正掌握森田理论的精髓并使之发展、应用,使之更好地为现代人的心理健康服务却是非常重要的。所以,从这个意义上说,还是应该暂不考虑现代医学临床分类的观点而先了解森田神经质的成因、形成机制,进而真正完全地了解森田疗法。

1. 生的欲望

每个人都对生命存有欲望,叫做人的生存欲,是人的生存本性的表现。但神经质者的生存欲较一般人更强烈,大致包括如下几个方面:

(1)希望健康的生存,或者更苛刻地说是不希望有任何不适存在。

(2)希望更好地生活,具体地说包括比别人更好和比过去更好,希望被人尊重。

(3)求知欲强,肯努力,他们的理想自我比现实自我要高大、完美得多。

(4)希望成为伟大的人,幸福的人。

(5)希望不断向上发展。

2. 疑病性基调

这是森田认为神经质是属于在素质、体质基础上发展出的某种特征的基本理论观点之一。森田认为神经质者除生的欲望较强以外,还具有敏感、内省强烈的素质特征。生活中的不愉快的、疾病的、矛盾挫折的及与死亡有关的愁苦、欲求不满和打击,都会使之产生疑病性体验和恐怖体验的精神失衡。这是神经质者的素质性因素所决定的。

3. 精神交互作用

森田认为,对神经质的发生具有决定性作用的是疑病性基调,对症状发展具有决定性的推动作用的是精神交互作用。由于神经质者内省力强而又敏感,常会对一些普通的不愉快的或不适的感受产生疑病性体验,并感到紧张、焦虑、苦恼以致忧心忡忡。而这种心理体验则会使其注意力更加集中于这些感受而使某种感觉强化,甚至使症状固定化,某种不良感受更加敏感和固定的结果则会使注意力反过来更加集中,形成一种恶性循环。从而使焦虑不安、恐怖、植物神经系统症状都更加明显,这就是精神交互作用。

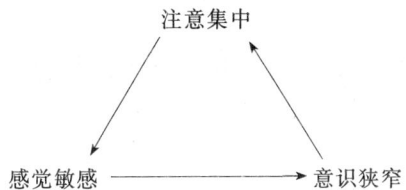

森田认为,神经质的表现就是疑病倾向、恐怖和精神失衡。形成这种现象的原因是神经质者的疑病性体验使他们的生的欲望受到挫折,这种心理上的挫折感使他们更加强烈地感到这些不良感受是他们人生的极大障碍,他们总是希望通过自己的主观努力去除掉这些不良感受(例如到处求医的种种努力)。但是,由于精神交互作用的结果,他们的不良感受非但没有去除掉,相反却更加明显,而患者则陷入不良感受中不能自拔。而患者的神经质则由于精神交互作用而持续发展,难以治愈。由于不适和痛苦不能随主观愿望消除和减轻,他们在这种反复的失败和激烈的思想矛盾伴随之下顽强进行的这种没有获胜希望的斗争的结果,使他们的自信心受到了极大的打击,患者深为自己的无能而懊恼,生活退缩,工作和生活能力下降,以致悲观、矛盾和痛苦。

另外,神经质者是将平常的、经常会有的生理心理变化认定为是异常的、病理性的变化和感受,加上患者担心和注意自己的症状的变化及精神交互作用使症状更加明显和加重。患者的疑病性体验促使其只注意自己的主观感觉而忽视了其感受与客观实际不符的矛盾。高良武久称这种现象为主观虚构性[3]。而神经质者则生活在自己虚构的这种充满矛盾、痛苦与精神冲突中的长期封闭的内部精神世界中。要解除这种痛苦,则只有接受森田疗法了。

第三节 森田疗法的适应症和治疗原则

一、森田疗法的适应症

森田所指的不良感受包括躯体和精神两个方面:躯体症状如头痛、头重、心悸、不眠、疲劳感、胃部不适等;精神方面的症状则有紧张、焦虑、记忆力差、注意力不集中、杂念恐怖、强迫观念、强烈的羞耻感、对人恐怖、罪恶感、人际关系不良等。这些都是森田神经质的易感症状表现。虽然森田正马一直反对将神经质称为病症,但作为一种治疗方法,无论其治疗对象的病症特点多么特殊,都应承认所治疗的是一种病症或症状。只一味强调这种症状不是病,并不利于一种医学理论的科学化发展。所以森田的弟子高良武久等人也在森田死后修正了森田的理论,称之为神经质症,再以后的大原健士郎等都承认森田疗法的适应症是神经症的一部分,这不影响对森田疗法的正确理解。只是这种疗法更强调人的主观与客观的矛盾的分析和引导。在森田疗法的适应症上,仍尊重和保留了森田原来的分类方式,按照森田对神经质实质的理解主要分为三种类型:

(一)普通神经质

包括有头痛、头重、眩晕、易兴奋、易疲劳、头脑不清、脑力减退、注意力不能集中、失眠、乏力、胃肠神经症症状、性功能障碍、震颤、书写痉挛、杞人忧天式的忧虑、劣等感等所谓神经衰弱性症状。

(二)强迫观念症

包括强迫意向以及不洁恐怖、疾病恐怖、不完善恐怖、尖锐恐怖、高空恐怖、广场恐怖、杂念恐怖等(恐怖症)症状,以及由此引起的对立观念,难以摆脱的矛盾、强迫观念。

(三)发作性神经症

包括心悸发作、焦虑发作、呼吸困难发作等(焦虑症)症状。

二、森田疗法的治疗原则

面对神经症患者的众多症状(过去认为应不包括情感性精神病性症状、精神分裂症、癔症等症状)森田根据自己对症状产生机制的理解,提出了森田疗法的治疗原则,而且富含哲理和东方文化色彩,他甚至大量借用和吸收了佛教中的禅宗、中国古代哲学家庄子的思想观点,其目的是针对神经质的特点,改变其疑病性主观体验,打破精神交互作用,消除思想矛盾和最终恢复患者的健康的生活状态。

(一)顺应自然

在日语的原意中有存在就让其存在、原样保持不变的含义,根据森田本人的解释,也含有放弃对自然的不可抗拒力的抵抗、自在为人的含意。顺应自然的原则是森田疗法的最基本的原则之一,它是森田疗法要求患者通过治疗要能达到的最佳状态和切实体会,也是希望患者能掌握的对待疑病性体验的症状和不良感受的最佳方法。由于患者总是对自身症状排斥,强烈地希望不适感消除,从而增加了患者的烦恼。对一些常见的躯体不适和精神上的某种杂念,某种不恰当的想法、邪念、冲动,神经症(尤其是强迫症)患者常常认为它们是不应当出现的而强烈自责,认为自己不应当有那样的、不该有的、不符合自身人格特征的想法。一旦发生就采取心理抵抗或排斥的态度,使自己处于强烈的心理冲突中,这些都不是应有的顺应自然的态度。所以,顺应自然首先就是要对待日常发生的不适、不良感受以及各种杂念等采取容忍、承认、接受、不抵制的态度,认识到要以主观的力量去改变自然存在的事物和规律是不正确的,是违背自然规律的,也是徒劳的。不排斥症状,不排斥不良感受(如劣等感),不力图去掉偶尔出现的杂念,其结果不仅仅是表现了与自然谐调,减少了痛苦感,还能最终打破精神交互作用,消除症状,同时也能使人达到超然于矛盾之外，使人生更加顺畅和谐，达到"无为而治"的境界。

(二)思想矛盾，事实唯真

森田发现，很多患者都表现为在个人的症状上的主观感受与客观现实之间的矛盾，"理应如此"与"如此现实"之间的矛盾。此外，类似的还有理智与情感、理解与体验之间的矛盾。其实，一般地来说，人们的这种感受是正常的，人们的主观愿望和客观现实都会有一定距离，这是很普通的事情。但神经症患者常常会过度注意个人的主观愿望和感受，而且敏感、悲观、感受丰富，甚至忽略客观现实，这就形成了所谓"思想矛盾"的基础。例如，一位发作性焦虑的患者，在没有焦虑发作时即使他没感到任何不适症状，但他会既根据主观愿望出发，强烈地希望没有任何一点不适症状，他还会感叹和伤感地认为自己非常不幸，不能像别的健康人那样没有任何症状地轻松愉快，而完全忽略了实际上自己并无大病这样的事实。再如，有的患者深为自己有过或不时出现的某种想法、念头所烦恼，认为自己不该有这样的想法，但越是这样，这种不愿有的想法越是不时地冒出来，患者陷入深深的矛盾和痛苦中，形成强迫观念，不知如何是好。对于患者这样的思想矛盾的困扰，森田教育和引导患者以客观事实为依据来思考、分析问题，以事实为依据地来批判和修正自己的错误观点，改变自己过于强调主观愿望和主观感受的错误评价，以达到顺应自然，调整身心，消除烦恼，自在为人的目的。例如某位患者时常出现想把孩子从楼上推下去的杂念并深为之烦恼，按照森田的观点，分析事物要以事实为依据(即事实唯真的观点)，判断一个人的好坏不以他的想法，而以他的行为(即事实)为标准，这位患者完全不必为自己的某种想法而自责和恐惧，以顺应自然的态度不排斥这种杂念或症状，以健康人的心态带着这种症状去工作和生活，这就是事实唯真的原则。

(三)忍受痛苦，为所当为

在向患者反复说明"顺应自然"、"思想矛盾，事实唯真"的道理以后,患者对森田疗法的思想有了较多的了解,但长时间形成的症状不会很快消失。患者仍然会被各种不良感受的症状所困扰,或者顽固地认为自己不能或做不了某些工作或生活中的事情。甚至还有患者坚持认为自己的症状是自己人生的最大障碍,只有先除掉症状才能安排自己的生活。森田指出这些都是错误的观点,并且指导患者,在症状仍然存在的情况下,也要努力做好应做之事,这就是"忍受痛苦,为所当为"[6]。

因为过去一直注重症状及其感受,所以症状表现会很强烈,不可能短时间内消失,但这个时期内努力去做应当做的事,由于减少了对症状的关注,反而会减轻症状。同时,过去一直认为不能做或做不到的事情现在做到了,也可以逐步树立患者的信心,改变其神经质的不良性格。对此,如果过去森田提出的忍受痛苦,带有对自然的、客观的不可抗拒的事物的服从、忍受等含义的话,以后高良武久补充指出,顺应自然既不是对症状的消极的忍受,无所作为,也不是对症状放任自流,听之任之,而是按事物的本来规律行事。任凭症状存在,而不去抗拒排斥,带着症状积极地生活。所以,应该理解为是以一种新的积极的态度去代替过去消极的、不健康的生活指导思想,而不应仅仅理解为消极的忍受。森田疗法在中国推行以来,也有中国学者提出"忍受痛苦,为所不为",是指要求患者努力去做过去不敢做、不能做的事情,这也可以视为对森田的治疗原则的发展观点吧。

除此以外,森田还提出了很多类似的指导思想和治疗原则,都有以健康的、积极的态度去代替过去消极的、不健康的生活态度的观点,例如"像健康人那样生活,就习惯为健康"、"日新又日新"等等[1]。

第四节 森田疗法的治疗方法

森田疗法过去仅是家庭式的住院疗法,随着时间的推移,现在日本除少数医院仍旧延续了森田的家庭式住院疗法,其他医院大多是在现代化的医院里实施,但方法上仍基本保持了森田疗法的原有特点,中国患者所接受的住院式森田疗法则没有家庭式的住院疗法,完全是后一种方法。森田疗法除住院治疗以外，还有门诊治疗，一般为那些没有条件住院治疗的患者实施。此外，还有为连门诊治疗都有困难的人施行的书信（通信）治疗、集体（讲座）治疗。虽然这些方式和住院治疗比较起来要简单得多，但只要认真学习，仔细阅读森田疗法的书且认真按书中的要求去做，也同样能够取得相当的疗效。

一、住院治疗

对于相当多的症状较重或较明显的患者来说，虽然可以理解森田疗法的理论和治疗原理，但仍然感到无法完成治疗要求，因此需要住院治疗。所以对相当多的神经症患者来说，严格的、认真的住院治疗是治愈其病症的最佳方法之一。住院治疗分为绝对卧床期、轻作业期、重作业期和社会生活恢复期，在中国，不少患者因对森田疗法了解较少而心存疑虑，不少医生采用增加治疗前的准备期的方法，主要是增加了治疗方法的介绍和答疑，使患者有一定的心理准备。

（一）绝对卧床期

此期间要求患者除饮食、大小便以外绝对卧床，同时禁止吸烟、品茶、看电视、听广播、会客、聊天、看书报杂志、吃零食等等一切可以消愁的活动。原则上要求单人独处。条件达不到的也可以住双人房间，但应注意安静。此期一般一周左右。在此期间医生虽每日查房巡视，但原则上应淡化患者对症状的注意，通过休养，调整身心，消除疲劳，以解除精神上的苦恼。

由于卧床以后的特殊环境和条件，患者一下子没有了平时的喧闹和刺激影响，自然会有很多想法，尤其是在度过了最初的一两天的睡眠、休息以后，其想法会表现得各种各样，有的人会有焦虑、烦躁，躯体不适感加重，也有人会对治疗产生疑惑和痛苦感，有的人甚至会表现得很明显。对此，森田除要求患者坚持完成治疗以外，还曾提出"烦闷即解脱"的话[1]。森田对此的解释是：(1)紧张、焦虑、烦躁、忧愁等因素所致的不适、痛苦、烦闷，如任其发展不予排斥和对抗，其症状发展到一定程度即会转而在短暂的时间内迅速消失或减轻。(2)由此也应该让患者认识到烦闷之类的症状及相应情感体验,是不能随着主观愿望减弱和消失的;相反,只有烦闷到顶点的时候,觉得难以承受以致感到再也不须害怕,决定即使死也不怕,并能放弃以主观的努力克服它的时候,反而才是得到解脱了。

在卧床期,患者的体会丰富而多变,但医师一般不回答患者有关病痛的倾诉和疑问。仅每天巡视一至二次病房,原则上不给什么药物治疗,即使有睡眠障碍,也尽量不用药。大多数患者在卧床的第四、五天以后,会逐渐地产生一种无聊的感觉,会产生想起床做点什么的愿望。所以这一时期也称为无聊期。一般此时可以让患者起床,进入第二期。

(二)轻作业期

此期一般一周左右,患者起床,要求患者除夜眠以外不要躺在床上,每天清晨起床可做些打扫、清洁一类的事,也可在清晨到庭院中见见阳光,然后在室内做些简单单调的事。但仍限制患者的活动,禁止交际、谈话、外出,不同意去散漫自由地游玩、运动、闲聊或看电视、听广播之类,允许看些简单的或古典散文之类的书籍。每晚开始记日记。这样做的目的,一方面是让其刚刚开始产生的自发性活动的欲望得到进一步发展的机会,避免由于被要求完成某些作业产生预期焦虑和消极反应。另一方面,也是让其养成一个好的习惯,树立信心。所以,随着时间的推移,一般在4~5天以后,患者的信心得到了培养,也逐渐增强了做更多事的愿望,此时即可转入下一期。

(三)重作业期

此期根据患者体力安排较重的室外活动作业。如挖土、割草、锯木头、大扫除之类。患者大都会有新鲜、喜悦、愉快、舒畅的心情。也有人因为劳动量大而产生极为疲劳、累垮了的感觉。此期不再给予过多的限制,如可以允许适当地与人谈话、读书等,但不是毫无限制,更不赞成随意游玩、谈笑、长时间的聊天、打电话、睡觉等。在这一期,由于患者活动较为丰富多变,也会有各种不同情况发生。有的患者会在最初的1~2

天的新鲜感以后,由于焦虑、烦躁和原想象的情景和感受没有达到而出现怠惰、懒散等消极反应。所以,此期的关键是要注意消除患者习惯性的自我期望过高和对现实过于悲观失望的思维习惯。同时还要消除有关体面、自尊、有损形象的顾虑。培养和保持其对事物本身的兴趣和做事的耐力,提高其主动性和自觉性,减少其对自身不适感的关注和对某一症状的纠缠,同时要为恢复和提高学习能力、社会生活能力、驾驭和应对复杂事物的能力等做好准备。此期一般掌握在1~2周。

(四)社会生活恢复期

此期主要是为适应复杂的社会生活做准备。在此期间基本上解除了对患者的各种限制,并且以集体性的活动为主。活动的内容也更加丰富、复杂。如组织患者开会、劳动、协助做些病房管理。医师要指导患者消除兴趣主义及兴趣的执著,就是说做事情不能单从兴趣出发,而应有相应的责任感和忍耐性。患者自己也能体会到自己在前几期中所有由于受到的约束而被压抑的生活欲望,此时都顺其自然地逐步得到了满足。患者也从此体验到自己的正常欲望的萌发和发展,尤其是工作的欲望、发展的欲望以及相应的自信体验。同时患者又要在此期间体会到消除过高自我评价和过高自我预期的主观期望与客观现实之间的误差,以一个普通人的心态来做事,以儿童一样的纯真之心来做事和获得发挥自己能力体验的愉快感。此期也是为了培养患者健康的生活态度和习惯。所以这一期时间稍长,一般为2~4周,个别人需要稍延长时间,约6~8周。

个别患者会有一段时间可以以每日白天回到社会做些适应性的工作或到学校参加学习,但这段时间仍要每天坚持记日记。日记以每天的活动为基本内容,大原教授称之为"以行动为准则的日记"。患者所记内容主要以每日起床后的活动及自己内心较原来症状更加良好的感受和感想为主,不赞成患者记下每日的愁苦和不良感受,不能让患者将日记变成每日倾诉痛苦的方式。这也体现了森田的"日新又日新"的精神。另外,森田正马本人长时间和患者同起居、沐浴、除草等,能够及时发现患者的心理变化和对患者进行心理治疗。现今在现代化的大医院里,医生再像森田正马那样与患者共同生活和给予指导的可能性越来越小了，但森田疗法注重实际的体验和通过生活实际给予指导的原则是不应改变的。

二、门诊治疗

对于部分没有条件接受住院治疗但又能较好接受指导的患者，可以考虑采用门诊治疗。当然患者须是神经质不是很严重且要排除重性躯体疾病。森田疗法的门诊治疗，是基于这样一种概念，即患者对情绪或症状要顺其自然、任其或轻或重的变化，要不加排斥地接受，将应该做的事做好。治疗中的关键是，不论患者的症状和感受如何变化，都要像健康人那样去行动。患者只要能行动起来，以健康人的行为生活，即使是简单的门诊治疗也能取得相当不错的疗效。森田本人也应用门诊方法，但文献记录不多，日本医生让患者接受门诊森田疗法，大多不再增加门诊以外的内容，个别医生主张让患者在家卧床一周以后再来，但大多数医生并不赞成。大原教授认为，森田疗法的门诊治疗不以倾听患者叙述烦恼和解释种种疑问为主，而主要是通过患者记录的每天生活内容和感受的日记，用恰当的评语进行指导，对于病人的日记，医生三天或一周(不能像住院患者那样每天进行)给予一次指导。医生在日记的空白处用红笔批上简单的话，重点的地方划上线。门诊治疗没有一定的规定，每次门诊时间不宜太长，一般不超过1小时。疗程长短因人而异，一般1~2个月或更长一些。当然，也有个别病人仅仅经过3~4次门诊治疗就基本痊愈的。

三、通信或集体治疗

有少数患者没有住院或门诊的条件，希望通过通信的方式了解森田疗法的方法或原理，以达到预期的治疗目的。对于这些患者也可采用这些方式给予指导和帮助。对于通过通信给予指导的患者来说。除了要求他介绍自己的一般病史以外，还应报告他的生活状况和对森田疗法的认识或体验,以类似日记指导的方式给予具体的指导,因为通信指导如果脱离了具体的生活体验或行为内容则会是非常空洞的。

集体讲座式的森田疗法实际上是门诊式的集体治疗。指导方式为定期的集体讲座并给予讨论、指导。其指导原则没有什么不同,而且除了集体的共性问题以外还要注意对患者的个别问题给予针对性的具体指导。在日本,"生活发现会"即是这样一种组织形式。

附:典型病例

病例一:强迫观念

患者,男,34岁,公司职员。

患者主诉感到生殖器短小,并由此引起对人恐怖和疲劳亢进。患者从十几年前,还在上高中时就出现生殖器短小的感觉,并为此而苦恼万分,认为自己不像个男子汉,经常感到疲劳等,都与生殖器短小有关。同时,患者又考虑自己的生殖器短小是由于自己有过手淫,影响了正常发育造成的;如果被人发现自己生殖器短小,就会被人觉察到自己有过手淫行为,因此不能和别人一起洗澡、一起游泳。十几年间,患者从未去过公共浴池,上学时寻找住处,一定要找带洗澡间的。现在,患者刚刚参加工作,他想到将来可能要和上司一起出差,也可能要一起洗澡,结果便惶惶不可终日,无法安心工作,现正在考虑调动的事。其苦闷非常之深。

患者呈略肥胖体型,营养良好,从身体上看不出任何异常。检查生殖器,看到阴茎、睾丸发育均正常。去年,在医生劝说下结了婚,性生活也非常正常,夫人现正怀孕。

过去,患者曾接受过各种治疗,包括注射过几十次性激素,还有水疗、真空疗法等,同时也接受过精神分析及其他暗示疗法,但效果都很差。医生们都肯定地说患者的生殖器并不短小,但患者无论如何还是不能安心。

医生全面检查了患者的症状、性格等,最后确诊为神经质的强迫观念,决定试用住院森田疗法。

卧床期的心理变化。第一天,患者认为要把一切都交给医生,虽然时常感到不安,但基本上心情较轻松。第二天,患者有些担心起来,感到一种漠然的不安,总怀疑这种疗法能否见效,继而也为这些想法感到苦恼。同时,患者也逐渐感到无聊。第三天,患者感到更加无聊,相反,自己生殖器短小的感觉却十分淡薄了。患者在日记中写道:"横卧床上只沉溺于强迫观念,却产生了完全相反的结果","我现在才懂得了卧床的意义"。对强迫观念,越是不想让它出现,或越想从中逃脱,就越助长强迫观念的强度,就会使患者更加痛苦。人们应该任凭强迫观念出现,不要对抗,有苦恼任其苦恼。如果采取这种态度,强迫观念就会自然消失。患者以自己的亲身体验,弄懂了其中的基本道理,抓住了体验的最关键之处。

第四天,患者在日记上写道:"强迫观念已不太明显,我实在不想继续卧床,也更感到无聊寂寞。"这是必然的体会。身体健康的人,数日间只是无聊地卧床,这本身就是一寂寞的地狱。如果有人对卧床泰然处之,丝毫感觉不到痛苦,就要怀疑该人是否有自发性缺乏的精神障碍。

第五天,从这一天起允许患者起床,让其到院子里随便做些工作。现在开始工作似乎有些为时尚早,但因患者工作上的原因,只允许他住院治疗二十天,医生只好把疗程缩短了。患者好久没有活动,所以工作非常热心,能集中精力工作,这是治疗成功的第二步。

一天,治疗者陪同患者一起去了公共浴室,这对患者来说已是相隔十五六年的事了。回来后看了患者这天的日记,其中写道:"入浴中,我总是担心地注意一起洗澡的××,但我强作镇静,洗完后,又像逃跑的兔子那样,想赶快穿衣服……这次去了公共浴室,与其说有了自信,倒不如说终于能去浴室而稍稍有所安心,但却没有勇气再去试试看了。"

第二天工作结束后,治疗者仍陪患者一起入浴。他在日记中写道:"我还是感到不安,但也同时感到有突破这种恐怖的希望和快感……离开浴室时,感到高兴大于恐怖……现在发议论没有用处,只要忠实地执行医生的话,就有治愈的一天,我对此已有所觉悟了。"

从那以后,患者又自发地一个人去浴室。他写道:"有时我走到半路就想回来,但我终于战胜了这种想法,坚持去了公共浴室。"第十四天,患者又在日记中写道:"我现在每天都能去集体浴室了,这真是了不起的进步。过去是绝对不能的,现在可以带着轻度的恐怖去浴室,这真有些隔世之感。"第十五天又写道:"刚开始去集体浴室时的心情与现在的心情相比,可以说有天壤之别。"患者不仅对住院治疗本身感到高兴,而且对通过住院,使学习、工作的效率大大提高也感到喜悦无比,过去的强迫观念已几乎不成问题。患者住院20天,几乎以彻底治愈的状态出了院。听说患者出院后,像换了一个人一样正常地生活,工作得十分出色,对前途充满了希望。从患者当时的情况来看,基本上是彻底治愈的程度。但由于患者工作单位的原因缩短了住院的时间,使治疗者总担心会复发。一年后,治疗者终于听说这位患者出现了复发倾向,感到非常遗憾[3]。

病例二:神经性呕吐

患者,男性,36岁,已婚,大学文化,干部。患者自幼体健,生活顺利,聪明好学,成绩优良。1975年(23岁)时因失恋而出现抑郁、烦闷、悲观,并在此期间首次发生呕吐,连续数日不能自行缓解。在内科未能明确诊断,以输液等对症治疗后渐好转。1976年专科毕业参加工作,1980年结婚,婚后夫妻感情很好,未再发生呕吐。1983年妻子分娩后,婴儿窒息死亡,患者精神上受到打击,又出现焦虑、悲观、失眠、呕吐,但较前次略轻。再经对症治疗三个月渐恢复。1985年妻子第二次临产,患者即开始出现以前症状,妻子分娩后,婴儿因病不久夭亡,患者精神症状及呕吐随即加重。每食后即吐,不能工作,生活也需别人照料。虽治疗后症状缓解,但此后时常感到心慌、胸闷、胃部不适,并开始经常服用速效救心丸及其他中、西胃药。至1987年妻子第三胎生育时,尽管孩子出生前后一切顺利,母子平安,但患者仍焦虑、紧张和呕吐。经亲属悉心照料,请中西医多方诊治,病情再次缓解,但此后每逢孩子发烧、妻子生病、工作繁忙、劳累等都可引起呕吐。患者在各医院进行消化道造影、胃镜、心电图、B超、超声心动图及各种化验等多种检查,除发现有一因发育不良所致的轻度食道裂孔疝外,未发现有其他阳性体征。本次又因劳累后呕吐连续三个月未能缓解,遍处求医无效,后求治于心理医生。

患者住院后,每日呕吐3~4次至10余次不等,还伴紧张、焦虑、全身颤抖、坐卧不安,身体极为虚弱。经体格检查,于入院第十天开始森田心理治疗,方法采用住院式森田疗法,以下为治疗经过。

绝对卧床期

患者第一天卧床安静平稳,第二天后开始感到烦躁、悲观,对治疗方法怀疑、伤心落泪,整日唉声叹气,食欲下降呕吐加重,增至每日8~9次。针对此情况,根据森田治疗的原理,除每日仍要求病人记日记外,还给病人提出了几个有关问题,引导其深入思考,以提高其对本人个性心理特征、病态心理形成、现症状的实质以及治疗方法的认识,每日查房时对其呕吐等症状并不给予特别关注和处理。此时病人十分痛苦,但也意识到医生的态度及所提问题都是针对个人的病态心理的,开始接受医生指导,并有了新的认识。病人日记摘抄:"对待病因,无论其表现形式如何多种多样,都是焦虑造成的,不要把病看得十分严重,而应该顺其自然,不要把注意力总放在身体上。既然没病,为什么那么神经质呢?现在想起来以前实在可笑,天天像老病夫一样,到处联系看病,真是弄假成真。"此期治疗中,呕吐严重时口服补液盐水1000毫升。呕吐在一度加重后开始有所缓解,患者表现由紧张、焦虑、抵抗转向平静、合作,全身颤抖亦未再发作。

轻作业期

患者在此期开始仍有较严重的反复呕吐,但能按治疗要求坚持从事作业劳动,通过简单劳动培养信心、耐力,并在医生指导下改变对症状的态度和认识,从而达到接受症状且不与之对抗,从反复多年的恐惧和心理冲突中解脱出来。患者经过连续四天轻作业且同时伴有每日2~3次呕吐和精神痛苦后,开始有所领悟,部分地接受症状,表示不再急于消除症状,每次呕吐也不再紧张、恐惧了。随着病人接受医生指导,态度转变,呕吐随即明显减轻,在轻作业的第四天,患者开始体验到解脱愁苦的轻松。病人在日记中写道:"虽然对森田疗法的理论有了一些了解,但关键是实践,今天我坚持尽量少卧床,跟上治疗程序,经过一天的工作,虽然身体觉得疲劳,但心理上感觉很好。"

重作业期

患者在此期的表现及心理体验均有明显改善,现工作认真努力。随着治疗进程,紧张、焦虑、悲观等基本消失。呕吐在重作业期的第三天自然停止。患者感到很高兴、兴奋,对本次不靠药物治疗甚觉满意,治疗信心越发坚定了,患者在日记中是这样写的:"劳动进入第三天,我仍然感到腰酸背痛,但却有一种说不出的舒服感,看来多活动一下有好处,我体验到,以前生活中存有很大的惰性,得过且过,对生活兴趣不大。却把注意力放在个人身上,看来森田精神要把注意力引向外面,进行建设性的生活很有道理,值得自己认真反思。"

恢复期(社会生活准备期)

患者回单位和家庭可以基本适应工作和家庭生活,体会到一种特有的喜悦心情,在工作几天以后,因工作紧张,又发生焦虑、手抖、呕吐,但很轻微,这时针对患者实际生活依照森田疗法的实践原则和方法给予指导,鼓励患者按要求努力实践,患者表示接受这些指导,有信心像健康人一样去生活,重新建立自己的健康的心理应付方式。患者在医生鼓励下坚持工作,未曾服任何药物,一周后症状自然缓解并能适应现岗工作。外出活动也轻松愉快。在以后的十几天里平静、自然地经受住了工作调整、孩子生病、本人拔牙手术等事件,未再发生呕吐、焦虑等症状。饮食、体力均有较大改善,体重增加4公斤。三个月、六个月、一年后随访,患者工作、生活情况良好,症状未再复发,痊愈[7]。

病例三:神经性贪食症

患者,女,大学文化。自幼生长发育好,13岁月经初潮,有规律。15岁时身高1.54米,体重65公斤,人称小胖胖。一次偷吃母亲留下的食物,怕长胖遂引吐,其后引吐次数渐多致体重下降。16岁食量猛增,每餐主食1斤,外加大量菜类。每餐之后皆用手引吐,吐后又吃零食。16、17岁停经二年,至入院时月经周期20~90天不等。18岁后食后可自行呕吐。大学毕业后在某公司任职,上学及工作后除一日三餐外,还偷着吃大量零食,有时一口气吃1斤饼干,食后再吐。由于每餐后必吐,患者从不敢在没有卫生间的地方吃饭。近二年家人发现患者有暴食后呕吐的现象,试图限制其吃主食和零食,但毫无效果。做CT及其他消化系统的实验室检查结果均正常。由于患者暴食并呕吐影响了其工作(不能出差),在家人劝说下住院治疗。入院后躯体及神经系统检查未见异常,身高1.58米,体重49公斤,无感知觉、思维和情绪障碍。自述控制不住地想多吃,因怕胖才呕吐,现稍用力就能吐出胃内容物,对大量进食继之呕吐并不感到痛苦,对月经不规律无所谓,愿意配合大夫治疗其进食障碍。入院诊为神经性贪食症。

开始常规治疗,首先限制患者主食每天8两,限制其零食,同时给予药物治疗。治疗中患者常偷吃双份饭,偷别人零食吃,且每次进食后皆吐。治疗4周无效,患者仍有多食欲望及每餐后呕吐,患者认为待体重降到47公斤就可不吐了。征得患者同意做森田治疗,停用所有抗抑郁剂和抗精神病药物。在绝对卧床期间只给其每日三餐(定量)。患者对限吃零食和水果能接受,且能保证中午餐后不吐。在绝对卧床期的第六天患者情绪焦虑,提前一天自行结束第一期治疗。在森田疗法二期(住院七周)患者能根据要求少谈话,每晚记日记。患者日记中反映,当控制进餐后头脑出现想呕的愿望时心里很是不安和焦躁。医生鼓励患者饭后活动,发现她很喜欢打乒乓球,便每天饭后为其找一位病友或医护人员打乒乓球,以度过其焦虑阶段。二期治疗后患者呕吐次数减为每天一次或不吐,体重增至48.5公斤。住院第八周外出半天看望住院的父亲,返院后情绪不稳、烦躁,每餐后皆吐。患者认为自己病未治好,还连累父亲生病住院,情绪消沉,对治疗失去信心。医生反复鼓励患者积极投入到森田疗法三期治疗中去,并请患者指导病房中黑板报的美工,患者渐能深入到治疗中来。一次患者与森田小组病员和医护人员去香山爬山游玩,青山绿水、红花绿树使每个人都心旷神怡,大家一边唱歌,一边跳舞,一起野餐,非常开心。回家途中询问患者因何不吐,患者惊讶地发现这次饭后完全没有要吐的想法——"没意识到",医生立即召集所有病员讨论此事,患者认识到只要全心全意投入到某一活动上,完全可以去除想呕吐的思想并且没有痛苦,自己总结"领悟到了什么是真心的"及"像健康人那样生活就能得到健康"。此后患者信心大增,按森田治疗要求顺利做完了第三期和第四期,做森田疗法四期时患者已能做到每餐后皆不呕吐。同时发现,随着食后不再呕吐,原来强烈的进食欲望也消失了,对自己的体重也有了新的认识。第十二周出院时体重增至

49.5公斤,饮食正常,饭后不吐,感到自己的体重完全在标准体重范围,没什么可担心的。出院八周后随访,患者饮食正常,食后不吐,体重49.5公斤,月经周期为40天[8]。

第五节　简要评价

森田疗法作为一种至今已80多年的心理治疗方法,有着较为成熟、易于操作的模式和方法。但又并不是所有人只要按照这种方法操作实施即可达到治愈患者的目的。治疗者除需掌握具体方法以外,还应对森田疗法的原理有深刻的理解。患者在接受治疗的同时也接受治疗者的人文思想及价值观,并且受到治疗者经验、观察力以及环境、文化等多方面的影响。

一、治疗关系

在森田疗法的治疗中,治疗者有责任和义务对患者进行指导。治疗关系类似教育和被教育者、"先生与学生"的关系[5]。如与其他心理治疗方法相比,它不像行为治疗中治疗者像个教练那样注重训练与指导,也不同于人本主义治疗那样强调治疗与被治疗者的朋友式的治疗关系,也不像精神分析那样特别强调医生对心理动力机制解释的权威作用,当然,这种教育性的治疗关系也不能简单理解为学校里师生"教与学"的关系。治疗者是在长期观察、分析患者的心理状态和问题以后,在患者接受治疗的某个时间且有了某种体会之时适当地给予指导,不仅如此,还要在指导中及时把握治疗进程和时机,尽量采用启发式、富有哲理性的话语引导患者自省,促使患者"顿悟",以达到治疗目的。简单的、生硬的、说教式的指导方式是不能达到治疗目的的。可以说,循循善诱、以诚待人、细心观察、启发教育是实施森田疗法的特征,以上的几个病例,尤其是高良武久先生的病例(例一)充分体现了以上特点。

二、不问

"不问"是森田疗法的又一个特征[4]。也是森田疗法的基本理论和实施技巧之一。所以,森田疗法又称"不问疗法","不问"是指不问症状,即对患者有关痛苦体验的难以摆脱的烦恼和种种疑惑,采取不问、忽视、淡化的态度。不是像患者一样去重视症状,同时还引导和促使患者将对症状的过度注意转向外界,打破精神交互作用和疑病性基调,以顺应自然的态度对待自己的不良感受,最终达到缓解心理矛盾,减轻症状的目的。不问不是对患者冷淡、不闻不问、漠不关心,只是不迁就患者对不适的过度关注和疑惑。同时引导患者积极行动,最终从痛苦中解脱。从以上的病例介绍中,也可以体会到这一特点。

三、治疗前的准备和说明

患者要接受森田疗法的治疗观点才能开始治疗和取得疗效。无论是住院还是门诊治疗,都需要说服和鼓励患者面对生活,放弃抵抗症状的立场等等[4]。对于不了解森田疗法的患者,在治疗前应对森田疗法的理论、生存欲望、疑病性基调、精神交互作用机制等予以说明。本来,按照森田的观点,应该反对强加于人或劝诱式的说服。森田认为,对待神经质症患者,说理是徒劳的,患者是从道理上可以理解而从感情上无法忍受才表现为神经质症,所以只从理智上理解是不行的,只有在感情上有所体验即接受治疗和指导后才能有所改变[6]。但在实际治疗中发现,有不少病人即使是理智上的理解也很不够,例如表现为顽固的疑病症状,针对此类患者,治疗前和治疗中指导他们在感情上有所体验的同时,通过说理性说服,使患者领悟森田理论及其治疗机理则对取得治疗效果也有一定作用。

四、关于治疗适应症的扩大

在例二及例三中可以看到,虽是选择森田疗法治疗的典型病例,但并非森田神经质的典型病例,均是原适应症中没有的。但例二病人具有一定的焦虑、内省力强、疑病性基调明显的特点。例三则是在医生的引导下打破了精神交互作用后,由"顿悟"产生了良好的疗效的。可见不是原有的三大类适应症中的病症也是完全可以治疗的。现在,日本、中国及欧美国家的心理治疗家都在努力尝试扩大森田疗法的适应症,目前包括精神分裂症、抑郁症、酒精依赖等也在尝试,甚至有临床取得疗效的不少报告[1]。但基本一致的观点认为,在这些病症的治疗应用中,应在药物治疗并取得一定疗效的同时,再给予康复性森田治疗是比较合适的。

五、新森田疗法及现代森田疗法的发展

现在,虽然还有少数的像森田时代那样的医院,采取的也是医生和患者共同生活的家庭式治疗方法,如日本的三圣病院等,但大多数医院和医生则是在现代化的医院内实施森田疗法。这是包括日本在内的各国各地医生的主流。在日本,包括森田的再传弟子如高良武久的弟子大原健士郎教授,另外还有田代信维教授、牛岛定信教授等人均给森田疗法增加了新的内容或在实施森田疗法的方式上有所更新,这些被称之为新森田疗法,而将中国等日本以外的医生所实施的森田疗法称之为现代森田疗法。对此,各国学者经常交流。

首先,在门诊病人的选择上是将森田神经质和神经症结合起来考虑。一般来说,选择的是神经症者中的适合森田疗法的患者。除此以外,还有运用森田疗法治疗精神分裂症、躁郁症、抑郁症、酒精依赖等的实践,多数不采用卧床期,而是从作业期开始,是作为一种重在行动的康复性的生活治疗来采用的。

在日本的浜松医大,大原教授给森田疗法增加了许多内容:让患者

在医院附近开辟的花坛、小块农田里进行作业劳动;在俱乐部举行患者自己采购、烹调的炊事会;在体育馆进行的体育、娱乐疗法;还有音乐鉴赏、演讲评比、郊游、参观动物园、赶海,以及圣诞节、年糕节的庆祝活动等。另外,还应用个性分析、患者人际关系分析、罗夏测验、石川元的绘画测验、电生理研究、胆碱酯酶测验、尿中有机物测验、卧床期睡眠脑电图变化研究等,这些都加深了森田疗法的研究。

在中国,很多中国医生在森田疗法的应用方面进行了大量的实践尝试和探索,也有不少学者对其理论进行了分析研究,并对其与庄子哲学和禅学思想的相通之处进行探讨。认为其东方文化色彩易于为我国患者接受,因与西方人的人生哲学、社会文化不同而不易被西方人接受。在西方学者中,很有一些人赞成以上这种观点,认为森田理论与西方人的个人奋斗、与命运抗争及竞争的人生观格格不入,绝对卧床期的诸多禁止也让人难以忍受等。但也有人将森田理论中所提倡的积极生活态度应用在临床,帮助了不少西方人克服了心理障碍。而随着东西方文化交流,特别是学术交流的增加,越来越多的西方人开始逐渐接受这种有浓厚东方文化色彩的心理疗法。

参考文献

[1] (日)大原健士郎、大原浩一著,崔玉华、方明昭译:森田疗法与新森田疗法,北京:人民卫生出版社,1995年版
[2] (日)高良武久:森田療法の由來と特質について森田疗法ククミヨツフ,东京,星和书店,1986
[3] (日)高良武久著,康成俊、高斌译:森田心理疗法——顺应自然的人生学,北京:人民卫生出版社,1989年版
[4] (日)藤田千寻:森田疗法技法:説得についてモクテミヨン,(日)森田疗法学会杂志,9卷
[5] (日)池田数好:教育と精神療法,(日)精神療法,1981,7:98
[6] (日)森田正马著,藏修智译:神经质的实质与治疗——精神生活的康复,北京:人民卫生出版社,1992年版
[7] 李合群:神经性呕吐的森田心理治疗,中国心理卫生杂志,1991,5
[8] 孟凡强:森田疗法治疗神经性贪食症一例,中国心理卫生杂志,1995,6

第十六章 中医心理治疗

第一节 中医心理学概述

中医学是在古老的东方文化背景下发展起来的,在其源远流长的历史长河中,积累了极为丰富的医学心理学思想和实践经验。在浩瀚悠久的典籍中,有着丰富的论证,众多的医案,内容广博,构思奇巧。认真挖掘,取东方之精长,补西学之短缺,融会创新,当有可为。

中医心理学有其独特的认识人的心理现象的方法,它运用中医学的理论研究医疗过程中人的心理现象及其规律,并将这些规律运用于临床防治疾病。至20世纪80年代,随着中医事业的振兴和发展,以及中医多学科研究工作的不断深入,许多中医研究人员对中医心理学进行了大量的理论整理和实践总结,初步形成了以形神合一论、心主神明论、心神感知论、五脏情志论、阴阳睡梦论、人格体质论等为基础理论,包括中医心理病机、心理诊断、心理治疗和心理卫生等系列内容的中医心理学体系。

一、中医心理学的特点

(一)中医心理学具有中医学共有的特点

1. 整体观念

中医学有数千年的历史,是我国优秀的民族文化遗产的一部分。在朴素的唯物论和自发的辩证法思想的影响和指导下,通过长期的医疗实践,形成了独特的医学理论体系。

中医学的重要特点在于"整体观念"。中医学非常重视人体本身的统一性、完整性及其与自然界的相互关系。它认为人体是一个有机的整体,人体的各个组成部分之间,在结构上是不可分割的,在功能上是相互协调、相互为用的,在病理上是相互影响的。同时也认识到,人类生活在自然界中,人体的生理机能和病理变化,不断地受自然界的影响,人类在能动地改造和适应自然的斗争中,维持着机体的正常生命活动。

中医学对人体的生理功能和病理变化的认识有它的特点。它把人体看成是一个以脏腑经络为内在联系的有机整体,认为人与自然界之间有着密切的联系;认识到"六淫""七情"等在疾病发生上的意义,既不排除外界致病因素的影响,更重视机体内因的作用。

中医学在长期的医疗实践的基础上,还提出了人的精神活动和生理活动之间的内在联系,如《素问·阴阳应象大论》说:"人有五脏化五气,以生喜怒悲忧恐"、"怒伤肝"、"喜伤心"、"思伤脾"、"忧伤肺"、"恐伤肾"。当然人体的精神活动和生理活动之间的关系,不一定像上述的那样机械,但中医学在二千多年前就能明确指出人类的精神活动和生理活动之间的内在联系这一辩证观点,在今天看来仍是正确的。

2. 阴阳五行学说

阴阳学说是中医学最基本的理论,它贯穿于整个中医学中。它是多层次、多角度的一种认识方法,从小至大可以有无穷的演绎。《素问·阴阳离合论》说:"阴阳者,数之可十,推之可百,数之可千,推之可万,万之大不可胜数,然其要一也。"阴阳之数虽可无限地计算,然其要约为一。

张景岳注:"谓阴阳之道,合之则一。"这个"一"即是万事万物的出发点和归宿点,整体而观合之则一,即是"易"所谓"太一"。祖国医学强调"形神合一"、"形神一体"、"形与神俱"、"形神相即"。在内,心身是统一的整体;在外,"人神"与自然是息息相通的。这种整体的认识又常常以阴阳的离合、消长、推移、互根、转化等法则去讨论。对于心理现象的认识也基于此,故中医心理学首先以阴阳整体立论,它不仅贯穿于对心身发展的认识和医事的各个环节,也贯穿于心主神明论、五脏情志论及七情学说等中医心理学各种基本理论之中。

中医学认为:人的精神充沛,心理活动正常是机体阴阳协调的综合体现。故《素问·生气通天论》说:"阴平阳秘,精神乃治。"相反,阴阳失调则形病及神,或形志并病为各种心身疾病。

五行学说之所以引进医学,其关键不在这五种物质的本身,而在于它们的不同属性和相生相克的关系。根据《内经》的记载,世间各种事物,包括四季气候变化,人的生理、病理乃至精神情志状态,都可以拿五行相配。

3. 七情学说

七情学说是中医学的基本理论,也是中医心理学的重要内容,有着理论和实践的研究意义。它是祖国医学对医学心理学思想一个独有见地的命题,纵观世界医学心理学发展史,不曾见像七情学说这样源远流长自成体系的学说。

(二)中医心理学独有的特点

1. 传统性

运用中医学的基本理论去认识人的正常心理现象,是祖国医学研究心理因素对疾病发生、发展、变化及防治规律的基础。

近年来,对中医经典著作进行整理,其中七情学说约20万字,心理治疗医案400~600例,针药疗心病的医案6000~10000例。这些可贵的财富需要我们花大力气去进行系统地发掘整理。我们不能仅仅停留在古人的认识水平、思辨方法上,而应该在现代的认识高度上展开新的研究,在继承的基础上不断创新。

2. 边缘性

中医心理学属于中医学的分支学科,是与心理学的交叉学科,是中医科学与心理科学发展到当今水平而互相渗透、互相结合的产物。

中医心理学对于心理学来说,是一门具有较多特殊性的分支学科。而中医心理学源于中国古代,集中体现了我国传统思想对人的心理现象的观察方法和理论,尽管在许多方面它与现代心理学的认识相吻合,但在许多方面却又独具特色,与现代心理学的认识不尽相同。

3. 实践性

中医心理学是一门实践性很强的学科,它以解决临床中的实际问题,提高防病治病的效果,保障人类身心健康为目的。它将对充实现代心理学的内容,加速医学模式的转化,增进人类身心健康等方面产生重要影响。

二、中医心理学基础

中医学在"整体恒动观"思想指导下,对心理现象有着自己的认识特点,它可以概括为形神合一论、心主神明论、心神感知论、五脏情志论、阴阳睡梦论、人格体质论等。这些基本理论,长期以来一直有效地指导着中医的临床实践。

(一)形神合一论

形神合一论是祖国医学指导思想——整体恒动观在中医心理学中的具体体现,是中医心理学基础的基础。

在中医学中"神"的概念:神是人体生命活动的总称。其概念有广义、狭义之分。广义的神,是指整个人体生命活动的外在表现,可以说"神"就是生命;狭义的神,乃指人体的精神活动,可以说"神"就是精神,在很多地方则又是具体指心理活动。

人身之神:神是机体生命活动的体现,是人体生命现象的总括,也就是对以精气、营血、津液等为物质基础的脏腑经络全部功能的高度概括。神不能离开人体而独立存在,有形才能有神,形健则神旺,形衰则神惫。中医学中总结为"神为生之主"。神是人体生命活动的主宰,是以物质为基础而不能脱离形体独立存在的,它反映了生命运动本身所固有的客观规律。

神来源于先天之精,但神又靠后天之精的滋养,总之精、气、神为人生三宝,精充、气足、神旺,是健康的保证;精亏、气虚、神耗,是衰老的原因。

祖国医学中的"形"和"神"是一对既对立而又统一的概念。形是指形质、形体、形态而言。形质是有形的物质。形体是由形质所组成的结构,形体自然具有一定的形态。"神"是无形的,但既不同于物质的"气",而又和"气"密切地联系着。

(二) 心主神明论

在中医学中强调"心"对精神的主宰和统帅作用。"心"作为五脏之一,主血脉;"心"的另一重要功能是"主神明"。《素问·灵兰秘典论》:"心者,君主之官也,神明出焉。"[5]所谓神明之心,乃产生人之一切心理活动的器官。

心主神明论是祖国医学用脏象学说一元化地阐述人体复杂生命活动规律的假说。它认为人的生命活动最高主宰是"心神",心理活动也不例外。人体的心理活动和生理活动,就是统一在"心神"之下的。

首先,祖国医学认为:心神主导脏腑机能活动,表现为 心神为五脏六腑之主与经络为神气行使之道。同时心神主导意识思维活动。在这里,中医学的一个认识在于,"心神"总统魂魄,兼赅志意;人身之神的活动是很复杂的。《内经》在长期实践的基础上,用"五行归类"的方法,将其归纳为五:神、魂、魄、意、志,而称之为"五神"。关于"魂",《灵枢·本神篇》说:"随神往来者,谓之魂。"魂在神的指挥下反应快,亦步亦趋。关于"魄",《灵枢·本神篇》说:"并精而出入者,谓之魄。"而"人始生,先成精"(《灵枢·经脉篇》),故魄是指与生俱来的某些本能活动。《内经》认为魄与肺的关系密切,即所谓"肺藏魄"。关于"意"、"志",从广义上都是指心"任物"后所进行的思维活动。

有关人的正常心理活动,最早见于《内经》。《灵枢·本神篇》:"生之来谓之精,两精相搏谓之神,随神往来者谓之魂,并精而出入者谓之魄……因志而存变谓之思,因思而远慕谓之虑,因虑而处物谓之智。"[6]从这段文字看出,《内经》以神、魂、魄、心、意、志、思、虑、智等词来阐明心理活动过程,并表述了其间关系。"心"与"神"是泛指人心理活动的统称;而"精"此处则指人身精华之精,是心神赖以活动的根基。至于魂、魄、意、志、思、虑、智,才是个别心理活动过程及特质。

《内经》中"神"的含义很多。如《灵枢·本神篇》曰:"……两精相搏谓之神,随神往来者谓之魂……"《类经》(明·张景岳)注释曰:"……故人之生也,必合阴阳之气,构父母之精,两精相搏,形神乃成。"又如《素问·八正神明论篇》曰:"帝曰:何为神?歧伯曰:请言神,神乎神,耳不闻,目明心开而志先,慧然独悟,口弗能言,俱视独见,适若昏,昭然独明,若风吹云,故曰神。"郭蔼春先生对这段经文的解释是:所谓神,就是耳不闻杂声,目不见异物,心志开朗,非常清醒地领悟其中的道理,但这不是用言语所能表达的。有如观察一种东西,大家都在看,但只是自己看得真,刚才还好像很模糊的东西,忽然昭然若揭,好像风吹云散,这就叫神。可见这里的"神"是指直觉思维。当今中医基础理论把上述含义的"神"称为狭义之神。当今中医基础理论所说的"广义之神",其含义为人生命活动的全部外在表现,这实际上统括了人的生理现象与心理现象[7]。"神"这一概念在当今中医学中应用广泛,例如在针灸治疗中讲究动神、专神、适神、调神。所谓"动神"指医生在用针前要安静,掌握病人的精神状态,从多方面解除病人的不安;"专神"是指医生针刺操作中要专心致志,让病人密切配合,集中精神,以求"得气";"适神"即进针要随病人的反应,掌握适当的补泻刺激量;"调神"指明察神气之盛衰,血气之虚实,行补泻以调之,保全精神,调养正气,预防疾病。

中医学中魂魄的主要含义有着唯物主义的色彩,《灵枢·本神篇》曰:"天之在我者德也,地之在我者气也,德流气薄而生者也,故生之来谓之精,两精相搏谓之神,随神往来者谓之魂,并精而出入者谓之魄。"意为人是接受自然界的阳光雨露,地面的植物、水分等生存必需条件而生活的,人的精神、魂、魄也是以物质为存在前提的。《灵枢·本脏篇》曰:"五脏者,所以藏精神血气魂魄者也。"这也表明了魂魄有物质基础,

而且魂魄被看作是"精神"活动的表现。但二者也有区别,

这里还要提及"心神说"与"脑髓说"。关于这个问题,祖国医学目前尚存有两种不同学说的争论。

以《内经》为代表的"心神说":认为"心者君主之官,神明出焉"。受其影响,《内经》以后正统的提法都是如此,甚至当今的中医基础学教材也一直沿用此说。这种学说的产生,有人认为可能和当时人们对脑的认识不足有关。但是,据《内经》记载,那时就已认识到了神与脑的关系。《素问·脉要精微论》说:"头者精明之府,头倾视深,精神将夺矣。"

《内经》以后,随着社会实践、医疗实践的发展,人们对神,尤其是对精神意识思维活动的心理之神与脑的关系的认识也不断深化。唐·孙思邈《千金要方》说:"头者,人之元首,人神之所注。"道教的著作中,对此论述的更为详尽。元·赵友钦《金丹正理》说:"头有九宫,上应九天,中间一宫,谓之泥丸,又曰黄庭,又名昆仑,又谓天谷……乃元神所住之宫……神存则生,神去则死,日则接于物,夜则接于梦。"又说:"天谷,元宫也,乃元神之室,灵性之所存,是神之要也。"至明代,李时珍则明确地提出"脑为元神之府"的见解。到清代,汇通学派诸家在西方医学的影响之下,更进一步地提出了"脑主记忆说"(汪昂)、"强记健忘由脑说"(王学权)、"灵机记性在脑说"(王清任)、"脑散动觉之气说"(赵彦晖)等。特别是时至今日,人们对脑髓的认识更加普及、更加深化,从形态学角度来看,神明为脑髓所主已成定论。

"心神说"与"脑髓说"二者之间,在理论上,只不过是在"神"所依附的"形"这一点上有所分歧,而作为"神为生命之主"这一基本观点是一致的。由于"心主神明论"不仅很好地解释了人体复杂生理活动的整合控制、心理活动的有序进行,而更重要的是突出了心理和生理的统一,因此在这一整体观思想指导下,以脏象论为基础所形成的假说,在中医长期临床实践中,发挥了很好的防治疾病的实际效果。至于如何用现代科学方法去研究,那是我们今天乃至以后长时期的工作。

(三)心神感知论

祖国医学在"心主神明论"的基础上,认为人的感知活动也是在心

神主导下进行的。《灵枢·本神篇》说:"所以任物者谓之心。"正因为神舍于心,心神是人类感知活动的中枢,所以脏象之心才成为反映所感知客观事物的处所。《灵枢·邪气脏腑病形篇》又说:"十二经脉三百六十五络,其血气皆上于面而走空窍。其精阳之气上于目而为睛;其别气走于耳而为听;其宗气上出于鼻而为臭,其浊气出于胃走唇舌而为味";而"心主身之血脉"。所以这段经文不仅阐明了各种感官感知功能的物质基础是气血,而且也提示了感知活动的中枢——心神,与感觉器官——五官之间的联系通路是经络系统。

听觉:耳为听觉器官,通过经络系统的联系,与内脏也皆有关,但是尤以耳和肾的关系最为密切。听觉实际上是将耳所接受的外界声音刺激,通过行使"神气"的"使道"而作用于心神的反应。所以若"心神不明"、"神气不行",皆可发生听觉的异常,如《灵枢·癫狂篇》所说:"狂,目妄见、耳妄闻","气顺心宁,则耳为之聪矣"。

嗅觉:鼻不仅是呼吸的门户,也是嗅觉器官,以分辨臊、焦、香、腥、腐五臭。鼻做为人这一有机统一整体的一部分,同样与内脏有直接或间接的联系,其中尤以和肺的关系最为密切。这是因为嗅觉刺激必须是气体,而肺主气司呼吸的缘故。故《内经》称:"鼻者肺之官也"(《灵枢·五阅五使篇》),"肺开窍于鼻"(《素问·金匮真言论》)。

祖国医学不仅认识到嗅觉是鼻的功能,与肺有关,更重要的是认识到嗅觉感知活动的本质是将鼻所接受的气味刺激反映到心,而由心神作出香臭的判断。因为肺主气司呼吸而开窍于鼻,所以在一般情况下,"肺和"则鼻窍利而能知香臭。但倘若肺和鼻窍通利而嗅觉失常者,则还应再从"心神失用"或"神气不使"方面考虑。

味觉:舌为味觉器官。根据《灵枢·经脉篇》的记载,五脏除肺以外,皆通过经络而与舌有着直接的联系。若从中医的"整体观"角度,可以认为舌与全部内脏都有关系,故明·薛己说:"(舌)以部分言之,五脏皆有所属,以症言之,五脏皆有所主。"(《口齿类要·舌症》)其中尤以舌和心的关系最为密切,故《内经》称:"舌者,心之官也"(《灵枢·五阅五使篇》),"(心)在窍为舌"(《素问·阴阳应象大论》)。舌的功能是多方面的(如舌的运动对语言、进食的影响等),味觉是其重要功能之一。舌本身的病理变化,如肿舌、木舌、舌苔厚腻等,固然可影响舌对五味的感受而引起味觉失常,但因"心主舌"(《素问·阴阳应象大论》),所以绝不应忽视心神对五味感知的主导作用。舌对五味的刺激必须反映至心,心神正常,才能得出正确的判断。故《灵枢·脉度篇》说:"心气通于舌,心和则舌能知五味矣。"临床所见某些神志失常的癫狂病人,常有饮食不分香腐臭秽者,即为明证。

针感:针感是机体对针刺刺激的感应,属"得气"范畴。针感虽然也可通过施术者的针下感觉("如鱼吞钩"等)得知,但主要还是受针者的自我感觉。因此从这个角度可以认为,针感也是属于感知活动的一部分。《灵枢·小针解篇》说:"刺之要,气至而有效,效之信,若风吹云,明乎若见苍天。""得气"直接影响着针刺的疗效,这已通过大量的临床实践予以证实。祖国医学认为"得气"现象与心神有着密切的关系,"神动"则"气行"。"神易动"则"气易行",故"得气"快而易;反之,"神不易动"则"气不易行",故"得气"慢而难。不同的个体,其心神的活跃程度不同;故"得气"的程度也不同。如《灵枢·行针篇》说:"重阳之人,其神易动,其气易往也……阳气滑而盛扬,故神动而气先行。……颇有阴者,其阴阳之离合难,故其神不能先行也。"即使同一个体,在不同的精神状态下,由于心神的活跃程度不同,故也影响"得气",所以《内经》非常重视针刺时病人的精神状态。另外,根据大量的"循经感传"现象的调查分析表明,脏腑的机能状态对"得气"也有影响。一般在疾病状态下,"感传"阳性率明显提高。这可能是因为患病的机体,由于处于"阴阳失调"、"正邪相搏"的状态下,所以心神在病体中也处于调节机能活跃的状态,因而"其神易动,其气易往也"。

(四)五脏情志论

在中医学中将人的精神情志的变化称为七情。包括有喜、怒、忧、思、悲、恐、惊七类,故称"七情"。在七情和五脏的关系方面:中医学将情志活动分属于五脏。指出"人有五脏,化五气,以生喜怒悲忧恐"。"心……在志为喜","肝……在志为怒","肺……在志为忧",肾……在志为恐"(《素问·阴阳应象大论》)。关于七情分属五脏,一般认为喜属心,怒属肝,思属脾,悲、忧属肺,惊恐属肾。人的精神情志活动,是以五脏精气为物质基础的,但情志的异常变化,也会引起五脏的功能失调。

(五)阴阳睡梦论

阴阳睡梦论认为睡眠及与之相伴随而发生的梦,是一种重要的生理心理现象。《内经》从唯物的形神统一观出发,运用阴阳的理论解释睡梦,后世医家又在此基础上紧密地联系临床实践,不断地加以充实和完善,形成了独具特色的阴阳睡梦理论。

1. 阴阳出入与睡眠

睡眠与觉醒的交替循环,是人的生命活动中最显著的节律之一。睡眠约占人生的三分之一时间,与身心健康有着极其密切的关系。睡眠与觉醒是阴阳动静不同的两种机能状态,二者既对立又统一,交替进行,这样人们就能有作有息,有劳有逸,有张有弛,维持正常的生命活动。

2. 影响睡眠的因素

睡眠是身心健康的重要保障。睡眠时人体生理和心理活动都处于相对静止的状态,足够的睡眠可以使身心得以充分休息,从而解除形体的疲乏,精神的劳倦,苏醒后感到神清志怡,精力充沛。睡眠不足,则会感觉头脑昏沉,身体倦怠,精神不易集中,长期失眠还会导致神志异常。但是睡眠又要适量,不宜过多,否则影响气血运行,导致气血凝滞,正气耗伤,也会感到头昏、乏力,还会出现食欲不振,甚至肌肉消瘦。因此失眠和嗜睡都是异常的睡眠。《灵枢·寒热病篇》说:"阳气盛则瞋目,阴气盛则瞑目。"说明凡是影响人体阴阳盛衰,营卫运行和神气动静的因素都可以导致睡眠的异常,而睡眠正常与否,又是人体生理和心理活动机能状态的反映。

3. 阴阳消长与梦幻

《说文解字》言梦是"寐而有觉也"。这说明在我国古代人们已认识到梦是发生在睡眠之中的特殊的心理活动。没有无梦的睡眠,那些所谓不做梦的人,实际上是醒后忘记了。人们每夜大约有 1.5~2 小时是在梦境中,这样人的一生大约有十分之一左右时间是在梦中度过的。和睡眠一样,梦对于人体的身心健康有着重要的影响。梦既然是心理活动的一种形式,那么人们白天所经历的事情,所思考的问题,以及所受到的惊恐、愤怒等精神刺激,都可能反映在夜间的梦中。这就是人们常说的"昼有所思,夜有所梦"。不仅如此,梦有时还是白天精神活动的综合和继续,因此,中国古代有"梦笔生花"之说,国外也有不少关于著名的学者和发明家从睡梦中得到启示而解决疑难问题的记载。

对于这样神秘莫测的梦,中医是从人们自身的阴阳消长变化进行探索的。

4. 中医对梦的辨析

梦是特殊的神志活动,与脏腑气血、营卫运行密切相关,因此梦幻的内容,不仅是人的心理活动的反映,而且还是人体生理活动的反映。

人体生理的要求,本能的欲望,可以表现在梦中,如《素问·脉要精微论》中所说"甚饥则梦取,甚饱则梦予"就属于此类的梦。

人体脏腑组织的病变也可以反映在梦境之中,这就是《内经》中所论及的"淫邪发梦"的理论。

(六)人格体质论

中医学一向认为心理活动是与生理活动互相联系的。从这一原则出发,在讨论人格问题时,中医认为,一定的人格与一定的体质也有某种关联,这是与现代西方心理学的不同之处。《内经》中有很多篇章讨论了人格问题,在讨论不同人格时,多结合不同的体态、体质、行为和生理病理因素一起讨论。《灵枢·通天篇》、《灵枢·阴阳二十五人篇》、《灵枢·论勇篇》、《灵枢·论痛篇》、《灵枢·行针篇》及《灵枢·逆顺肥瘦篇》等都反映了这种特点。

1."阴阳五态"人格分类

《灵枢·通天篇》提出了阴阳五态人的人格类型,认为有"太阴之人、少阴之人、太阳之人、少阳之人、阴阳和平之人"[8]。各自的个性特征如下:

太阴之人的人格特点是贪而不仁,表面谦虚,内心阴险,好得恶失,喜怒不形于色,不识时务,只知利己,惯于后发制人,基于此种个性心理特点,太阴之人的行为则表现为面色阴沉,假意谦虚,身体长大却卑躬屈膝,故作姿态。

少阴之人的人格特点是喜贪小利,暗藏贼心,时欲伤害他人,见人有损失则幸灾乐祸,对别人的荣誉则气愤嫉妒,对人没有感情。基于这种个性心理特点,少阴之人的行为则表现为貌似清高而行动鬼祟,站立时躁动不安,走路时似伏身向前。

太阳之人的人格特点是好表现自己,惯说大话,能力不大却言过其实,好高骛远,作风草率,不顾是非,意气用事,过于自信,事败而不知改悔。基于这种个性心理特点,太阳之人的行为则表现为高傲自满,仰胸挺腹,妄自尊大。

少阳之人的人格特点是做事精审,很有自尊心,但是爱慕虚荣,稍有地位则自夸自大,好交际而难于埋头工作。基于这种个性心理特点,少阳之人的行为则表现为行走站立都好自我表现,仰头而摆体,手常背于后。

阴阳和平之人的人格特点是能安静自处,不务名利,心安无惧,寡欲无喜,顺应事物,适应变化,位高而谦恭,以理服人而不以权势压人。基于这种个性心理特点,阴阳和平之人的行为则表现为从容稳重,举止大方,为人和顺,适应变化,态度严肃,品行端正,胸怀坦荡,乐天达观,处事理智,为众人所尊敬。

以上是中医学对人格的阴阳分类,这种分类是较高层次的分类,表现了比较典型而纯粹的个性类型,但是大多数人不具备这种典型表现。这种分类虽抽象概括程度较高,但是具体针对性不强,因此在实践中以这种分类去一一对照每一个人则有困难;对于这种情况《内经》已有所认识,《灵枢·通天篇》在论上述五态人时曾指出:"众人之属,不如五态之人者……五态之人,尤不合于众者也。"因此,为克服这种困难,《内经》对人格还进行了比较详细具体的分类。

2."阴阳二十五人"人格分类

《灵枢·阴阳二十五人篇》具体论述了二十五种人格类型。这种分类是把人按五行归类,分成木、火、土、金、水五种类型,然后再以五音类比,将上述五种类型的每一型分成一个具有典型特征的主型和四个各与主型不同又各自互有区别的亚型,共计得出二十五种类型。每一类型的具体特点如下：

木形之人的个性心理特征是有才智，好用心机，体力不强，多忧劳于事。禀木气全者为主型，称为上角之人，其特征是雍容柔美。其四种亚型为禀木气不全者，其中大角之人谦和优柔，左角之人随和顺从，右角之人努力进取，判角之人正直不阿。

火形之人的个性心理特征是行走时身摇步急，心性急，有气魄，轻财物，但少信用，多忧虑，判断力敏锐，性情急躁。禀火气全者为主型，称为上徵之人，其特征是做事重实效，认识明确深刻。其四种亚型为禀火气不全者，其中质徵之人认识浅薄，少徵之人多疑善虑，右徵之人勇猛不甘落后，判徵之人乐观无忧，怡然自得。

土形之人的个性心理特征是行步稳重，做事取信于人，安静而不急躁，好帮助别人，不争权势，善与人相处。禀土气全者为主型，称为上宫之人，其特征是诚恳忠厚。其四种亚型为禀土气不全者，其中大宫之人平和柔顺，加宫之人喜乐快活，少宫之人圆滑灵活，左宫之人极有主见。

金形之人的个性心理特征是禀性廉洁，性情急躁，行动猛悍刚强，有管理才能。禀金气全者为主型，称为上商之人，其特征是坚韧刚毅。其四种亚型为禀金气不全者，其中太商之人廉洁自守，右商之人潇洒舒缓，大商之人明察是非，少商之人威严庄重。

水形之人的个性心理特征是为人不恭敬不畏惧，善于欺诈。禀水气全者为主型，称为上羽之人，其特征是人格卑下。其四种亚型是禀水气不全者，其中大羽之人常洋洋自得，少羽之人忧郁内向，众羽之人文静清廉，桎羽之人安然少动。

以上是对人格进行的五行分类，这种分类首先指出了五行之人的共性，然后又再分析各自不同的个性，从而区别了许多具体情况，因此其具体适应性要广泛一些，针对性较强。

第二节　中医心理病机

心理病机的概念及其研究范围，主要从情志与疾病关系的角度，阐明情志致病的条件和具体机理,从总体上说,包括人们的心理活动、心理特性与疾病发生、发展、变化的关系等。具体来说,则是讨论什么样的心理活动会导致疾病,可能引起哪些病证,异常心理导致病证产生和恶化的机理,以及具有不同体质、人格等心理特性的人,其发病有何倾向性,病理有何特点,以及疾病过程中可能出现心理征候的规律。系统全面地掌握上述心理病机的内容,对于指导临床审征求因,确立治法和提高疗效均具有重要的实践意义。

一、情志因素导致疾病发生发展

人们在长期的生活和医疗实践中,早已认识到情志是导致疾病的重要因素之一。例如春秋战国时的《左传·庄公二十年》已指出:"哀乐失时,殃咎必至。"《管子·内业》则谓"忧郁生疾"。《吕氏春秋·尽数》明确记载有喜、怒、忧、恐、哀五志过激为害而病。《内经》中的《阴阳应象大论》、《玉机真藏论》、《举痛论》、《本神》等篇则从理论上系统地论述了情志致病的部分规律。宋·陈无择明确将七情列为三类病因之一,他说:"内所因惟属七情交错,爱恶相胜为病,能推而明之。"历代医家对于情志致病的论述甚多,并在实践中积累了丰富的经验,是尚待研究的医学课题之一。

情志致病的机理是多方面的:既可直接伤神,导致神志异常,也可导致气机紊乱,或损伤脏腑,或致精血亏损。

情志内伤致病,既可以引起神志方面的病证,如癫狂、不寐等,也可能引起形体方面的病证,如头痛、泄泻等。情志致病,主要指直接导致脏腑气机功能紊乱和阴阳气血平衡失调而产生的诸多病证,同时也包括情志作为诱发因素的致病机理:其一是情志损伤正气,导致外邪侵袭为病,如《素问·五藏生成》认为心痹证是"得之外疾,思虑而心虚,故邪从之"。《灵枢·百病始生篇》指出积聚的形成,可以是内伤于忧怒,气机上逆,从而为寒邪与气血搏结成积提供了条件;其二是情志内伤引动故邪发病,"故邪"是指潜留在体内尚未引起病证的邪气,如淤血、湿气等,《灵枢·贼风篇》有"故邪留而未发,因而志有所恶,及有所慕",以致"血气内乱,两气相搏"为病的记载。

二、疾病导致情志的异常变化

由于正常情志是脏腑阴阳气血功能活动的反映,所以当疾病过程中出现脏腑失调、阴阳相倾、气血相并等病理时,就会表现出异常的情志活动。例如《灵枢·本神篇》指出:血气有余、肝气实者善怒,血气不足、肝气虚者善恐,神有余、心气实者善喜,神不足、心气虚者善悲,是由脏腑气血之虚实,表现为怒、喜、恐、悲等情志症状。《素问·调经论》说:"血并于阴,气并于阳,故为惊狂……血并于上,气并于下,心烦善怒;血并于下,气并于上,乱而喜忘"等,则是气血阴阳之偏,表现惊狂、烦怒等情志症状。《素问·阳明脉解》篇之胃脉受病,"闻木音则惕然而惊";《素问·病能论》之"阳气者,因暴折而难决"导致怒狂证,又属于脏腑经脉之阳气偏盛而表现的情志症状。总之,临床上疾病表现的情志症状,不仅常见,而且十分复杂。因此,掌握疾病导致情志征候的规律、特征和机理,具有重要的临床指导意义。

三、情志与疾病的转归

基于生理和病理上情志与脏腑气血阴阳的密切联系,情志与疾病的转归也是密切相关的。其一是情志反映疾病的转归,即在疾病过程中,病人情志由异常逐步转为正常,反映病情在好转;病人情志由正常转为异常,则标志病情的恶化。其二是保持良好的情感活动,将有利于失调的脏腑气血阴阳恢复平衡,具有促进病情好转的作用。其三是施行以情胜情、劝说开导等情志疗法可以达到治愈疾病的目的。

四、情志致病的条件

首先,与情志刺激的性质、强度和持续时间有关。不同情志刺激,其致病性并不相同。一般来说,喜悦较少致病,而惊恐致病最速,愤怒致病较重,忧思较缓慢。若数种性质不同的情志同时或交错刺激,如喜怒无常,悲喜交加,因忧而怒等,则不仅容易致病,且其病情较为复杂。情志刺激量过大,超过了个体可能承受的范围(个体之间承受程度有很大差异),诸如狂喜、暴怒、骤惊、大恐等冲荡激情和应激状态皆易致病。又有情志变动并不太强烈,但因作用时间连续持久,或反复多次,也能导致疾病,诸如久悲、久思、过忧等持续不良的心境,可致"忧悲焦心,积乃成疾"(《古书医言》)。

就七种情志致病的主要条件来看,怒、恐、惊、喜以刺激量过大为主而致病;忧、悲以刺激时间长而致病为多见;思致病则多以刺激量和刺激时间并重。

另外,与个体反应的差异有关。由于每个人的人格体质、意志勇怯、思想修养的差异及性别、年龄等的不同,个体对情志致病的易发性、耐受性、敏感性等均有很大差异。由于人格体质不同,对于不同性质的情志刺激致病的易发性不同。在《灵枢·通天篇》记载了"阴阳五态人",包括有:太阴之人、太阳之人、阴阳和平之人、少阴之人、少阳之人。如太阳之人(火形人),其性格具有心境开朗明快、怡然自乐、喜悦乐观的特点,但情绪波动较大,阳气有余,躁动不安,易于激动,故对"怒"致病具有明显的易发性。又如,少阴之人(木形人),其性多沉默、悲观、多忧、多愁。而太阴之人(水形人),感情更为阴沉曲折,内向郁闷,所以易于"忧思"和"悲哀",且持续而不易解,具有郁证易发性倾向。

同时,中医学认为:人格体质有勇怯的差异,在《灵枢·阴阳二十五人篇》有具体的记载。因而对于不同的情志刺激,表现为不同的耐受性。勇者临难不恐,临危不惊,遇痛不动,对于惊恐刺激,意志上、体质上都有较强的耐受能力,故不易发病;而怯者常畏缩惧怕,惊恐不安,懦弱无能,受到惊恐的刺激则易发病。

五、情志致病的机理

情志致病不同于六淫,六淫致病主要从口鼻或皮毛侵入人体,而情志致病则主要是导致机体气机紊乱,亦可直接损伤脏腑,或致精血亏损,可以导致神志活动异常。

(一)气机失调

情志的异常变化可直接影响脏腑的气机,致使气滞不行,气机紊乱,或气机升降反作,即《素问·疏五过论》所说:"离绝菀结,忧恐喜怒,五藏空虚,气血离守。"情志所伤致脏腑气机失常的基本规律是:(1)怒则气上:是指过于愤怒,使肝气失于条达,疏泄功能失常,肝气上逆,甚至血随气逆,并走于上。由于气血上逆,故可出现面红耳赤,青筋怒张,毛发竖起,横眉张目,头痛脑胀,甚至眩扑厥倒。临床上,因怒则气上而引起的常见病症有:眩晕,头痛,呕逆,胸满胁痛,喘促,血随气逆时,还可见呕血,衄血,还有的视力、听力急剧下降,以致失明、耳聋。也有盛怒后大量脱发,或头发变白者。严重时,可使人晕厥不省人事,甚至因盛怒而丧命。(2)喜则气缓:喜则气和志达,荣卫通利,故气缓矣。过度的狂喜,以致心气涣散,精神不能集中。主要表现为精神情绪不稳定,周身软弱无力。由喜致病一般较少,若因狂喜过度亦可导致失神发呆,甚则发狂,心悸不寐等。(3)悲则气消:过度的悲哀,以致意志消沉,心神沮丧,肺气消耗,是谓"悲则气消"。其主要表现为心境凄凉,无可奈何,垂头丧气,叹息不已,愁眉不展,面色惨淡,时泪涌而泣,少气不足以息,肢体麻木,肌肉、筋脉疼痛等。(4)恐则气下:因过于恐怖,以致肾气不固,气陷于下,精气内却,是谓"恐则气下"。"恐则气下"与"怒则气上"相反,此是向下的病势,主要表现为面色苍白,呆若木鸡,甚至二便失禁,或其人坐卧不安,畏手缩脚,不愿露面见人,惶惶不安,夜卧不宁,如人将捕之。临床常见的病症有:心悸,遗精,阳痿,腰脊酸痛等。(5)惊则气乱:突然受惊,以致心无所依,神无所附,虑无所定,慌乱失措,其气乱矣,是谓"惊则气乱"。惊与恐近似而又有区别,惊为自不知,从外入而为阳,是骤临危险,突遇怪异,不知所措;恐为自知,从内而出为阴,多为从容而致,可以宛转思维,即惊急而恐缓。惊则气乱所致的病症有:惊悸,不寐,痴呆,癫痫,不省人事,僵仆等。(6)思则气结:思虑过度,则心有所存,神有所归,正气留而不行,故气结。临床常表现为肝郁或兼脾虚的征候,如:嗜卧,脘腹痞满,便溏,倦怠乏力,不思食,胁痛,胸膈烦闷,善太息等。(7)

忧则气聚：过度忧愁，损伤肺气，致使气机的治理调节功能失常，气聚而不行，是谓"忧则气聚"。其主要表现为：平时若有所思，若有所失，怏怏不快，闷闷不乐，郁郁烦躁。

(二)损伤脏腑

各种不同性质的情志刺激均可直接损伤脏腑，并且具有一定的规律：以伤本脏和所胜之脏为主。即《内经》所说："怒则伤肝"、"喜则伤心"、"悲忧则伤肺"、"思伤脾"、"恐则伤肾"。张子和具体解释为："怒伤肝，肝属木，怒则气并于肝而脾土受邪，木太过则肝亦自病；喜伤心，心属火，喜则气并于心而肺金受邪，火太过则心亦自病；悲伤肺，肺属金，悲则气并于肺而肝木受邪，金太过则肺亦自病；恐伤肾，肾属水，恐则气并于肾而心火受邪，水太过则肾亦自病；思伤脾，脾属土，思则气并于脾而肾水受邪，土太过则脾亦自病。"

中医学的这些观点，是就一般而言的，临床上亦确可找到不少病例证实这些理论。然而，实际情况并不都是如此机械。人体是一个有机的整体，有时很难把某一脏腑的病证与其他脏腑截然分割开来。同时，情志损伤脏腑也是很复杂的过程，除了主要损伤本脏和所胜之脏腑外，亦能损伤其他脏腑，故应灵活掌握。

(三)耗伤精血

过喜可使血气涣散，忧愁太过可耗气伤阴；大惊卒恐可使精气内损；思虑伤脾，使脾之运化失职，则精血生化之源不旺；暴怒则血随气逆，还可见呕血，而致阴血耗损。故《灵枢·本神篇》指出："怵惕思虑者则伤神。神伤则恐惧流淫而不止。因悲哀动中者，竭绝而失生。"意思是说惊恐思虑过度，可使精气受损，导致五脏所藏的生命最根本的物质失去统摄；悲伤过度会使精血内耗而竭绝生命。以上说明剧烈的情志变动，可以直接或间接地导致精血亏损。

由情志刺激以致精血亏损所导致的常见病症有：眩晕、耳鸣、目盲、腰酸腿软、阳痿、遗精、早泄、月经不调或经闭、便秘、心悸、怔忡等等。

（四）神志异常

意识、思维、情绪等精神活动，均由心神主管。所有各种异常的情绪活动，均可影响心神的活动，甚至出现各种神情病变，如昏迷、痴呆、癫狂、痫病、谵语、失眠、健忘、多梦、嗜睡、躁扰不宁、暴怒、忧郁、嘻笑无常等等，均是心神为主的病。同时，由于心神为五脏六腑之大主，故情志异常通过影响心神活动，进而可影响其他脏腑的气机，以致产生更为复杂的病变，故《灵枢·口问篇》说："故悲哀愁忧则心动，心动则五脏六腑皆摇。"

六、情志致病的特点

（一）因郁致病

由于情志失调引起了脏腑功能失常而发生病变，称"因郁而致病"[9]。不同的精神因素，可影响不同的脏腑功能而发生不同的病变，通过脏腑阴阳气血紊乱、气机升降失常而表现出来。如："怒则气上"，"喜则气缓"，"悲则气消"，"恐则气下"，"惊则气乱"，"思则气结"。

（二）因病致郁

由于某些慢性疾病，体内脏腑功能长期失调，引起人的精神情志异常，而见精神抑郁、情绪易于激动等表现，称之为"因病致郁"。如肝病可出现情绪抑郁不乐或烦躁易怒，心病可出现哭笑无常、精神异常等。

因郁致病和因病致郁不是截然分开的，常常同时存在，形成了郁—病—郁的恶性循环。总之，七情致病的特点是，直接损伤脏腑，使脏腑气机失常，气血运行紊乱。

第三节　中医心理治疗

中医心理治疗,在中医学中又称之为意疗。中医学历来重视意疗在治疗中的意义,如《素问·宝命全形论》就有"一曰治神,二曰知养身,三曰知毒药为真……"的论述,把"治神"摆到了防治疾病的首位。我国古代许多著名的医学家,如华佗、张子和、朱丹溪、徐迪、汪石山、张景岳、程杏轩等,都是善于运用意疗方法以治病,并取得显著疗效的医学大师。在大量保存完好的古代医案中,记载了许多设计巧妙而行之有效的意疗方法,运用了"心病还须心药医"的道理,古代医家对此论述颇多。这些方法不仅至今仍在民间流传,而且也为中医心理治疗的进一步应用和发展,提供了可贵的借鉴。

《东医宝鉴》引太白真人曰:"欲治其疾,先治其心,必正其心,乃资于道。"清·吴师机《理瀹骈文》亦指出:"情欲之感,非药能愈,七情之病,当以情治。"

中医学历来重视心理因素在治疗中的重要作用。在长期的医疗实践中,不仅十分注意言语疏导、移情易性、暗示解惑等法的心理治疗意义,并且总结了"以情胜情"的独特而系统的理论,用之临床每获奇效。此外,顺情从欲、习以脱敏、突然刺激等,临床亦常运用,气功导引等心身并治方法,则已有数千年之历史。这些疗法至今仍行之有效,应予继承与发扬[10]。

一、中医心理治疗的原则

中医心理治疗,注意运用阴阳对立统一的观点,并遵循中医学整体观念和辨证施治的基本原则。治疗中应注意正确处理好医生与患者、体疗与意疗等各方面的关系。

中医心理治疗的手段繁多,方法各异,每一种疗法均有特定的适应范围。医务人员在准确认识病情的基础上,应当根据不同的疾病及病人的机体和处境特点，进行巧妙地设计和统筹安排，使治疗具有针对性，比如"以情胜情"疗法，则应注意情志之间阴阳属性的对立互制。做到当用方用，以求用之必验。

总之，意疗在于以意取效，要求灵活多变，意境新奇，故须虑周智圆，设计巧妙，方可动人耳目，易人视听，达到治疗目的。"心病还须心药治"，"治病先治心"，都是历代医家的垂训。

二、常用中医心理疗法

（一）以情胜情疗法

五行学说认为金、木、土、水、火的顺序依次相胜相克，悲属肺金，怒属肝木，思属脾土，恐属肾水，喜属心火。情志相胜的治疗原理，就是依据五行相胜的制约关系，用一种情志去纠正相应所胜的情志，有效地治疗这种情志所产生的疾病。这就形成悲胜怒，怒胜思，思胜恐，恐胜喜，喜胜怒的情志相胜心理疗法。

以情胜情疗法，创自于《内经》，是世界上独特的一种心理治疗方法，有独特而系统的理论与临床积累。以情胜情疗法所依据的基本理论，是人有七情，分属五脏，五脏及情志之间存在着五行制胜的原理。《素问·阴阳应象大论》与《素问·五运行大论》均指出："怒伤肝，悲胜怒"；"喜伤心，恐胜喜"；"思伤脾，怒胜思"；"忧伤肺，喜胜忧"；"恐伤肾，思胜恐"。可见"以情胜情"的基本精神，就是有意识地采用另一种情志活动（在后），去战胜、控制因某种情志刺激（在前）而引起的疾病，从而达到愈病的治疗方法。

情志活动可以影响人体的阴阳气血，超常的持久的情绪刺激可以引起疾病的发生。然而正确地运用情志之偏，可以纠正阴阳气血之偏，使机体恢复平衡协调而使病愈。如王冰在注解《素问·五运行大论》时说："怒则不思，忿而忘祸，则胜可知矣。思甚不解，以怒制之，调性之道也。"中医学正是正确地认识到了精神因素与形体内脏、情志与情志之间，在生理病理上存在着相互影响的辩证关系，从而巧妙地根据"以偏救偏"的原理,创立了"以情胜情"的独特疗法。正如吴昆《医方考》所说:"情志过极,非药可愈,须以情胜,《内经》一言,百代宗之,是无形之药也。"

以情胜情疗法的创立,不仅为中医的治疗学增添了光彩,同时也丰富了中医学的理论宝库,情志既可致病,又可治病,这一独到见解,在医学心理学史上有着特殊的意义,它深化了医学科学关于情志活动对人体影响的认识。正因如此,以情胜情疗法向来为中医学家所重视,尤其是金元张子和运用得最为娴熟、独具匠心而卓见成效。他曾说:"悲可以治怒,以怆恻苦楚之言感之;喜可以治悲,以谑浪亵狎之言娱之(注:现代临床当慎之);恐可以治喜,以恐惧死亡之言怖之(注:现代临床亦当慎之);怒可以治思,以辱侮欺罔之言触之;思可以治恐,以虑彼忘此之言夺之。""余又尝以巫跃妓抵,以治人之悲结者。余又尝以针下之时便杂舞,忽笛鼓应之,以治人之忧而心痛者。余尝击拍门窗,使其声不绝,以治因惊而畏响,魂气飞扬者。余又尝治一妇人,久思而不眠,余假醉而不问,妇果呵怒,是夜困睡。"(《儒门事亲·九气感疾更相为治衍》)张子和的医疗活动,使以情胜情疗法从理论上与实践上均得到了深化和发展。

临床运用以情胜情疗法,不能简单地按五行制胜图机械照搬,而应以病理生理作为基础,灵活而巧妙地进行设计应用。

(二)激怒疗法

愤怒本来是一种不良的情绪变化,然而愤怒属于阳性的情绪变动,可以起到忘思虑、解忧愁、消郁结、抑惊喜的作用,且可引起阳气升发、气机亢奋、营血奔驰等"怒则气逆"、"怒则气上"(《素问·举痛论》)的生理效应,故利用激怒的心理疗法,常可治疗思虑过度而气结、忧愁不解而意志消沉、惊恐太过而胆虚气怯等属于阴性的精神情志病变,以及阳气郁滞、营血凝涩等躯体性病理改变。如史书上所载文挚疗齐王疾、华佗医郡守笃病等,都是采用的激怒疗法。

(三)喜乐疗法

由于"愁忧者,气闭塞而不行"(《灵枢·本神篇》),"思则气结",而

"喜则气缓","喜则气和志达,营卫通利"(《素问·举痛论》),所以说喜可胜忧。设法使患者精神喜悦,或引起欢笑,用积极愉快的情绪促使阴阳协调、气血和畅,从而可以治疗因为忧愁、思虑、悲哀等情绪活动所导致的病变。历代医案中以喜治病的心理疗法验案甚多。

(四)惊恐疗法

追求舒畅愉快,厌恶惊恐愁忧,本为人之常情,然而过喜则"神惮散而不藏","喜乐无极则伤魄,魄伤则狂"(《灵枢·本神篇》),故喜伤心者,可以用恐吓的方法治疗。如《儒林外史》所载范进因中举而癫狂,以恐吓而使之愈的故事,就是"恐胜喜"的典型例子。又《素问·举痛论》说:"惊则心无所倚,神无所归,虑无所定,故气乱矣。"因而运用使病人惊惶之类的刺激方法,可以治疗某些忧虑症,由于惊则气乱,使气四散,从而解除因忧思而导致的气机郁结、闭塞。某些强迫症患者,亦常于惊惧、羞畏之时,由于分散了注意力,而于无意中解除了其强迫症状。《灵枢·杂病篇》说:"哕……大惊之,亦可已。"便是以"惊"治疗功能性呃逆的方法。

(五)悲哀疗法

悲哀一般属于阴性的消极心理,然而在一定条件下,悲哀可以平息激动、控制喜悦、忘却思虑。因而有可能转化为积极的治疗作用。如《云楼杂记》所载李某因其子高中,过喜而恒笑不休,某太医以称其子殁的方法,令其悲哀几殒,因而笑症得止,便是以悲胜喜的病例。

实际上,以情胜情疗法,与情志之间阴阳属性的对立互制密切相关。就是说,情绪变化有阴阳属性可分,有对立可言,情志活动出现了阴阳的偏胜偏衰,只要采用具有与之针锋相对的情志之偏即可矫正之,而不必拘泥于五行制胜的理论。如怒与恐、悲与喜、惊与思、乐与忧、怒与思、喜与怒、爱与恶等,都是彼此相反的情感活动,双方对人体阴阳气血的影响不同,因而相反的情绪之间可互为调节控制,使阴阳趋于协调平衡。怒可胜恐,恐也可胜怒;喜可治悲病,悲也可治喜病……因而一种情志之偏而致病,可以用多种情志去制胜;采用某种情志刺激的方法,有可能救治多种情志的病变。所以朱丹溪说:"怒伤于肝者,为狂为痫,以忧胜之,以恐解之;喜伤于心者,为癫为痫,以恐胜之,以怒解之;忧伤于肺者,为痫为癫,以喜胜之,以怒解之;思伤于脾者,为痫为癫为狂,以怒胜之,以喜解之;恐伤于肾者,为癫为痫,以思胜之,以忧解之;惊伤于胆者,为痫,以忧胜之,以恐解之;悲伤于心包者,为癫,以恐胜之,以怒解之。"

在运用以情胜情疗法治疗情志因素所导致的病变时,还应注意刺激的强度,即作为治疗的情绪刺激,要超过、压倒致病的情志因素。或是采用突然的大刺激,或是采用持续不断的强化刺激,总之后者要超过前者,否则就达不到以情胜情的目的。

《程氏易简方论》说:"大凡病七情而起,仍然以七情胜负化制以调。昧者不悟,徒恃医药,则轻者增重,重者乖危矣。"这就充分说明了以情胜情疗法的重要意义,心理因素致病,只有通过心理方法才能有效地消除。

(六)移情易性疗法

"情"与"性"皆个体较为固定的心理品质,俗语说的性情,人各有异。对正常人是通过"修身养性"来培养良好的品性和情操,"移情易性"乃针对心理偏异者所采取的心理矫治方法。

情趣的转移,中医又称"移心法"。如张子和治一腹泻病人,先了解其心理特点,兴趣爱好,知其爱好天文地理,乃与他大谈日月星辰之运行,风云雷雨等气象特征,山川河流之变迁,风土人情的奇闻,病者为之吸引,转移了对病的注意,其后渐愈。张子和称:这种疗法成功的关键在于投其所好,"好棋者与之奕,好音乐者与之芦笛"(《儒门事亲》)。吸引和激起患者的乐趣,移其心(情感、注意)而使忘其病。

至于"易性"则需以时日,非一两次治疗可达目的。易性包括固有习性之改变和不良性格之再造。前引枚乘《七发》不仅是以"要言妙道"进行说理之治疗。"吴客"给"楚太子"作心理开导,七层说教,都是心理治疗。第一层谈音乐动听,第二层说饮食的美味,第三层论车马的名贵,第四层是游玩的乐趣,第五层是猎狩的壮观,第六层是长江观涛的逸情,最后才归结到要言妙道。所有这些,使楚太子认识到:人生应有高雅的志趣,追求理解世上高深的道理,一扫懈怠和贪图安逸的心态,放弃纵欲享乐的生活,经历幡然悔悟,脱胎换骨,心有所托,志有所向的"移情易性"的改造,才能真正霍然病已。因此,近代的心理学者认为:《七发》不仅为一篇文学名著,也是一美妙的心理治疗篇章,颇有启迪、借鉴、发扬的地方。

叶天士《临证指南医案》说:"情志不遂……开怀谈笑可解。"清朝有位八府巡按,久病而忧病不愈,一医专注诊脉后,问其月事几月未行,清官因而大笑,以后每想到此事,即自然发笑,其病不觉渐愈。可见笑就是一种很好的心理疗法。我国著名的相声艺术家侯宝林先生早在20世纪50年代就建议在医院里设"相声科",用相声这种笑的艺术,给一些人进行"笑疗",认为"笑疗"既无服药之苦,又无手术之痛,更无副作用之弊,而且可以广见闻、增知识、受教育、开心颜,寓治病于文化娱乐之中,真是一举数得。移情并不是压制情感,而只是改变其指向;易性并不是取消个性,而只是更易其消极的情绪因素。移情于著书立说,把心身创伤等不良刺激变为奋发努力、积极进取的动力。

(七)顺情从欲疗法

《灵枢·师传篇》说:"未有逆而能治之也,夫惟顺而已矣。……百姓人民,皆欲顺其志也。"顺从病人的意志、情绪,满足病人身心的需要,这就叫"顺情从欲",亦属心理治疗的内容之一。

人的一切活动,都是为了满足生理或心理的需要。朱丹溪说:"男女之欲,所关甚大;饮食之欲,于身尤切。"说明生理或心理的渴求与欲望是客观存在的,衣、食、住、行等生活必要物质的需求是正当的。爱情婚姻、家庭子女、求学就业等等,亦是人类社会生活的必然现象。目欲视物,耳欲闻声,饥而欲食,渴而欲饮,寒则欲衣,劳则欲息,男大当婚,女大当嫁,病痛而欲医,恶死而乐生等,都是人类最基本的生理需求。

(八)澄心静志疗法

《内经》非常强调"精神内守"、"恬淡虚无",用以防病和治病。澄心静志疗法,就是要求静坐或静卧,内忘思虑,外息境缘,扫除一切思想杂念,抛弃一切恩怨慕恋,亦不为病痛所忧,使精神清静宁谧,则真气自然从之,而病气逐渐衰去。古代医案中对于思虑劳神过度所致病变,以及一些慢性久病等,常采用参禅、独室静坐之法而使病愈,就是这一疗法的体现。《明医杂著》更说:"昔人有云,我但卧病,即于胸前不时手写死字,则百般思虑俱息,此心便得安静,胜于服药,此真无上妙方也。"亦是澄心静志的原理。

(九)抑情顺理疗法

抑情顺理法,也可叫做以理遣情法,就是通过提高患者的认识能力,明白过激情志致病的道理,以治疗或预防情志疾病。一句话要理智驾驭情感。《医说·心疾健忘》说:"求医若明理,以求与其有病而治以药。孰若抑情而预治情,斯可顺理亦渐明,若能任理而不任情,则所养可谓善养者矣,防患却疾主要在于兹也。"抑情顺理法是常采用的疗法。

(十)激情刺激疗法

人的情志变化,尤其是激情和应激的情况下可引起生理、病理的突然改变,如果掌握适当,应用到治疗上,可收到立竿见影的疗效,但难度较大。

三、针灸方药对心神疾病的治疗

(一)针灸对心神疾病的治疗

《内经》开针灸治疗心神疾病之先河,如《素问·血气形志》篇指出:"形乐志苦,病生于脉,治之以灸刺。形乐志乐,病生于肉,治之以针石。"说明心身疾病可用针灸治疗[11]。又如《灵枢》列有专篇论针灸对癫狂的治疗。对痫证的针灸,《灵枢》与《素问》均有记述。对各种情志失常的针灸施治则散载于《内经》的诸多篇章中。《内经》所论运用针灸对心神疾病的治疗,无论是思想方法,还是具体原则、治法等,都对后世产生了深远的影响。

在我国最早的一部针灸学专著《针灸甲乙经》中,记述了针灸对梦、狂、悲、恐、不乐、惊、怒、痫、耳鸣、善忘、喑、不能言、不得眠、多卧、卧不安等等神志疾病的治疗。后世针灸医家皆遵循其旨,历代沿用并不断发展与创新。

目前,临床上一般认为针灸治疗精神及神经科疾病疗效较为突出。如神经官能症、失眠、嗜睡、神经衰弱、癔病、癫痫等等,都是临床上用针灸广为治疗,且疗效明显的心理活动异常的病变。此外,针灸疗法还广泛应用于治疗现代所谓心理生理性疾病(心身疾病),如原发性高血压、冠心病、偏头痛、消化性溃疡、溃疡性结肠炎、习惯性便秘、支气管哮喘、阳痿、性欲减退或缺乏、月经不调、遗尿、尿失禁、荨麻疹、神经性皮炎、斑秃等等。就中医来说,此类病变多因于内伤七情,影响脏腑气机,使经络运行失常,气血功能紊乱而发生,而运用针灸进行治疗,都可取得不同程度的疗效。

(二)方药对心神疾病的治疗

就药物而言,对心神病变有明显治疗作用的中药甚多。如我国最早的一部药物学著作《神农本草经》记载:牛黄能主治"惊痫寒热,热盛狂痓",茯苓"主胸胁逆气,忧恚惊邪恐悸……久服安魂养神",丹砂可"养精神,安魂魄"。再如明·李时珍《本草纲目》指出:郁金可以治"失心癫狂",柏子仁有"养心气……安魂定魄,益智宁神"之功。凡此之类,不胜枚举。

就方剂而言,如汉·张机《金匮要略》以百合地黄汤为主方治疗"意欲食复不能食,常默默,欲卧不能卧,欲行不能行……"之精神恍惚的"百合病",以甘草小麦大枣汤治疗"喜悲伤欲哭,象如神灵所作,数欠伸"的"妇人脏躁"病。再如唐·孙思邈《备急千金要方》的温胆汤、宋代《和剂局方》的逍遥散、宋·严用和《济生方》的归脾汤、元·朱震亨《丹溪心法》的越鞠丸等等,都是治疗心神失常的名方。在中医几千年的临床实践中,医家们所创制的治疗心神病变的方剂,几乎可见于中医的每一本临床医籍中,比比皆是,不可胜数,但是我们在运用时,一定要进行辨证论治，切不可生搬硬套。

第四节　中医心理养生

中医学历来重视心理的调摄。卫身先卫心，护形先护神。这是由于神为身之主，主明则下安，"精神内守，病安从来"。所以王冰强调说："太上养神，其次养形。"调神养心的基本内容，《灵枢·本神篇》作了精辟的概括："顺四时而适寒暑，和喜怒而安居处，节阴阳而调刚柔。"主要包括恬愉畅神、适度用神、和性怡情、蓄精养神、顺时调神等，强调心身并治。

一、清静养神

《黄帝内经》则从心理卫生角度而论清静。《素问·上古天真论》强调指出："恬淡虚无，真气从之，精神内守，病安从来。"这"恬淡虚无"，主要即指心神清静。心静则不躁，神安则不乱，精神自可内守，精气自然旺盛，邪气焉能侵犯，疾病又何以萌生？说明清静养神，以静制躁，确为防疾去病的重要法门，正如《素问·痹论》所说："静则神藏，躁则消亡。"刘河间还强调说："心乱则百病生，心静则万病悉去。"

由此可知，神不可不用，神又不可过用，贵在一个适字，用神适度，适可而止，劳而有度，勿不及，勿太过，使心神处于一种恰到好处的协调与适中状态。由于用神太过而致损伤者更为常见，所以历代医家尤其强调节制用神。例如，不宜多思、多念，因为多思则神殆，多念则志散，不宜久视、久听，因为久视伤血，久听伤肾。

二、节欲守神

从狭义来说，欲，专指性欲，节欲便是指节制性欲。放纵性欲，危害甚大，《内经》首篇《素问·上古天真论》就指出，人们之所以半百而衰，一个重要的原因就是"以酒为浆，以妄为常，醉以入房，以欲竭其精，以耗散其真"。《事林广记·避忌之要》也强调说，今人之所以不能活到天赋之年，就是由于"罔知避慎，肆情恣欲，酣酒淫色"的缘故。为何纵欲可畏？因其形神交用，精气俱伤，正如《三元参赞延寿书》所说："欲想一起欲火炽然，翕撮三焦精气流溢，并从命门输泻而去，可畏哉！"

三、顺时调神

人与天地相应，与自然界息息相关，必须适应四时生长收藏的规律才能成长。人的养生，也必须"分别四时"，顺应自然。不仅要适应气候变化，注意生活起居，而且要特别注意顺时调神。所以《素问·宝命全形论》说："人以天地之气生，四时之法成。"只有顺应自然界运动变化的规律，才能祛病延年。

四、气功养生

气功在中医学中占有重要的地位，它兼有养生与治疗两种作用。晋代葛洪说："善行气者，内以养身，外以却恶。"(《抱朴子内篇·至理》)其中的"行气"即类属气功。此外，气功又有"吐纳"、"导引"、"坐禅"等说法。在古代有关文献中，气功常被称为"养生之道"或"性命之学"。什么是性命？古人认为，神是性而气是命，整个生命运动就是由神与气构成的。人若用神得法，避免过度的心理活动，气在体内的运行生化就不会受到干扰，各种生理活动就能保持正常。"神是性兮气是命，神不外驰气自定"(《类经·摄生类》)，乃是对这种神与气两种因素的相互作用和相互转化，因此，从本质上讲，气功是典型的中医心理学养生法。

气功的中医心理学原理：人身之中，气与神的关系最为密切。人的五脏六腑、四肢百骸，全赖气的充养。神主于心，寄于脏腑，若脏腑失养，则神无所依。而在人身中的运行生化，又要靠神的统御，若神气相离，则气机必乱。《胎息经》说："气入身来为之生，神去离形为之死，知神气可以长生，固守虚无以养神气，神行即气行，神住即气住，若欲长生，神气相注。"因此，养生之要在于养气，养气之要在于理神。而理神的内容，主要包括凝神和宁神两个方面。

(一)凝神

凝神是气功养生的关键环节之一。中国气功在其漫长的历史过程中,形成了为数众多的门派,古时就有"道法三千六百门"的说法。但是,无论何种功法,都必须从凝神入手。人在生活之中,总要用神,总要应接周围的事物。神驰于外,就要消耗一定的气,这是日用之常。养生之道,则须反此之常,设法收神于内,引气归根,即所谓"神若出,便收来,神返身中气自回"(《类经·摄生类》)。"神返身中",就是把注意力集中起来,指向自己身体的某一部位(守窍),通常是气海穴,又名丹田、气穴。有人曾把气功概括成"昔日遇师亲口诀,只要凝神入气穴"(《复命篇·丹髓歌》),可见凝神极为重要。然而凝神并不是一件容易的事情,神之特性,变动不居,易纵难收,转瞬万里。《素问·天元纪大论》说:"阴阳不测谓之神。"人们还常用"心猿意马"一词来形容神的这种特性。为了取得神凝气聚的效果,古人在气功养生实践中创用了种种方法,如调息法、数息法、存想法、默诵法等等。行此诸法,为气功的诱导阶段。其中调息法是最常应用的方法。调息,就是注意调节自己的呼吸,逐渐使之深、慢、细、匀。调息之时,要把神与呼吸、守窍,协调地结合在一起,使神息相依,注于守窍。神有所依,相恋日久,自然凝而不驰,此时即为入静(现称气功功能态)。凝神入静是气功养生的效应阶段,在这一阶段可产生种种心身效益,如胃气旺盛(消化机能的增强)、津液充足(内、外分泌的增加)、卫气坚实(免疫力的提高)、神清气爽(精力的恢复)、自悦(心境的改善)等等,这些都是凝神的效果。

有人认为凝神入静相当于现代心理学的"有意注意",这种提法不无道理,但细论起来,始觉言犹未尽。练功之初,须时时寄神于息,务使神息相随。此时尚知有息,神息依然可分,古人称此时之神为"识神"。当练功达到一定深度时,神入息中,神息合一,"身心混沌,与虚空等,不知身之为我,我之为身,亦不知神之为气,气之为神,不规中而自规中,不胎息而自胎息"(《针灸大成·任脉经穴主治》)。这种景象便是入静,古人称此时之神为"元神"或"不神之神"。"识神"与"元神"反映出两种截然不同的状态,前者需要意志的参与,而后者则无须意志的参与;前者属于有意识的心理过程,而后者则属于无意识的心理过程。显然,"有意注意"这一术语不能概括这两种截然不同的状态。可见气功凝神入静的深入研究,对探讨现代心理学某些基本理论问题,亦有十分重要的意义。

(二)宁神

宁神是气功养生的另一重要环节,并且是凝神的基础。有人把气功看作一种单纯的生理锻炼方法,只重视如何调整姿势、如何调节呼吸,这是不对的。自古以来,气功就包含两个方面的内容,一个偏于生理方面,称为"命功";一个偏于心理方面,称为"性功"。命功主要讲练功时如何调身、调息、调心,养气行气,凝神入静。性功主要讲平时如何加强个人修养,施行精神净化,避免心理障碍,保持心神安宁。命功是凝神的功夫,性功是宁神的功夫,二者相辅相成,不可偏废,所以养生家大多主张"性命双修"。

各种不正常的情志活动,必然带来不良的心理冲突,令人心神不宁,气机逆乱。在这种状态下练气功,是很难入静的,即使能够入静,由此而积攒的精气神,也远不敷五志化火所造成的损耗。因此,《素问·上古天真论》指出,养生者必须"志闲而少欲,心安而不惧,形劳而不倦",只有这样,才能"气从以顺,各从其欲,皆得所愿"。

古人把有碍于气功养生的心理因素总结为"六害"(名利、声色、货财、滋味、虚妄、嫉妒),"六者有一,卫生之道远,而未见其有得也。虽心希妙理,口念真经,咀嚼英华,呼吸景象,不能补其失也"(《针灸大成·任脉经穴主治》)。这就说明,练功者必须加强个人修养,不断进行自我精神净化,做到凝神与宁神并重。如果只知凝神而不知宁神,则如漏瓮汲水,随得随失,终必劳而无功。

气功在古代叫导引、吐纳。导引吐纳是我国古老的养生祛病方法,情志精神方面的导引也是一个重要的方面。近年长沙马王堆汉墓出土文物中,有一卷工笔彩绘的导引图,描绘了四十多种导引姿势,有的还附有文字说明。其中"患恨""引烦"等几幅自注的情志引导图,尤其别开生面,栩栩如生,它们就是通过一些吐纳动作,用以消除不良情绪,维护身心健康的。

气功分动功和静功两大类,放松功与澄心静默法属静养功类,目前较多用于情绪紧张、心慌意乱、失眠多梦、头昏胀痛等神经症,高血压、溃疡病、结肠过敏、偏头痛等心身疾病,以及心因性肥胖、妊娠综合征、糖尿病等疾病。

所谓动功则包括:太极拳、八段锦、五禽戏、易筋经等。除用于治病保健外,更多是用于强壮身体的。动功也强调练者保持"独立守神,肌肉若一"的形神专一的"用意"功夫,而有别于体育锻炼。通过长期的气功锻炼,可以产生对人体心理活动的良好效应。近年我国心理学者对禅密功的心理效应进行研究,发现练功后能使人的情绪稳定性、心情、自制力、脾气、动作敏捷性、注意力、观察力、意志坚强性、思维灵活性和记忆等心理活动明显改善。国外用人格测定方法研究与气功类似的沉思术,亦发现沉思锻炼对人的心理过程和性格有良好的作用。

附:历代心理医案选介

附案一 恐胜喜

佯作不治实已治:闻庄先生者,治以喜乐之极而病者。庄切其脉,为之失声,佯曰:吾取药去。数日更不来,病者悲泣,辞其亲友曰:吾不久矣。庄知其将愈,慰之。诘其故,庄引《素问》曰:惧(应为恐)胜喜。

《儒门事亲·九气感疾更相为治衍》

附案二 怒胜思

张子和治一富家妇人,伤思过虑,二年不寐,无药可疗。其夫求张治之,张曰:"两手脉俱缓,此脾受之,脾主思故也。"乃与其夫共约,以怒激之,多取其财,饮酒数四,不处一法而去。其妇大怒出汗,是夜困眠,如此者八、九日不寤。自是食进脉平。

《续名医类案》

按:均为怒疗,然激怒的方法却不同,仔细品味,若有所思,激怒总与逆其所欲有关,而患者所欲为何,怎样"逆"其所欲,则非熟谙患者个性及人情世故不可。

附案三　喜胜忧

衣食足而止咳唾：丹溪治陈状元弟，因忧病咳唾血，面黧色，药之十日不效。谓其兄曰：此病得之失志伤肾，必用喜解乃可愈。即求一足衣食之地处之，于是大喜，即时色退，不药而愈。由是而言，治病必求其本，虽药中其病，苟不察其得病之因，亦不能愈也。

《古今医案按·七情》

附案四　思胜恐

卢不远治沈君鱼，终日畏司死，诡卜数无不叩，名医之门无不造。一日旧诊，卢为之立方用药，导谕千万言，略觉释。然次日侵晨又旧诊，以卜当十日死。卢留宿斋中，大壮其胆，指菁山叩问谷禅师授参究法。参百日，念头始定而全安矣。……情志何物？非世间草木所能变易其性，惟参禅一着，内忘思虑，外息境缘，研究性命之原，不为生死所感，是君鱼对症之大药也。

《续名医类案·惊悸》

附案五　喜胜悲

张子和治息城司侯，闻父死于贼，乃大悲。哭罢便觉心痛，日增不已，月余成块，状若覆杯，大痛不任，药皆无功。乃求于戴人。戴人至，适巫者在其傍，乃学巫者，杂以狂言，以谑病者，至是大笑不忍，回面向壁。一、二日，心下硬结皆散。所谓喜胜悲，《内经》自有此法也。

《古今医案按》

附案六　顺情纵欲

笔中夹针破喉痈：李王公主患喉痈，数日肿痛，饮食不下。征召医官，言须针刀开口，方得溃破。公主闻用针刀，哭不肯从，痛逼水谷不入。忽有一草泽医曰：某不使刀针，只用笔头蘸药痈上，霎时便溃。公主喜，遂令召之。方两次上药，遂溃出脓血一盏余，便觉痛减，两日疮无事。令传其方，医云：乃以针系笔心中，轻轻划破肿处，乃溃散耳。

《续名医类案·咽喉》

附案七　移情异性

强读医书胜劳瘵：汾水县某得劳瘵疾，日甚，医者咸决其不起。某忽从书肆购得医书数十种，置之一室，谓家人曰：今与汝辈诀，家事一切都不必问我,我将作活死人矣。遂入室扃其户,辟一窦,衣食所需,悉令家人置之于此,俟其自取。终日默坐其中,倦则卧,醒则阅书。始闻其咳呛也,久之则渐稀矣;始见其枯瘠也,久之则渐泽矣。如是三年,一日忽启户出曰:我今始得活矣。遂入内理家事如故。自是医理大通,遂以名医闻于远近,而活死人之名亦并传焉。

《王椒畦文》

附案八　心身治疗

聆听趣谈忘洞泄:昔闻山东杨先生,治府主洞泄不止。清初未对病人,与众人谈日月星辰躔度,及风云雷雨之变,自辰至未,而病者听之而忘其圊。杨尝曰:治洞泄不已之人,先问其所好之事,好棋者与之棋,好乐者与之笙笛,勿辍。

《儒门事亲·九气感疾更相为治衍》

按:"洞泄"是中医病名。表现为身重,胸闷,口不渴,腹不痛,大便稀,尿少等证。

附案九　华佗大胆激郡守

郡守笃病久,佗(华佗)以为盛怒则差,乃多受其货而不加功,无何弃去,又留书骂之。太守果大怒,令人追杀佗,不及,因嗔恚,吐黑血数升而愈。

《后汉书·方术列传·华佗传》

附案十　乱读致忿解羞明

青龙桥王某,患病喜独居暗室,不近灯火,偶出则病愈甚,遍延名医皆不能治,乃延建昂诊。诊毕,并不处方,索取王所著文章,乱其句读,朗声而诵。王叱问为谁声,李则声益高。王忿然夺其文曰:客非此道中人,不解句读,何其狂妄。因就灯而坐,顿忘畏明之习。后李释曰:此病郁也,得怒则郁解,故有此为。

《南部县志·人物志·李建昂医事》

按:此病案中患者之表现似为现代医学中之"癔证"。

参考文献

[1][2]郭霭春主编:中国医史年表,哈尔滨:黑龙江人民出版社,1984年版,

第 4 页

[3][4] 郭霭春主编:中国医史年表,哈尔滨:黑龙江人民出版社,1984 年版,第 49、157 页

[5] 郭霭春主编:黄帝内经素问校注语译,天津:天津科学技术出版社,1981 年版,第 55 页

[6] 河北医学院主编:灵枢经校释(上册),北京:人民卫生出版社,1982 年版,第 174 页

[7] 郑铁涛主编:中医诊断学,上海:上海科学技术出版社,1988 年版,第 9 页

[8] 河北医学院主编:灵枢经校释(下册),北京:人民卫生出版社,1982 年版,第 285—297 页

[9] 李德新主编:实用中医基础学,沈阳:辽宁科学技术出版社,1995 年版,第 207 页

[10] 王米渠、王克勤等主编:中医心理学,武汉:湖北科学技术出版社,1987 年版,第 72—79 页

[11] 张伯华主编:中医心理学,北京:科学出版社,1995 年版,第 224 页

第十七章　心理咨询与治疗的本土化

　　毋庸置疑,真正意义上的心理咨询与治疗起源于西方国家,至今历史已有一百多年。在这期间,心理咨询与治疗无论在理论上还是在技术上都取得了相当的成就,尤其近三十年更是得到了很大的发展:咨询和治疗的技术和方法众多(目前已达四百余种),应用的领域广泛(涉及精神病学、心理学、临床医学、社区保健、教育学与管理学等方面)。我国心理咨询与治疗是"舶来品",它的起步与发展是从学习、移植、改良和借鉴西方心理咨询与治疗的理论和方法开始的,与西方国家心理咨询与治疗事业发展现状相比明显落后。但是近二十年来,随着中国社会现代化的不断推进,特别是社会需求的增强,心理咨询与治疗事业获得了长足的发展,而且发展势头猛进。然而对于中国这样一个拥有13亿人口、文化底蕴长达五千年之久的东方文明大国,如何将西方的心理治疗理论和方法应用到受东方历史、文化熏陶的中国人身上,并行之有效,一直都是我国心理咨询与治疗专业工作者面临的挑战。近些年来,许多专业人员致力于对心理咨询与治疗本土化问题的探讨与研究,力争探索出适合中国国情的有效的心理咨询与治疗方法和技术。

第一节 心理咨询与治疗本土化的意义

学者和临床心理学家有关心理咨询与心理治疗本土化意义的探讨与实践,大都是从文化对心理治疗影响的角度进行的。例如,曾文星在经过长期、深入的临床研究后认为,在对中国人进行心理治疗时,应考虑如下因素和要领:中国人对心理治疗的看法与态度、中国人对心理问题的表达与申诉方式、病人与治疗者的关系、心理治疗操作的形式、心理治疗的分析与解释、处理问题的基本态度、健康与成熟的定义等等[1]。

一、文化与心理治疗方法

从历史和人类学的角度来看,人类曾创造并运用各种方法来应对各种挫折,排除心理上的困难,如各种民俗性、土著的心理辅导。西方心理咨询与心理治疗理论和方法虽然以现代医学和科学心理学为基础,但它却是在研究西方人的心理病理的基础上发展起来的,有深刻的文化背景和社会根源。

首先以精神分析疗法为例。当维也纳的精神科医生弗洛伊德(S. Freud)在19世纪末开创精神分析疗法时,当时的奥地利仍充满维多利亚时代的文化色彩,社会里对于男女的异性关系极端保守。许多妇女无法适当地表露与满足性方面的欲望,而产生歇斯底里症(hysteria)的症状。因此,早期的精神分析理论与治疗方法,与歇斯底里症有密切关系,重视潜抑(repression)现象,强调本能与欲望的满足为治疗主要途径之一。可以说,该理论和疗法是针对当时的社会背景与精神病理而产生的。精神分析疗法不但由身为犹太人的弗洛伊德创始,施行这一疗法的精神科医师也多半是犹太人,而且接受精神分析治疗的病人也常是犹太人。因此难免有人推测精神分析疗法与犹太民族的背景及文化习惯有关。犹太人素来喜欢内省,习惯与宗教人士或有智慧的人谈论与自己心灵有关的话题，并认为是有益的事。所以对于犹太人说来，接受精神分析，去检讨自己的心理，是很习惯的行为。精神分析虽然创始于欧洲，并没马上被保守的欧洲精神医学家所接受并盛行于欧洲，倒是流传到美国，在美国生根并且盛行。从某种角度说来精神分析的基本理论，容易被解释为解脱社会的压抑与约束，去追求个人需要的满足，因此容易被从欧洲来北美新大陆，并开拓新世界的人欢迎且接受。换句话说，精神分析的盛行，跟当时的美国人的文化背景多少有连带关系。与美国的情形相反，精神分析理论及其治疗方法曾在我国受到强烈排斥，这其中除了政治因素以外，恐怕也与文化因素密切相关。因为在注重压抑与控制的中国传统文化中，强调要节制人的欲望，以便使每个人的行为有所规范，社会有所秩序。对这种以"本我"为着眼点，过分强调"性"在人们心理与行为中的重要性，尤其是对于儿童的心理发展也染上了性的色彩的精神分析疗法，对于较保守的社会来说，不但不易被接受，还会引起反对[2]。

再来看来访者中心疗法。该疗法的创始者是美国人本主义心理学家罗杰斯(C. Rogers)。罗杰斯对于指导式或解释性的心理咨询与治疗感到不满，而主张咨询者和治疗家不宜直接且过分的去指导求助者。他认为所有人都有成长和发展的天性，若能有一个适宜的环境的话，每个人都有能力指导自己、调整自己的行为、控制自己的行动，从而达到良好的主观选择与适应。咨询者只要间接地帮助他们即可。因此他起初将这种疗法称为"非指导性疗法"，后来又改称为"来访者中心疗法"。罗杰斯的这一咨询与治疗观念，符合在强调个人独立的美国文化环境里长大的年轻人的心理与观念，因而受到年轻人，尤其是年轻的大学生和知识分子的欢迎。但如果把这种疗法照搬到中国，恐怕对不少人不能适用，咨询效果将是缓慢的[3]。譬如，按照这一疗法，咨询者常对来访者说这样一句话："你自己是当事人，你自己最知道，也最能去处理你自己的问题的！"本来咨询者是为了间接地提高来访者的自信心，但对于不少中国来访者就不太合适。因为，在我国社会文化背景下，咨询者应是专家、权威者，有特别知识，也有不同寻常的经验与办法，可以替来访者解除问题。但假如此专家、有经验的权威者，倒过来说来访者自己有办法解救自己,自己有能力自行解决困难,则来访者就会感到失望,以至于造成咨询中断(来访者脱落)。

二、文化对临床心理诊断的影响

目前,我国心理咨询与治疗工作者所使用的各种心理测验量表与临床评定量表,几乎都是翻译和修订西方的。当初西方心理学家编制的这些量表,是以西方人的常态心理特征或心理病理特征为依据的。尽管引进这些心理测验量表和临床评定量表后,都已经过国内心理学家的修订并建立了国内常模,而且在国内使用时也能达到一定的信度和效度,但其内容的西方文化偏向,则是较难消除的。例如,港台的一些心理学家,曾经使用MMPI心理量表对中国人和其他文化群体中的人们进行过比较研究[3]。在MMPI的调查中,发现中国人无论是正常人还是心理疾病的患者,在第2项和第8项上,得分都非常高。这些研究者认为,这两个项目所描述的,大多是人际反应、一般活动水平和人们的价值观问题,上述结果实际上是由于不同社会对于这些方面的不同期望和不同评价造成的,因而这种分数的差异反映的只是一种文化的差异,并不表明中国人心理病理的发生率更高。如此看来,设法消除或抵消引进量表中的西方文化偏向,或者根据中国人的性格和心理特征变量自行设制一些量表,对于我们更正确地诊断变态人格、心理疾病、精神病或鉴定正常人的人格类型和心理健康状况是十分必要的。

三、文化对中国人心理问题的表达与申述方式的影响

郑泰安指出,华人到医院精神科求医时的主诉经常为躯体化、神经衰弱和肾亏等[4]。杨德森认为中国人特有的心理问题主要为:神经衰弱、气功诱发的精神障碍、迷信和巫术诱发的精神障碍、由于个性受到压抑而出现的"隐匿性抑郁"和"躯体化"现象、个别落后地区存在癔症性质的某些症状,如缩阳症等[5]。这里我们仅以躯体化、神经衰弱为例略加说明。

(一)躯体化

所谓躯体化(somatization)是指一个人本来有某种情绪问题或心理障碍,但却没有以心理症状表现出来,而转换(transform)为各种躯体症状来表现。患者本身并不知道此一机制,也不是诈病,并且否认自己有任何心理或情绪症状。其所表现的躯体症状,通常无法由各种医学检查找到相对应的器质性病变。换句话说,中国人倾向于以躯体不适的方式去申述自己的心理问题。此一现象在我国大陆、台湾以及香港地区都多有报告[6]。需要指出的是,一些研究结果发现,西方与非西方(包含大陆、台湾、香港等华人地区)的心理症患者陈述躯体症状的比例事实上不相上下,主要差异在于西方病人在陈述躯体症状的同时,也有相当比例的患者陈述心理症状,而非西方(包含华人地区)的心理症患者则较多仅陈述躯体症状。

(二)神经衰弱

神经衰弱(neurasthenia)是另一个被认为是中国人特有的心理征候群,其特点为疲乏无力、注意力不集中、记忆力减退、失眠、头痛头晕等。美国精神病学会早在1980年就已取消了这一病名,认为神经衰弱属于抑郁症。中国的精神医学界继续保留"神经衰弱"这个病名,可能也是因为中国人更敏感于躯体症状而不是心理症状,并被作为脑力劳动过度的代名词。因此,对心理疾病充满恐惧与歧视的中国人对"神经衰弱"另眼相看。

中国人心理疾患在表现形式上的这些特征也有一定文化历史根源。华裔美国文化人类学家许琅光从自我结构与界线的角度分析了这种情况出现的原因。一般来说,人类基本上都具有相同的自我结构,表现相似的心理行为。可是也应看到,随着社会与文化环境的不同,各地的社会人群受文化因素的影响,形成结构略为不同的心理状态。他认为,个人的内在心理结构与四周人际关系及生活环境的层次,有不同的界线与划分程度。在以个人为取向的社会里,自我的界线较分明清楚,注重内在的精神活动,与四周外界的家人、亲友或朋友较疏远,这种情况多见于现代美国社会。相对地,在以他人为取向、强调人际关系的社会里,如亚洲的社会(包括华人社会),其成员在心理结构上"自我"(self)的界线相对地较模糊,与外在人际关系较密切,比较忽略内在精神需要。因此,对东西方人来说,同样是"自己",却有不同的"自己"的结构与界线[7]。以抑郁症为例,据美国的一项研究发现,华裔美国人主要呈躯体症状,如头疼、失眠等;高加索裔美国人则更多地表现为存在方面的忧虑,如觉得活着没有价值、生活失去意义等。这种情况出现的根本原因在于不同文化背景下的人们有着不同的自我结构。西方文化培养的是"个性化"的自我结构,自我具有独立性、可分化性,这使个体能把自己当作客体来认识,而当个体能够以客观的方式来认识自我时,一旦出现心理异常(如抑郁状态),就容易出现与生存意义有关的情感体验。相比之下,中国人的自我结构是"非个性化"的,中国社会的社会化过程(即把一个新生儿教化成为合格社会成员的过程)培养了个体很强的群体归属感。对于多数中国人来说,"自我"容易成为一个客体。因此,当中国人处于心理异常状态时,大都进入不到存在意识与情感需求的层次,故难以出现那些人格化的情感体验,所以中国人抑郁体验不是关注于个人的内部心理状态,而是关注于躯体状态。

中国人根深蒂固的养生保健观念也是造成这种情况出现的重要原因。如今在我国仍有许多人,有的甚至是受过较高教育的人,根本没有意识到自己会像患感冒发烧那样随时都可能出现心理问题、产生心理障碍,需要进行心理保健。他们认为,只有患精神分裂症的病人才需要救治,而当自己遇到各种心理困扰,产生轻、中度心理障碍,尤其是伴随出现躯体化症状时,既不知道这是一种心理疾病,也不懂得它能在心理卫生专业人员的辅导与治疗下得到妥善解决,却被误认为是患了器质性疾病,花钱费时到处去做各种躯体检查,求医问药,或采取其他非专业性的应对办法,收效很小,延误、加重了病情。到头来还得看心理医生,但此时的疗效已事倍功半了。

除了上述原因外,躯体化现象也可能是个体面对社会压力(如社会对心理疾病患者的歧视、偏见)的一种无意识反应,或者是人们在就医时有意压抑了自己的心理反应和症状,而突出了由情绪所伴随或引起的生理反应,这些生理反应便表现为躯体症状。

四、文化对中国人有关心理治疗的看法与态度的影响

在西方社会,人们已普遍将心理咨询与治疗看作是消除个体心理困扰的有效手段之一,寻求心理咨询与治疗已为大众所接受。而在中国社会,由于人们对心理咨询与治疗尚存有种种成见和误会,使得人们还耻于寻求心理咨询与治疗的帮助。即便是前来求助,中国的求助者也往往不能坦然地在咨询者与治疗家面前披露自己的问题,且往往对咨询和治疗过程抱有一种复杂的态度:一方面怀疑其有效性,另一方面又期望咨询者和治疗家能给予他们直截了当的指导和帮助。这就要求咨询者和治疗家在咨询、治疗过程中,不但要善于倾听,还要善于启发求助者陈述自己的问题,更要善于启发求助者独立思考自己的问题,并在强化其自助能力的同时,给予适当的指导性帮助。

五、文化对来访者与治疗者关系的影响

在咨询与治疗过程中,来访者与治疗者之间的关系不仅受到治疗者所采用的治疗理论和方法的制约,同时也明显受到社会文化因素的影响。因此,治疗者在与来访者建立咨询和治疗关系时,必须考虑到要适合来访者所处的特定文化背景。曾文星认为,中国文化背景的来访者对治疗者的态度和行为有以下三种[8]:

(一)对治疗者(权威者)的双重态度

不少中国来访者因受文化观念及社会经验的影响,对权威者持有想依赖与不愿依赖的复杂心理。一方面,对权威者要求很多,依赖性很强,期待他为自己解除困难;另一方面却不一定听从权威者,认为权威者对自己不好、不合适,可以不受限制地随意更换。这种文化上的习惯,也表现在来访者的求助行为上。即:来访者期待治疗者能替自己治病,但若一时治疗不理想,来访者可随时换诊所、换治疗师,或者同时看几

个心理医生，或服用各种中西药。对此，治疗者要了解，并懂得去接受与处理。

(二)中国人对"自己人"与"外人"的分别对待

在人际关系中，中国人喜欢把所接触的人分成是"自己人"跟"外人"。对"自己人"就较信任，能谈自己的心事，但也期待能被特别关心，享有特别的好处；对于"外人"就保持距离，不暴露内情。这是以关系取向的文化环境里产生出来的不同人际关系。心理治疗的关键在于治疗者能与来访者建立起良好的治疗关系。对中国来访者说来，治疗者要能使来访者感到好似是"自己人"，能尽早取得来访者的信赖与合作。

(三)治疗者要能符合来访者对"专家"、"权威"的期待

中国人希望为自己做心理咨询和治疗的人是"专家"、"权威"，要有"经验"，是"内行"。因此，治疗者要能有技巧地去符合这种文化上的期待。在与来访者接触过程中，不仅要表现出共情、真诚、温暖和积极关注，而且还要注意保持专家的尊严，发挥有经验的角色，显现内行的实力，否则不能满足来访者的心理期待。

六、文化对来访者求助方式的影响

一个人在感觉有病或不适以后，其对疾病或不适的认识、态度、解释以及由此而采取的缓解和消除病患的求助行为是不同的。例如，一个人因丧偶而过度伤心、难过，并持续数月，假如家人认为丧偶后心情不好是常事，则不会劝他去找心理医生；假如同事只注意到其胃口不好，可能会劝他去医院消化(内科)科看病；假如家人怀疑是去世的配偶阴魂未散，还在纠缠他，说不定会提议他去烧香拜佛或找巫师驱魂；就算此人来找心理医生，则他主诉的内容也会随其对问题的理解与求医目的而有所不同，不见得愿意接受心理咨询与治疗来解除心理上的痛苦。

在国外，有许多关于疾病行为的解释模型，如麦肯尼克(D. Mechanic)的寻求帮助理论，安德森(R. Anderson)等人的预置、能力和需

要模型,萨奇曼(E.Suchman)的疾病和医疗照顾阶段理论等。其中麦肯尼克的寻求帮助理论提出了有关疾病行为的社会心理学模型,他认为疾病行为实际上是个人对疾病或不适的应对反应,它是一种通过文化和社会习得的反应模式。一个人对症状或不适的反应是根据其对情境的定义,这种定义可能受到他人定义的影响,但其本人在特定社会和文化环境下形成的知识、社会化程度和以往经验的影响更大。所以,凡是受同一文化传统影响的个人,对疾病或不适状况的觉察、评价和行为反应应该是类似的;而受不同社会文化传统影响的个人对疾病或不适的反应会有所不同[8]。麦肯尼克进一步提出了决定疾病行为的十个因素:疾病症状的可见性;所认识到的症状的危险程度;疾病影响家庭、工作和其他社会活动的程度;症状出现的频率,它的持久性和复发率;对疾病的忍耐程度;能得到的信息、知识和文化假设;可能导致否定的基本需要;其他与患病反应相竞争的需要;一旦症状得到认知后,是否有其他对疾病的解释;治疗资源的可得性、物质可及性、求医行为所带来的心理压力和经济支出[9]。对自己确定和他人确定疾病状态以及对精神上和肉体上的疾病状态来说,这十个决定疾病行为的因素的影响大体上是相似的。

国内一项调查结果显示,中国人当遇到心理困扰时的心理调节渠道依此为:自我调节、知心朋友、家人、同事、社会咨询机构,也就是说,中国人遇到心理困扰时不大愿意求助专门的心理卫生机构[10]。

这种现象的出现也是有着深刻的社会文化历史根源的[11]。具体表现在:

(1)传统世俗观念对精神疾病的歧视与偏见是导致人们患有心理疾病而不求医的重要原因之一。传统中国社会是一个伦理社会,人们从心理上追求伦理规范、行为趋同。相应地,社会排斥与其不符合的行为和想法。自然,在心理健康上,中国人习惯把心理疾病与个人道德品质联系起来。社会形成了心理上有毛病(如怪异的想法和行为),就是个人的道德品质问题。而一旦被贴上这样的标签,其生存价值便大打折扣,轻则被人嘲笑、轻视,重则甚至完全被否定。例如,各地骂人的方言中都有"神经病"类似说法。这样的后果是,造成了中国人在心理疾病上的讳疾忌医,人们要么否认自己的心理问题、强制性地压抑心理痛苦,要么去西医内科或中医科求治,在求治过程中许多人往往主诉自己头痛失眠、胸闷憋气、消化不良、周身不适等躯体症状,而不愿意讲述自己兴趣减退、情绪低落、焦虑不安、紧张困扰以及一些消极念头和本能欲望等等。结果常被漏诊或误诊,不仅花了很多不该花的钱,而且还延误了治疗,并且使病情加重。这些文化观念影响了一代又一代的中国人。

(2)中国传统文化强调社会(或群体)取向而忽视个人价值、尊严、权利,往往造成个人隐私权的淡漠,以及喜好窥探和议论他人隐私的陋习。在这样的文化背景下,一个人一旦公开自己的隐私对于他在周围环境中的处境往往有损而无益。于是,人们在内心构筑起坚硬的保护壳,不会轻易向别人披露自己的内心世界,当然也就难以接受以个人隐情的尽情倾诉为前提来寻找致病根源进而达到治疗目的的心理咨询与治疗。另外,中国人在人际交往中,内外有别、亲疏分明。对中国的心理疾病患者来说,心理医生是"外人"、"陌生人",因此不习惯向心理医生袒露心扉。其结果致使许多人出现心理障碍时不愿意向心理卫生专业人员寻求帮助,而采取其他调节方式,如向自己的家人或知心朋友倾诉。但从心理调适的角度看,这种方式的功效是有限的。

(3)中国传统文化所强调的慎独、自省,使人们易形成仅仅依靠个人的自我调节来化解内心矛盾的习惯,阻碍着人们去寻求更加积极、有效的方式来预防、控制和消除心理障碍。包括自省在内的个人自我调节固然有的能达到内心的平衡和良好的适应,但其效果往往与心理问题的性质、个人的自我调节能力等有重要的关系。对于绝大多数人来说,通过心理自我调节方式所能解决或缓解的只是一些轻度的心理困扰或障碍,而对于那些中、重度心理障碍来说则效果很小,结果延误了诊治,加重了病情。

(4)传统文化对非本土化的心理咨询与治疗方法的排斥,使得心理疾病患者不愿求助源于西方的所谓正规的心理咨询与治疗。国内一些心理卫生工作者,在进行心理咨询与治疗时,没有充分考虑到社会文化因素(尤其是被治疗者的文化背景)对心理治疗的影响,而是照搬西方心理咨询与治疗的技术和方法,使得心理咨询与治疗的疗效不高,对来访者的吸引力较低。

总之,中国人与西方人不仅存在因种族遗传因素造成的外貌上的差异,更主要的是因受不同文化的塑造而存在个性、心理、行为方式等方面的差异。正因为文化因素的影响,在对我国国民进行心理咨询与治疗时,就不能原封不动地照搬西方的理论与方法,而要结合我国的文化背景来加以施行。

第二节　心理咨询与治疗本土化的若干尝试

本土式的心理咨询与治疗方法是适应于当地社会文化背景而创立的,它既不同于民俗(或土著)的心理治疗,也与西方主流的心理咨询与治疗方法相异,但对生活在特定文化背景下的人来说可能是有效的,比如日本的"森田疗法"、"内观疗法"。其实我国也早有先例,如在20世纪50年代末,为了治疗神经衰弱患者而创用的"快速综合疗法"[12],以及后来钟友彬创立的"认识领悟疗法"[13]都是为了适应中国社会文化背景而建立的本土式心理疗法,这也是我国对本土式心理咨询与治疗最初的尝试。

90年代以来,越来越多的专业人员开始重视心理咨询与治疗的本土化问题并进行了可贵的尝试和努力,取得了初步的成效。鉴于文化对人的心理、行为的塑造作用,所以大多数研究人员是从文化的层面对本土化问题提出观点,比如把西方心理咨询与治疗的理论和方法同中国的传统文化,例如儒家、道家、佛家的思想,传统中医理论等结合,从中国人的心理角度,阐明一些具有中国本土特色的心理咨询与治疗的理论与方法,创造和改造了一些理论,并应用到实践中去,形成了若干对于中国国民行之有效的方法和技术。其中有代表性的成果至少有以下两个:

一、中国道家认知疗法

道家是春秋战国时期"百家争鸣"中的一个哲学派别。它认为"道"是派生天地万物的精神本质,所以称为道家,春秋末年的老聃和战国时期的庄周是道家哲学思想的主要代表人物。人们对于道家的人生观和政治观,一直存在着争议,它常常被批判为是消极的甚至是反动的。然而不能忽略的是,道家的思想从古至今都被人推崇备至,广为流传,连西方人也把它奉为至宝。从这其中不难看出道家哲学的无穷魅力,它散发的精神闪光点,可以成为中国人自卫安康的良药。如果说儒家人生哲学更适合一帆风顺者,能给他们提供心理的指导,指引他们适应社会的话,那么道家人生哲学更适合身处逆境者,它能给那些遭受挫折,心身受到巨大打击,生活极度困苦的人以希望与光明,让他们能够在这样的境况中依然那么坦然、那么从容。

中国道家认知疗法是张亚林、杨德森基于中国道家哲学的处世之道,并参考现代心理治疗的方法学而创立的[14]。其治疗要求患者达到的最高境界是认识自然规律、顺应自然规律。可以说这一疗法是我国在心理咨询与治疗本土化方面所取得的很有影响力的成果。在这一疗法中,他们把中国人所具有的典型心理特点概括描述为:"勤劳节俭,自强不息;克己容忍,谦和持中;家庭为重,亲疏有别;伦理为纲,尊卑有序。"指出对于中国人的某些精神应激和相关疾病,应采取道家处世养生法,即"利而不害,为而不争;少私寡欲,知足知耻;知和处下,以柔克刚;清净无为,顺其自然"。通过宣传讲解,改变患者的价值观和原有的认知,进行认知心理治疗,达到降低精神应激水平的效果。这样就把现代的认知理论同中国传统道家哲学恰当地结合于具有特定心理特征的中国人身上,从而实现了心理咨询与治疗本土化的成功尝试。

中国道家认知疗法主要分为 5 个步骤:(1)调查患者目前的精神刺激因素;(2)了解其人生信仰和价值系统;(3)分析其心理冲突和应对方式;(4)道家哲学思想导入;(5)评估与强化疗效。在这 5 个步骤之中第 4 步是该疗法的核心和关键,其他四步都是为这一步骤服务的。在这一过程中,首先向患者简单介绍老庄哲学的来龙去脉,然后逐字逐句讲解道家认知疗法的四条原则,即32字保健诀。

(一)利而不害,为而不争

只做利己、利人、利天下之事,不做危害自己、他人与社会的事。这个原则完全符合行为科学、儒家、佛家的原则。为而不争要求自己做事要尽力而为,量力而行,不与人争,不与人攀比,不妒贤嫉能,这样就可大大改善人际关系,与人之间相安无事。

(二)少私寡欲,知足知耻

人要生存与发展,有欲望不可厚非,但老庄认为欲海难填。因此要降低过高的物质欲望和对名利、地位、权势的疯狂追夺。人要制定力所能及可以通过个人努力实现的奋斗目标,不过多安排任务,对人对己不过于苛刻,有所不为然后有所为,只有知足,才会常乐;只有知耻,才能避免危险。

(三)知和处下,以柔克刚

和谐是天地万物的根本规律,谦恭是中华民族的传统美德,知和处下能减少人际冲突、维持安定团结。海纳百川,水容万物,求同存异,百花齐放;不同而和,兼容并蓄;不言自明,不战而胜。

(四)清净无为,顺其自然

此句是道家哲学的核心思想之一。老子崇尚"静",即所谓"非宁静无以致远";老子的"无为",不是什么都不做,这里的"无为"是与"妄为"的对抗。顺其自然,就是不要勉强去干那些违反自然规律的事情。要了解和掌握事物发展的客观规律,预测进程,预知结果,因势利导,游刃有余。不倒行逆施,不强迫蛮干,不拔苗助长,不急于求成,在危机面前,做好出现最坏情况的准备,寻求好的结果。

总之,中国道家认知疗法就是这样一种疗法:通过集体宣传和个别谈心的方式,针对患者共同的生活事件、心理冲突、性格特征与失败的应对方法,共同寻找摆脱心理危机的出路,使用认知疗法中的双栏或三栏技术,列出失败的认知,寻找新的认知方式,接受道家处世养生的价值观,反复练习,不断解决生活中遭遇的生活事件,达到减除精神应激,促进精神健康的目的。临床实践表明,该疗法比较适合于某些神经症或与精神应激相关的疾病患者,如对广泛性焦虑障碍效果较好,若配合抗焦虑药物治疗则是最佳选择,即近期以药物治疗为主,较快地缓解症状,远期靠道家认知疗法维持和增加疗效[15]。

二、认识领悟疗法

认识领悟疗法,也称"钟氏领悟疗法",是由钟友彬创立的一种心理治疗方法。该疗法属于心理分析理论体系,是根据心理分析的基本原理结合中国社会和患者的具体情况加以设计的,因而也被称为"中国式的心理分析方法"或"具有中国特色的心理分析方法"。这一疗法具体内容已在本书第十一章中有过详细介绍,概括地说,它要求病人对他们的症状是以儿童的思维逻辑和方法解决成年人所遇到的问题这一点达到领悟,从而以成熟的行为模式代替幼稚的行为模式。这种解释反映了中国传统的自然观——顺其自然而发展的要求,因而是病人能够而且易于领悟和接受的。临床实践证明,对于强迫症、恐人症、某些性变态(如露阴癖)以及神经性呕吐、顽固性疼痛等取得了满意的疗效[16]。迄今为止,该疗法已跻身于我国专业人员常用的几种疗法之一[17]。

第三节 心理咨询与治疗本土化的发展趋向

在前两节中我们探讨了两个问题:一是为什么要进行心理咨询与治疗的本土化工作,二是我国在心理咨询与治疗本土化进程中已经做了哪些工作。在此基础上,还需要对我国心理咨询与治疗本土化的发展趋向进行前瞻。

一、开展跨文化心理咨询与治疗的临床研究

这一途径把人置于特定的文化情境中进行考虑,进行跨文化研究,着重研究文化作为一种因素对人的心理和行为的影响和调节作用,以纠正利用西方文化背景下建立起来的心理咨询与治疗理论,解释中国文化背景的个体或群体的心理与行为障碍时可能出现的偏差或误解。今后应将它作为心理咨询与治疗本土化研究的重要方向。

曾文星认为,在实施跨文化心理咨询与治疗时,应考虑一下实际操作[18]:

(1)熟悉病人本身及家庭文化背景;
(2)配合病人的教育及文化背景而沟通会谈;
(3)检讨病人与治疗者之文化、价值观念的差异;
(4)鼓励病人帮助治疗者了解病人的文化背景,并减少"文化盲点";
(5)与病人建立适合文化的"病人与治疗者关系";
(6)辅导方式与技巧的选择要考虑病人的文化背景;
(7)辅导目标要参考病人所生活的文化环境。

二、结合中国传统文化对西方心理咨询与治疗理论和方法进行本土化改造

这一途径是试图结合中华本土文化与社会背景,对于那些根植于西方的文化系统之中不能贴切地解释中国人心理与行为的西方心理咨询与治疗理论和方法进行本土化改造,以使得这些理论和方法能够更好地运用来解决本土中国人的心理问题。当然,心理咨询与治疗本土化改造不应停留在理论探讨上,而应着重于本土中国人的心理与行为的概念分析以及实际应用。季建林曾以《心理治疗在中国:西方治疗技术与东方文化思想的结合》为题进行了探讨,其中特别谈到中国心理治疗工作者如何对待西方心理治疗理论和方法,并以认知行为疗法和精神

分析疗法为例作了如下说明[19]，他的观点富有启发。

(一)认知行为治疗技术

认知行为疗法是近三十年来发展、应用最广的一大类心理治疗方法，它的基本理论假设是人类行为、心理问题的产生是后天习得的，与个体的态度或认识问题的角度（认知偏见）有关，可以通过再学习或认知改变（换个角度看问题）来纠正其心理障碍。因为方法直观、实用、技术比较简便、易操作、疗效易见、可测量等特点而得以被广泛接受和应用。国内对这类方法也进行了大量的系统介绍和应用研究，认为可能是目前应用最广和最适合中国国情的一类心理治疗方法。然而在实践应用过程中，如果治疗者仅机械式生搬硬套这类技术方法，那是不恰当的，应该考虑结合中国的文化底蕴，例如，在做系统脱敏和暴露疗法时，用"一回生，二回熟"、"熟能生巧"、"少见多怪，多见则不怪"、"千里之行，始于足下"、"不入虎穴，焉得虎子"等通俗易懂的道理来代替"交互抑制"、"经典/操作条件反射"学习理论的介绍更能被患者接受，因为诊室毕竟不是教室，患者毕竟不是学生。同样，做认知转变疗法时，用"瞎子摸象"、"塞翁失马，焉知祸福"等典故来代替"自动性想法"、"功能失调性认知图式"等专业术语的灌输更为恰当。再如，自信心的训练、社交应对技巧指导和行为强化等实际操作，治疗者多用些"该出手时就出手"、"要做先生，先做学生"等语汇，可以减少或避免简单的说教和生硬的指导。如此看来，在运用西方各种疗法进行心理咨询与治疗的过程中，要会变通，把一些让患者不解的理论术语，变成耳熟能详、简单易懂的生活性用语，这样做就使心理咨询与治疗的方法具有了本土化的色彩，更有益于中国人的治疗。

(二)精神动力学与分析性治疗技术

现代心理治疗的发展与弗洛伊德创立精神分析学说密不可分，这也是一类大的心理治疗方法，它在历史上曾经风靡一时。它强调成年期心理障碍的产生与潜意识的内心冲突、童年期的创伤经历等有关。在过去的近百年里，其治疗技术和方法经历了重大的改变：从最初的长程经典精神分析到目前包括短程动力学心理疗法在内的数十种技术方法。我国在这一领域的翻译著作很多,但大多数中文译作只是介绍早期的精神分析和动力学理论,很少具有系统性和实用性,甚少介绍70年代以来这方面的新进展,结果是如同观众进剧场看古装戏,戏虽精彩、动人,但终究是演员在台上,观众在台下,没有贴近现实和注重融合,结果是剧终观众散,没有形成固定的治疗团体和对象。分析性治疗的技术掌握与否与治疗者的悟性、人格品质等有关,其基本的一些技术已成为诸多心理治疗方法的基础,学习和灵活应用这种技术已成为中国心理咨询与治疗工作者水平提高的关键。但对一些传统的分析理论的解释有必要结合中国的文化和实情做很大的改良和修正,否则患者难以接受和认同。再者,国外近二十年来已逐渐放弃冗长、费高的经典精神分析,代之以趋于实用和手册指导的短程动力学心理治疗。意识的分层、人格的解释与梦的释义等可以在书本、教学上详细说明,但在实践上需注意"中国化"和患者的可接受性;这方面已做了较好探索的是对心理防卫机制的阐述,如"掩耳盗铃"、"阿Q精神"、"指桑骂槐"、"此地无银三百两"等中国典故有机地结合到理论中去,使得更多的人能够理解和接受。埃里克森的人格发展理论已在心理咨询中得到广泛应用,其中亦可借用"三十而立,四十而不惑,五十知天命"等加以形象化和贯穿。

三、挖掘和整理中国传统文化中有关心理保健的思想和方法

系统地挖掘和整理中国传统文化中有关心理保健的思想、方法,是一件十分有意义的工作。但是,要防止用中国古代心性修养的思想、方法取代现代心理咨询与治疗理论和方法的做法。因为二者在名词概念、理论体系、研究路径、适用范围等都各不相同。中国传统心性修养之学的特点是:着眼于普通人的日常生活,接近常识,一般人容易掌握,主要依靠自己而不依靠他人,能充分调动当事人自身的能动性[20],而西方心理咨询与治疗理论和方法的特点则是,除了某些理论和方法之外,大多数强调咨询者和治疗家的主导作用,专业性较强,对有较严重心理障

碍者效果显著。所以两者应相互借鉴、补充,而不能彼此替代。

四、借鉴祖国医学的治疗方法,实现心理治疗的本土化

祖国医学博大精深,其中不乏有值得心理咨询与治疗工作者"古为今用"的内容。我国心理咨询与治疗工作者应该努力挖掘祖国医学中有关心理咨询与治疗方面的精髓,并以此为出发点,开展本土化研究。在这方面,杨鑫辉先生做了开拓性的工作,他总结出的祖国医学有关心理治疗的方法[21],对于心理咨询与治疗本土化研究和实践富有启发和借鉴价值。这些内容包括:

1. 开导劝慰法

即通过言语来开导劝告与安慰以调节心理的方法。这种方法是以人"恶死乐生"的心理本能倾向为理论基础,又提出了此疗法的要旨是"告"、"语"、"导"、"开",意思是告诉病人不遵医嘱的危害,讲清遵从医嘱的好处,引导病人创造治愈疾病的条件,指出不从医理会带来更大的痛苦。总之,这种疗法着重转变患者对医治疾病的认识和态度,以取得治疗效果,它和现代的心理疏导和支持性疗法是相近的。

2. 以情胜情法

是一种利用情志相互制约的关系来进行治疗的心理疗法,即运用一种情志来纠正相应所胜的另一种失常情志,很具独特性。

3. 习见习闻法

是一种通过反复、习惯的方式,使受惊敏感的患者恢复常态的心理治疗的方法,实则为现代医学心理学的系统脱敏法。

4. 以欺制欺法

是对诈病和疑病症者,以欺骗方法制伏其欺骗行为而取得疗效的心理治疗方法。在现代医疗中,对疑病症者用注射蒸馏水等安慰剂而有疗效,也可视为一种以欺治欺方法的变式。

5. 消愁怡悦法

是通过怡情移志帮助患者调节情绪的一种心理治疗方法,此法的机理是,通过山水花草的赏玩,以及文艺、清谈、琴棋书画的爱好、茶酒

的适当品用,使环境变幻多端,令人赏心悦目、怡情移志,从而达到对抑郁、焦虑、紧张等情志疾病的调治。它同现代治疗中的音乐疗法、娱乐疗法相似。

6. 移情变气法

是一种祝说疾病来由的心理疗法,即通过语言、行为、舞蹈等祝由形式,调动病人的积极因素,转移患者对局部痛苦的注意,形成良好的精神自守状态,移易精气,变利血气,发挥人体自身的治疗作用。

7. 气功导引法

是通过气功导引的调心养神对生理发生调节作用的心理疗法,兼备心理治疗与运动治疗,是值得进行科学总结和推行的疗法。

五、走多元化心理咨询与治疗的发展道路

心理咨询与治疗的本土化研究和实践,不论是舍弃西方心理咨询与治疗理论和方法的本土化研究,还是改造西方心理咨询与治疗理论和方法的本土化研究,最应考虑的是如何以科学的态度来对待。我们既不能因为着眼于本土性而不重视科学性,也不能因为注重科学性而忽视本土性;既不能因为本土化而否定西方心理咨询与治疗理论和方法,也不能因为本土心理咨询与治疗理论和方法尚未形成而否定其发展的价值。这种心理咨询与治疗观的变革必将有助于中国心理咨询与治疗本土化的发展,以及与其他文化圈中的心理咨询理论的沟通和衔接,最后使得中国本土式心理咨询与治疗理论和方法成为世界多元化心理咨询与治疗理论中的一元。

除此之外,我们还要认清心理咨询与治疗本土化与全球化同步发展的趋势。时至今日,对于心理咨询与治疗的本土化已很少有人提出异议,但心理咨询与治疗的全球化又成为关注的焦点。因此我们认为,心理咨询与治疗本土化与全球化应该是平衡发展的。事实上,经过这么多年中西文化的交流,中西文化一直处在冲突和融合之中,我们很难单纯从中国传统文化看待当代中国人,也很难说在他们身上就已经全部体现西方文化的特点。当代中国人的思想观念中已经出现了中国传统文

化与西方文化的杂合,而且这个杂合体中充满着矛盾,他们的心理活动同传统中国民众有明显差别,所以我们不能仅以传统文化下的中国人作为对象来对心理咨询与治疗进行简单的本土化。我们在大谈本土化的时候,必须考虑到全球化问题,也就是说不能离开全球化来谈本土化。

参考文献

[1] 曾文星、徐静:心理治疗:理论与分析,北京:北京医科大学中国协和医科大学联合出版社,1994年版,第220—229页

[2] 钟友彬:中国心理分析,沈阳:辽宁人民出版社,1988年版

[3] 李黎、俞锦宾:试论心理咨询的理论和方法的本土化,绍兴师专学报,1994,1:67—71

[4][6] 郑泰安:华人常见的心理症与社会心理问题,见曾文星主编:华人的心理与治疗,北京:北京医科大学中国协和医科大学联合出版社,1997版,第160—163页

[5] 杨德森:中国人的心理与中国特色的心理治疗,见曾文星主编:华人的心理与治疗,北京:北京医科大学中国协和医科大学联合出版社,1997版,第26—30页

[7] Hsu,F.L.K.(1985):The Self in Cross-Cultural Perspective. In:Marsella,A.; DeVos,G.;and Hsu,F.L.K.(Eds):Culture and Self. Tavistock Publications,New York

[8] 曾文星:从文化的角度谈华人的心理治疗,见曾文星主编:华人的心理与治疗,北京:北京医科大学中国协和医科大学联合出版社,第286—287页

[9] (美)F.D.沃林斯基:健康社会学,北京:社会科学文献出版社,1999年版,第182页

[10] 景怀斌:中国人心理调节模式及其文化心理原因研究,社会心理研究,1998,4:2

[11] 李强:中国人的心理病理与求助方式的文化根源初探,社会心理研究,2000,3:40—45

[12] 李崇培、李心天、陈仲庚、张伯源等:神经衰弱的快速治疗,中华神经精神科杂志,1958,2(5):351—356

[13] 钟友彬:认识领悟疗法,贵阳:贵州教育出版社,1999年版

[14] 张亚林、杨德森:中国道家认知疗法—ABCDE技术简介,中国心理卫生

杂志,1998(12)3:188—190
- [15] 张亚林、杨德森等:中国道家认知疗法治疗焦虑障碍,中国心理卫生杂志,2000(14)2:62—63
- [16] 钟友彬:认识领悟疗法,贵阳:贵州教育出版社,1999年版,第6页
- [17] 龚耀先、李庆珠:我国临床心理学工作现状调查与展望,中国临床心理学杂志,1996,(4)1:1—9
- [18] 曾文星、徐静:心理治疗:理论与分析,北京:北京医科大学中国协和医科大学联合出版社,1994年版,第220页
- [19] 季建林:心理治疗在中国:西方治疗技术与东方文化思想的结合
- [20] 周一骑:心性修养与心理治疗,天津:天津社会科学院出版社,2001年版,第1—2页
- [21] 杨鑫辉:中国传统心理治疗探讨,南京师大学报,1995,4:50—55

第十八章 后现代主义心理治疗

后现代主义心理治疗是在后现代主义心理学思潮影响下迅速发展起来的心理治疗实践活动。1988年美国著名社会心理学家格根（K.J. Gergen）在澳大利亚悉尼举行的国际心理学会议上，应邀作了《走向后现代心理学》的专题报告，这是心理学界就后现代心理学问题所作的最早、最有影响的系统研究。报告指出心理学正面临深刻的变革，以及建构后现代心理学的具体设想。国外学者对于后现代主义心理学主要有如下观点：后现代心理学大师、丹麦著名教育心理学家斯丹纳·苛费尔（Steinar Kvale）在为《心理学和后现代主义》论文集所写的序言中，概括了走向后现代的心理学的诸多特征[1]。他指出，在后现代话语的影响冲击下，心理学在对专业知识、专业实践、研究方法、学科性质等的认识上将发生一系列的改变：走向后现代的心理学将越来越重视具体的、实用的知识，重视知识的实践功能；心理学家的专业实践（如临床治疗、儿童教育等等）将越来越被看作心理学知识的重要源泉；在后现代学术话语下从事研究的心理学家拒绝将所谓客观的实证方法视为惟一合法的方法，倡导多方法的（如叙事学的、阐释学的、解构学的等等）研究取向，强调互动的、投入参与的研究。研究过程不再被看成是对某种客观被动的对象的不偏不倚的摹写，而是在具体的情境中通过与对象的对话、互动而共同建构对象的过程；后现代心理学还将超越人们所熟知的关于心理学是自然科学还是人文科学的分歧对立。

哈贝马斯在对实证论的批判中深刻地指出，现代理性倾向于把知识和真理视为中立的、客观的、普遍的,认为它们是推动社会进步和人类解放的力量。而后现代主义者认为这是 20 世纪的知识观被实证论所垄断的结果。哈贝马斯剖析了上述观念的形成,指出实证论之所以为人们所接受,主要由于它反映着一个人类普遍认同的"真理"观念。实证论有两个基本假设,第一个假设是,实证论者以自然科学作为社会研究的典范,认为任何复杂的社会现象都可以还原为一些基本现象,基本现象只需感官便可以了解。因此,事实陈述不需要价值介入就可以被验证。第二个假设是,认为有一个独立于人的存在的客观外在世界。因此,一个理论或语句的真假值,是取决于该理论或语句的描述是否跟外在世界吻合。这是一种"相应真理观"(correspondence theory of truth)的观点。相应真理观的致命问题在于无视社会现象(social reality)与自然现象(natural reality)的根本区别。由于社会现象无法脱离社会价值和文化意义,因而不可能用自然科学的法则去检验社会科学的理论。哈贝马斯发展了"共识真理观"(consensus theory of truth),指出语句的真假值并非建基于人对外在世界的纯感官的客观性上,而是由参与讨论者在没有内外制约之下而达成的共识(consensus)来决定。任何对外在世界的了解都必然涉及了解者的演绎,不需演绎的基本社会现象是不存在的。正是在这个意义上,后现代思想家们普遍认为,"真理就是一致性,谬误就是不一致"。

美国后现代心理学家格根从后现代的视野出发,对现代心理学的合法性危机进行了深入剖析。格根指出,客观的、个人主义的、与历史无关的西方知识观已经渗透到了现代生活的方方面面,人们很少追问其合理性与合法性。现在很有必要用一种建立在社会建构论基础上的科学的元理论取而代之,这样一种元理论会将知识从依仗数据、专注实证的向度转向处于相互联系之中的人与人之间的活动上。可以说,在心理学领域,社会建构论代表了后现代主义的立场,换言之,"社会建构论"一词与后现代主义心理学是同义的。社会建构论认为,一切知识都是社会建构的,通过社会过程获得它们的意义,而这些意义因时、因地、因人而异,不存在超越社会群体之上的普遍性。知识的构成是一种以语言的形式表现出来的社会一致。所谓真实(reality)就是用描述真实的语言构成的。我们生活在社会文化中,无法摆脱深植其中的意义系统。这些文化中的或"地方性的"意义就是我们所能知道的一切。后现代主义者对现代性话语中流行的客观性、中立性、确切性和严密性等目标进行了彻底的解构,"他们把一切事物都界定为文本,从文本与文本的关系中、从文本的上下文中探讨文本的意义"[2]。

福柯作为继萨特之后法国最重要的思想家和后现代主义大师,向现代西方社会科学的一些基本假设提出了挑战。他认为,所谓真实或真理不过是包藏着权力意志的话语,他以消解"主体"的中心位置和解构西方的真理价值观为目标[3]。在研究了人类的疯狂史后,福柯力图表明,疯狂是"社会空间"中的一个知觉对象,是在历史过程中由多种社会实践构成的,而不是由一种集体感觉所捕捉到的。更重要的是,它不能简单地成为思维理解的分析对象[4]。另一位后现代思想家罗兰·巴尔特(Roland Bartthes)在评价福柯的《疯癫与文明》时指出,"疯癫不是一种疾病,而是一种随时间而变的异己感;福柯从未把疯癫当作一种功能现实,在他看来,它纯粹是理性与非理性、观看者与被观看者相结合所产生的效应"。简言之,社会建构论动摇了现代心理学所标榜的客观性与真实性,用后现代心理学的观点来看,疯癫不是一种自然现象、医学现象,而是一种文明产物。

第一节 社会建构论影响下的心理治疗

正如苛费尔所指出的,后现代心理学超越了人们所熟知的关于心理学是自然科学还是人文科学的二元对立。因为科学主义心理学所推崇的客观主义和人本主义心理学所追求的主观主义,原本就是同一枚现代硬币的正反两面。从表面上来看,后现代思潮的语言学取向、释义学取向及文学的取向与人本主义心理学的主题比较接近,但从深层意义上看,后现代主义对自我的解构又消解了人本主义心理学的内核,即自我实现的目的性个体。人本主义心理学虽然作为行为主义的对立面出现于60年代,但究其实质仍处于现代思想的框架体系之中,它同样追求外在合法性、普遍性,并且人本主义心理学所张扬的自我也是与历史、与社会无关的(ahistorical and asocial)。科学主义心理学和人本主义心理学都将人从其特殊的文化背景中抽取、抽象出来,行为和意识都与其内容,即它所产生的社会文化背景无关,社会文化的内容被视为偶然的、局部的,而心理过程则被看成本质的、普遍的了[5]。简言之,现代心理学十分注重个体内部的认知机制,而后现代心理学转向了对心理生活的背景性考察,更注重心理生活的社会的、文化的、历史的向度。

后现代主义运动中,社会建构论(social constructionism)作为一项重要的理论建树,在元理论的层次上对西方传统的二元主义认识论进行了批判和解构,把关注的焦点从二元主义认识论所专注的心灵与世界的关系转移到语言与世界的关系。进而,社会建构论通过语言的社会性而说明存在于语言中的知识的社会根源和社会功能。可以说,在心理学领域,社会建构论代表了后现代主义的立场,换言之,"社会建构论"一词与后现代主义心理学是同义的。

后现代心理治疗与现代范式的心理治疗相比有以下几个主要的变化:

第一,对心理问题定位的视角转换。与现代范式的心理治疗着眼于个体的感受,把心理问题定位于个体内部有所不同,后现代心理治疗把心理问题定位于人际之间,即以语言为媒介的种种关系构成的社会空间,强调的是语言的社会过程[6]。在建构主义者看来,"心理障碍往往只是人际关系障碍的副产品"[7]。以抑郁为例,建构主义的观点认为,对于抑郁的症状,应该从人际之间的、社会过程的以及心理动力学的方面寻找原因,而不是从个体内部、生物学的方面寻找原因[8]。由于建构主义把疾病和问题都看作是一种文化的建构而不是独立的现实,所以,以往所谓的"功能障碍"、"焦虑"、"压抑"、"痛苦"等都被看作是社会的观念(social perspectives)。

第二,治疗任务的不同。对于心理问题定位的变化,必然导致治疗任务的相应变化。后现代心理治疗的任务就是对固有的社会观念进行重构,即建构新感受的过程。也可以说是通过治疗师与来访者的对话,建立和发展新的意义的过程。面对新的治疗任务,治疗师要问的问题是某种特定的自我描述能否被改造成一种新的形式,或是用另外一种替代的描述能否同样处理好同一个事实[9]。有人把后现代心理治疗看作是一种教育事业[10]。"教师"与"学生"通过协商达成一种可以在社区范围内操作运用的一致性意见,并建立目标与步骤。治疗师与来访者并不是主体与客体的关系,而是共同的参与者。他们所进行的思考、感受及想象并不是个体的内心事件,而是通过参与而建立起来的过程。参与的媒介是语言。治疗师要对他本人的意见、价值观的后果承担责任,并且也要鼓励来访者这样做。在这样的治疗方案中,治疗师帮助来访者把症状或问题看作是生活的社会形态的一部分,而不是一种疾病或是个体的内部问题。这种"生活中的冲突"并不是发生在思想与情感之中,而是在不同的冲突性的社会情境之中[11]。治疗师要做的是通过采用各种互动方式,以帮助来访者建立并发展新的意义;通过与来访者合作,以创造出一种新的、令人满意的、可发展的情境[12]。一些后现代取向的心理治疗师已采纳了卡尔·罗杰斯的非指导性的原则。治疗中,治疗师鼓励来访者探讨对问题的多种不同的叙述方式,但是不必认定(承认)某一种是真实的。对问题的叙述是一个制造意义的过程,同时,也能帮助治疗师与来访者了解到,意义作为文本的一部分,其中并不存在终极的真实。通过叙述的体验,他们将认识到,没有哪一种叙述比另外一种更真实或更重要。叙述的方法通过表达生活意义的新的文本从而获得一种转化的力量。来访者向治疗师所寻求的帮助是寻求生活的改变,治疗师可以这样要求来访者,他们要做的第一个改变就是把治疗师看作专家的这种社会期望[13]。

第三,治疗师角色的变化。后现代主义心理治疗要求治疗师放弃对心理问题无所不知的权威的态度,要采取一种不知者的立场,不对问题做任何预先的假定、期望以及回答,这样可以排除他们以往的知识和偏见,以免对新的意义关上理解的大门。他们要做的是,尽可能多地倾听来访者,鼓励来访者带来新的意义和理解。治疗师的角色可以称之为"话语艺术家"或是"对话过程的建筑师"、"助长者"、"促进者"[14]。

在治疗方法方面,可以说,在社会建构论这个大原则的统摄下已经发展出多种多样的形式和方法,不同的疗法各有侧重。例如,以解决方案的讨论取代对问题本身的讨论[15];协助来访者以书面表达的形式重新建构他们的生活[16];协助来访者以表演的形式重新建构生活,该疗法称为表演疗法或社会治疗;通过治疗师与来访者之间各种不同的对话方式建构新的意义[17];把治疗的着眼点集中于来访者的积极特征和发展潜力上[18],即积极心理治疗,等等。本文将重点介绍并讨论其中影响较大的一种疗法,即社会治疗。

第二节 社会治疗的理念

广义的社会治疗(sociotherapy)是指强调社会环境和人际方面而不是精神内部方面治疗形式的总称。它包括群体治疗、心理剧以及其他种种形式[19]。狭义的社会治疗(social therapy)是指由美国当代心理学家、后现代心理学思潮的倡导者弗莱德·纽曼(Fred Newman)、路易斯·赫兹曼(Lois Holzman)等人自20世纪70年代所开创的以表演理论为基础的社会治疗,也是本文所重点讨论的一种疗法,因其反对现代心理治疗中的诊断方法,并强调表演方法在治疗中的使用,又称为表演疗法(performance therapy)。由于社会治疗的理论重心由现代心理治疗对个体内部认知结构的注重转向了社会的、历史的、文化的方面,并在方法上充分体现了后现代精神的超个体性、创造性以及视角多元性,因而成为美国心理学界后现代主义思潮中影响最大的理论流派之一。

一、纽曼

社会治疗的创始人弗莱德·纽曼(Fred Newman)于1963年毕业于美国斯坦福大学,获科学哲学博士学位。纽曼的兴趣涉及许多领域,可以说,集哲学家、心理治疗家、社会活动家、剧作家、戏剧导演于一身。自70年代创立短期心理治疗东部研究所之日起,致力于培训心理治疗专业人员,并在社会实践中以多种形式推行社会治疗的方法。纽曼经常在纽约的卡斯蒂罗文化中心(Castillo Cultural Center)把自己的作品搬上舞台,并亲自担任艺术指导。同时还在有线电视台创办了《治疗美国》(Therapy for America)专题节目,收效良好。

作为西方世界后现代思潮的弄潮儿,纽曼对现代美国社会持批评态度,在心理学与政治的关系问题上有颇多建树。曾就该领域的问题在美国、英国等地做过广泛的巡回演讲。纽曼不仅是心理治疗的从业医生、社区组织的咨询顾问,同时也是热衷于社会改造的实践家。在组建美国第三党派的努力中,纽曼称得上是活跃的核心人物。

由于在诸多领域的建树与影响,纽曼创立的社会治疗富有多元化的色彩,既体现了哲学家的睿智、剧作家的想象力和创造性,也体现了作为心理治疗家和社会活动家的救世情怀与实践精神。目前,纽曼介绍社会治疗的著作有:《心理学的神话》(The Myth of Psychology, 1991);《列夫·维果茨基:革命的科学家》(Lev Vygotsky: Revolutionary Scientist, 1993);《让我们发展!对个人继续成长的指导》(Let's Develop! A Guide to Continuous Personal Growth, 1994);《非科学的心理学:一种理解人类生活的文化的－表演的方法》(Unscientific Psychology: A Cultural-Performatory Approach to Understanding Human Life, 1996);《一生中的表演——实现快乐人生的实践的－哲学的指导》(Performance of a Lifetime——A Practical Philosophical Guide to the Joyous Life, 1996)等,以及剧作十余部。美国后现代心理学家格根(K.J. Gergen)在评价纽曼的作品时指出,"在纽曼那里,哲学成为一种行动,而行动成为建构快乐人生的方法,人生成为发展着的历史和社会关系中绝妙的存在和充满生机的冒险"。

二、纽曼对现代范式心理治疗的反思和批判

20世纪70年代中期,纽曼加入到对现代西方社会主流的心理治疗进行反思和批判的行列中去,加入到反精神病学运动(anti-psychiatry movements)中去[20]。批判主要针对心理治疗的形式和目的展开:

（一）对诊断形式的批判

现代心理治疗有几个必经阶段，其中心理诊断阶段是不可逾越的。心理诊断的任务，主要是对患者的问题及其原因进行分析和确认，治疗师对患者的帮助和改变是在心理诊断的基础上展开的。心理诊断这种形式包含着两个致命的问题，一个是自然科学的方法，另一个是心理语言的图式论。

首先，心理诊断的实质，就是治疗师以权威自居，对来访者进行贴标签、分类、说明、解释，做病理学的分析，并告诉他们解决情绪"问题"的办法。实际上，贴标签、分类、说明、解释、诊断等方法是心理学从传统医学中借用来的，而医学又是从自然科学那里借用来的。当然，在自然科学中，这些方法用于解决各种各样的问题是有着巨大的价值的；在医学中用于解决人们身体上的病症、器质性的疾患也是有效的；然而，把这种正式的标签强加于人们的心理领域、解决情绪问题却是很少能够奏效，甚至常常会带来无可挽回的消极影响。

具体说来，自然科学的研究对象是不受人类语言描述所影响的。当人们把一颗恒星命名为小丑或侏儒，这颗星不会因此而改变它本来的运行轨迹。而以人为研究对象的学科则不同。正如维果茨基所指出的，人文学科必须考虑到人类自我参照（Self-reflexive）这个基本事实，即人类自己研究自己。因此，拿心理诊断来说，当治疗师依据《诊断与统计手册》的最新版本，以专家、权威的姿态对来访者的症状进行对号入坐，贴上诸如"学习障碍"、"低自尊"、"临界智商"或"抑郁症"、"焦虑症"的标签时，很容易使来访者形成对自己的消极、否定的认识，极大地限制了人们成长的发展的能力。

第二，心理诊断是以语言的图式论为依据的[21]。图式论认为心理语言的基本功能是真实、准确地描述心理状态，包括动机、态度、心理事件等。与这些描述相应的是内部的客观状态，有时是外部的"现实"。图式论的观点代表了长期以来心理治疗的临床实践，在西方文化中占据着主导地位。依据图式论的观点，在心理治疗中，来访者被要求对心理的所谓客观状态努力进行描述，治疗师则不停地敦促对方诉说病情，对

"内部现实"作出尽可能详尽、忠实、深度地描述,并对来访者所表述的真实性、意义、一致性、清晰性、价值等进行盘问和质疑。可以说,诊断的大部分时间是对心理事实进行描述、再描述的过程。一些反对心理诊断的意见认为,这样的诊断实际上已经改变了来访者的处境,或者说对其生活形式发生了影响。来访者一旦被贴上诸如此类的标签,便构成了其个人生活史的一部分。这是现代的心理治疗难以理解,也无法改变的一个基本事实。简言之,诊断本身在给来访者造成心理压力的同时,也把消极影响渗透到他们未来的生活中去,造成更多的心理问题。

近年来在心理学界,语言的图式论观点以及以此为基础的心理诊断的有效性已受到许多直接或间接的批评,特别是受到有哲学背景的"哲学心理学家们"的严肃批评。其中大部分批评是与维特根斯坦后期的思想密切相关的。维特根斯坦后期的哲学思想彻底否定了语言图式论的观点,提出了关系性的活动理论(relational activity),指出语言不是对事物的本质特征的描画,而是"一个活动或一种生活形式的一部分"。随着维特根斯坦的影响在心理学中的不断深入,越来越多的心理学家已放弃了语言的图式论,主动探索活动论的方法。

(二)对"适应性"目标的批判

纽曼指出,现代范式的心理治疗一般认为,人们的心理问题往往是由于对社会生活的适应不良所引起的。因而治疗的根本目的在于帮助人们适应现存的社会环境,即使这个社会是落后的、保守的、种族主义的、性别歧视的甚至是异化的。现代社会对适应性的片面强调,显然忽略了一个重要的社会事实,那就是社会始终是发展变化着的。如果心理治疗仅仅是帮助人们适应现存的社会,只会误导人们,忘却人类不同于动物的根本特性,那就是人类不仅能够适应环境,更重要的是能够改造环境。这种改造环境的活动就是人类所特有的历史活动。纽曼宣称自己是马克思主义者[22],赞同马克思主义的主张,人类不是被环境所决定的、被动的、惰性的,而是处于与环境之间辩证的、矛盾运动之中。人类在与环境的关系上,不仅具有适应性,还应具有革命性。

纽曼在批判单方面强调适应性的心理治疗的同时,把革命性的概念引入了社会治疗的实践之中。社会治疗的特点在于,它并不是用动听的理论解释和掩盖人们在现实社会生活中的差别,而是作为一种创造新的环境的方法。在社会治疗中,也就是创造新的环境的过程中,首要目的是让人们学会,不能再把自己看成是社会环境的牺牲品,而要把自己看成有能力改变自己生活状况的建设者。以美国社会为例,在这样一个异化了的后工业社会中,对于穷人、有色人种、女性、同性恋者等弱势群体,社会治疗可以做的工作是,帮助他们把自己认同为生活环境的改造者。社会治疗不是指导人们去适应现存社会,而是要指导人们去适应历史。因为社会只是历史发展进程中一个特定时空的特定的组织形式,而历史却是社会的一个连绵不断的发展过程。适应历史意味着革命性重于适应性。当然,这里的革命性不是指特定历史时期的激进的、暴力的革命,而是代表了人类改造自己生存环境的能力。所以,社会治疗的目的在于帮助人类发展自己的根本特性——革命性。

第三节 社会治疗的理论背景

一、哲学背景:维特根斯坦的心理学哲学思想

近年来,心理学界有一种明显的发展趋势,就是维特根斯坦(Ludwig Wittgenstein,1889~1951)的影响迅速增长。这位生于奥地利,毕业于剑桥大学的英国哲学家因提出哲学的任务就是进行语言治疗的著名论断,促使西方哲学完成了语言学研究视角的转换,使哲学的思维方式发生了根本性的变化。在对哲学性质的理解上,维特根斯坦否定了自亚里士多德以来的西方哲学的基本观念,指出哲学不是理论,不是一套学说,而是活动。这种活动,在他前期思想中表现为澄清命题意义的逻辑分析活动,而在他后期思想中则主要是指语言游戏活动。他反对哲学的建设性功能,提倡哲学的治疗性功能。提出"哲学家对问题的处理,就像是治疗疾病一样"[23]。

维特根斯坦对哲学的治疗功能的强调，曾受到弗洛伊德的影响和启发。他在1931年的笔记中曾把弗洛伊德的理论看作自己思想的来源之一，因为弗洛伊德为哲学研究提供了一种可供选择的模式。维特根斯坦在语言方面的见解是，以往人们将语言的功能只看作是描述现实，从而力图构造与现实世界严格对应的符号系统，这是一种语言图式论的观点。而维特根斯坦的观点（指他的后期思想）与此相反，认为语言镶嵌在日常生活中，有着无限的功能，与人们的行为交织在一起，构成语言游戏。仔细描述每一特定的具体情境中的语言使用，避免以科学方式进行概括说明，才能摆脱哲学问题的困扰。维特根斯坦分别在数学哲学和心理学哲学两个分支上进行了这种消解活动[24]。

（一）维特根斯坦对传统哲学二元论的批判

语言哲学家对西方传统哲学二元论的批判态度并不是维特根斯坦所独有的。英国哲学家赖尔（Gilbert Ryle）在《心的概念》（The Concept of Mind, 1949）一书中抨击了他称之为始于笛卡尔（Descartes）的"机器中的幽灵"的思想。笛卡尔界定了两个世界：一个是物质的世界，包括躯体；另一个是心理的世界，也就是一个使私下的心理事件得以产生的内部舞台。赖尔谴责笛卡尔犯了一个巨大的"范畴错误"（Category Mistake），把心灵看作是独立于躯体的客体。笛卡尔用"心理的"属性如"聪明"、"真诚"、"诡诈"等等来描述行为，而且假定有一种心理的东西隐于行为背后，使行为表现出聪明、真诚或诡诈。赖尔认为，这里存在的错误是，因为行为本身就是聪明、真诚或诡诈，不需要内部的幽灵去促使行为如此表现。杜撰"机器中的幽灵"解决不了什么问题，"不但无法解释心理生活，而且使我们对心理生活的理解更加复杂"[25]。

在反对二元论的立场上，维特根斯坦的观点与赖尔是一致的。在对语言的"治疗"中，维特根斯坦指出，二元论使人们相信"私人语言"的存在。由于二元论认为心灵是不依赖于身体、只能通过内省得以接近的，因此存在一种无需表达和不为他人理解的"私人语言"是完全可能的。针对这种"私人语言"的观念，维特根斯坦分析了日常语言中表达感觉的动词，表明私人语言实际上不是一种真正的语言。因为能够相互交流和理解是语言的基本特征,在这种意义上,语言不可能是私人的。二元论在语言问题上的错误就在于,它把说出语言的活动与语言表达的内容割裂开来,认为说出语言仅仅是外在的行为,它必然要受说话者内心活动的支配。同时,说出语言也就可以是说话者意指他当下的私人感觉。因而,这种错误必定导致人们荒谬地相信存在某种只有说话者知道的私人语言。维特根斯坦指出,二元论思想是私人语言观念得以产生的认识上的根源,而私人语言观念又是二元论思想得以苟延残喘的最后避难所[26]。维特根斯坦反对私人语言的论证,就是向这个避难所发起的猛烈攻击。维特根斯坦进而指出,克服身心二元论的思想只能在语言交流中才更为彻底,消除私人语言的观念也只有在日常语言游戏中才得以实现。

(二)维特根斯坦对心理学哲学中科学主义思维方式的批判

维特根斯坦把心理学看作是"我们时代中最引起误解的知识领域"[27],并指出,"说心理学还是一门'年轻的科学',这并不足以解释它到目前为止还处于一片混乱之中,还没有为人们提供出任何有价值的结果这一事实。它的状况不能比之于早期物理学的状况。因为在心理学中存在着实验方法和概念混乱。"[28]。

心理学的概念混乱是在没有心理客体和心理过程时还认为存在心理客体和心理过程,然后针对这些杜撰的客体和过程寻求解释。维特根斯坦认为,涉及心理过程的术语都是"家族相似性"术语,无法掌握界定其本质。"记忆"、"思维"、"意向"不是过程,而是人类能力。思维过程并不存在,像记忆一样,思维只是人们的某种行为。当心理学家构思他们的问题"思维的过程是什么?"并由此提出关于心理过程的理论时,他们便陷入了概念混乱。在维特根斯坦看来,心理学并不能科学地解释行为,但是能够帮助人们理解行为。理解人们的行为以及思想表达,不能到机体内部去寻求,只能在人们生活于其中的生活形式中去理解。"存在着实验方法这一事实使我们相信有了解决令我们感到不安的那些问题的方法。尽管这里问题和方法彼此并不适合"[29]。

给哲学家们带来困惑和精神上的不适的直接原因是科学思维方式一统天下的结果。人们认为,科学是万能的,无所不在的,于是便将科学所追求的目标视为哲学的理想,并企图用科学的方法解决哲学问题。在这种观念的支配下,人们便一味地追求起现象之间的相似性、统一性,却不管事实上是否存在着这样的相似性、统一性;不顾一切地追求对现象的更一般、更精确、更完美的解释[30],以为由此我们便能达到对事物、对现象的本质的认识。这样,我们也就忽略并忘却了现象之间的差异性、区别性,产生了对特殊情况、特殊性的蔑视态度[31]。

简言之,哲学的任务不同于科学的任务,科学的方法,无论是演绎证明方法还是归纳实验方法,不适于解决哲学问题。因为在了解人类思想和行为方面从来没有历史上永恒的和跨文化的普遍原则。

(三)维特根斯坦对行为主义的超越

由于维特根斯坦对语言的分析与行为主义有某些相似之处,很多西方学者把维特根斯坦看作行为主义者,称他的思想体系为"哲学行为主义"[32];根据他在意向性问题上所采取的立场,称他为"社会的行为主义"或"语言的行为主义"[33]。原因在于,在意向性问题的基本立场上,有两种选择,传统哲学的一贯态度是强调意向性本身是人们心理活动的一个方面,语言活动只是这种心理活动的外在表现,这是维特根斯坦拒斥的一种观点;而当代英美语言哲学家们采取的立场则相反,认为意向性是构成言语行为的一个内容,只有通过外在的言语行为才能理解意向性。显然,该立场具有明显的行为主义特征。然而,在对维特根斯坦的思想做全面考察之后,特别是在他的意向性问题的观点中,我们会发现,维特根斯坦的思想是远远超越了行为主义的。

上述结论的依据是,行为主义的基本特征是根据外部的、个别的行为来确定语言的意义,或者说,是根据对说出的话所产生的行为上的反应,来确定语言的意义。而维特根斯坦与行为主义的不同,首先在于他反对行为主义把人类行为原子化的倾向。他认为,人类的行为总是以整体的形式出现的,不可以还原为最基本的原子。人类的语言也只能在使用语言的社会群体中才能实现语言的作用。其次,维特根斯坦反对行为主义的因果决定论。他认为人类行为中最重要的联系绝不是因果关系，诸如希望、祈祷等心理活动并不是由其他的东西或经验条件引起的，而只是在一种普遍的社会(语言)框架中构成的。人类行为只有在一种"意向的领域"(即语言游戏的环境和生活形式)中才能具有意义。由此看来，维特根斯坦对行为的解释，以及关于意向性的思想，已经超出了行为主义讨论的范围，而更接近现象学的观点。

(四)新主题的导入：方面知觉与生活形式

维特根斯坦在心理学哲学的研究中，开拓了一个新的领域，即"方面知觉"(aspect-perception)这个新主题的导入。他首先通过著名的"鸭兔一头图"消除心理学家对视觉经验的误解，然后引出重要的观点。人们发现，如果将"鸭兔一头图"放在孩子面前，孩子就会说："这是鸭头！"过一会儿他又会说："这是兔头！"并且会不断在两个图形之间转换。不仅面对这一图形时，而且在许多图形下，人们都会将它们看作什么东西，而且会在不同时刻或情境下看作不同的东西。在图形中看到自己所熟知的景象，这是人所特有的一种视知觉经验。

对视知觉的正确理解，是人们正确理解思维的前提，也是正确理解思维现象所必不可少的。一个人可以以不同的方式看待对象，也就是注意到对象的"方面"(aspect)。心理学家们将这种从一个图形中看出不同方面或将一个图形看作不同东西的现象，当作观看者心中的不同心理状态使然，仿佛它们是不同类型的对象；既然外在的图形没发生变化，那么变化的一定是内在的心理图像(感觉材料)。心理学家们依照这种理解，便走向将"方面知觉"当作个人内在私有的经验实体和唯我论境地。这正是维特根斯坦所反对的。

当心理学家们将这种经验当作个人内在私有的心理状态或过程时，维特根斯坦则认为，这种经验是由人类文化和教育所造成的概念问题。它们不是任何心理的或生理的因果联系，而是由人类生活形式所建构的概念联系。例如，对于同一图形，出于不同文化和教育的人却可以看出不同的东西。对于从未见过鸭子的人来说，他就不会将"鸭兔一头图"看作一只鸭头图。而且，这种经验的概念强制性在于，生活形式限定了一个人的"方面知觉"的范围和方式。"方面知觉"的变换说明人们在以不同的方式知觉对象,或者说,在以一定方式理解对象。一个人在以不同的方式知觉对象时,生理过程可能会发生不同的变化,但我们并不能将这种知觉经验还原为生理过程。

所以,心理现象从根本上说不是"内在过程"。"内在过程"需要外在的标准,但不是行为主义的所谓外在标准。因为,行为主义和心理主义是同一个错误之树的两个分支。维特根斯坦所说的外在标准是指生活形式或文化。只有生活形式和文化的变化,才能使我们真正能够从新的角度看待事物。维特根斯坦的哲学方法就是为了引导人们以新的不同的方式看待世界。

维特根斯坦进一步认为,一个人没有知觉"方面"的能力,不仅仅是因为他缺少想象力,而是因为他没有欣赏深刻的多样生活的文化。在此,维特根斯坦的哲学方法和他的文化观点紧密联系起来。"理解"、"欣赏"不能被当作心理过程或某些外在伴随物。看到对象的方面、欣赏音乐、理解诗歌绘画、具有幽默感,这都是在一定文化、一定生活形式中才具有的反应能力[34]。

(五)生活形式概念启发下的社会治疗

格根在评价维特根斯坦对心理治疗的影响时指出:维特根斯坦的生活形式这一概念的提出是创立新的心理学,特别是新的临床心理学的关键[35]。

维特根斯坦的前期思想认为,我们生活于其中的现实世界是由事实、事态组成的,世界是有本质结构的。而后期的维特根斯坦否定了前期的观点,最终认为我们所生活于其中的这个现实世界并不是由可以描述的事实或事态组成的封闭的、完成了的整体,而是由各式各样、作用各异,但彼此间又互相联系、互相影响、互相交织的无限增长、无限丰富着的生活形式(forms of life)组成的开放系统。所谓生活形式就是指在特定的历史背景下流行的,以特定的风俗、习惯、制度、传统等为基础的人们的思维方式和行为方式的总体或局部[36]。生活形式的基本特征如下:首先,一种生活形式就是一种实践,它是由一系列的实践活动构成的；其次，任何实践，任何生活形式都是在特定的历史背景下通行的，都以特定的风俗、习惯、制度、传统为前提；最后，人们的任何概念活动都可在生活形式中找到其根源，都以特定的生活形式为根据。换言之，生活形式是给定的，我们不得不接受的东西。由此可见，人们的一切概念活动都是以生活形式为基础的，所以人们在概念活动上的一致也就必须以生活形式的一致为基础，而不同的生活形式便会引起不同的概念活动。维特根斯坦还以"希望"、"期待"、"意图"等心理学概念为例来说明生活形式是如何构成我们一切概念活动之基础的。他指出，意图是包含在情形中，包含在人类的习惯和制度中的。如果没有棋类游戏这种技巧，那么我们也就不会有下一盘棋这样的意图。维特根斯坦进一步指出，我们的日常语言是由各式各样的语言游戏组成的，语言游戏是植根于生活形式之中的。"语言游戏"一词意在强调：讲一种语言是一种活动或者一种生活形式的一部分。

维特根斯坦的生活形式概念强调了关系性活动（relational activity）的重要性，即讲一种语言是活动的一部分，或者说是生活形式的一部分。纽曼在开展社会治疗的实践中受到生活形式概念的启发，并以关系性活动为理论基础发展社会治疗的实践。关系性活动在社会治疗中意味着，只有在相互联系的活动中语言才有意义，改变一种生活形式就是改变了词语和对话的意义[37]。在社会治疗中，来访者常常会谈到"抑郁"、"焦虑"、"这几天过得糟透了"、"我对他很气愤"等。怎样帮助来访者改变这种状态呢？当然，分析这些症状的性质是毫无意义的。社会治疗主张，通过行动而不是解释来消除语言中的迷雾或歧义。这种行动就是抛开现存的、与不良情绪相关的生活形式，通过集体地、创造性地表演人们的生活，从而建构新的生活形式。只有当人们创造了新的生活形式，他们才可以说自己理解了行为的存在方式。简言之，在生活形式这一概念启发下，纽曼发现，社会治疗的基本过程实际上就是对生活形式的改变。

二、心理学背景：社会文化历史学派

社会文化历史学派是由前苏联心理学家维果茨基（Lev Vygotsky，1896～1934）创立的"文化历史发展理论"发展而来的。该学派形成于20世纪20～30年代，以维果茨基及其学生列昂节夫、鲁利亚为代表，主张用文化历史发展的观点来研究人的高级心理机能，认为人的心理是受社会文化历史制约的。

维果茨基是一位世界公认的马克思主义心理学家，是为建立马克思主义心理学而斗争的首创者之一。自70年代末，维果茨基的著作介绍到西方后，他的有关心理发展的社会文化取向的理论受到国际学术界的广泛注意，并掀起一场"维果茨基热"。维果茨基对心理学的重要贡献在于把历史主义的原则引进心理学领域，认为心理学研究应当从历史的观点，而不是抽象的观点；不是在社会环境之外，而是在同社会环境作用的联系中加以理解。维果茨基既反对心理发展的生物学化的观点，也反对唯心主义的文化历史观，从而成为以辩证唯物主义为指导，改造西方传统心理学的巨匠。

文化历史发展学说的核心问题是高级心理机能的发展问题。关于高级心理机能的结构、发生和发展，以及它所特有的规律性，在心理学的传统中一直存在着客观主义和主观主义两种倾向。客观心理学不承认高级机能和低级机能的差别；而主观心理学认为在每一个初级机能之上还耸立着高级机能，如：在机械记忆之上是逻辑记忆，在不随意注意之上是随意注意，在再现想象之上是创造性想象，在形象思维之上是概念思维，等等。但是对于这些高级机能的起源并不清楚，难以形成正确的观点。针对上述状况，维果茨基指出，心理发展必须区分两种不同的心理机能，即低级心理机能和高级心理机能。低级心理机能是在种族发展过程中出现的，是生物进化的结果；高级心理机能起源于社会，是文化历史发展的产物。为了解释高级心理机能发展的具体机制，维果茨基提出了两个重要概念，即"中介"和"内化"概念。关于中介的思想，维果茨基认为在人的心理活动中存在一个特点，它与人类在劳动过程中使用工具这一特点相适应,人在生产劳动中使用物质的工具,一方面增强并改变了人类的生产劳动,另一方面也改变了人类器官的自然功能;人的高级心理机能也使用"工具",即通过使用语言这种"精神工具"来实现,语言所起的是一种"中介"的作用,人借助这种工具,能够思维并可以随意地控制自己的行为,使低级的心理活动向高级的心理活动发展。关于内化的思想,维果茨基认为,语言这种符号的发生和发展是一种由外部转向内部的过程。因为语言是一种社会交际手段,先是在人类共同的生活中形成,然后变成个人的心理工具。因此,所有的高级心理机能在自己的发展过程中也必须先通过外部的阶段,然后再转化为内部的东西。就个体的心理发展而言也要经历"内化"的过程。

文化历史学说在思维与语言的关系问题上,既反对把二者等同起来的观点,也反对把二者完全割裂开的观点,而是认为"思维不是在语言中表现出来的,而是在言语中实现出来的"[38]。所以,思维与语言的关系不能被看作是一成不变的东西。它始终是一个过程:从思维向语言的运动和从语言向思维的运动。对于皮亚杰关于儿童的思维和语言由个体化向社会化发展的理论,维果茨基提出了不同的见解,指出儿童的语言从初始就是社会化的,儿童的自言自语是他们的语言在发展过程中,从外部语言向内部语言过渡的一个中间环节,是在行为中解决问题和思维的工具。

(一)作为方法论的实践观

维果茨基对心理学的贡献是多方面的,然而最重要的贡献在于其研究方法,因为从方法中得出的结论与方法本身是不可分的。维果茨基一生致力于用马克思主义的方法论改造西方传统的心理学。马克思在对资本主义的政治-经济学分析中,发展了历史主义一元论的科学方法,维果茨基把这一方法成功地引入心理学领域。在马克思那里,历史不是过去,也不是过去某一时空中所发生的事件,而是活生生的、可感知的、连续的、不可分割的人类存在的总体,是"确定的条件下发展着的过程"[39]。正是历史主义的方法解释了在物质实践中人类意识的形成。作为一个彻底的唯物主义者,马克思坚持科学的起点、历史的起点是生活本身(life-as-lived)，而不是对生活的解释或是从生活中推测出来的抽象概念。马克思提出的历史的唯物主义的方法论不仅对19世纪的西方哲学是一个挑战，而且对普遍意义上解释性的哲学传统也是一个挑战。因为传统的哲学家们只是用不同的方式解释世界，而马克思主义哲学所关心的是如何改造这个世界。因此马克思主义哲学是一种行动的哲学、实践的哲学。

作为一位马克思主义的心理学家，维果茨基深信，心理学成为一门科学的身份将取决于它在多大程度上改造了它所研究的对象。因为科学的任务并不仅仅是像镜子一样反映现实，而是能够对现实产生影响，能够干预、处理现实[40]。也正是在这个意义上，维果茨基所建立的马克思主义心理学是一门非解释性的科学。

自培根时代起，在方法论问题上的传统观点认为，方法与科学研究的内容和成果是相分离的。方法是功能性的手段，从根本上讲具有实用主义或工具主义的特征。方法是为了使用而存在的。与这种传统的观点不同，马克思和维果茨基则认为，方法既不是达到目的的手段，也不是实现结果的工具。方法不是被使用的，而是用来实践的。用维果茨基的话来说，方法"既是工具，也是产品"，"既是前提，也是结果"。简言之，研究的方法就是实践。这个实践不是通俗意义上的实践，而是马克思所说的实践的一批判的活动，即革命性活动[41]。

我们可以通过"工具"这个概念来理解实践的方法。因为这个概念对于理解维果茨基的思想是非常重要的。马克思主义者都同意这样的观点，即工具的使用影响着人类的认知范畴。在维果茨基文集第一卷的序言中，美国心理学家布鲁纳(Jerome Bruner)针对工具的概念这样写道：

> 维果茨基思想的核心是工具性活动(instrumental action)，即使用物质工具和符号工具以达到目的的活动。人类通过使用自然的工具和文化的工具以控制世界和人类自身。需要强调的是，通过使用工具，人类改变了自己及自己的文化。维果茨基对达尔文的解读非常接近现代灵长类动物学的观点，即人类的进化被使用人造的工具，并创造了技术--社会的生活方式所改变了。一旦这种变化

发生,自然的选择就被文化的选择所主导,即使用工具的生活方式成为文化选择的标准。

根据维果茨基的观点,物质的工具和符号的工具最初都是外在的,外在于人类的自然属性或人际沟通。但是工具却影响了它的使用者:语言最初作为交流的工具,最终塑造了人的思维。维果茨基心理学的主旨之一就是致力于解释人类的发展。在《思维和语言》的卷首语中,维果茨基引用了培根(Francis Bacon)的一段话是再恰当不过了,即"单独使用手或脑都是不够的,人类使用的工具和辅助物最终塑造了人类自身"[42]。马克思及其追随者维果茨基认为,科学研究的对象是实践,研究的方法也是实践。我们生存于其中的世界只能通过不受解释性的假设所约束的实践活动来理解。这一观点与实用主义有相通之处。

实用主义作为20世纪末主流的方法论,一贯主张在操作中通过操作的后果来认识对象。正如杜威所指出的,"认识对象"并不是先于人的认识活动孤立存在的东西,而是认识活动的结果。实用主义批判了传统哲学中的视觉隐喻,指出传统哲学在人的视觉过程与认识过程之间所作的简单类比,混淆了"与现实接触"和"处理现实"两种不同性质的东西[43]。视觉过程是与现实接触的过程,只涉及一种非意向性的、无关于描述的关系;而认识过程则是一种意向性的、描述的、说明的关系。认识过程渗透了人对现实的处理,因此不能独立于人类活动。实用主义作为一种方法论,从根本上讲是工具主义的。它的进步意义在于,通过强调思维与行动的连续性,真正地打破了传统哲学中思维与物质的二元对立。实用主义以人的现实生活作为哲学思考的出发点,指出思想、理论、概念是人们适应环境、改造环境的工具,工具的作用在于是否引起了实际的效果。

有人指出维果茨基的观点从表面上看可以归于工具主义,而实际上又远远超越了实用主义者所建构的工具主义,而更接近马克思的实践观。实用主义与实践观的区别在于,实用主义的方法是为了实现结果的工具(a tool for result);而实践观的方法,既是工具,也是结果(tool-and-result),是工具与结果的统一体。为了特定的结果而设计的工具是制造完成了的,以具有一定的功能为基本特征。而工具与结果的统一体

(即实践)则是尚未完成的,与发展活动不可分的。这并不意味着工具与结果的统一体没有功能,而是说,如果简单地以功能来定义实践,就会曲解实践活动的真实含义。

在马克思实践观的影响下,维果茨基所发展的"工具与结果相统一"的方法论,在理解人类心理方面具有全新的、革命的意义。实践活动是马克思的重要发现之一,即人类活动的性质是实践的—批判的。实践的—批判的活动也是革命性的活动。人类作为一个独特的物种,根本特点就是进行革命活动的能力,而这一点往往被忽视。日常生活中所谓的活动大多为了达到某些特定的目的,是与人们的社会身份相关的行为,实际上不是马克思所说的实践活动,只是被社会决定了的行为,或是一些自然的运动而已,因此不是人类所独有的。马克思认为,人类同时生活在社会与历史中,历史是人类存在的连续的且无限延展的整体,而社会是历史中的一个特定时空的制度。所有的社会成员都具有社会性和历史性双重的位置与身份,而现代社会似乎只允许其成员适应其社会性。有人指出,以现代美国社会为例,这是一个信仰自由的、工业化的、实用主义大行其道的社会,其成员适应社会的程度如此之高,以至于不了解人类存在的历史维度。历史感一旦被忽视,就意味着人类改造环境的革命的实践活动被否定了。人类的实践活动具有无限复杂、多样的形式,而且始终处于变化之中。实践活动既改变着人类生存的环境,也创造着历史,实践的意义在于,"只有在革命的实践中才能理解人类改造环境的过程中也改造了自身"[44]。

实践观影响下的社会治疗,从根本上讲是作为一种临床实践活动发展起来的。这一点与精神分析学派的崛起相同,而区别于学院派的心理学。社会治疗的理论也是随着实践的发展而发展,与实践活动密不可分。

(二)ZPD 与社会治疗

维果茨基认为,心理学的研究单位应该是"最近发展区"(zone of proximal development,简称 ZPD)。最近发展区是维果茨基所创立的一个重要概念,最初是指儿童在有指导的情况下借助成年人的帮助所达到的解决问题的水平与在独立活动中所达到的解决问题的水平之间的差异,它反映了儿童发展的最大可能性。ZPD 既不是一个区域,也不是一种模式,而是一个统一体[45],即制造意义的统一体,以及学习引导发展的统一体。对于人类独特的心理活动,研究单位不应该是传统心理学的研究单位,如行为、意识、人格等,而应该是社会与历史的统一体,即建立在人们的物质存在的基础上,"在确定的条件下,现实的、经验性的、可感知的发展过程"[46]。也就是说,建立在历史的基础上。维果茨基认为,ZPD 就是这样一个统一体,也是革命性的活动所发生的地方。

在维果茨基看来,思维(即心理活动)是历史性的,是通过参与社会－文化－历史的活动,并内化了这种活动的形式而形成的:

> 任何一种高级心理机能在儿童的发展中都是两次登台的,第一次是作为集体的活动、社会的活动,亦即作为心理间机能而登台的,第二次才是作为个人活动,作为儿童思维的内部方式,作为内部心理机能而登台的。这个规律同样适用于随意注意、逻辑记忆及概念的形成。一切高级心理机能都起源于现实生活中人与人之间相互交往的活动。[47]

以上这段话常常被当代的维果茨基主义者所引用,因为这段话是 ZPD 概念的核心。在过去的十几年中,ZPD 概念已经引起了西方心理学家的极大兴趣,原因在于它揭示了学习与发展之间关系的本质,更重要的是,它把彼此分离的个体与社会在心理学意义上重新整合起来。

不难看出,维果茨基提出的 ZPD 概念与马克思的革命性活动的概念是一致的。所谓革命性的活动,并不是改变历史的物质因素的活动,而是通过人类独特的物质重构的活动以创造出新的意义[48]。如果没有这种革命性的制造意义的活动,人类改造世界的能力就无从表现;如果作为工具制造者的人类变成了简单的工具使用者,生活中只剩下行为(无论是多么复杂的行为)而不再有活动,那么学习就不再引导发展,人类的发展便停滞了。

传统的心理学一向认为,人的发展会在人生的某个阶段完成。无论是弗洛伊德还是皮亚杰,都先验地假定发展并不是一生的过程,而是要停留在某个阶段。弗洛伊德把个性形成的发展过程用若干个心理性欲阶段的机制锁定,这样发展的过程就可以完结。皮亚杰作为一位发生认识论学家,他从个体生命的早期阶段直至终点去寻求智力发展的常模以及自然的过程。于是,在当今的社会,可以说发展也到了一个终点。

在维果茨基的著作中,我们却可以看到,学习是如何制造着意义,并引导着发展。例如,维果茨基对儿童的模仿行为的观察表明,儿童只是在 ZPD 中模仿,ZPD 中的模仿是制造意义的活动,其中,成人的语言既作为一种工具,也作为思维的产品被儿童使用。儿童作为工具的制造者,会借此创造出新的意义。新的意义并不是从语言或言语行为中产生的,而是在活动中产生的。这一点非常重要。鹦鹉学舌式的模仿,无论把句子说得多么复杂,最多也只是一种言语的行为,是被预先存在的语言工具所决定的。而与此相对照,儿童的模仿不是被预先存在的工具所决定的,他们用工具制造既是工具又是产品的意义,因此,也重组了思维与语言。可以说,当儿童模仿的时候,成年人还不能完全懂得他们所表达的意义,实际上,儿童已经很接近他们的发展区了。我们可以清楚了解的是,儿童所表达的意义与成年人是不同的。换言之,一个初学语言的新手与一个专家是不同的。因为儿童所表达的意义并没有从制造意义的活动中分离出来。

维果茨基认为,人类制造意义的能力、改造环境的能力、制造工具与产品的能力使人类创建 ZPD 成为可能。

作为维果茨基的追随者,纽曼的社会治疗从某种意义上讲就是帮助人们共同建立情绪的 ZPD 的过程。纽曼用这样一个比喻来说明社会治疗与其他心理治疗的区别:人们寻求心理治疗如同到五金店购买工具,而来到社会治疗小组得到的是亲手制造工具的机会。在这里,人们用自己生活中固有的资源创造出新的东西,从而发现他们的情绪将会是怎样发展变化的。在治疗小组中,成员们针对他们的情绪问题互相帮助。成员们的问题被当作基本素材,而治疗小组既是工具也是产品,是工具与产品的统一体。

美国著名心理学家、教育家布鲁纳(J. Bruner)在他 1977 年出版的《认知心理学》一书中对维果茨基在心理学领域的贡献作了高度评价:"在过去的四分之一世纪中,研究认识过程及其发展的每一位心理学家,都应当承认维果茨基的著作对他的影响。"[49]透过社会治疗,我们看到了维果茨基的影响在实践中日益强大。

三、临床实践背景

社会治疗在临床实践方面的起源可以追溯到20世纪初期形成的心理剧(psychodrama)。心理剧由维也纳精神病学家莫雷诺(Moreno J. L.,1898~1974)于1920年首创,1925年传入美国[50]。莫雷诺对戏剧感兴趣,但他认为大多数戏剧的结构过于僵化,以致于演员无法在角色中呼吸生活的空气。他于1921年创立"自发性剧院",舞台上的角色可以边演出边编造角色[51]。莫雷诺发现,"自发性剧院"不仅对崭露头角的年轻演员具有非凡的训练手段,而且也大大改善了人与人之间的关系。很快,心理剧发展成为一种集体心理治疗技术。治疗师充当心理剧的"导演",心理剧在真正的戏剧舞台上演出。接受治疗的人在剧中表演生活中遇到的问题,受过训练的演员和治疗师协助演出。有时,一个家庭的成员或一个团体演出他们生活中遇到的问题,同时邀请观众来观剧。这样可以对观众中存在的类似问题起到间接的帮助作用。

此外,社会治疗在技术层面与行为疗法中的模仿学习和角色扮演有着很大的相似性;与认知—行为疗法中的认知改变技术也存在着一定程度上的继承关系。

第四节 社会治疗的理论与实践

社会治疗的建构离不开两个理论基石,即维特根斯坦的"生活形式"概念和维果茨基的"最近发展区"概念。在这两个概念启发下,纽曼指出,社会治疗既是一种创造新的生活形式的过程,也是一种创造最近发展区的过程。围绕着如何创造新的生活形式,以及如何创建最近发展区的问题,纽曼发展了他的表演理论。

一、表演理论

纽曼在阐述表演理论的主要著作《一生中的表演——实现快乐人生的实践哲学》一书中指出,人与动物的区别之一是人对于自己想成为什么样的人有能力进行选择。这种对行为方式的选择就是一种创造性的表演。其意义在于人们能够从表演中得到发展。表演与普通的行为不同。行为是个体在社会生活中的那些无数重复性的情境中,根据社会所赋予的角色去行动。行为是以自然性为特征的。而表演是创造性的,是通过创造性地模仿他人,扮演他人角色去表达自己在历史与社会中的独特性。

表演理论认为,人们需要"终止行为"。因为行为只是环境的产物,是根据社会角色的要求预制的、成批制造的"产品",只有打破被社会过度决定了的行为模式,人们才能够根据自己的愿望,编写自己的生活脚本,创造自己的生活,并使自己得到发展。

表演理论的目的是唤起人们对人类生活中表演维度的注意。在当今的社会中,人们存在的表演维度长期以来一直被大家所忽视。很多人认为表演是舞台上的事情,是演员的专利,是少数聪明人制造的,其他人只能以文化消费者的身份被动地接受职业演员的表演活动。于是人们在日常生活中的表演被挤到一个特定的角落里,像政治和哲学一样,被制度化、职业化,表演只剩下了娱乐的功能,并且像娱乐一样无足轻重了。

针对如何创建最近发展区的问题,表演理论指出,大多数人成年后就停止了发展,就是因为社会环境没有为人们提供扮演他人角色的机会。而人类正是通过参与社会环境中的活动,通过扮演他人角色学会了各种活动,并在其中得到发展。人是会表演的物种。婴幼儿开始学习语言就是在表演讲话。他们模仿成年人的时候,并不是鹦鹉学舌式的简单模仿,而是一种创造性的模仿,是在社会情境中扮演他人角色。正是在这种创造性的模仿中,人类实现了从咿呀学语到正式交谈的既普通又神奇的飞跃。

围绕着如何创造新的生活形式的问题,表演理论阐述了情绪的超个人性以及情绪与生活形式之间的关系。表演理论认为,情绪并不是产生于个体内部,而是产生于人们共同进行的关系性的活动中,产生于生活形式之中。由于人们对情绪的个体化的表达方式、交谈方式附着在这些关系性的生活形式之上,往往使人们误认为情绪是个人性的东西。换言之,是个体化的语言制度掩盖了情绪的超个人性。具体说来,以表达情绪的对话为例,人们对情绪性语言的传统理解是,"我"对"你"所说的话,传达了、描述了、代表了或对应于"我"的私人的、内部的情绪状态,而"你"对"我"所说的话,同样代表了你的私人情绪的属性。表演理论认为,情绪性对话是一种个人情绪状态的信息交流,产生于生活形式之中,是生活形式的一种表达,也是关系性生活形式的表达。换言之,情绪性语言的意义来源于人们共同创造、共同分享的生活经验和社会经验,这种经验不是"我的",不是"你的",也不是"我"对"你"的,而是"我们的"。情绪性对话的历史主语(不同于语法的主语)不是"我"也不是"你",而是我们。如同一个母亲和她的咿呀学语的婴儿共同建立起的最近发展区,赋予对话以意义,在关系性的活动中,"我们"才是意义的创始者。所以,表演理论主张通过表演的方法,通过社会性的活动,创造出新的生活形式从而创造情绪的发展空间,这个过程可以把情绪从个体中解放出来。

表演理论要阐明的观点是,历史是一部戏剧。不是在别的地方,也不是在另外的时间,而是现在正在进行着的、并永远继续下去的社会生活的全部。正如莎士比亚所说的,世界是一个大舞台。表演理论认为历史和社会是一个统一体。在社会中,我们通过持续的参与活动建立了社会的各种制度,并确立起我们每个人的自我同一性(包括我们的趣味、习惯、态度、意见、行为等);在历史中,我们运用我们的自由去改造生活。如果我们忽视了生活的历史维度、表演维度,仅仅把自己看作是某一特定时期的社会的产物,那么我们便无法欣赏生活这部戏剧。如果我们能够看到生活中表演的维度,意识到我们每个人不仅仅是观众,同时也是表演者,我们不仅仅是确定的,同时也是自由的,那么,便能使人生达到快乐的境界。

二、表演疗法

表演理论在心理治疗领域的应用就是社会治疗,也称为表演疗法。表演疗法作为一种后现代心理治疗的形式,从根本上不同于以现代心理学理论为基础的心理治疗。其基本特征是:非诊断性、非解释性(即注重行动,而不是对行动的解释)、发展性和超个人性。

表演疗法的具体方法是:首先创造一个表演的环境,治疗师作为导演或演员要帮助来访者保持这个活动的表演性,即帮助来访者记住他们是在表演中,而不是在现实生活里。把每个人反映出来的问题、困扰完全当作剧中的情节、台词来处理,而不是进行传统方式的诊断。治疗师可能会提示大家,"这是你们即兴而作的一场戏,是对情感生活的表现,它将创造情感生活的新形式,产生出新的情绪,从而改变生活。表演将给我们一次成长的机会,一次发展的机会"。

在这样一个完全的表演氛围中,治疗小组的每个成员,包括治疗师在内都不是一个全知全能的人。没有现成的答案可以预先知道,因为这种表演具有无限的多样性、丰富性。然而,由于表演改变了原来的生活形式,从而也改变了与之相应的情绪状态。

表演疗法是一种人际间发生的过程,治疗并非用一种观点来反对另一种观点,也不是用一种观点强加于另一种观点之上。表演的各方建立的是一种伙伴关系、合作关系,表演是一个共同创造、无限展开的过程。表演训练帮助人们把日常生活中的问题转变为成长和发展的机遇,指导人们用自己与生俱来的表演才能创造出新的生活形式,创造性地表演自己的生活。通过这种表演活动,人们在任何年龄都可以继续成长。

三、案例分析

社会治疗在长期的实践中发生了许多成功的治疗故事,这些成功的案例不仅是社会治疗对人们的帮助,同时也是人们实践这种疗法时对该疗法所做的贡献。对于参加社会治疗的人来说，他们的感受如同参加一个健身俱乐部，换言之，他们并不依赖于治疗，然而却愿意把社会治疗建构于自己的生活之中，作为一种常规性的活动。

案例一：

以"成瘾行为"的治疗为例，无论是嗜酒、吸毒亦或是药物依赖，现代范式的治疗目标往往是去除这些"瘾癖"，即改变有问题的行为。而社会治疗认为，只改变个别行为是远远不够的，而帮助人们对自己的生活作出另外一种选择，通过改变人们的整体生活，才能从根本上摆脱旧有的问题行为。

曾经有一名大学法学系的学生罗博特，因神经衰弱而在学业上发生困难。为了逃避这个屈辱的现实，他开始终日酗酒，神志不清。这样的生活持续了数年之久。经过社会治疗，现在罗博特已经成为一名出色的中学教师。社会治疗所做的是，帮助罗博特从一个"失败的律师"和"酒鬼"的身份中走出来，对生活重新作出选择。

来参加社会治疗的人总是带来各种各样的"问题"，而社会治疗并不使用"问题与解决"的工作方法，因为从社会治疗的观点看来，生活是一个整体，如果只是试图改变生活中的某一个方面，或是解决某些问题往往是徒劳的，甚至比改变整体更加困难。社会治疗帮助人们创建环境的活动是整体取向、发展取向的(development-oriented)，从而区别于现代范式心理治疗的问题取向(problem-oriented)。社会治疗的观点认为，这种不针对问题的治疗往往更能够有效地解决问题。

案例二：

高登先生是一位家具设计师，他参加社会治疗的原因是想克服丧失亲人的悲痛。六个月以前，他的妻子诺玛在一个珠宝店的抢劫案中不幸丧生。突如其来的打击使高登悲痛欲绝，无法正常工作，甚至无法拿起一支笔，或是打一个电话。在治疗中，治疗师鼓励他谈谈他的婚姻生活，比如他与妻子在一起的时候经常做些什么，而高登能够说出的惟一一句话是"她已经死了！"随即痛哭失声。治疗师告诉高登，尽管他的妻子不在了，可是他们夫妻之间的关系仍然可以继续下去，发展下去。当然，这些话令高登大感不解。人死不能复生，这毕竟是一个事实。然而，从社会治疗的观点来看,死亡这个事实还可以成为另一种事实,换言之,这个事实不仅仅是悲痛的源泉,而是可以成为建构生活的素材,因为在生生不息的生活中,任何事件,包括不幸的事件在内,都是使生活继续下去的条件。

在随后的三个疗程中,治疗师与高登一起探讨在他与妻子诺玛的关系中,高登曾经学到了些什么,探索如何以此作为一种发展性的方式去建立与周围其他人之间的关系。通过这种方法,将改变并且继续发展高登先生与已故妻子的关系。治疗师发现,高登在与朋友们的关系中,始终是一个强有力的、被依靠的角色。而妻子诺玛是高登允许自己依赖的惟一的人。治疗师为了帮助高登改变这种固有的身份认同,建议他在这个时候像平时求助于妻子一样去向其他的朋友求助。于是高登决定聘请他的一位好友来他的设计室为他当助手。这样当痛苦袭来的时候,高登身边会有人陪伴。在治疗师的建议下,高登还接受了他姐姐一家人的邀请,搬去与他们同住,这个邀请在高登接受治疗前曾被他不假思索地拒绝过。通过上述方法,高登重新组织了自己的生活,得到了他真正需要的支持和帮助,渡过了人生中的一个难关,并且再度成长起来。

案例三:

艾米在一家著名的证券交易所工作,是一名年轻的女经纪人。她的丈夫约翰是一位工程师,两个人在职业上都相当出色。结婚一年后,艾米得了一种怪病,经常性地失去记忆。有时,她在深夜发现自己正身处一个陌生的地方,想不起什么时候来到这里,以及来这里做了些什么。当她在凌晨3点、4点甚至5点回到家中,约翰当然已经快气疯了。艾米讲了上述"奇怪的事件",认为这种事件毁掉了她的婚姻生活,否则她的婚姻本该"十分完美"。在治疗中,治疗师发现,实际上艾米在很多地方对约翰感到不满,只是她不敢告诉对方。一个原因是担心约翰生气,另一个原因是她本人也认为不该有这样的感受,于是她花了大量的时间和精力使她的婚姻看上去"十分完美"。无论她自己还是周围的朋友都很难承认艾米的婚姻并不像表面上那样理想。艾米用了几个星期的时间才说出她实际上非常的不快乐。两个月后,约翰开始陪同艾米来参加治疗。艾米在治疗师的鼓励下,第一次说出对丈夫的不满,她认为丈夫的某些做法是对自己的伤害,而丈夫从来都不曾觉察,当然也不会知道。在治疗师的帮助下,艾米学会了放弃她理想中完美婚姻的自我认同,并学会建立一种可以倾心交流的生活环境。在这种新的环境中,即使他们之间彼此有什么不满,也能够向对方表达自己的真实感受,从而使彼此的距离不断拉近。经过几个月的时间,艾米间歇性丧失记忆的事件发生得越来越少,最后终于消失了。

案例四:

露丝是一位66岁的老太太,她参加社会治疗的原因是她感到自己的生活正在敷衍了事。在周围人看来,她过着令人羡慕的生活。她拥有漂亮的房子、崭新的汽车、昂贵的衣物,而露丝却说自己仿佛住在一所监狱里。虽然从来没有人伤害过露丝,但她却处处担心,如看电视的时候担心自己提出愚蠢的问题,开车的时候怕走错路,与人交谈时怕自己的见解荒谬可笑,等等。社会治疗的观点认为,生活中的"敷衍了事"实际上是人们按照社会角色规定的行为去行事,而放弃了自己对行为方式的选择。如果人们把生活看作是履行一些基本的义务,日复一日地重复,自然会产生窒息的感觉。许多参加社会治疗的人像露丝一样,他们拥有体面的职业、稳定的家庭,绝不属于失败者的行列,然而,他们的生活中缺少一个必需品,那就是创造性。当人们的生活在不知不觉中被社会规范、社会角色所决定了的时候,实际上,他们正像巴甫洛夫的狗一样对环境的刺激作出自动的反应,形成条件化的行为。在一个僵化的环境中,人们被动地生活着,放弃了创造生活的能力,无异于放弃了人之为人的特性。

通过上述案例,我们可以看到,如果说现代范式的心理治疗是用特定的方法与技术为人们提供帮助,那么接受治疗意味着人们作为特定的技术、工具的使用者。然而这种治疗是非发展性的,它否定了人类生活中创造性的维度。社会治疗的目的是帮助人们成为生活环境的创造者,在创造环境的过程中,不仅能够使用现有的工具和技术,更重要的是学会自己制造自己的工具和技术。社会治疗不像其他的疗法那样"修正"人们的行为,从社会治疗的观点来看,行为修正是一种高度强制性的技术,无法从整体上改变一个人。而社会治疗是要帮助人们发展自己的创造性,从整体上改变生活。

　　社会治疗的目的并不是直接帮助人们解决现有的问题,或是改变一个人,而是为人们提供一种全新的生活工具,并引导人们建构出自己想要的生活环境,从而成为新生活的建设者。在这个过程中,人们会成长起来,而新的情绪、情感就会从新的活动中产生。

　　总之,由于社会治疗的基本特征充分表现了对人的社会性、历史性、主动性和创造性的弘扬,强调了人的社会性先于个体性,真正把人看作是社会历史的存在物,提出只有重建个人的社会感和历史感、主动地选择自己的行为、创造自己想要的生活,才能摆脱精神痛苦和情绪障碍。从这个意义上讲,社会治疗不仅仅是一种心理调适的工具,而是一种生活规划的方法论,是用一种新的人生哲学来指导人们的生活,指导人们如何去创造新的生活。

　　人们常说,一种好的心理治疗理论同时也应该是一种好的教育理论、一种有效的生活哲学。实际上,社会治疗不仅仅是指导个人生活的治疗技术和生活哲学,同时也代表了一批后现代思想家与实践家从根本上改良社会环境的理想与规划。

　　从社会治疗的发展趋势来看,迄今为止已在美国成功地推行了二十余年。全美的社会治疗中心已遍布亚特兰大、波士顿、纽约(包括东部中心、布鲁克林中心和长岛中心)、费城、华盛顿及三藩市等地,很多人在该疗法的帮助下重新开始了新的生活。一些了解该疗法的研究者、理论家、教育家以及治疗领域的从业人员甚至认为社会治疗动摇了现代心理学的根基,并震撼了心理治疗领域。

参考文献

[1] Kvale,S. Psychology and Postmodernism. SAGE Publications, London. 1992,pp. 12—15

[2] 张国清:中心与边缘,中国社会科学出版社,1998年版,第46页

[3] (法)阿普尔比著,刘北成等译:历史的真相,北京:中央编译出版社,1999年版,第194页

[4] (法)阿普尔比著,刘北成等译:历史的真相,北京:中央编译出版社,1999年版,第272页

[5] Kvale, S. Postmodern Psychology. A Contradictio in Adjecto? The Humanistic Psychology, Vol. 18(1). 1990, pp. 49—50

[6] David J. Nightingale. Social constructionist psychology: a critical analysis of theory and practice. Open University Press. 1999, pp. 177—178

[7] Gergen, K. J. The Saturated Self: Dilemmas of Identity in Contemporary Life. New York: Harper Collins. 1991, pp. 158—159

[8] [13]Fruggeri, Laura. Therapeutic change as the social construction of change. In Therapy as Social Construction. Edited by Sheila McNamee & Kenneth J. Gergen. London and Newbury Park: Sage Publications. 1992, pp. 48

[9] [21]Gergen, Kenneth J. Relations and Relationships: Soundings in Social Construction. Cambridge, MA: Harvard University Press, 1994

[10] Efran, Jay S., & Leslie E. Clarfield. Constructionist therapy: Sense and nonsense. In Therapy as Social Construction. Edited by Shiela McNamee & Kenneth J. Gergen. London and Newbury Park: Sage Publications, 1992

[11] Efran, Jay S., & Robert L. Fauber. Radical Constructivism inPsychotherapy. Edited by Robert A. Neimeyer & Michael J. Mahoney. Washington, DC: American Psychological Association. 31, 1995

[12] Hardy, Kenneth V.. Live supervision in the postmodern era of family therapy. Issues, reflections and questions. Contemporary Family Therapy 1993, 15: 9—20

[14] Anderson, Harlene, & Harold Goolishian. The client is the expert: A not-knowing approach to therapy. In Therapy as Social Construction. Edited by Sheila M. McName & Kenneth J. Gergen. London: Sage Publications. 1992, pp. 25—29

[15] De Shazer, S. Putting Differences to Work. New York: Norton, 1991

[16] White, Michael, & David Epstein. Narrative Means to Therapeutic Ends. New York: Norton, 1990

[17] O'Hanlon, Bill, & James Wilk. Shifting Contexts. New York: Guilford Press, 1987

[18] Friedman, Steven, & Margot T. Fanger. Expanding Therapeutic Possibilities: Putting Grief Psychotherapy to Work. New York: Livingston,

1991

[19] 阿瑟·S.雷伯著,李伯黍等译:心理学词典,上海译文出版社,1996年版,第808页

[20] Laing, R. D. The politics of experience. New York: Pantheon,1983

[22] Newman, F. The patient as revolutionary. In F. Newman, The myth of psycholoy. New York: Castillo International. 1991, pp. 18

[23] Wittgenstein, L. Philosophical investigations. Oxford: Basil Blackwell. sec. 255,1953

[24] 张学广编著:维特根斯坦:走出语言囚笼,沈阳:辽海出版社,1999年版,第3页

[25] (美)托马斯·H.黎黑著,李维译:心理学史,杭州:浙江教育出版社,1998年版,第679页

[26] 江怡著:维特根斯坦:一种后哲学的文化,北京:社会科学文献出版社,1998年版,第62页

[27] 同[24],第29页

[28] 同[23],sec. XIV

[29] 同[23],pp. 580

[30] Wittgenstein, L. The Blue and Brown Books, New York: Harper Torchbooks. 1965, pp. 17—18

[31] 同[30],pp. 17—19

[32] 同[25],第676页

[33] C. W. K 门德尔:"私人语言"和维特根斯坦的行为主义,哲学季刊,1996,16

[34] 同[24],第265页

[35] Gergen, K. J. & Kaye, J. Beyond narrative in the negotiation of therapeutic meaning. In S. M. McNamee and K. J. Gergen (Eds.)Therapy as social construction. London: Sage,1993

[36] 韩林合:维特根斯坦哲学之路,昆明:云南大学出版社,1996年版,第143页

[37] Newman, F. & Gergen, K., Diagnosis: The Human Cost of the Rage to Order, 103rd Annual Convention of the American Psychological Association, in New York City, August,1995. Fred Newman & Kenneth Gergen(1995), Diagnosis: The Human Cost of the Rage to Order,103rd

Annual Convention of the American Psychological Association, in New York City, August, 1995

[38] 列维·维果茨基著,李维译:思维与语言,杭州:浙江教育出版社,1997年版,第5—6页

[39] Marx K. and Engels, F. The German ideology. New York: International Publishers. 1973, pp. 47—8

[40] Bakhurst, D. J. Thought, speech and the genesis of meaning: on the 50th anniversary of Vygotsky's 'Myshlenieirech'. Studies in Soviet Thought, 1986, 31, 103—29

[41] 同[39],pp. 121

[42] Vygotsky, L. S. Mind in Society. Cambridge, MA: Harvard University Press, 1978.

[43] 陈亚军著:哲学的改造,北京:中国社会科学出版社,1998年版,第53页

[44] Marx, K. Thesis on FeuerBach. In K. Marx & F. Engels, The German Ideology. New York: International Publishers. 1973, pp. 121.

[45] Newman, F.. Lev Vygotsky: Revolutionary Scientist. London: Routledge. 1993, pp. 89

[46] 同[39],pp. 47—8

[47] 同[42],pp. 57

[48] 同[45],pp. 86

[49] 龚浩然:天才的马克思主义心理学家——纪念维果茨基诞辰100周年,心理学探新论丛(一),南京:南京师范大学出版社,1998年版,第40页

[50] 车文博主编:心理治疗手册,长春:吉林人民出版社,1990年版,第635页

[51] 李维:心灵剧场,上海:文汇出版社,1999年版,第412页

第十九章 心理咨询与治疗的发展趋势与展望

19世纪末20世纪初,国外逐渐形成了一种专业性质的心理健康活动,即专业人员对有心理困惑或心理失常的求助者运用心理学和精神科学的原理,通过心理商谈,就具体问题向求助者提供建议或辅导,使其对自己与环境有一个正确的认识,作出决策,以改变其态度和行为,进而对社会生活有良好的适应。其中,以遭遇心理疑难的平常人为对象的一种教育性的助人活动称为辅导,以遭遇心理困扰的平常人和心理异常者为对象,兼具辅导与心理治疗功能的活动称为咨询[1]。心理咨询与治疗是现代行为科学中较新的一门学科,它从西方引入我国成为一门心理学应用学科与服务工作,在中国的内地真正的发展只有十五年的历史,在香港只有二十五年的时间,在率先引进这项事业的台湾也不过是四十余年。近年来,心理咨询和治疗出现了一些新的发展和趋势,为此,郑日昌、常永才等国内学者都作了较为系统的研究。

第一节　心理咨询与治疗的整合趋势

一、整合的倾向

在心理学发展短短百余年的历史中,学派林立,百家争鸣,对心理咨询和治疗的理论与方法的发展各有建树。从弗洛伊德创立心理分析学派至今,心理治疗的各种学派、体系不断涌现,交叠更替。在美国,1959年哈珀(R. A. Haper)认定有36种心理治疗的体系;到1976年,帕洛夫(RT. B. Parloff)发现共有130余种疗法;到了1986年,卡拉瑟(T. B. Karasu)则报告有多达400种以上的心理治疗学派[2]。其中影响较大的有精神分析学派、行为学派、人本主义学派等,每一种学派又衍生出多种治疗的理论和方法技术。在发展初期,各派互相排斥,门户甚深。但是由于心理问题的复杂性,在实践中学者们认识到,没有任何一种单一的理论和方法能在所有情境下解决所有人的所有心理问题[3],其效果或各有所长,或无显著差异。于是,人们逐渐抛弃门户之见,打破学派林立的局面,彼此借鉴,取长补短,不拘一格。根据不同情况选择不同的方法,或同时采用几种不同学派的方法,这样,心理咨询和治疗就朝向一种兼容和整合化方向迈进了。

从不同的学派来讲,每一学派都在致力于不断完善自己的理论,并在临床实践中提高治疗效果,缩短治疗周期。与此同时,他们也向外吸收一些于己有利的其他学派的理论观点和技术方法。相比之下,吸收外来的方法技术的倾向更为积极。心理分析学派的许多治疗和咨询者运用了行为学派的某些方法[4],而行为学派的治疗和咨询者们也在不断吸收和运用其他学派的方法充实自己[5]。

在美国,持有该立场的临床心理学家已经于80年代成立了一个专业组织——整合心理治疗学会(The Society for the Exploration of Psychotherapy Inergration,SEPI),并创办了一种专业刊物——整合与兼容心理治疗杂志(Journal of Integrative and Eclectic Psychotherapy)[6]。Eclectic 这里被译为"折中",在 60 年代,折中主义还是一个不大受欢迎的字眼,而到了 80 年代却有越来越多的心理咨询与治疗工作者称自己奉行的是折中主义。有人对美国自 1974 年以来的十五年的临床心理学研究作了回顾总结,发现近 50% 的都是兼容取向[7]。还有人对临床心理学家、精神病学和社会工作等相关领域的专业人员所作的调查发现,有 68% 的人认为自己属于兼容学派[8]。

方法上的兼容导致了理论上的整合(integrative),所谓整合是指将不同的理论作更高层次的统整和综合。从兼容到整合的过渡,是寻找各种理论与方法的共同要素(common factors)。兼容模式的代表人物是 Lazarus 和 Beutle,整合模式的代表人物是 Beitman 和 Patterson。虽然方法兼容目前已经相当普及,但是理论整合却并不十分成功。正如 Lazarus[9]所言,对理论的统整并非今人的能力所及,而对共同因素的寻找已有所收获,几乎所有学派都强调"治疗关系"的重要[10],甚至认为治疗关系可以作为整合辅导理论的基础。但他同时又指出,只有对治疗的哲学与理论有一致的看法,才能对治疗的实务有一致的看法。

二、趋向整合的原因

纷繁众多的心理治疗学派,曾经经历了若干年的相互隔阂与对立,争论与竞争,近年来则出现了趋向整合的局面。贝特曼等(B. D. Beitman et.al)认为其原因为:(1)各种疗法剧增;(2)单一理论存在不足;(3)各种疗法效果相同;(4)通力寻求治疗成功的共同因素;(5)强调病人的特点和治疗关系;(6)社会政治对心理治疗提出的现实要求[11]。其他研究者也曾讨论过出现整合倾向的原因[12]。综合各个方面的情况来看,当前出现整合倾向主要有以下一些原因。

(一)不同疗法功效相近

心理治疗的各家各派理论众说纷纭,主要是围绕着理论观点上的不同看法进行的,但在治疗结果上,都可以用疗效代言。

一些将不同的心理治疗、咨询方法与控制组和安慰剂组进行实验性比较的研究发现,治疗组疗效显著[13][14]。此外,对于不同来访者采用不同的方法进行治疗与咨询的研究也表明,各种心理治疗与咨询的方法的效果是十分接近的。例如,在一项使实验者减轻愤怒的研究中,合理情绪治疗和格式塔的治疗方法都可以使实验人员的血压下降,并使其情绪得分下降,这一点远比控制组人员变化显著[15]。另一项采用认知治疗方法和行为治疗方法对社交焦虑人员的训练研究表明了两种类型的方法均有疗效,并且相互之间无显著差别。对于性行为障碍所进行的系统脱敏治疗、性心理治疗和合理情绪治疗的训练的一项比较研究,发现几种方法在不同的方面对性行为障碍都有所贡献[16]。另外,来访者中心疗法与其他方法比较,疗效也无显著差异,但是在降低多种焦虑方面,来访者中心疗法对于外向的来访者更为有效,而合理情绪治疗方法对于内向的来访者更有效[17]。

世界著名的心理咨询与治疗理论研究者,美国的加菲尔德(S. L. Garfield)指出:不同的治疗方法可能对不同的人群或不同的心理失调问题更为有效。但总的看来,各种对于不同治疗方法疗效的研究表明人们在不同疗法之间很难发现疗效的差别。他的这一观点,在心理咨询与治疗界是具有代表性的看法,各种理论与学派的不同疗法在竞争中并存于世,也表明了它们具有各自的生命力。

(二)不同疗法各有千秋

心理治疗学派众多,其中大量的学派是在70年代末到80年代中期涌现出来的。如此迅猛的增长速度,如此众多的学派,其理论模型和技术方法将使专业人员感到目不暇接。但是,纵观近年来心理咨询与治疗的发展,虽然有几种主要的治疗体系在这一领域具有较大的影响力,却没有哪一种治疗学派能够在此领域中占据独霸一方的绝对优势地位。

在多年的心理咨询与治疗实践中,人们越来越清楚地认识到没有哪一种理论和方法适用于所有来访者、所有问题和所有症状。由此,心理治疗各个学派经历了深入的自我反省,认识到各自所钟爱的理论之不足。从而各个流派开始了对自身理论和方法的再思考,逐步开始为弥补自身不足而取长补短。在技术方法上也开始了较为灵活的各种方法结合运用的尝试,在理论上,采取更为开放的态度以寻求更为统一和综合的模型。

(三)寻求影响治疗成功的共同因素

由于认识到各种疗法都远非完善,各有短长,又由于研究证实各种心理治疗的总体疗效无明显差异,这使人们开始意识到不同的心理治疗可能存在着某些共同的东西,他们在影响着治疗的变化过程。因此,寻求心理治疗中的影响疗效的共同因素成为80年代以来心理治疗研究中的重要趋势,而这种研究趋势又对整合的总体发展趋势起到了推动的作用。

(四)现实社会的要求

单一的心理治疗理论和方法的不足,不同心理治疗的疗效相似,不断发展的社会又要求心理治疗缩短疗程,提高疗效。心理治疗的各派治疗者如果不相应地作出某种改变,就可能失去来访者的信任和支持。社会的压力也使得专业人员不断调整治疗方法以适应和满足来访者的需求,对心理治疗整合的模型的探索,也代表了专业人员对社会压力的适应性反应。

第二节 心理咨询与治疗中的新理论

一、多元文化主义

20世纪末,世界进入所谓后现代社会,通过全球性的文化反思,产生了多元文化主义(Multicureralism),成为继精神分析、行为主义、人本主义思想之后影响心理学的第四股思潮[18]。各种心理辅导与治疗的理论都不得不面对这种多元文化思潮的冲击而不断修正和发展。

(一)多元文化心理咨询兴起的背景

多元文化心理咨询的兴起主要有以下几方面的原因:一方面,传统心理咨询的理论基础存在局限。其一,长时期里,心理咨询所依靠的心理学、测量与评估等"科学"的基础理论,为追求所谓的"客观性"和文化"普适性"而拒绝考虑文化与价值因素,以至咨询实践中严重忽视求助者的文化背景。其二,现在人们日益深刻感受到,心理咨询的基础和方法论理论与技术,实际上大多带有西方文化尤其是美国文化的色彩。有心理学史研究者指出:"西方心理学的大多数问题只有在西方历史——西方地理的、经济的、军事的和科学的背景范围内才是有其意义的问题。"[19]还有学者撰写的《当代社会心理学的偏差系统》中指出,社会心理学的各个领域充斥着美国白人社会占统治地位的三个核心文化价值或意识形态主题:个人主义、理性主义和自由主义,而社会心理学的研究反过来又强化了这些核心文化价值[20]。显然,以这种成果为基础的心理咨询运用于非欧美白人群体时,容易造成偏差和扭曲。其三,尽管后来主流的心理学开始考虑文化因素,但仅仅作为背景变量,仍难以克服欧美文化本位所造成的偏差。西方心理学因为其学术中心地位而获得超越文化的解释权力,对边缘地位的非西方学者颇具魅力。他们绝大多数人的课题理论和方法都以西方社会心理学为参照,实际做的是验证,或是修改和加工而已[21]。

另一方面,传统心理咨询实践日益暴露出弊端。首先,它难以有效地运用于当代美国社会日益多元化的实际,尤其是先后受到民权运动和多元文化主义思潮的抨击之后。在欧美国家,主体民族白人所占比例逐渐下降,而非白人族群的人口数量和社会影响日益增大。人们逐渐发现它不仅难以充分解释和辅导少数民族的心理与行为,而且反映出这样一种统治性社会的观点,即美国是文化熔炉,主流的白人文化在智力、文化和种族方面都优秀,其他文化群体被之同化是获得成功的标志[22]。

可以说,跨文化心理学和多元文化心理学的兴起是一个更直接的原因。在上述背景下,20世纪60年代开始,跨文化心理学在西方兴起。70年代美国社会心理学危机四起。本是社会心理学故乡、后成为美国附庸的欧洲也深感失望,并在70年代中期迅速掀起心理学欧洲本土化运动。处于世界心理学界边缘的第三世界心理学研究者发现,原本仰望的偶像也是漏洞百出,由此而来的失落感更强烈,他们中的敏感者立志投身本土化运动[23]。在此基础上人们进一步提出了多元文化心理学的主张。心理咨询更重视文化因素,尤其是开始应用本土化心理学的研究成果。

(二)多元文化心理咨询思潮的兴起

重视来访者的文化背景及文化结构是多元文化主义对咨询理论的直接影响。世界是复杂的,人们的生活经验是多样的,多元文化辅导主张承认差异,尊重多元,摆脱所谓"常态"或"常模"的束缚,改变个人与文化分离的现实,以宽容的态度,从多元的角度审视当事人的问题,采用有弹性的和多样化的方法,使求助者有更大的选择余地。这就使心理咨询与治疗从传统的以问题或疾病为中心的模式转向了以文化为中心(culture-centered)[24]。

多元文化辅导强调的情境导向,参照当事人的文化背景解释其认知、情绪和行为问题,并依据文化差异调整辅导和治疗的方法技巧。重视性别、年龄、教育、职业、宗教、种族等文化变量的影响,是以多元文化主义为旗帜的心理辅导第四大势力的共同特征。在多元文化旗帜下的专业人员所走的路线并不完全相同。一些人努力摆脱欧美所谓主流文化的桎梏,探索适合本民族、本地区的所谓本土化(indigenous)的辅导理论与方法,这是以特殊文化为核心的多元路线;另一些人则尝试建构可广泛统整人类文化差异的辅导理论与方法,这是以整合文化为核心的多元路线。自80年代以来,两条路线均取得了一定的进展。

在发展进程上,20世纪60年代北美心理咨询与治疗等精神健康专业人员开始注意求助者的独特的文化背景,并参与到了社会文化变革活动之中。因为多元文化运动已经逐渐对心理咨询与治疗的研究和实践产生了重要的影响。起初,人们多运用跨文化咨询的策略,把人置于特定的文化情境中进行比较，运用跨文化的文化比较方法去验证西方社会产生的理论与技术是否具有普遍性，即理论的跨文化有效性。很明显，在这种策略中，文化比较的主体仍然是西方文化。后来，人们提出了多元文化心理咨询策略，明确要求克服以白人文化为基础的心理学局限，以适应建立多元文化社会的需求和少数民族人口增长的态势。在此基础上，欧洲，尤其是第三世界国家和地区，进一步提出了心理咨询本土化，即关注某一文化系统中常见的心理问题与精神病理，重视发展相关性的技术和本土的传统技术。现在，心理咨询和治疗的学术研究、临床实践、专业人员培养和教材的编写等方面都受到多元文化思潮的影响[25]。

目前，多元文化咨询已经成为帮助性专业的一个重要领域，学者们对此概念提出了各种定义。阿柯逊对其给出了广义的界定："它是这样一种助人过程，即其理论和时间上都平等地重视咨询者和求助者的文化印记。"苏(S. sue)等人进一步说明，多元文化咨询是指在助人过程中，咨询专业者必须考虑咨询者和求助者在语言、社会阶层，尤其是文化方面的差异，这些因素会成为有效介入咨询的潜在障碍，因而咨询者需要努力克服这些因素可能造成的障碍[26]。总之，有关的各种定义的建立都是基于这样的基本主张，而咨询者和求助者双方的文化背景都会成为影响咨询过程和结果的因素。

咨询和治疗在跨文化背景下，体现了在一定程度上所具有的多元文化性和跨文化性。这里的文化不仅指国籍、民族、语言和宗教等人种变量，而且包括年龄、性别等人口统计科学变量，教育、经济、生活方式等阶层变量，以及各种正式、非正式的团体隶属关系。每例咨询关系中都存在多元文化的维度，咨询者和求助者都会将其一整套的态度和行为以及价值观带到咨询关系中。

多元文化咨询还没有形成自己独特的理论基础，这是因为多元文化咨询是受到多元文化运动的促进，是由于日益多元化的当代社会的需要而发展起来的一个实践性极强的领域。所以它的理论大都建筑在跨文化心理学的理论、多元文化主义和本土心理学的基本理论上。

1. 跨文化心理学的基本主张

它要求心理学把人置于特定的文化情景中进行考察,着重研究文化作为一种因素对人的心理和行为的影响和调节作用。显然,它与传统主流心理学那种通常只把文化因素作为研究背景变量的做法有着根本的不同。该主张有可能使传统咨询开始重视文化因素,使以欧美白人文化为本位所造成的偏差得到某种程度的纠正。但是,它主要追求的仍然是跨文化的验证西方心理咨询的文化普适性。其参照仍然是西方主流的心理学,仍暗含着白人文化中心主义的色彩。

2. 多元文化主义已似乎广泛影响欧美学术各领域的思潮

它主张要承认和接纳人类的多样性,给予不同民族、种族和文化群体以平等的地位,因为统一性存在于多样性之中,主流文化得益于群体文化的共存与互动[27]。它主要盛行于普遍重视各文化群的生活方式、风俗习惯、语言文字和价值观念。

3. 本土心理学的基本理论

它日益兴起于非白人文化占主流的地区,尤其是曾为欧美殖民地的第三世界。它主张特定文化影响着该文化社会系统成员的性格形成、心理问题机制、精神病理、求助行为与心理治疗方式,因而传统的民俗性、本土性心理辅导与治疗方法虽然难以用西方心理"科学"解释,但仍有价值,可与现代咨询系统并存[28]。该主张进一步强调了咨询的文化情景性,有助于西方化了的咨询本土化。

(三)多元文化观的利弊

多元文化观是针对文化中心主义和霸权主义而出现的,正如任何新的观点都有可能产生利弊一样,它也将给咨询专业带来良好的前景和潜在的危险。

1. 多元文化观给咨询专业带来的良好前景

(1)多元文化观将丰富咨询专业的理论。例如,该观点认为有关最佳心理健康和正常心理发展的理念是多样的;文化差异真实地存在着,且必须在咨询中有意识地受到注意;咨询作为一个专业必须具有广阔视野,而不能再只与一个文化群体有关等等。

(2)多元文化观的理念已激励咨询专业具有一种新的社会责任

感,并能主动地采取行动,咨询者在同来自多样性文化背景的求助者鼓动时,常常不得不考虑种族主义和压迫之类现象对求助者的消极影响,进而认识到心理问题的病因常常不在求助者自身,而在于限制性的环境力量。为此,咨询者应成为全面变革的代言人,必要时还应代表被剥夺公民权的求助者进行辩护,积极地对有碍最佳心理健康的偏见和陈规提出挑战[26]。

(3) 多元文化观已拓宽咨询专业尤其是西方文化体系内的咨询专业,而具有了国际视野。这既有利于非西方社会批判性借鉴西方文化体系的咨询经验,也有利于欧美咨询专业与世界各地咨询同仁的交流和联系,尤其是有利于发达社会的咨询专业者认识、理解和认可不发达社会和处境不利群体中传统的、本土的甚至民俗中的优秀遗产。

(4) 多元文化将促使一种新的咨询专业人士——"文化熟练咨询者"出现,这将给咨询业带来复兴。

2. 多元文化观对咨询专业的潜在危险

心理咨询与辅导在运用多元文化观时需要慎重和明智,该观点自身也有局限。以下几方面尤其应当引起咨询与辅导专业人员的注意。其一,随着对多元文化咨询理论与实践的日益接受,该术语与该分支专业的定义将有失去其明确核心的危险。有人已将该术语用得过分宽泛,以至它已面临几乎失去意义的危险。另外,多元文化咨询没有一个系统的概念性框架,其理论与实践已变得模糊不清。其二,正如有的学者提醒的那样,多元文化咨询常着眼于文化差异以强调人类的差别,这有可能导致种族主义的重新抬头[26]。其三,不严谨的多元文化咨询的主张与举措将损害咨询专业的声誉与合法地位。如,该主张不断质疑咨询专业人员传统咨询实践的合法性;许多有关的专业人员培训中,为更新知识基础而片面强调跨文化咨询技巧,却忽视了对实际综合技能的训练。

二、行为生态论

生态心理学(Ecological Psychology)认为,人类行为乃是个体内在因素与外在环境相互作用的结果,即行为是个人与环境的函数:B=f

(P,E)。行为的生态观(Ecological Theory)强调内外因的互动与平衡。生态心理学的创立者 Baker 和他的同事根据 Lewin 在30年代提出的场论(Feild Theory)发展出行为情绪论(Behavior Setting Theory)。所谓行为情境指的是引发行为的小生态系统，不同的情境引发出不同的行为。人患心理障碍或疾病乃表示个体行为与环境配合不良，是生态系统失衡(discordance)的结果。

在心理辅导与心理治疗领域，历来有内因论与外因论两大对立派别。分析学派(或称心理动力学派)强调驱力(drives)、需求(needs)与动机(motivation)等内在因素的作用；行为学派则强调外在因素，主张通过控制外界刺激或奖惩强化作用来改变个人行为。而行为的生态观则包容内在因素与外在因素，强调二者相互作用，而不苛求分辨孰因孰果。近年来广为流行的认知行为疗法以及家庭治疗便是应用此理论的典范。

行为的生态观提示我们，在心理辅导与治疗工作中，只有将促进个体心理成长与改变外界环境有机地结合起来，二者相互调适，同步改变，才能收到事半功倍的长远和稳定的效果[6]。

三、混沌理论

混沌(chaos)原指杂乱无章的现象。混沌理论起源于数学、物理学、化学、生物学、天文学等自然科学，是20世纪继相对论、量子力学之后的又一重大突破，彻底瓦解了牛顿力学的机械式因果观与决定论宇宙观。

对混沌现象的研究表明，混沌不只是杂乱无章，而是乱中有序。我们的世界是一个有序与无序、简单与复杂、必然性与偶然性共生共存，充满不可逆性与不确定性的世界[29]。混沌理论的基本思想如今已经渗透到医学、心理学、人类学、社会学、经济学等各个学科，在看似无关的领域中有着广泛的应用。

混沌理论认为，所有的自然系统包括人类，都是自组织系统(self-organazation)，是开放的、自发的、主动吸收外界物质与信息并消耗能量的系统。所谓自组织是指外界只提供一定条件而不进行干预,由系统自发形成结构。

由于开放系统的自组织特性,每个机体都是主动决定是否接受外在信息,从而具有自我调节、自我完善的功能,因此,忽视个体主观能动性,忽视与来访者建立良好的关系的所谓辅导治疗是难如人意的。

世界的复杂性以及人与环境的非线性关系提示我们,在对人的心理和行为做控制和预测时必须十分慎重,切不可盲目乐观和过于简单化,或许混沌理论能为解决上述难题提供新的方法和思路。

混沌理论认为,越是复杂的系统(如人类)越需要与环境有更多的交换与互动,因而越不稳定,甚至一个变量的微小改变都可能引起整个系统的剧变(例如在临界状态下),因而影响心理发展的多种变化之间并非加减关系,而是复杂的交互作用。只有对此有充分认识,在心理辅导与治疗工作中才能保持清醒的头脑[6]。

第三节 心理咨询中的短期辅导趋势

早期的辅导和治疗方法大多费时较长,有些甚至要持续数年之久。然而许多来访者由于经济或其他原因往往只能来一二次或几次,使其效果大受影响,于是短期辅导(brief counseling)的理论和方法便逐渐发展起来。

最初,人们大多以辅导的时间或次数来划分为长期和短期,如有人以10次为界,有人以30次为界,还有人以更少的次数作为分界标准。但是目前多数学者认为,短期辅导不只是会谈次数较少或时间较短而已,最重要的是辅导员需要具备时间敏感性(time-sensetive),并使辅导具有实效性(time-effective)。其中尽早确认出当事人的问题焦点和心理状态,是辅导员可以在较短时间内达成目标的关键。

以精神分析为代表的早期治疗之所以耗时过长,是由于要搞清楚致病的原因。短期辅导理论认为,心理问题往往十分复杂,有些问题影响因素过多,短时很难理清;有些问题可能互为因果,一味探究原因便可能陷入鸡生蛋、蛋生鸡的矛盾之中。与其花费大量时间讨论问题的原因不如尽快寻找解决之道。

短期辅导谈话是目标导向而非问题导向,主要是引导来访者考虑此时此地做些什么让问题不再继续下去,而不是向后看去纠缠问题的原因。由于此种辅导主要专注于解决问题,所以称作聚焦于解决的短期疗法(Solution Focused Brief Therapy)。辅导员的工作是引导来访者自己设定改变的目标,充分利用自己的资源去做那些容易做到的事情,以小的改变带来大的改变[6]。

第四节 中国心理咨询的专业化道路

一、我国心理咨询的现状

我国的心理咨询真正起步于80年代中期,最先出现在大学校园内,随后逐步扩展到中小学,至今已有十几年的发展历程。与日本、美国等相比,我们的心理咨询起步晚、专业化水平低。尽管我国心理咨询起步较晚,但是发展比较迅速。社会的变迁和青少年成长的需要推动了心理咨询的发展。短短十几年,心理咨询已经被越来越多的人所了解,成为富于生命力的新生事物。但是,我国目前的心理咨询专业化水平还比较低,这成为制约其发展的最重要的因素。

心理咨询是应现代社会发展变化的需要而产生的一门新兴的应用心理学科,在学校、社会、医疗、管理等部门有着广泛的应用。但是,心理咨询是一项专业化要求很高的工作,不是谁都可以做好的事情。由于历史的原因,国内目前心理咨询从业人员水平参差不齐,缺乏充分的专业培训,难以为社会提供高质量的服务,同时也难以确立自身的专业化的形象。

心理咨询专业化应包括以下几个方面:第一,有专门的岗位和固定的编制;第二,有专门的要求与资格;第三,接受专业系统的教育;第四,有专门的培训机构和规范的课程[30]。目前国内心理咨询专业化程度不高主要表现在缺乏培训心理咨询人员的专门机构和系统的培训课程，缺乏专职的人员，咨询工作不规范，没有统一的资格认定制度，咨询员队伍良莠不齐，咨询以及相关概念混乱，行业缺乏管理，服务质量不高等，难以满足社会的需要。

二、我国心理咨询的专业化道路

我国的心理咨询的专业化道路是艰巨而漫长的，但是，等待是没有出路的，目前国内在专业化方面应该从以下几个方面作出努力。

（一）澄清并规范心理辅导的基本概念

心理咨询发展当务之急是澄清和规范基本概念。目前在专业用语方面存在比较混乱的现象，不仅内地、港台用语不统一，而且内地不同部门，甚至不同培训者专业用语也不同，导致学术交流和沟通的困难，也使学习者无所适从。针对这种情况应该尽快使内地、港台等专业人员和心理咨询教育家进行专题研讨，从科学的角度，规范心理咨询的用语和名称。

（二）重视并建立咨询员的专业培训课程

心理咨询迈向专业化必须有专业系统的培训课程与学历教育。虽然内地在几所开设有心理系的大学里每年有少量的临床心理学、教育心理学、心理辅导学方面的硕士、博士毕业生，可以从事心理咨询的专业工作，但是面对社会广泛的需求只是杯水车薪。培训心理咨询人才的机构缺乏已经制约了心理咨询事业的发展。政府应根据社会发展的要求，在相应的大学开设咨询心理学、应用心理学专业，精心设计心理咨询课程，制定规范的教学计划，在心理咨询员的培训中上规模、有档次、高质量、专业化。同时，可以借助国外境外的师资以及条件合作培训专业人员。

(三)规范现有的心理咨询培训工作

为了缓解社会上心理咨询专业人员人手不足的问题,应尽快培训一批急需的心理咨询和心理健康教育师资。目前各学会、大学、政府教育主管部门都在利用假期组织在职人员短期培训,但是总体看来这类短期在职培训课程如何设定、教学活动怎样进行,尚缺乏专门研究,可谓五花八门,各显神通。其中少数以赢利为目的的培训班在一定程度上破坏了心理咨询培训的声誉,建议有关部门严格审查培训班的教学计划和内容。

(四)探讨并试行心理咨询员的专业资格认定工作

心理咨询是一项专业性很强的工作,不具备一定的能力和条件不能承担心理咨询的工作,否则会对受助者造成伤害,也妨碍了心理咨询事业的健康发展。近年来,有关的学术团体已经开始了这方面的努力和尝试,特别是2001年我国劳动和社会保障部委托中国心理卫生协会组织有关专家,制定了《心理咨询师国家职业标准》,并已颁布试行,这无疑有力地推动了心理咨询的专业化进程。

(五)政府的认同和支持

心理咨询的专业岗位设置需要政府和主管部门的推动。香港从70年代起,先后设置了临床心理学家、学校社会工作者、辅导老师等职位,使心理辅导的开展有了组织保证。台湾的教育主管部门从60年代起重视推进心理咨询工作,到1993年所有学校都设立了心理咨询机构,开展了对学生的辅导与心理治疗服务[31]。内地心理咨询开始于基层,而后影响到其他各个方面。近年来政府支持的力度也在加大。

参考文献

[1] 张春兴:现代心理学[M],上海:上海人民出版社
[2] 钱铭怡:心理咨询与心理治疗,北京:北京大学出版社,1994年版,275页;转引自 Beitman, B. D., M. R. Goldfried, and J. C. Norcross, The Move-

ment Toward Integrating the Psychotherapies: An Overview. American Journal of Psychiatry,1989,146(2):138—147

[3] Corey G. Theory and Practice of counseling and psychotherapy. California:Brooks. Cole,1991

[4] 钟友彬:中国心理分析——认识领悟心理治疗,沈阳:辽宁人民出版社,1988 年版

[5] 梁宝勇:行为治疗的现状和趋向,医学与哲学,1984,5(4):40—43

[6] 郑日昌:心理辅导的新进展,心理科学,2000,5:599—602。

[7] Norcross JC,Grencavage LM. Elclecticism misrepresented and integration in counseling and psychotherapy: Major themes and obstacles. British Journal of Guidance and Counseling,1989;17:227—247

[8] Jensen JP,Bergin AE,Grenve DW. New survey and analysis of components. Professional Psychology: Research and Practice. 1990:21:124—130

[9] Lazarus AA. Why I am a eclectic (not an integrationist). British Hournal of Guidance and Counseling,1989;17:248—258

[10] Patterson CH. Eclecticism in psychotheraphy: Is integration possible? 1989

[11] 钱铭怡:心理咨询与心理治疗,北京:北京大学出版社,1994 年版,第 275 页;转引自 Beitman, B. D, M. R. Goldfried, and J. C. Norcross,The Movement Toward Integrating the Psychotherapies: An Overview. American Journal of Psychiatry,1989,146(2):138—147

[12] 钱铭怡:心理咨询与心理治疗,北京:北京大学出版社,1994 年版,第 275 页;转引自 Garfied ,S. L,Towards a Scientifically Oriented Electicism, Presentation on the 17th Cogress of the European Association for Behavior Therapy,Amsterdam,1987

[13] Diloreto,A. O. Comparative Psychotherapy:An Experimental Analysis, Chicago:Aldine Atherton,1971

[14] Engels,G. I. and R. F. W. Diekstra,Efficacy of Rational-Emotive Therapy:A Quantitative Review,Gedragstherapie,1987,20(1):37—49

[15] Conoley,C. W. et al ,The Effect of the ABCs of Rational-Emotive Therapy and Empty-Chair Technique of Gestalt Therapy of Anger Rreduction. Psychotherapy:Theory,Research and Practice,1983,20(1):112—

117

[16] Emmelkamp, P. M. G. et al., The External Validity of Analogu Outcome Research: Evaluation of Cognitive and Behavioral Interventions. Behavior Research and Therapy, 1985, 23(1)83—86

[17] Everaerd, W. and J. Dekker, Treatment of Male Sexual Dysfunction: Sex Therapy Compared with Systematic Desensitization and Rational-Emotive Therapy, Behavior Research and Therapy, 1985, 23(1)13—25

[18] Pedersen P. A. handbook for developing multicultural awareness (2nd ed). Alexandria, VA: American Counseling Assoiation, 1991

[19] 加德纳·莫菲、约瑟夫·柯瓦奇著,林方、王景和译:近代心理学历史引导[M],北京:商务印书馆,1980年版

[20] Hogan. R. T&Emler, N. P(1978): The bases in Contemporary Social Psychology Research, P45、478—543

[21] 杨国枢:我们为什么要建立中国人的社会心理学[A],载于《本土心理学研究》[C]。台湾:桂冠图书公司,1993年版

[22] Mark S. Kisslica, Multicultural Counseling with Teenage Fathers, London: SAGE Publications, 1997, P5

[23] 常永才:美日小学学生指导模式的比较[J],比较教育研究,1995,(3):46

[24] Castillo RJ. Culture &Mental illness: A client-centered approach. Pacific Grove, CA: Books/Cole, 1977

[25] 常永才:心理学报,2001,3;转引自戴健林:社会心理学本土化运动兴起的文化考察[A],广州师范学院与香港中文大学:教育及社会科学应用研究论文计划1994—1995年度论文集[C]

[26] 常永才:心理学报,2001,3;转引自Courtland C. Lee&Bernard L. Richardson, (1991) "Multicultural Issues in Counseling", USA: 5999 Stevenson Avenue, Alexandria VA22304—3300

[27] 常永才:心理学报,2001,3;转引自Dennis Coon9(1995), Introduction to psychology, Minneapolis: West Publishing Company

[28] 常永才:心理学报,2001,3;转引自曾文星(1997):华人的心理与治疗[M]。北京:北京医科大学中国协和医科大学联合出版社

[29] 常永才:心理学报,2001,3;转引自沈晓峰(1987):混沌初开,北京:中国社会科学出版社

[30] 樊富珉:从香港与日本的经验看中国心理辅导的专业化道路,社会心理

学研究,1999,4:37—42

[31] 林孟平:中国的心理辅导与治疗迈向专业化之路,心理学报,1999.9:83—89

后　记

本书是南开大学2000年重点资助教材项目的最终成果，由主编、副主编讨论制定写作大纲后，约请作者分工撰写，最后由主编、副主编统审定稿。

各章的撰写人是：

乐国安（第一章、第十九章）

乐国安、李　强（第二章、第三章）

李　强（第四章、第五章、第六章、第七章、第八章、第九章、第十章）

汪新建、管　健（第十一章、第十三章、第十四章）

李　强、韩　威（第十二章）

李合群（第十五章）

侯冬芬（第十六章）

李　强、陈秀瑾（第十七章）

郝　琦（第十八章）